영어공부, 어떻게 해야 할까요?

영어공부에는 특별한 왕도가 없습니다.
그러나 영어를 잘하려면 방법과 비결이 있습니다.
누구에게나 주어지는 막연한 꿈이 아니라
자신에게 절실한 꿈의 지도를 구체적으로 완성해 보십시오.
그것도 영어를 통해서 말입니다.
결코 후회하지 않고 변명하지 않는 삶을 원하신다면,
다음과 같은 점에 귀를 기울이시길 바랍니다.

첫째, 효과적인 학습과 철저한 시간관리가 중요합니다.
둘째, 영어의 기초를 바탕으로 학습의 폭을 넓혀야만 합니다.
셋째, 교재를 비롯하여 학원의 선택이 고득점과 직결됩니다.
넷째, 노력과 더불어 자신감이 절대적으로 필요합니다.
다섯째, 무엇보다 본인의 의지가 더 요구됩니다.

부디, 이 책이 여러분의 성공적인 수능대비서로 자리매김하여
고득점에 이르는 지름길이 되길 기원합니다.

Let' s enjoy the process!
(내일의 태양은 반드시 뜬다.)

출제 적중률이 점수로 직결되는

족집게 보카

출제 적중률이 점수로 직결되는

족집게 보카

2014년 3월 10일 초판 3쇄 인쇄
2014년 3월 15일 초판 3쇄 발행

편저 가순영
편집주간 이화승
교정 홍미경, 이혜림, 이준표
제작 서동욱, 이경진
영업기획 김관호, 이장호
영업관리 윤국진, 최정인
디자인 이창욱
발행인 이원도
발행처 베이직북스
E-mail basicbooks@hanmail.net
주소 서울 마포구 동교동 165-8 LG팰리스 1508호
등록번호 제313-2007-241호
전화 02) 2678-0455
팩스 02) 2678-0454
ISBN 978-89-93279-91-7 53740
값 9,800원 (mp3파일 무료제공)

출제 적중률이 점수로 직결되는

족집게 보카

가순영 편저

베이직북스

서문

미국 스탠퍼드대 경제학자 브라이언 아서 교수의 집 근처에는 '엘 파롤' 이라는 술집이 있었는데 아서 교수가 그 술집에 갈 때마다 손님 수가 들쭉날쭉하고 분위기가 다른 것에 불만이 있었다. '분위기 좋은 날을 미리 예측할 수는 없을까?' 해서 아서 교수는 엘 파롤 바의 손님 수요예측 모델을 만들었다.

날씨, 요일, 과거 데이터 등 수십 가지 변수를 모두 집어넣었다. 이 때 만들어진 '엘 파롤 모델' 은 비록 술집 손님 수 예측에는 실패했지만 나중에 주가 전망 모델로 명성을 얻었다고 한다. 엘 파롤 모델은 '아무리 복잡하고 불확실한 변화에도 규칙은 있다' 는 사회과학의 기본 전제를 충족시켰다.

저자는 대기업 재무팀에서 비용 예측을 다년간 담당하면서 과거의 데이터, 날씨, 계절성, 매출 패턴, 기타 요인 등을 종합적으로 고려하여 예측 업무(forecasting task)를 진행하였다. 특히 과거의 패턴과 데이터를 분석하여 제시한 예측치들은 정확도가 매우 높았다.

이에 저자는 이러한 예측기술을 수능 영단어에 적용해 보기로 작정했다. 비록 수능 외국어 영역은 '엘 파롤' 이라는 술집과는 달리 더 복잡하고 광범위하여 예측이 어렵지만 과거에 기출되었던 영단어가 일정한 패턴을 가지고 다시 출제되는 것을 발견할 수 있었다.

그 예로 빈곤(poverty)이라는 단어는 경제 위기가 있었던 1996년과 2003년에 출제되었다. 그 반의어인 '번영하다(prosper)' 는 1994년과 2004년에 출제되었다. 1994년은 종합주가지수가 역대 최고치였던 1,100선을 넘어섰던 해였고, 2004년은 2002~2003년 초반의 경제위기에서 갓 탈출하며 경제가 상승하는 모멘텀에 있었던 때였다. 이를 통해 대학입시를 준비하는 수험생들은 영단어를 공부할 때 단순히 영어만 접하는 것이 아니라 사회적 이슈나 시대적 흐름 등을 반영한 어휘를 반드시 공부해야 한다는 필요성을 확인할 수 있었다.

예로부터 적을 알고 나를 알면 백전백승이라고 했다. 수능 출제자는 여러분과 같은 수험생이 아닌 한 가정을 책임지고 사회생활을 꾸려가고 있는 교사와 학자들로 구성되어 있다. 출세위원들의 출제 의도는 이러한 사회 현상에 영향을 받거나 관련될 수밖에 없으며, 또한 관련 문제는 아무리 새롭게 출제한다고 하더라도 과거의 수능 기출문제를 참고하여 비슷한 수준을 고려할 수밖에 없다. 다시 말하면 과거의 수능시험에 출제되었던 영단어가 다시 출제될 가능성이 그만큼 높다는 의미이며, 수능시험이 쉽게 출제될수록 이러한 경향과 패턴은 더욱 반복된다는 것이다.

지난 19년간(총20회) 수능 기출 영단어 10만개를 모두 데이터화하였을 뿐만 아니라 통계자료 분석과정을 거쳐 최우선순위 영단어를 기획하기에 이르렀다. 결과적으로 수험생들은 수능에 출제될 가능성이 높은 단어만 습득할 수 있음으로써 학습의 효율성을 극대화시킬 수 있으며, 기출 변형된 어휘를 기본어휘와 함께 묶음단위(categorized unit)로 암기함으로써 일석삼조의 암기효과를 가져오게 될 것이다.

또 한편으로는 암기효과를 극대화하기 위한 방편으로 어원중심의 학습법을 병행할 수 있도록 배려하였으며, 표제어 관련 기출변형 어휘도 제시하여 학습자의 어휘 확장에도 많은 도움을 주도록 하였다. 특히 본서에 제시된 문장의 93%이상은 19년간 출제되었던 수능 지문을 그대로 활용함으로써 수능에 출제되는 문장의 수준이나 난이도를 가늠할 수 있도록 하였다.

이 책을 통해 '시간에 쫓기는 자' 가 아닌 '시간을 지배하는 자' 가 되길 소망하며, 대입을 준비하는 예비 수험생 여러분에게 이 책을 바친다.

2011년 11월

가순영 올림

이 책의 특징 및 활용법

이 책은 수험생들에게 "시험에 나올 단어만 공부하여 최소의 시간투자로 최고의 성적을 얻자!"라는 슬로건 아래 기획된 수능 영단어 전략서입니다. 독자 여러분께서 그 목표를 최대한 단기간에 달성할 수 있도록 다음과 같은 획기적인 방법들을 도입하였으므로 〈7Week 50Day 수능영단어 완성프로그램〉에 도전해보시길 바랍니다.

01 수능 기출 영단어 컴퓨터 통계에 의한 우선순위 엄선

19년간 출제된 수능 기출어휘 자료는 컴퓨터 통계를 거쳐 출제빈도와 출제확률을 파악할 수 있도록 심층적으로 분석되었다. 이를 통해 보다 객관적인 정보를 확보하여 순위별로 영단어를 암기할 수 있도록 고려하였다.

02 어원을 통한 과학적이고 체계적인 암기법 공개

한글의 속뜻이 한문에서 유래된 것처럼 영어에도 어원이 존재한다. 사실 어원만 알면 누구나 영단어의 뜻을 쉽게 유추할 수 있다. 또한 어느 정도 어원중심의 학습법에 숙달이 되면 가속도가 붙어 어휘 확장이 그만큼 빠르게 된다.

03 어법과 어휘력 확장을 위한 기출 변형어 수록

수험생 여러분의 소중한 시간을 절약시켜 드리기 위해 단어장 최초로 실제 수능에 출제된 변형어만 수록하였으므로 어휘 암기로 인한 시간적 소모를 최대한 줄이기 바란다.

04 어휘마다 출제빈도와 출제확률 제시

19년간 출제되었던 해당 어휘마다 출제확률을 제시하여 수험생들에게 집중력과 효율성을 동시에 충족할 수 있도록 배려하였다.

당신은 수능 보카

594 **professor** ⓢ prof
11/4 [prəfésər] n
★★★★☆
출제확률 20.2%
Our nursing professor gave us a
간호학 교수가 우리에게 퀴즈를 냈다.
pro(앞서) + fess(주장하다, 말하다) + o

595 **reality** ⓢ validity, truth, realism
10/4 [riǽləti] n
★★★★☆
출제확률 20.3%
Children aged 2 through 6 show
as ghosts. 2살에서 6살난 아이들은
» real(현실의) + ty(~것) → 현실 * anxie

596 **intense** intensify intensity intensive
10/4 [inténs] a
★★★★☆
출제확률 20.3%
That measures the intensity of th
저것은 관찰된 빛의 세기를 측정한다.
» in(안으로) + tense(긴장시키다) → 안으

597 **assignment** assigned ⓢ task, job, duty
10/4 [əsáinmənt] n
★★★★☆
출제확률 20.3%
Later that evening, he was doing
그날밤 늦게 그의 아버지가 들어오셨
» assign(할당하다) + ment(~것) → 할당,

598 **isolation** isolate
10/4 [àisəléiʃən] n
★★★★☆
출제확률 20.2%
One of the toughest parts of isol
고독의 가장 어려운 부분은 감정을 표
» isol(혼자) + lat(~하게 하다) + ion(~것)

599 **neat** neatly
10/4 [ni:t] a
★★★★☆
출제확률 20.2%
There, placed neatly beside the e
빈 접시 옆에 15페니가 가지런히 놓여
» ⓢ organized, simple, trim

600 **transmit** transmitted transmitting
9/4 [trænsmít] v
★★★★☆
출제확률 20.3%
Electric bulbs transmit light but k
전구는 빛을 발산하지만 산소의 유입
» trans(~를 넘어) + mit(= send 보내다) -

본서는 어원중심의 암기 원리를 바탕으로 출제 어휘를 보다 철저하게 분석함으로써 수험생에게 수능 어휘에 대한 적응력과 자신감을 충족시켜 드리기 위한 편저자의 사소한 욕심에서 비롯되었지만 우선 순위 영단어의 수준이나 난이도를 파악한다는 것으로도 영어에 대한 부담감에서 해방될 수 있으리라 믿어 의심치 않는 바입니다.

의 28.3%를 알고 있다

교수

quiz.

('03)

(사람) → 남들보다 앞서 나가 말하는 사람 → 교수

현실, 진실(성)

anxiety about things not based in reality such

유령과 같이 실존하지 않는 것에 대해 걱정한다. ('02)

ty about : ~에 대해 걱정하다

격렬한, 심한(빛, 온도 등이)

e observed light.

('10)

로 집중시킴 → 격렬한

강화하다 | 강렬함, (빛 등의)강도 | 집중적인

숙제, 임무, 할당

the assignment when his father came in.

을 때 그는 과제를 하고 있었다. ('10)

임무, 숙제

할당된

격리, 고립, 고독

ation is a lack of an expressive exit.

출할 수 있는 곳이 부족하다는 것이다. ('08)

→ 홀로 있게 함 * isolation figure bump : 두상, 용기, 혹

격리하다, 고립시키다

가지런한, 산뜻한

mpty dish, were fifteen pennies.

있었다. ('08)

깔끔하게

보내다, 전송하다, 전도하다(빛, 소리)

eep out the oxygen.

을 막는다. ('08)

→ ~를 넘어 보내다 → 전송하다, 보내다

(과거, 과거분사) | 송신하는, 전도하는

05 맞춤식 영단어 암기로 어휘력 점검기회 부여

수험생 여러분이 "내가 과연 수능 영단어를 얼마만큼 알고 있을까?"에 대한 궁금증을 직접 해소할 수 있는 기회를 제공하였다. 영단어 암기가 진행됨에 따라 저절로 자신감이 충만하게 될 것이다.

06 유의어를 통한 어휘력 확장

영어 학습에 있어서 다의어와 동의어의 개념은 절대적인 점을 감안할 때 유의어를 암기함으로써 어휘마다 존재하는 고유한 뉘앙스나 표현력이 저절로 길러지게 될 것이다.

07 암기용 MP3파일 무료 제공

표제어와 기출예문을 네이티브의 생생한 육성을 통하여 암기할 수 있도록 유도함으로써 리스닝 훈련을 병행할 수 있을 뿐만 아니라 영어의 4기능을 고려한 학습에 만족할 수 있을 것이다.

08 기출 예문 수록

19년간 출제되었던 수능 예문을 사용하여 수능 난이도와 출제 수준을 파악할 수 있도록 구성하였다.

You can do it!

Yes, I can.

출제확률 100%에 도전하는 족집게 보카

1 Week

수능 영단어 50일(7주) 스피드 완성

이것이 바로 우선순위 영단어 족보다!

영단어 암기의 원리와 비결; 접두사 & 접미사

족집게 보카 Day 01

접두사(prefix)

최근 어원을 통한 영단어 암기가 대세인 만큼 품사를 파악하거나 의미 유추는 기본이다. 영단어에서 접두사의 역할은 의미를 강조하거나 성질과 상태를 나타낸다.

a- 1. 장소(on, in) 2. 강조(intensive)

abroad ad. 외국에, 해외로 arise v. 발생하다, 일어나다

amaze v. 놀라게 하다 ashamed a. 부끄러워하다

ab- 1. 분리, 이탈(away from, off) 2. 강조(intensive)

abnormal a. 비정상의 absolute a. 절대적인, 확실한

absorb v. 흡수하다, 빼앗다 abuse v. 남용하다, 학대하다

ac- 1. 접근, 이동(to, toward) 2. 근접(near) 3. 강조(intensive)

acclaim v. 갈채하다, 환호하다 accompany v. 동반하다

account v. 설명하다, 밝히다 acknowledge v. 인정하다

ad- 1. 접근, 이동(to, toward) 2. 근접(near) 3. 강조(intensive)

adapt v. 적응시키다 adjoin v. ~에 인접하다

adjust v. 조절하다, 맞추다 admission n. 입장, 입학

anti- 1. 앞, 전(before) 2. 대항(against) 3. 반대(opposite)

antibiotic a. 항생물질의; 항생제 anticipate v. 예상하다, 기대하다

antique a. 고대의, 옛날의 antipathy n. 반감

ap- 1. 접근, 이동(to, toward) 2. 근접(near) 3. 강조(intensive)

appoint v. 임명하다, (약속을) 정하다 approach v. 접근하다, 다루다

auto- 1. 자신의 2. 스스로의(self)

autograph n. 사인, 서명 autonomy n. 자치(권)

be- 1. 상태(become) 2. 존재(exist)

become v. 되다 behave v. 행동하다

behind ad. 뒤에, 늦게 between ad. 사이에

bene- 1. 좋은(good) 2. 도움을 주는

benefit n. 이익, 은혜 benefactor n. 은인, 후원자

bi- 1. 둘(two) 2. 이중의

bicycle n. 자전거 bilingual a. 2개 국어를 구사할 수 있는

com- / con- 1. 함께(with, together) 2. 강조(intensive)

company n. 회사, 동료 compromise n. 타협, 양보

confirm v. 굳게 하다, 확인하다 conversion n. 전환, 개조

contra- 1. 대항(against) 2. 반대(opposite)

contrary a. 반대의 contrast n. 대조, 대비

counterpart n. 상대방, 목적물 controversy n. 논쟁, 논란

de- 1. 아래로(down) 2. 떨어져(away from) 3. 반대(opposite)

declare v. 선언하다, 공언하다 debate v. 토론하다, 검토하다

delay v. 연기하다 depress v. 우울하게 하다, 낙담시키다

dia- 1. 사이에(between) 2. 가로질러(across)

diameter n. 지름, 직경 dialect n. 방언, 사투리

dialog(ue) n. 대화, 회화 diagnose v. 진단하다, 분석하다

dis- 1. 떨어져(away from) 2. 분리되어(apart)

discharge v. 짐을 내리다 dismiss v. 해고하다, 내쫓다

display v. 표시하다, ~을 보여주다 distribute v. 분배하다

dis- 1. 부정(not), 반대(opposite) 2. 떨어져, 분리된(away, apart)

disagree v. 의견이 다르다, 일치하지 않다 disappointment n. 실망

disapprove v. 승인하지 않다, 찬성하지 않다 disarm v. 무장해제하다

dis- 1. 부정(not) 2. 반대(opposite) 3. 분리(away)

disclose v. 드러나다, 노출시키다 disagree v. 다르다, 일치하지 않다

disregard v. 무시하다, 경시하다 dispose a. 배열하다, 배치하다

du- 1. 둘(two) 2. 이중의

duplicate v. 복사하다, 복제하다 duplex a. 이중의, 복식의

en- 1. 되게 하다(make) 2. 안에(in)

enable v. 할 수 있게 하다, 가능하게 하다 enforce v. 시행하다, 강요하다

entitle v. 자격을 부여하다, 표제를 붙이다 enclose v. 둘러싸다, 동봉하다

ex- 1. 밖으로(out) 2. 강조(intensive) 3. 초월(beyond) 4. 이전(before)

exchange v. 교환하다 exhaust v. 소모하다, 지치게 하다

expand v. 확장하다, 팽창하다 expose v. 드러내다, 노출시키다

extra- 1. 밖에(outside) 2. 초월(beyond)

extract a. 추출하다, 뽑다 extraordinary a. 이상한, 비범한

extraterrestrial a. 외계의 extrovert n. 외향적인 사람

fore- 1. 전에(before) 2. 앞에(front)

forecast v. 예보하다 forehead n. 이마

foresee v. 예견하다, 예지하다 foresight v. 선견지명, 통찰력

geo- 1. 지구의 2. 땅의(of the earth)

geography n. 지리학 geology n. 지질학

in- 1. 안에(in, into) 2. 위에(on)

income n. 수입, 소득 infect v. 감염시키다, 오염시키다

input v. 입력하다 invest v. 투자하다

in- 1. 부정(not) 2. 반대(opposite)

inadequate a. 부적당한 incredible a. 믿을 수 없는, 놀라운

independent a. 독립한, 자주의 indifferent a. 무관심한

inter- 1. 사이에(between) 2. 상호간(each other)

interchange v. 서로 교환하다 international a. 국제적인, 국가 간의

interpret v. 통역하다, 이해하다 interview n. 면접

mal(e)- 1. 부족(lack) 2. 나쁜(bad)

malnutrition n. 영양실조 maladroit n. 솜씨 없는, 서투른

mono- 1. 하나의(one) 2. 혼자의(alone)

monopoly n. 독점, 전매 monotonous a. 단조로운, 지루한

multi- 1. 많은(many) 2. 다양한

multiple a. 다수의, 배수의 multitude n. 다수, 군중

out- 1. 밖으로(outside) 2. 능가하는(better than, more than)

outcome n. 결과, 성과 outgoing a. 사교적인, 외향적인

outline n. 개요, 윤곽 outstanding a. 뛰어난, 두드러진

over- 1. 너머(over) 2. 위에(above) 3. 지나치게, 과도하게(too much)

overcome v. 극복하다, 이기다 overeat v. 과식하다

overlook v. 간과하다 overwork v. 과로시키다

per- 1. 완전히(thoroughly) 2. 두루(through)

perfect a. 완전한, 완벽한 persist v. 고집하다, 지속하다

persuade v. 설득하다, 납득시키다 perspective n. 관점, 사리분별력

post- 1. 뒤에(back) 2. 후에(after)

postpone v. 연기하다, 미루다 postscript n. 추신(p.s.), 후기

post modernism n. 포스트모더니즘 post-war a. 전후의

pre- 1. 미리(beforehand) 2. 먼저(before)

precede v. 앞서다, 우선하다 predict v. 예보하다, 예언하다

prescribe v. 규정하다, 처방하다 preview n. 시사회, 미리보기

pro- 1. 앞으로(forward) 2. 찬성하여(in favor)

produce v. 생산하다; 농산물 prolong v. 늘이다, 길게 하다

promotion n. 승진, 촉진 propose v. 제의(제안)하다, 청혼하다

re- 1. 다시(again) 2. 뒤에(back) 3. 대항하여(against)

recall v. 취소하다 recede v. 물러가다

recover v. 회복하다, 되찾다 remain v. 남다, 체류하다

remove v. 제거하다, 옮기다 replace v. 대신하다, 교체하다

refund v. 환불하다 restrict v. 제한하다

se- 1. 분리(apart) 2. 나눔(divide)

separate a. 분리된, 별개의 secure a. 안전한, 확실한

select v. 선택하다, 고르다 segregate v. 차별하다, 분리하다

sub- 1. 아래에(under) 2. 아래로(down)

submarine a. 해저의; 잠수함 subcontract n. 하청계약

subconscious a. 잠재의식의 submission n. 복종, 항복

super- 1. 위에(above) 2. 초월하다(beyond) 3. 우수하다(superior)

superior a. 우수한, 상위의 supernatural a. 초자연적인

superpower n. 초강대국 surpass v. ~을 능가하다, 초월하다

sym- 1. 함께(together, with) 2. 모으다

sympathize v. 동정하다, 공감하다 synthesize v. 합성하다, 종합하다

tele- 1. 멀리(far) 2. 떨어져서(off)

telemarketing 전화판매 telescope 망원경

trans- 1. 가로지르다(across) 2. 관통하다(through) 3. 변경하다(change)

transfer v. 전근하다, 갈아타다 transcript n. 베낀 것, 사본

transform v. 변형시키다 transport v. 수송하다

tri- 1. 셋(three) 2. 분리

tribe n. 부족, 종족 trivial a. 사소한, 하찮은

twi- 1. 둘(two) 2. 순서

twist v. 비틀다, 왜곡하다 twinkle v. 반짝반짝 빛나다, 깜박이다

un- 1. 부정(not) 2. 반대(opposite)

unarmed a. 무장하지 않은, 비무장의 unaware a. 알지 못하는

unbelievable a. 믿을 수 없는 unusual a. 보통이 아닌, 유별난

under- 1. 아래에(under) 2. 낮은(below)

undergo v. 겪다, 경험하다 underrate v. 낮게 평가하다

undertake v. 떠맡다, 착수하다 underdeveloped a. 저개발의

uni- 1. 하나의(one) 2. 혼자의(alone)

union n. 조합, 연합 unique a. 보통이 아닌, 독특한

up- 1. 위로(up) 2. 방향(to)

uphold v. 지지하다, 받들다 upset a. 기분이 상한, 화난

with- 1. 뒤쪽으로(back) 2. 대항하여(against)

withdraw v. 철회하다, 그만두다, 물러나다 withhold v. 유보하다

withstand v. 저항하다, 견디다

접미사(suffix)

Unit 1 명사형 접미사

주로 동사와 형용사 뒤에 덧붙여 「행위자」, 「행위 / 성질 / 상태」, 「학문」, 「자격 / 특성」, 「시대 / 관계성」, 「주의 / 특성」, 「지소사」 등을 나타내는 명사를 만든다.

A. 행위자

어떤 행위의 주체인 사람을 나타낼 때 단어의 끝부분에 덧붙여 사용한다.

Patterns : [동사 / 명사 / 형용사] + 접미사

1. -er, -ee, -or : teacher(교사) employee(종업원) doctor(의사)
2. -ant, -ent : assistant(보조자) student(학생)
3. -ist : terrorist(테러리스트)
4. -ive : relative(친척) initiative(독창력)
5. -ary : secretary(비서) *literary(문학의)

B. 행위 / 성질 / 상태

어떤 사람이나 사물의 행위나 성질이나 상태를 나타낼 때 단어의 끝부분에 덧붙여 사용한다.

Patterns : [동사 / 명사 / 형용사] + 접미사

1. -ion, -(a)tion : question(질문) station(역)
2. -ance, -ence : assistance(보조) prudence(신중)
3. -(e)ty, -ity : safety(안전) vanity(허영심)
4. -y, -ry : fatty(뚱뚱보) bravery(용맹)
5. -al : arrival(도착)

6. -ure : figure(인물)

7. -ment : agreement(동의)

8. -ness : awareness(인식)

9. -(a)cy : accuracy(정확)

10. -th : truth(진실)

C. 학문

주로 학문과 관련된 명칭을 나타낼 때 단어의 끝부분에 덧붙여 사용한다.

Patterns : [명사 / 형용사] + 접미사(-ic(s))

economics(경제학) politics(정치학) statistics(통계학)

D. 자격 / 특성

어떤 자격이나 특성과 관련된 표현을 나타낼 때 단어의 끝부분에 덧붙여 사용한다.

Patterns : [명사] + 접미사(-ship)

membership(회원 자격) leadership(지도력)

E. 시대 / 관계성

어떤 시대나 관계성과 관련된 표현을 나타낼 때 단어의 끝부분에 덧붙여 사용한다.

Patterns : [명사] + 접미사(-hood)

neighbourhood(이웃) childhood(어린 시절)

F. 경향 / 특성

어떤 경향이나 특성과 관련된 표현을 나타낼 때 단어의 끝부분에 덧붙여 사용한다.

Patterns : [동사 / 형용사] + 접미사(-ism)

criticism(비평) fascism(파시즘) racism(인종차별주의)

G. 지소사

비교적 작고 개체적인 것과 관련된 표현을 나타낼 때 단어의 끝부분에 덧붙여 사용한다.

Patterns : [명사] + 접미사(–(l)et, –ette)

toilet(화장실) leaflet(광고용 전단) ballet(발레)

Unit 2 형용사형 접미사

주로 동사나 명사 뒤에 덧붙여 「가능성 / 능력」, 「풍부함」, 「결핍 / 결여」, 「방향」, 「성질 / 성향」 등을 나타내는 형용사를 만든다.

A. 가능성 / 능력 / 적합성

어떤 지각이나 감각의 여부를 표현할 때 주로 단어의 끝부분에 덧붙여 사용한다.

Patterns : [동사] + 접미사(–able, –ible)

probable(있을 법한) impossible(불가능한)

B. 풍부함

어떤 사상이나 관념의 풍부함을 표현할 때 주로 단어의 끝부분에 덧붙여 사용한다.

Patterns : [명사] + 접미사(–ful)

useful(유용한) successful(성공한) mouthful(중요한 말)

C. 결핍 / 결여

어떤 부족함이나 결핍된 것을 표현할 때 주로 단어의 끝부분에 덧붙여 사용한다.

Patterns : [동사] + 접미사(–less)

regardless(무관심한) endless(끝이 없는) countless(셀 수 없는)

D. 방향

어떤 방향을 지칭할 때 주로 단어의 끝부분에 덧붙여 사용한다.

Patterns : [명사] + 접미사(-ern)

modern(현대의) western(서양의) eastern(동쪽의)

E 성질 / 성향

어떤 사람이나 사물의 성질이나 경향을 표현할 때 주로 단어의 끝부분에 덧붙여 사용한다.

Patterns : [명사 / 동사] + 접미사

1. -ic, -ical : specific(구체적인) scientific(과학적인)
2. -ly : costly(값비싼) friendly(우호적인)
3. -ous : dangerous(위험한) hazardous(유해한)
4. -(u)al : technical(전문적인) individual(개인의)
5. -ant, -ent : significant(중요한) recent(최근의)
6. -ate, -ite : fortunate(운이 좋은) favorite(좋아하는)
7. -ish : childish(유치한) selfish(이기적인)
8. -ar(y), -ory : familiar(친숙한) satisfactory(만족하는)
9. -ive, -ative : relative(상대적인) alternative(양자택일의)
10. -y : healthy(건강한) lucky(운이 좋은)

Unit 3 동사형 접미사

주로 형용사와 명사 뒤에 덧붙여 「~화하다」, 「~으로 만들다」, 「~되게 하다」라는 구체적인 의미를 드러낸다.

Patterns : [명사 / 형용사] + 접미사

1. -ize : criticize(혹평하다) realize(깨닫다)
2. -(i)fy : identify(확인하다) justify(정당화하다) specify(명기하다)
3. -ate : debate(논쟁하다) indicate(암시하다)
4. -en : frighten(두렵게 만들다) deepen(깊게 하다)

Unit 4 부사형 접미사

주로 형용사나 명사, 부사 등 뒤에 덧붙여 「방식」, 「방향」, 「방법」 등을 나타내는데 문장 안에서 표현의 풍부함을 구체적으로 드러낸다.

Patterns : [형용사 / 명사 / 부사] + 접미사

A. 방식 : –ly

probably(아마) loudly(큰 소리로) comfortably(기분 좋게)

B. 방향 : –ward

forward(앞쪽으로) downward(아래로) upward(위로)

C. 방법 / 방향 : –way(s), –wise

always(항상)

19년간 수능 기출 영단어 10만개를 모조리 통계내어 만든

족집게 보카 Day 02

1 **increase** 59/19 [inkríːs] n, v ★★★★★ 출제확률 96.1%	**increased increasing increasingly** Then they worry about the increased number of births. 그리고 나서 그들은 출산율의 증가를 걱정한다. ('99) » in(~에, 안에) + crease(= grow 자라다) → 자라다 → 증가하다 증가한 | 증가하는 | 점점 더	**증가; 증가하다**
2 **effect** 58/19 [ifékt] n, v ★★★★★ 출제확률 96.1%	**cost-effective effective effectively effectiveness** Every product we buy has an effect on the environment. 우리가 구입하는 모든 물건들은 환경에 영향을 미친다. ('00) » ef(밖으로) + fect(= make 만들다) → 초래하다 * in effect : 요컨대, 사실상, 실제로는 비용 대비 효과가 높은 | 효과적인 | 효과적으로 | 유효, 효과적임	**결과, 영향, 효과; ~를 초래하다**
3 **possible** 51/19 [pásəbl] n, a ★★★★★ 출제확률 96.0%	**impossible possibility possibly** Even after many years, it's still possible to find people. 세월이 많이 지났어도 여전히 사람들을 찾아볼 수 있다. ('03) » poss(= power 힘) + (s)ible(~할 수 있는) → 힘이 있는 → 가능한 불가능한 | 가능성 | 아마, 가능한 대로	**가능한 일; 가능한**
4 **expect** 46/19 [ikspékt] v ★★★★★ 출제확률 96.0%	**expectation expected expecting unexpected** He was once expected to be a good painter. 그는 한때 좋은 화가가 될 것으로 기대되었다. ('02) » expect from[of] : ~에 기대하다, ~을 기대하다 기대, 예상 | 예기된, 예상되는 | (현재분사) | 뜻밖의, 예상 밖의	**기대하다**
5 **suppose** 30/19 [səpóuz] v ★★★★★ 출제확률 95.8%	**supposed** Suppose two friends of mine are sitting in my room. 친구 두 명이 내 방에 있다고 가정해 보자. ('00) » sup(~대신에) + pose(위치하다, 놓다) → 대신 ~있다고 생각하다 → 가정하다 소위 ~라는, 이른바 ~라는	**생각하다, 가정하다**
6 **found** 49/18 [fàund] v ★★★★★ 출제확률 91.0%	**foundation founded founding** The RPC, founded in 1996, describes itself as a progressive organization. 1996년에 설립된 RPC는 스스로 진보 단체라고 말한다. ('09) » ⓢ establish, set up, create * find의 과거형이기도 하다. * founded in : ~에 설립된 근거, 토대, 기초, 재단 | 기초가 ~한, (과거, 과거분사) | (현재분사)	**~의 기초를 세우다, 설립하다**
7 **compete** 45/18 [kəmpíːt] v ★★★★★ 출제확률 90.9%	**competed competing competition competitive** Individual competition to raise productivity 생산성 향상을 위한 개인간의 경쟁 ('06) » com(함께) + pete(= seek 추구하다) → 경쟁하다 (과거, 과거분사) | 경쟁하는 | 경쟁 | 경쟁의	**경쟁하다**

8 **consider**
42/18 [kənsídər] v
★★★★★
출제확률 90.9%

considerable considerably considerate consideration 숙고하다, ~이라고 생각하다

Unfortunately, the world has changed considerably since that remark was made.
불행하게도, 세계는 그 의견이 있은 뒤부터 상당히 변화되었다. ('02)
» con(함께) + sider(= star 별) → 별을 모아 점을 치다 → ~라고 생각하다, 숙고하다
상당한, 많은 | 상당히 | 배려하는, 사려 깊은 | 사려, 숙고

9 **differ**
49/17 [dífər] v
★★★★★
출제확률 86.0%

differed difference 다르다

But when you are on the Metro, the subway in Paris, things are different.
그러나 파리의 지하철인 메트로에서는 사정이 다르다. ('06)
» di(= dis 거리를 둠) + fer(운반하다) → 다른 것과 구별하여 운반함
(과거, 과거분사) | 차이

10 **situate**
47/17 [sítʃuèit] v
★★★★★
출제확률 86.0%

situated situating situation 놓다

In this situation, what would you say to him?
이러한 상황에서, 당신은 그에게 뭐라고 말할 것인가요? ('99)
» sit(e)(장소, 위치) + (u)ate(~하다) → ~에 위치시키다, 놓다
위치해 있는 | (현재분사) | 상황, 환경, 위치

11 **individual**
45/17 [indəvídʒuəl] n, a
★★★★★
출제확률 85.9%

individualism individualist individualistic individuality 개인; 개인의

A society is a network of relationships among individuals.
사회는 개인간의 관계를 엮어 놓은 네트워크다. ('00)
» in(아닌) + divid(= divide 나누다) + (u)al(~한) → 나눌 수 없는 것은 '하나' → 개인
개인주의 | 개인주의자 | 개인주의적인 | 개성, 특성

12 **hold**
40/17 [hóuld] n, v
★★★★★
출제확률 85.9%

held holding 쥠, 장악; 쥐다, 개최하다

Please hold the line for a second.
잠시만 전화 끊지 말고 기다려 주세요. ('00)
» hold the line : 전화를 끊지 않다 * hold it : 잡아두다
(과거, 과거분사) | 보유 자산

13 **educate**
39/17 [édʒukèit] v
★★★★★
출제확률 85.8%

educated education educational educator 교육하다, 훈육하다

Using art for children's education
아이 교육을 위한 예술의 사용 ('10)
» edu(교육) + (c)ate(하다) → 교육하다
교육받은 | 교육 | 교육적인 | 교육자

14 **offer**
36/17 [ɔ́:fər] n, v
★★★★★
출제확률 85.8%

offered offering 제공; 제공하다

Many universities offer Korean language programs.
많은 대학들이 한국어 수업을 제공한다. ('01)
» of(~을 향해) + fer(운반하다) → 제공하다 * make an offer : 제의하다
제공된, 개설된 | 제공된 것, 공물[제물]

15 **provide**
32/17 [prəváid] v
★★★★★
출제확률 85.8%

provided providing ~을 주다, 준비하다

Airplanes provide quick transportation over long distances.
비행기는 장거리를 빠르게 이동할 수 있게 한다. ('97)
» pro(미리) + vid(보다) → 미리 보고 준비한다
~을 조건으로 하여, 제공된 | (만약) ~라면

16 **suggest**
28/17 [sədʒést] v
★★★★★
출제확률 85.8%

self-suggestion suggested suggesting suggestion 암시하다, 제안하다

This finding suggests that names can have a powerful effect upon personality.
이 연구 결과는 이름이 성격에 강한 영향을 미친다는 것을 보여준다. ('99)
» sug(아래에) + gest(= carry (의견을)나르다) → 암시하다
자기 암시 | (과거, 과거분사) | (현재분사) | 암시, 제안

17 **vary**
41/16 [vέəri] v
★★★★★
출제확률 80.8%

variance variation varied variety various **변화를 주다, 서로 다르다**

Various aspects of children's imagination
아이들의 상상력의 다양한 모습들 ('10)
» var(다른) + y(하다) → 다르게하다

변화, 변동 | 변화, 차이 | 다채로운 | 각양각색 | 다양한

18 **physical**
41/16 [fízikəl] n, a
★★★★★
출제확률 80.8%

physically physicist physics **신체검사; 물리적인, 물질의**

Effects of computers on physical health
신체 건강에 미치는 컴퓨터의 영향 ('00)
» physical education(= P. E.) : 체육

육체적으로, 물리적으로 | 물리학자 | 물리학

19 **depend**
32/16 [dipénd] v
★★★★★
출제확률 80.7%

dependable depended dependence dependent **~에 의존하다**

Every element in an ecosystem depends on every other element.
생태계의 모든 구성 요소들은 서로 의존한다. ('10)
» de(~에) + pend(매달리다) → ~에 의존하다 * be dependent on : ~에 의존하다

믿을 수 있는, 의존할 수 있는 | (과거, 과거분사) | 의존, 의존성 | 의존하는

20 **involve**
27/16 [inválv] v
★★★★★
출제확률 80.7%

involved involvement involving **포함하다**

We must consider the relationships among the people involved in the school.
우리는 그 학교와 연관된 사람들 사이의 관계를 고려해야만 한다. ('04)
» in(안으로) + volv(돌다, 구르다, 말다) → 안으로 말려들어가다 → 포함하다

연루된, 관련된 | 관여, 개입, 연루 | (현재분사)

21 **ground**
23/16 [gráund] n, v, a
★★★★★
출제확률 80.6%

grounded groundless **땅; ~에 근거를 두다; 기초의**

Perhaps this evaluation is groundless.
아마도 이 평가는 근거가 없는 것이다. ('07)
» groundless fear : 근거 없는 공포

기초를 둔 | 기초가 없는

22 **inform**
59/15 [infɔ́:rm] v
★★★★★
출제확률 76.0%

information informed **알리다**

Getting rich information was very expensive.
많은 정보를 얻는 것은 매우 비쌌다. ('03)

정보 | 잘 아는

23 **social**
52/15 [sóuʃəl] a
★★★★★
출제확률 75.9%

socially sociologist sociology **사회적인, 사교적인**

These so-called non-governmental organizations deliver social services.
소위 무정부 기관이라 불리는 이들은 사회적 서비스를 제공한다. ('00)
» soci(결합하다, 협력하다) + al(형용사, ~의). social scientist : 사회(과)학자

사회적으로 | 사회학자 | 사회학

24 **economy**
52/15 [ikánəmi] n
★★★★★
출제확률 75.9%

economic economically **경제, 절약**

That could slow down the development of our economy.
우리 경제의 발전을 저해할 수 있다. ('03)
» eco(가정, 생태) + nomy(= law법칙) → 세상의 법칙(경제)

경제의, 경제학의 | 경제적으로

25 **relate**
48/15 [riléit] v
★★★★★
출제확률 75.9%

related relation relationship relevance **~와 관련(관계)이 있다**

A society is a network of relationships among individuals.
사회는 사람들 사이의 네트워크다. ('00)

관련된 | 관계 | 관계 | 관련(성), 적절

26 **express**
32/15 [ikspréṡ] n, v, a
★★★★★
출제확률 75.8%

expressed expression expressive **급행; 표현하다, 급송하다; 명시된**

Many people believe that they will be free of their anger if they express it.
많은 사람들은 화를 표출해야 그것으로부터 자유로워질 수 있다고 믿는다. ('09)
» ex(밖으로) + press((생각을) 밀어내다) → 표현하다

(과거, 과거분사) | 표현 | 표현적인, 나타내는

27 **instead**
32/15 [instéd] ad
★★★★★
출제확률 75.7%

Ⓢ **alternatively, rather, preferably** **~대신에**

People were advised to use chopsticks instead of knives.
사람들에게 나이프 대신 젓가락을 사용하도록 권고 받았다. ('02)
» instead of : ~을 대신해서

28 **natural**
30/15 [nǽtʃərəl] a
★★★★★
출제확률 75.7%

naturalistic naturally **자연의, 자연스러운**

The pleasures of contact with the natural world are not reserved just for the artists. 자연과의 교감의 기쁨이 예술가들을 위해서만 있는 것은 아니다. ('96)
» nat(태어난) + (u)ral(~한, ~의) → 자연스러운

자연주의적인 | 자연스럽게, 당연히

29 **comfort**
30/15 [kʌ́mfərt] n
★★★★★
출제확률 75.7%

comfortable comfortably comforting discomfort **안락, 위안, 편안**

It is often comfortable.
그것은 보통 편안하다. ('00)
» com(서로) + fort(= strength 힘) → 서로 힘이 되어주니 위안이 된다

편안한, 기분 좋은 | 기분 좋게 | 기분을 좋게하는 | 불편

30 **accept**
29/15 [æksépt] v
★★★★★
출제확률 75.7%

acceptable acceptance accepted accepting **받아들이다**

We've heard you accepted a job offer at Beautiful Mind Books.
당신이 뷰티풀 마인드 북스사의 입사제의를 받아들였다고 들었다. ('03)
» ac(= to ~쪽으로) + cept(= take 취하다) → ~을 받아들이다

받아들일 수 있는 | 수락, 승인 | 받아들여진 | 받아들이는

31 **direct**
29/15 [dirékt] v
★★★★★
출제확률 75.7%

directed directly director indirectly **지도하다, 지휘하다**

The diamond most directly affects our daily lives as a tool.
다이아몬드는 우리의 일상 생활에 가장 직접적인 영향을 미치는 도구이다. ('07)
» di(강조) + rect(똑바로 가다) → 가야할 방향으로 똑바로 가게하다 → 지도하다

유도된, 지시받은 | 곧장, 즉시 | 지도자, 감독, 임원 | 간접적으로

32 **particular**
28/15 [pərtíkjələr] a
★★★★★
출제확률 75.7%

particularly **특수한, 각자의, 특별한**

One particular Korean kite is rectangular.
특정 한국 연은 직사각형이다. ('06)
» partic(= part) + ular(의) → 특정한 부분의 → 특수한

특히, 특별히

33 **accord**
27/15 [əkɔ́:rd] n, v
★★★★★
출제확률 75.7%

according accordingly **일치, 조화; 일치하다**

People react differently according to different languages.
사람들은 언어에 따라 다르게 반응한다. ('10)
» ac(= to ~에) + cord(= heart 마음을 두다) → (마음이)일치하다 * according to : ~에 따르면

~에 따라서 | 따라서

34 **improve**
27/15 [imprú:v] v
★★★★★
출제확률 75.7%

improved improvement improving **개선하다, 진보하다**

But once he got started, the room's appearance began to improve.
그러나 일단 그가 시작하자, 그 방의 모습은 개선되었다. ('95)
» im(안을) + prov(증명, 시험하다) → 증명과 시험을 통해 개선이 된다

향상된 | 향상, 개선 | 개선하는

35 **thus**
25/15 [ðʌs] ad
★★★★★
출제확률 75.7%

ⓢ **hence, therefore** — **따라서, 그러므로**

Thus, they repeatedly attempted to make it clear to their public.
따라서, 그들은 대중이 확실히 이해할 수 있도록 계속적으로 시도했다. ('10)
» therefore(그러므로)와 동일한 의미이다.

36 **wonder**
25/15 [wʌ́ndər] n, v
★★★★★
출제확률 75.7%

wondered wondering — **불가사의, 경이; 놀라다**

It is no wonder few people ever imagined.
그것은 더 이상 소수만이 상상이 아니다.

(과거, 과거분사) | 경탄하는, 이상히 여기는

37 **avoid**
24/15 [əvɔ́id] v
★★★★★
출제확률 75.7%

avoidable avoided avoiding unavoidable — **피하다**

Exercise is said to be the best preventive measure to avoid osteoporosis.
운동은 골다공증을 막는 최고의 예방법으로 알려져있다. ('95)
» a(멀리) + void(= empty 빈, 없는) → 멀리 사라지다 → 피하다

피할 수 있는 | (과거, 과거분사) | (현재분사) | 불가피한

38 **available**
24/15 [əvéiləbl] a
★★★★★
출제확률 75.7%

unavailable — **이용할 수 있는**

If we are hungry, there is always food available.
우리가 배 고플 땐 항상 먹을 음식이 존재한다. ('10)
» a(~에) + vail(= worth 값어치가 있다) + able(~할 수 있는) → ~을 값어치 있게 할 수 있는

이용할 수 없는, 만날 수 없는

39 **affect**
22/15 [əfékt] v
★★★★★
출제확률 75.6%

affected affecting affection affective — **영향을 주다, 감동시키다**

This will affect other areas of culture, including film.
이는 영화를 포함한 문화의 다른 부분에 영향을 미칠 것이다. ('03)
» af(~에) + fect(= make 만들다) → ~에 영향을 주다

영향을 받은 | 감동적인 | 감동 | 감정적인

40 **disappoint**
19/15 [dìsəpɔ́int] v
★★★★★
출제확률 75.6%

disappointed disappointing disappointment — **실망시키다**

I disappointed him, the man who loved me like a father.
아버지처럼 나를 사랑해 주었던 그를 내가 실망시켰다. ('03)
» dis(아닌) + appoint(지명하다) → ~를 지명하지 않다 → (지명을 안하니) 실망시키다

실망한 | 실망시키는 | 실망

41 **benefit**
18/15 [bénəfit] n, v
★★★★★
출제확률 75.6%

benefited — **이익, 은혜; 이익이 되다**

Only a small number of foreigners, however, have benefited from this progress.
하지만 소수의 외국인만이 이 과정을 통해 혜택을 받았다. ('01)
» bene(좋은 일) + fit(하다) → 좋은 일을 하다 → 이익이 되다

(과거, 과거분사)

42 **personal**
31/14 [pə́:rsənl] a
★★★★★
출제확률 70.7%

impersonal personality personalized personally — **개인의**

There may be a relationship between sleeping position and personality.
수면 자세와 성격 간에 연관성이 있을 수 있다.
» person(개인) + al(~한)

비인격적인 | 성격, 개성 | 개인화 된 | 개인적으로

43 **realize**
29/14 [rí:əlàiz] v
★★★★★
출제확률 70.7%

realized realizing unrealized — **깨닫다, 실현하다**

I realized the whole house was shining with light.
그 집 전체가 등으로 밝게 빛나는 것을 알게 되었다. ('03)
» real(현실) + ize(~화하다)

(과거, 과거분사) | 실현하는, 실감하는 | 실현되지 않은

족집게 보카 TEST Day 02

1. 아래의 단어에 맞는 뜻을 골라 선으로 이어주세요.

1 increase	ⓐ ~을 주다, 준비하다
18 physical	ⓑ 땅; ~에 근거를 두다; 기초의
20 involve	ⓒ 놓다
29 comfort	ⓓ 변화를 주다, 서로 다르다
14 offer	ⓔ 신체검사; 물리적인, 물질의
7 compete	ⓕ 증가; 증가하다
26 express	ⓖ 사회적인, 사교적인
10 situate	ⓗ 특수한, 각자의, 특별한
32 particular	ⓘ 급행; 표현하다, 급송하다; 명시된
17 vary	ⓙ 포함하다
23 social	ⓚ 안락, 위안, 편안
21 ground	ⓛ 교육하다, 훈육하다
13 educate	ⓜ 경쟁하다
15 provide	ⓝ 제공; 제공하다

2. 아래 문장의 알맞은 뜻을 보기에서 고르세요.

a. Getting rich information was very expensive. (　　)
b. A society is a network of relationships among individuals. (　　)
c. We've heard you accepted a job offer at Beautiful Mind Books. (　　)
d. Many people believe that they will be free of their anger if they express it. (　　)
e. Many universities offer Korean language programs. (　　)
f. Every product we buy has an effect on the environment. (　　)
g. Various aspects of children's imagination (　　)

보 기

① 많은 사람들은 화를 표출해야 그것으로부터 자유로워질 수 있다고 믿는다.
② 아이들의 상상력의 다양한 모습들
③ 많은 대학들이 한국어 수업을 제공한다.
④ 우리가 구입하는 모든 물건들은 환경에 영향을 미친다.
⑤ 많은 정보를 얻는 것은 매우 비쌌다.
⑥ 사회는 개인간의 관계를 엮어 놓은 네트워크다.
⑦ 당신이 뷰티풀 마인드 북스사의 입사제의를 받아들였다고 들었다.

정답: ⑤ ⑥ ⑦ ① ③ ④ ②

19년간 수능 기출 영단어 10만개를 모조리 통계내어 만든

족집게 보카 Day 03

44 **therefore** [ðέərfɔ̀:r] ad 28/14 ★★★★★ 출제확률 70.7%

ⓢ **as a result, thus, hence** — **따라서**

We should, therefore, be ready to fight for the right to tell the truth.
따라서, 우리는 진실을 말할 권리를 위해 싸울 준비를 해야 한다. ('02)
» there(거기) + fore(앞) → 모든 것에 앞서 결론을 내다 → 따라서

45 **skill** [skíl] n 28/14 ★★★★★ 출제확률 70.7%

skilled unskilled — **숙련, 실력, 기술**

She developed her writing skills.
그녀는 글쓰기 실력을 향상시켰다. ('04)
» skill-up : 기술 향상

숙련된 | 특별한 기술이 없는

46 **complete** [kəmplí:t] a 27/14 ★★★★★ 출제확률 70.7%

completed completely incomplete — **완성하다**

The trip had completely defeated the father's purpose.
그 여행은 아버지의 목적과 완전히 다른 결과를 가져다 주었다. ('03)
» com(함께, 서로, 완전히) + plete(= fill 채우다) → 완성하다

작성한 | 완전히 | 불완전한

47 **encourage** [inkə́:ridʒ] v 27/14 ★★★★★ 출제확률 70.7%

encouraged encouragement encouraging — **용기를 돋우다, 격려하다**

Individuals are encouraged to produce imaginative and original ideas.
개인들은 상상력이 풍부하고 독창적인 아이디어를 생각해내도록 장려된다. ('04)
» en(~을 넣다) + courage(용기) → 용기를 불어넣다

(과거, 과거분사) | 격려 | 격려의

48 **respond** [rispɑ́nd] v 26/14 ★★★★★ 출제확률 70.7%

responded respondent responding response — **응답하다**

It will probably influence the way you respond to the neighbor.
아마도 당신이 이웃에게 대하는 방식에 영향을 미칠 것이다. ('07)
» re(다시) + spond(= promise 약속하다) * in response to : ~에 응하여[답하여]

(과거, 과거분사) | 응답자 | (현재분사) | 응답, 반응, 회신

49 **fear** [fíər] n, v 25/14 ★★★★★ 출제확률 70.7%

fearful — **두려움; 두려워하다**

As a child grows, fears may disappear.
아이가 자라면서 두려움도 사라질 것이다. ('02)
» out of fear : 두려움으로

무서운, 걱정하는

50 **similar** [símələr] a 24/14 ★★★★★ 출제확률 70.7%

similarity similarly — **비슷한**

Animals with nervous systems similar to a worm's cannot play soccer.
곤충들과 비슷한 신경체계를 가진 동물들은 축구를 할 수 없다. ('05)
» same(같은) + ar(~한) → 비슷한

유사성 | 비슷하게, 유사하게

51 **based**
23/14 [beist] a
★★★★★
출제확률 70.7%

base city-based team-based water-based **~을 기반으로 한**

Managers who want people to take a more team-based approach with their people 자신의 사람들이 팀 중심의 접근을 하기 원하는 부장들 ('10)
» base(기초)가 원형이다 * based on : 에 근거하여, ~에 따라
토대, 기초 | 도시 기반의 | 팀 바탕[기반]의 | 수성의

52 **quite**
23/14 [kwàit] a
★★★★★
출제확률 70.6%

ⓢ absolutely, totally **아주, 완전히, 꽤, 상당히**

What often appears to be a piece of worthless old junk may very well be quite valuable. 가치없고 오래된 구닥다리로 보이는 것이 상당히 값어치 있는 것일 수도 있다. ('06)
» quit(자유로운) + e → 자유롭다 완전히

53 **distant**
20/14 [dístənt] a
★★★★★
출제확률 70.6%

distance **거리가 먼**

Villagers heard a deer barking in the distance.
마을 사람들은 멀리서 사슴이 울부 짖는 소리를 들었다. ('06)
» dis(떨어져) + sta(서다) + nt(형용사) → 거리가 먼 * in the distance : 멀리서, 먼 곳에서
먼 거리, 거리

54 **condition**
37/13 [kəndíʃən] n
★★★★★
출제확률 65.7%

conditionally **조건, 필요조건, 상태**

Overall physical condition is pretty good.
건강 상태가 전반적으로 꽤 좋습니다. ('05)
» 오늘 컨디션(condition)이 좋다/나쁘다 등으로 자주 쓴다.
조건부의, ~을 조건으로

55 **patient**
37/13 [péiʃənt] n, a
★★★★★
출제확률 65.7%

impatience impatient impatiently patience **환자, 인내; 인내심 있는**

He got up and stood patiently in front of the door.
그는 일어나 문 앞에서 끈기있게 서 있었다. ('06)
» pati(괴로워하다) + ent(~는, 사람) → 인내하는 * lose one's patience : 인내심을 잃다
조급함, 성급함 | 못 견디는, (못 참아)짜증난 | 성급하게 | 인내심, 인내력

56 **past**
33/13 [pæst] a
★★★★★
출제확률 65.7%

ⓢ ancient, former, previous **과거, 지나간**

They have to give up the high economic growth rates of the past.
그들은 과거의 고성장을 포기해야만 했다. (99)
» in the past : 과거에

57 **tend**
26/13 [ténd] v
★★★★★
출제확률 65.6%

tended tendency tending **~하는 경향이 있다, ~을 향하다**

Your experience tells you that men tend to be taller than women.
당신의 경험은 남자가 보통 여자보다 큰 경향이 있다고 알려준다. ('00)
» tend(= stretch 뻗다) → ~로 뻗다 → ~하는 경향이 있다 * tend to : ~하는 경향이 있다
(과거, 과거분사) | 성향, 경향 | (현재분사)

58 **instance**
26/13 [instəns] n
★★★★★
출제확률 65.6%

ⓢ example, occasion, case **예, 경우**

For instance, we can either tell the truth or tell a lie.
예를 들면, 우리는 진실을 말하거나 거짓말을 할 수도 있다. ('02)
» in(~에) + stan(= stand 서다) + ce(~것) → ~에 서 있음 → 예시 * for instance : 예를 들면

59 **industry**
26/13 [índəstri] n
★★★★★
출제확률 65.6%

industrial industrialization industrialized **공업, 산업, ~업**

This plays an essential role in various scientific fields and in industry.
이것은 다양한 과학분야와 산업에서 중요한 역할을 한다. ('08)
» essential role : 중요한 역할 * post-industrial : 산업화 이후의
산업의 | 산업화 | 산업화된

60 **exist**

25/13 [igzíst] v

★★★★★

출제확률 65.6%

existed existence existing nonexistent **존재하다**

Scientists have been able to discover the existence of infrasound.

과학자들은 초저주파 불가청음의 존재를 발견할 수 있었다. ('04)

» ex(밖에) + ist(서 있다) → 존재하다

(과거, 과거분사) | 존재, 존속 | 존재하는 | 존재하지 않는

61 **support**

25/13 [səpɔ́:rt] n, v

★★★★★

출제확률 65.6%

supported supporter **지지; 지지하다, 부양하다**

They have a long list of other points that support their argument.

그들은 자기의 주장을 뒷받침할 다른 많은 사항을 가지고 있다. ('03)

» sup(= sub 아래에서) + port(나르다) → 아래에서 지원하다

(과거, 과거분사) | 지원자, 후원자

62 **fill**

25/13 [fíl] v

★★★★★

출제확률 65.6%

filled filling **채우다, 가득차다**

It is filled with pictures of people and events.

그것은 사람들과 행사들 사진들로 가득 차 있었다. ('01)

» be filled with : ~로 가득 차다

가득 찬 | 배부른, (현재분사)

63 **organize**

24/13 [ɔ́:rgənàiz] v

★★★★★

출제확률 65.6%

organization organized organizing well-organized **조직하다**

Many doctors from around the world joined the organization.

전 세계 많은 의사들이 그 단체에 참여했다. ('00)

» organ(조직) + ize(만들다, ~화하다) → 조직하다

조직, 구조 | 조직화된, 조직적인 | 조직화 | 잘 정리된

64 **demand**

23/13 [dimǽnd] n, v

★★★★★

출제확률 65.6%

demanded demanding **요구, 수요; 요구하다**

The increased population brought more demand for food.

인구의 증가는 더 많은 식량 수요를 초래했다. ('00)

» de(강조, 강하게) + mand(= order 주문, 명령하다) → 강하게 주문하다 → 요구하다

(과거, 과거분사) | 요구가 지나친

65 **include**

23/13 [inklú:d] v

★★★★★

출제확률 65.6%

included including **포함하다**

This will affect other areas of culture, including film.

이는 영화를 포함한 문화의 다른 부분에 영향을 미칠 것이다. ('03)

» in(안에) + clud(= shut 가두다) → ~에 갇혀있다 → 포함하다

포함된 | ~을 포함하여

66 **trouble**

23/13 [trʌ́bl] n

★★★★★

출제확률 65.6%

troubled troubling untroubled **고생, 근심**

You're in big trouble.

너 이제 큰일 났다. ('00)

» have trouble -ing : ~하는데 애를 먹다 * in trouble : 곤경에 처한

걱정하는, 문제가 많은 | (현재분사) | 괴로워하지 않는

67 **manage**

23/13 [mǽnidʒ] v

★★★★★

출제확률 65.6%

manageable managed management manager **관리하다**

We're a team, and that's what a manager is supposed to do.

우리는 팀이고 그것은 바로 운영자가 해야 할 일이다. ('02)

» man(손) + nage(하다) → 손으로 다루다, 관리하다 * manage to : ~해내다

관리할 수 있는 | 관리되는 | 경영 | 경영자, 관리자

68 **approach**

22/13 [əpróutʃ] n, v

★★★★★

출제확률 65.6%

approached approaching **접근; 접근하다**

Finally, you approach a sign, reading FUEL AHEAD.

마침내 당신은 '앞에 주유소'라는 이정표에 도달하게 된다. ('00)

» take an approach : 착수하다, 다가가다

(과거, 과거분사) | (현재분사)

69 **explain** 22/13 [ikspléin] v ★★★★★ 출제확률 65.6%

explained explaining explanation **설명하다**

But it's difficult to explain over the phone.
하지만 전화상으로 설명하기는 어렵습니다. ('01)
» ⓢ excuse, justify, account for * over the phone : 전화상으로

(과거, 과거분사) | (현재분사) | 설명

70 **recognize** 22/13 [rékəgnàiz] v ★★★★★ 출제확률 65.6%

recognition recognized recognizing **인정하다**

It hasn't fully recognized the importance of the arts.
그것은 예술의 중요성을 충분히 인정하지 않았다. ('03)
» re(다시) + cogn(알다) + ize(~되게 하다) → 다시 알아보다 → 인정하다

인식, 인정 | 인정된, 알려진 | (현재분사)

71 **drop** 22/13 [dráp] n, v ★★★★★ 출제확률 65.6%

dropped dropping **방울; 떨어지다, 떨어뜨리다**

Let's drop by a gift shop.
선물 가게에 들르시죠. ('09)
» dew drops : 이슬 방울 * drop by : 들르다

(과거, 과거분사) | 낙하

72 **festive** 22/13 [féstiv] a ★★★★★ 출제확률 65.6%

festival **축제의, 즐거운**

It's lively and festive.
활기가 넘치고 즐겁다. ('10)
» fest(= feast 파티, 축제) + ve(~한, ~의) → 축제의

축제, 축제의

73 **attract** 22/13 [ətrǽkt] v ★★★★★ 출제확률 65.6%

attracted attraction attractive unattractive **끌다, 유혹하다**

Aroma that attracts certain insects
특정 벌레들을 유혹하는 향기 ('09)
» at(~로) + tract(끌어내다) * be attracted : ~에 매력을 느끼다 * tourist attraction : 관광명소

(과거, 과거분사) | 매력, 끌어당김 | 매력적인 | 재미없는, 매력적이지 못한

74 **common** 21/13 [kámən] a ★★★★★ 출제확률 65.6%

commonality commoner commonly uncommon **공통의, 보통의**

Do you know how to remember uncommon names.
평범하지 않은 이름을 기억하는 방법을 아시니요? ('11)
» com(함께) + mon(= serve 돌보는) → 공통으로 돌봄 * have ~ in common : ~을 공유하다

공통성, 평범 | 평민, 서민 | 보통 | 드문, 흔하지 않은

75 **judge** 20/13 [dʒʌ́dʒ] n ★★★★★ 출제확률 65.6%

judged judging judgment **재판관, 심판, 재판**

Your friend's judgment is simply unfair.
다만 당신 친구의 판단이 공정하지 않다.
» jus(= just 공정한) + ge(= dic 말하다) → 공정히 말함 → 재판

(과거, 과거분사) | 심사 | 심판, 판단, 평가

76 **prepare** 20/13 [pripɛ́ər] v ★★★★★ 출제확률 65.6%

preparation prepared preparing unprepared **준비하다**

Peter walks into the kitchen and finds his father preparing the breakfast.
피터가 부엌에 들어가보니 그의 아버지가 아침을 준비하고 계셨다.
» pre(미리) + pare(깎다) → 미리 준비하다

준비, 대비 | 준비가 된 | (현재분사) | 준비가 안 된

77 **especially** 20/13 [ispéʃəli] ad ★★★★★ 출제확률 65.6%

ⓢ particulary, notably **특별히**

Some children, especially boys, like to have their own music players.
일부 어린이들은(특히 남자 아이들) 뮤직 플레이어를 가지고 싶어 한다. ('06)
» e(강조) + special(특별한) + ly(~게) → 특별히

78 **bore**
19/13 [bɔ́:r] n, v
★★★★★
출제확률 65.6%

bored boredom boring 따분한 것; 지루하게 하다
Some shanties broke up the boredom of long trips.
몇몇 뱃노래는 긴 여행의 지루함을 달래주었다. ('03)
» ⓢ fatigue, weary, tire
지루한 | 지루함 | 지루하게 하는

79 **addition**
19/13 [ədíʃən] n
★★★★★
출제확률 65.6%

additional ⓢ supplement, extension 부가, 추가
In addition, the cow that suddenly eats lots of a new food may give less milk.
게다가, 새로운 음식을 갑자기 많이 먹은 소는 우유를 덜 생산한다. ('00)
» add(추가하다, 더하다) + tion(~것) → 추가, 게다가(in addition)
추가적인

80 **indifferent**
17/13 [indífərənt] a
★★★★★
출제확률 65.5%

indifference 무관심한
He was cold and indifferent.
그는 냉담하고 무관심했다. ('09)
» in(아닌) + different(다른) → 다르게 없는 → 무관심한
무관심

81 **bright**
15/13 [bráit] a
★★★★★
출제확률 65.5%

brighten brightest brightly brightness 밝은, 영리한
The air was bright and cold against his face.
그의 얼굴에 닿는 공기는 상쾌하고 차가웠다. ('10)
» ⓢ clear, clever, shining
밝게 하다 | 가장 밝은 | 밝게, 명랑하게 | 빛남

82 **object**
39/12 [ɑ́bdʒikt] n, v
★★★★★
출제확률 60.7%

obj. objection objectionable 사물, 목적; 반대하다
Suppose a company realizes that it is not achieving its goals or objectives effectively.
어떤 회사가 목적이나 목표를 효과적으로 달성하지 못하고 있음을 깨달았다고 가정해보자. ('03)
» ob(~에 반대하여) + ject(던져넣다) → ~에 반대하여 던지다 → 반대하다
(줄임말) | 반대 | 반대할 만한, 무례한

83 **deep**
30/12 [dí:p] a, ad
★★★★★
출제확률 60.7%

deeper deepest deeply depth 깊은; 깊게
They should not risk their own lives in deep forests.
그들은 깊은 숲속에 그들의 목숨을 걸지 말아야 한다. ('02)
» deeply impressed : 깊이 감명을 받은
더 깊은 | 가장 깊은 | 깊이 | 깊이

84 **major**
30/12 [méidʒər] a
★★★★★
출제확률 60.6%

majority 주요한
A majority of people could not tell where the static was.
대부분의 사람들은 잡음이 있었는지도 몰랐다. ('10)
» 라틴어 magnus(거대한)에서 유래했다. * static : 정적인, 정지된; 비난, 잡음
대부분, 과반수

85 **modern**
30/12 [mɑ́dərn] a
★★★★★
출제확률 60.6%

ⓢ current, contemporary, up-to-date 현대의, 근대의
In this modern world, people are not used to living with discomfort.
현대에는 사람들이 불편함 속에 사는 것에 익숙치 않다. ('10)
» mod(지금) + ern(의) → 현대의 * ⓢ contemporary, current, up-to-date

86 **community**
29/12 [kəmjú:nəti] n
★★★★★
출제확률 60.6%

communal 지역 사회
You are a member of your family and a player on the community baseball team.
당신은 가족의 구성원이자 지역 야구팀의 선수이다. ('01)
» com(함께) + uni(하나) + ty → 모두 모여 하나가 됨 * sense of community : 공동체 의식
공동 사회의, 공동의

족집게 보카 TEST Day 03

1. 아래의 단어에 맞는 뜻을 골라 선으로 이어주세요.

47 encourage	•	ⓐ 예, 경우
62 fill	•	ⓑ 용기를 돋우다, 격려하다
74 common	•	ⓒ 인정하다
66 trouble	•	ⓓ 비슷한
57 tend	•	ⓔ 채우다, 가득차다
49 fear	•	ⓕ 지지; 지지하다, 부양하다
60 exist	•	ⓖ 고생, 근심
71 drop	•	ⓗ 관리하다
67 manage	•	ⓘ 존재하다
50 similar	•	ⓙ 공통의, 보통의
61 support	•	ⓚ 방울; 떨어지다, 떨어뜨리다
70 recognize	•	ⓛ 재판관, 심판, 재판
75 judge	•	ⓜ 두려움; 두려워하다
58 instance	•	ⓝ ~하는 경향이 있다, ~을 향하다

2. 아래 문장의 알맞은 뜻을 보기에서 고르세요.

a. As a child grows, fears may disappear. (　　)
b. It hasn't fully recognized the importance of the arts. (　　)
c. Your experience tells you that men tend to be taller than women. (　　)
d. The increased population brought more demand for food. (　　)
e. This will affect other areas of culture, including film. (　　)
f. Overall physical condition is pretty good. (　　)
g. But it's difficult to explain over the phone. (　　)

보 기

① 하지만 전화상으로 설명하기는 어렵습니다.
② 아이가 자라면서 두려움도 사라질 것이다.
③ 당신의 경험은 남자가 보통 여자보다 큰 경향이 있다고 알려준다.
④ 건강 상태가 전반적으로 꽤 좋습니다.
⑤ 이는 영화를 포함한 문화의 다른 부분에 영향을 미칠 것이다.
⑥ 인구의 증가는 더 많은 식량 수요를 초래했다.
⑦ 그것은 예술의 중요성을 충분히 인정하지 않았다.

정답: ② ⑦ ③ ⑥ ⑤ ④ ①

19년간 수능 기출 영단어 10만개를 모조리 통계내어 만든

족집게 보카 Day 04

87 **emotion** 26/12 [imóuʃən] n ★★★★★ 출제확률 60.6%

emotional emotionally — **정서, 감정**

Music covers the whole range of emotions.
음악은 감정의 모든 영역을 다룬다. ('08)
» e(강하게, 밖으로) + motion(움직임) → 강하게 움직이는 것 → 감정

감정적인 | 감정적으로

88 **party** 25/12 [pá:rti] n ★★★★★ 출제확률 60.6%

ⓢ faction, side — **당파, 일행, 당사자, 모임**

Your party and the other party are sitting across a table.
당신의 일행과 다른 일행들이 테이블 건너편에 앉아 있다. ('10)
» part(부분) + y(명사형 접미사) → 당파, 그룹

89 **influence** 24/12 [ínfluəns] n, v ★★★★★ 출제확률 60.6%

influenced influential — **영향(력); 영향을 미치다**

Shadows that influence our lives
우리의 삶에 끼치는 영향끼치는 그림자(어두운 면) ('04)
» in(안으로) + fluen(= flow 흐르는) + ce(~것) → 안으로 흐르는 것 → (안에) 영향을 미치다

(과거, 과거분사) | 영향력 있는

90 **tradition** 24/12 [trədíʃən] n ★★★★★ 출제확률 60.6%

traditional traditionally — **전설, 전통**

For example, corn is traditionally eaten with beans.
예를 들면, 전통적으로 옥수수는 콩과 함께 먹는다. ('09)
» trad(i)(넘겨주다) + tion(~것) → 넘겨주는 것 → 전통 * by tradition : 전통에 의하여

전통의, 전통적인 | 전통적으로

91 **although** 23/12 [ɔ:lðóu] conj ★★★★★ 출제확률 60.6%

ⓢ even if, though — **비록 ~일지라도**

Although her life was difficult, she never gave up.
비록 그녀는 삶이 힘들어도 절대 포기하지 않았다. ('04)
» all + though(비록 ~일지라도) → 비록 ~일지라도

92 **attitude** 23/12 [ǽtitjù:d] n ★★★★★ 출제확률 60.6%

ⓢ posture, stance — **태도, 자세**

This affects their whole attitude toward school and learning.
이것은 학교와 배움에 대한 그들의 모든 태도에 영향을 미친다. ('04)
» att(적합한) + tude(~것) → ~에 적합한 것

93 **occur** 22/12 [əkə́:r] v ★★★★★ 출제확률 60.6%

occurred occurrence occurring — **일어나다**

When such role conflicts occur, you need to do more important things first.
역할 충돌 같은 것이 발생하면 당신은 더 중요한 것을 먼저 해야 한다. ('01)
» oc(~에 대항하여) + cur(= run 달리다) → 대항해 달려가면 무슨 일이 생긴다

(과거, 과거분사) | 발생 | 일어나고 있는

94 **ability** 22/12 [əbíləti] n ★★★★★ 출제확률 60.5%

disability testability **능력**

The ability to delay satisfaction is important.
만족을 뒤로 미룰 줄 아는 능력은 중요하다. ('10)
» able(~할 수 있는)에 (i)ty(~것)를 붙여 명사가 되었다.

장애 | 시험[검사] 가능성

95 **effort** 22/12 [éfərt] n ★★★★★ 출제확률 60.5%

effortlessly **노력**

We believe your future career will benefit from the same effort.
당신이 노력한 만큼 미래의 커리어에 도움이 될 것이라 믿는다. ('03)
» ef(밖으로) + fort(= strength 힘) → 밖으로 힘을 씀 * in an effort to : ~을 하려는 노력으로

노력없이, 쉽게, 소극적으로

96 **essential** 21/12 [isénʃəl] a ★★★★★ 출제확률 60.5%

essentiality **본질적인, 필수의**

The essential role of hand gestures
손짓의 본질적인 역할 ('03)
» ess(=be 있다, 존재) + ential(형접) → 본질적인 * essence(본질)의 형용사형이다.

본성, 본질

97 **opportunity** 21/12 [ɑ̀pərtjú:nəti] n ★★★★★ 출제확률 60.5%

Ⓢ **possibility, chance** **기회**

Korean companies offer better opportunities and pay.
한국 기업들이 더 나은 기회와 급여를 제공한다. ('05)
» op(반대쪽에, 앞에) + port(= carry 나르다) + unity(~것) → 바로 앞에 놓여진 것은 기회

98 **determine** 20/12 [ditə́:rmin] v ★★★★★ 출제확률 60.5%

determination determined **결정하다, 결심하다**

It is extremely difficult to determine what should and should not be retouched.
어떤 것을 수정하고 안할지를 결정하는 것은 엄청나게 어렵다. ('05)
» de(떨어져) + term(기한) + ine(~로 만들다) → (~까지 기한을 설정하기로) 결정하다

결정 | 단호한, 완강한

99 **origin** 20/12 [ɔ́:rədʒin] n ★★★★★ 출제확률 60.5%

original originality originate **기원, 태생**

Individuals are encouraged to produce imaginative and original ideas.
개인들은 창의직이고 독창적인 아이디어를 생각해 내도록 장려된다. ('04)
» ori(시작하다) + gin(= gen 태어나다) → 기원, 태생

원래의, 원본의 | 독창성 | 유래하다

100 **chemical** 20/12 [kémikəl] n, a ★★★★★ 출제확률 60.5%

chemistry neurochemical **화학의; 화학물질**

They are very useful for controlling weeds without using chemicals.
화학약품을 사용하지 않고 잡초를 제거(통제)하는데 그것들은 매우 유용하다. ('00)
» chem(화학) + (i)cal(~적인) → 화학적인, 화학의

화학 | 신경화학의, 신경화학물질

101 **terrible** 20/12 [térəbl] a ★★★★★ 출제확률 60.5%

terribly **끔찍한**

The next night there was a terrible storm.
다음 날 밤 최악의 폭풍이 몰려왔다. ('00)
» terror(terra(땅) + or(사람) → 땅을 빼앗는 사람 + (i)ble(~한) → 끔찍한

몹시, 대단히, 극심하게

102 **memory** 19/12 [méməri] n ★★★★★ 출제확률 60.5%

memorize **기억, 기억력**

My memory is going, but I don't miss it that much.
저는 기억력이 감퇴하고 있지만 그렇게 아쉽지는 않아요. ('00)
» memo(메모) + ry(~것) → (머리 속에) 메모해 놓은 것 * in memory of : ~을 기념하여

암기하다

103 **humor**
19/12 [hjú:mər] n
★★★★★
출제확률 60.5%

humorous non-humorous 유머

She finds humor in the silliest things.
그녀는 정말 바보 같은 것에서 유머를 찾았다. ('03)
» without humor : 재미없이

재미있는 | 재미없는

104 **audience**
18/12 [ɔ́:diəns] n
★★★★★
출제확률 60.5%

ⓢ spectator, crowd, assembly 청중

When a speaker glances at his watch, the audience does the same thing.
연사가 시계를 쳐다보면 청중도 따라한다. ('03)
» audi(= hear 듣다) + ence(명접) → 듣고 있는 사람 → 청중

105 **local**
16/12 [lóukəl] n, a
★★★★★
출제확률 60.5%

ⓢ community, regional 지방; 지방의

Well, my uncle runs a local record shop.
글쎄요, 저의 삼촌은 동네 레코드 가게를 운영합니다. ('07)
» loc(= place 장소) + al(의) → 지역의

106 **due**
16/12 [djú:] n, a
★★★★★
출제확률 60.5%

해야하는 것(의무); ~때문에, ~하기로 되어있는

The due date has already passed.
마감 기한이 이미 지났다. ('00)
» due to : ~덕택에, ~로 인해

107 **professional**
16/12 [prəféʃənl] n, a
★★★★★
출제확률 60.5%

pro profession 전문가; 전문가적인

I think you'd be better off getting a professional opinion.
내 생각엔 당신은 전문가의 의견을 듣는 것이 더 나을 것 같다. ('01)
» pro(앞에) + fess(말하다) + ional(~인) → 앞에서 자신있게 말함

프로, 프로의, ~을 지지하는 | 직업, 직종, 전문직

108 **contest**
16/12 [kántest] n
★★★★★
출제확률 60.5%

ⓢ competition, match 경쟁, 콘테스트, 대회

To design a contest poster
대회 포스터를 디자인하기 ('02)
» con(함께) + test(테스트) → 함께 테스트 받다 → 경쟁, 대회

109 **seek**
16/12 [sí:k] v
★★★★★
출제확률 60.5%

seeker seeking sought 찾다, 구하다

They are seeking comfort in doing the same task.
그들은 같은 일을 하면서 편안함을 추구한다. ('08)
» see(보다) + k → 찾다, 구하다

~을 추구하는 사람 | 추구, 탐색, 탐구 | (과거, 과거분사)

110 **proper**
15/12 [prápər] a
★★★★★
출제확률 60.5%

properly propriety 적당한

All new houses must now be built with proper building materials.
요즘 지어지는 새 집들은 올바른 건축 자재를 사용해야만 한다. ('01)
» pro(먼저, 앞의) + per(= through 통과하다) → 미리 먼저 통과한 것이니(해봤으니) → 적당한

적절히, 제대로 | 적절성, 예절

111 **process**
34/11 [práses] n
★★★★★
출제확률 55.7%

processing 경과, 과정

Every process of decaffeination starts with steaming the green beans.
모든 카페인을 제거하는 과정은 녹색 원두를 찌는 것으로 시작한다. ('09)
» pro(= before 앞서) + cess(= going 해 나감, 한 것) → 앞서 해 나간 것 → 경과, 과정

가공, 과정

112 **appreciate** **appreciated appreciating appreciation appreciative** **감사[감상]하다, 평가하다**

29/11 [əpríːʃièit] v
★★★★★
출제확률 55.6%

How nice of you! I'm sure she'll really appreciate them.
당신은 정말 친절하군요! 저는 그녀가 그것들에 대해 정말 감사할 것이라고 확신합니다. ('11)
» ap(~에 대해) + preci(= price 가치를 매기다) + ate(~하다) → 평가하다
(과거, 과거분사) | (현재분사) | 감사 | 감사의

113 **communicate** **communicated communication miscommunicate** **의사소통 하다, 통신하다**

27/11 [kəmjúːnəkèit] v
★★★★★
출제확률 55.6%

The people you communicate with will feel much more relaxed.
당신과 대화하는 사람들은 훨씬 더 편안함을 느낄 것이다. ('03)
» commun(= common 공유) + (ic)ate(하다) → 함께 공유하다 → 의사소통하다
(과거, 과거분사) | 통신, 전달 | 잘못 소통하다

114 **employ** **employed employee employer employment** **고용하다**

24/11 [implɔ́i] v
★★★★★
출제확률 55.6%

A professor of business studied employment patterns in Korea and the United States. 한 경영대 교수가 한국과 미국의 고용 패턴을 연구하였다. ('02)
» em(안으로) + ploy(= fold 접다) → 안으로 접다 → ~를 우리 소속으로 넣다
취직하고 있는, 노동자 | 고용인 | 고용주 | 고용, 취업

115 **government** **govern governed non-governmental** **정부, 정치**

24/11 [gʌ́vərnmənt] n
★★★★★
출제확률 55.6%

Without the government's support, the performing arts cannot survive.
정부의 지원 없이는 행위예술은 살아남을 수 없다. ('03)
» govern(통치하다) + ment(~것) → 통치하는 주체 → 정부
통치하다, 다스리다 | (과거, 과거분사) | 정부와 무관한, 민간의

116 **observe** **observation observed observer observing** **관찰하다, 지키다**

23/11 [əbzə́ːrv] v
★★★★★
출제확률 55.6%

So I observed the people around me.
그래서 나는 주변 사람들을 관찰했다. ('03)
» ob(~에) + serve(= keep 주의를 기울이다, 지키다) → ~에 주의를 기울이다 → 관찰하다
관찰, 감시 | (과거, 과거분사) | 관찰자, 감시자 | 관찰하는

117 **suffer** **suffered suffering** **고통받다, 시달리다**

23/11 [sʌ́fər] v
★★★★★
출제확률 55.5%

The public suffers from a groundless fear.
사람들이 근거없는 두려움에 고통받고 있다. ('09)
» suf(아래에서) + fer(= bear 참다) → 아래에서 참다 → 고통받다
(과거, 과거분사) | 고통, 괴로움

118 **quality** **ⓢ feature, attribute** **질, 특질, 성질**

22/11 [kwɑ́ləti] n
★★★★★
출제확률 55.5%

Automobiles damage the urban environment and lower the quality of life in big cities. 자동차는 대도시에서 도심 환경을 훼손하고 삶의 질을 떨어뜨린다. ('07)
» quality of life : 삶의 질

119 **treat** **treated treating treatment** **다루다, 치료하다**

22/11 [tríːt] v
★★★★★
출제확률 55.5%

One year Rosalyn asked her mother to prepare a special treat for her birthday.
한 살인 로잘린은 어머니께 그녀의 생일에 특별한 것을 준비해달라고 요청했다. ('10)
» ask A to B : A에게 B를 해달라고 요청하다
(과거, 과거분사) | (현재분사) | 치료, 대우, 처리

120 **equal** **equality equally** **같은, 동등한**

22/11 [íːkwəl] a
★★★★★
출제확률 55.5%

Asia will only join the world as an equal partner.
아시아는 동등한 파트너로서만 세계에 참여할 것이다. ('03)
» equ(동등한) + al(~한) → 동등한
평등, 대등 | 동등하게

121 **identify** — **id identifiable identification identified** — **(신원을) 알아보다, 확인하다**

21/11 [aidéntəfài] v

★★★★★

출제확률 55.5%

Verbal clues play important roles in identifying callers.
말의 단서는 전화를 건 사람이 누구인지 알아내는 데 중요한 역할을 한다. ('05)
» Identification(신분증)은 줄여서 ID로 표현한다 * identify with : ~와 동일시하다
신분증 | 인식 가능한 | 신원 확인, 식별 | 확인된

122 **exact** — **exactly exactness** — **~을 요구하다, 강요하다; 정확한**

19/11 [igzǽkt] v, a

★★★★★

출제확률 55.5%

You can see and feel exactly what this teenage girl is going through.
당신은 이 십대소녀가 앞으로 겪게 될 일들을 정확하게 보고 느낄 수 있을 것이다. ('02)
» ex(밖으로) + act(행하다) → 밖에서 행동은 정확해야 한다 * go through : ~을 겪다, 통과하다
정확하게 | 정확성

123 **frustrate** — **frustrated frustrating frustration** — **좌절시키다, 좌절하다**

19/11 [frʌ́streit] v

★★★★★

출제확률 55.5%

Which condition was more frustrating?
어떤 상황이 더 절망적이었는가? ('09)
» frost(서리) + ate(~하다) → 서리로 인해 농작물을 망쳤다 → 좌절하다
좌절한, 실망한 | 불만스러운 | 좌절감, 불만

124 **solution** — **soluble** — **해법, 해결, 용해**

19/11 [səlú:ʃən] n

★★★★★

출제확률 55.5%

Ultimate solutions for fuel and food problems.
연료와 식량 문제에 대한 궁극적인 해결책. ('07)
» solu(= loosen 느슨하게) + tion(~것) → (문제를) 풀 수 있게 느슨하게 하는 것 → 해법, 해결
용해성이 있는, 해결 가능한

125 **material** — **materialism materialistic nonmaterial** — **물질, 재료, 소질; 물질적인**

19/11 [mətíəriəl] n, a

★★★★★

출제확률 55.5%

To remove any impure materials
불순물을 제거하기 ('04)
» matter(사건, 문제) + al → 사건이나 문제에 연관된 실체 → 물질, 재료
물질주의 | 물질주의적인 | 비물질적인

126 **supply** — **supplied supplier** — **공급; 공급하다**

19/11 [səplái] n, v

★★★★★

출제확률 55.5%

There is a gap between the labor supply and demand.
노동력의 공급과 수요에 차이가 있다. ('03)
» sup(아래에, ~대신에) + ply(채우다) → 밑에서 계속 채우다 → 공급하다
(과거, 과거분사) | 공급자

127 **purpose** — **ⓢ goal, object** — **목적; 작정하다**

19/11 [pə́:rpəs] n, v

★★★★★

출제확률 55.5%

The purpose of your letter is very simple.
당신 편지의 목적은 매우 단순하다. ('03)
» pur(앞) + pos(= put 놓다(놓고 싶어한다)) → 앞에 놓은 것 → 목적

128 **frequent** — **frequency frequently** — **자주 일어나는, 빈번한**

19/11 [frí:kwənt] a

★★★★★

출제확률 55.5%

Frequent use of computers will create a serious danger to health.
빈번한 컴퓨터 사용은 건강에 심각한 위험을 야기할 수 있다. ('00)
» ⓢ repeated, several, persistent
빈도, 잦음 | 자주

129 **disease** — **ⓢ infection, disorder, illness** — **병, 질병**

18/11 [dizí:z] n

★★★★★

출제확률 55.5%

Those with heart disease should ask their doctor first before taking a bath above 39℃.
심장질환을 가지고 있는 사람들은 39℃ 이상에서 목욕을 하기 전에 먼저 의사와 상의해야 한다. ('01)
» dis(아닌) + ease(편안, 평안) → 편치 않게 하는 것은 질병 * deficiency disease : 결핍증

족집게 보카 TEST Day 04

1. 아래의 단어에 맞는 뜻을 골라 선으로 이어주세요.

90 tradition	ⓐ 본질적인, 필수의
117 suffer	ⓑ 전설, 전통
96 essential	ⓒ 감사[감상]하다, 평가하다
113 communicate	ⓓ 일어나다
112 appreciate	ⓔ 고통받다, 시달리다
108 contest	ⓕ 청중
103 humor	ⓖ 경쟁, 콘테스트, 대회
114 employ	ⓗ 적당한
110 proper	ⓘ 유머
93 occur	ⓙ 비록 ~일지라도
104 audience	ⓚ 고용하다
91 although	ⓛ 해야하는 것(의무); ~때문에
106 due	ⓜ 끔찍한
101 terrible	ⓝ 의사소통 하다, 통신하다

2. 아래 문장의 알맞은 뜻을 보기에서 고르세요.

a. The essential role of hand gestures ( )
b. She finds humor in the silliest things. ( )
c. The people you communicate with will feel much more relaxed. ( )
d. Well, my uncle runs a local record shop. ( )
e. The next night there was a terrible storm. ( )
f. When such role conflicts occur, you need to do more important things first. ( )
g. This affects their whole attitude toward school and learning. ( )

보 기

① 다음 날 밤 최악의 폭풍이 몰려왔다.
② 이것은 학교와 배움에 대한 그들의 모든 태도에 영향을 미친다.
③ 손짓의 본질적인 역할
④ 역할 충돌 같은 것이 발생하면 당신은 더 중요한 것을 먼저 해야 한다.
⑤ 그녀는 정말 바보 같은 것에서 유머를 찾았다.
⑥ 글쎄요, 저의 삼촌은 동네 레코드 가게를 운영합니다.
⑦ 당신과 대화하는 사람들은 훨씬 더 편안함을 느낄 것이다.

정답. ③ ⑤ ⑦ ⑥ ① ④ ②

19년간 수능 기출 영단어 10만개를 모조리 통계내어 만든

족집게 보카 Day 05

130 prefer 18/11 [prifə́:r] v ★★★★★ 출제확률 55.5%

preferable preference preferred ~더 좋아하다

Your friend will prefer the true print.
당신의 친구는 실제 그림(사진)을 더 선호할 것이다. ('10)
» pre(먼저) + fer(= carry 가져가다) → (더 좋아하니) 먼저 가져가다 → 더 좋아하다

더 좋은, 선호되는 | 선호(도) | 우선의, 발탁된

131 ignore 18/11 [ignɔ́:r] v ★★★★★ 출제확률 55.5%

ignorance ignorant ignored ignoring 무시하다

We cannot ignore their interests.
우리는 그들의 관심사(이익)를 무시할 수 없다.
» i(부정) + gno(알다) + re(~하다) → 알면서도 모르게 하다 → 무시하다

무지, 무식 | 무지한, 무지막지한 | 무시된 | (과거, 과거분사)

132 fortunate 17/11 [fɔ́:rtʃənət] a ★★★★★ 출제확률 55.5%

fortunately unfortunate unfortunately 운이 좋은

Unfortunately, the rain tonight was unexpectedly heavy.
불운하게도, 오늘 저녁에 내린 비는 예상 외로 많았다. ('06)
» fortune(행운) + ate(~하다) → 운이 좋다

다행히 | 운이 없는, 불운한 | 불행하게도

133 respect 17/11 [rispékt] n, v ★★★★★ 출제확률 55.5%

disrespectful respectable respected 존경; 존경하다

For the past 25 years you have been a valued and respected employee of this company. 지난 25년간 당신은 이 회사에서 인정과 존경을 받는 직원이었다. ('05)
» re(다시) + spect(= look 보다, 바라보다) → 존경하다

무례한 | 존경할 만한 | 훌륭한, 높이 평가되는

134 relieve 17/11 [rilí:v] v ★★★★★ 출제확률 55.5%

relief relieved relieving 경감하다, 구제하다

No. I just put some ice on it to relieve the pain.
아니오, 저는 그냥 통증을 없애려고 얼음을 좀 올려놓았어요. ('11)
» re(다시, 반대로) + lieve(= leve 올리다) → 들어올리는 것의 반대

안도, 안심 | 안도하는 | (현재분사)

135 rare 16/11 [rέər] a ★★★★★ 출제확률 55.5%

rarely rarer 드문, 진귀한

People rarely get their best ideas at work.
사람들이 최선의 아이디어를 직장에서 얻는 것은 드물다. ('07)
» ⓢ scarce, infrequent, uncommon

드물게, 좀처럼 ~하지 않는 | 더 드문(비교급)

136 regular 16/11 [régjulər] a ★★★★★ 출제확률 55.5%

irregularity regularity regularly 규칙적인, 보통의, 평상시의

Many workers learn new skills while keeping their regular jobs.
많은 직장인들은 그들의 평시 업무를 하는 동안 새로운 기술을 배운다. ('02)
» reg(= rule 지키다) + ar(~한) → 영토가 평상시처럼 잘 지켜진다

불규칙한 것, 변칙 | 정기적임, 규칙성 | 정기적으로, 규칙적으로

137 **complex** | **complexity** | **복합체; 복잡한**

15/11 [kəmpléks] n, a

★★★★★

출제확률 55.5%

These complex problems can no longer be solved by individual countries.

이러한 복잡한 문제들은 더 이상 개별 국가들에 의해 해결 될 수 없다. ('08)

» com(함께, 서로) + plex(= fold 접은) → 함께 접어 놓아 복잡하다

복잡성

138 **discover** | **discovered discovering discovery** | **발견하다**

15/11 [diskʌ́vər] v

★★★★★

출제확률 55.5%

A mysterious black substance was discovered among its roots.

알 수 없는 검은 물질이 뿌리에서 발견되었다. ('01)

» dis(떼다, 제거) + cover(덮개) → 덮인 것을 제거하니 새로운 것을 발견함

발견된 | (현재분사) | 발견

139 **range** | **ranging** | **범위, 열, 산맥; ~에 걸치다**

15/11 [réindʒ] n, v

★★★★★

출제확률 55.5%

They grow very slowly and range from 15 to 40 feet in height.

그들은 매우 천천히 자라고 높이는 15에서 40 피트 정도가 된다. ('11)

» range from A to B : A부터 B까지 이르다 * at close range : 근거리에서

범위가 ~에 이르는

140 **immediate** | **immediately** | **즉시의, 즉각의**

14/11 [imí:diət] a

★★★★★

출제확률 55.5%

Promise yourself now to carry it out immediately.

그것을 당장 실천하기 위해 지금 자신과 약속을 하라.

» im(= not 아닌) + mediate(중간의) → 중간이 없으니 즉시 한다

즉시

141 **rate** | **rating** | **비율, 속도; 평가하다**

32/10 [réit] n, v

★★★★★

출제확률 50.6%

At this rate, you will get a promotion soon.

이 속도라면, 당신은 곧 승진하게 될 것이다.

» equal to : ~와 동일하다 * growth rate : 성장률

순위, 평가

142 **notice** | **noticeable noticed noticing unnoticed** | **통지, 예고; 알아차리다**

24/10 [nóutis] n, v

★★★★★

출제확률 50.6%

They may walk right by a friend without noticing him or her.

그들은 자신의 친구 바로 옆을 지나치면서도 알아채지 못할 수 있다. ('03)

» not(= know 알다) + (i)ce(~것) → 알아야 하는 것

뚜렷한, 현저한 | (과거, 과거분사) | (현재분사) | 눈에 띄지 않는

143 **protect** | **protected protecting protection protective** | **보호하다, 지키다, 막다**

22/10 [prətékt] v

★★★★★

출제확률 50.5%

Protecting an animal in danger

위험에 빠진 동물 보호하기 ('00)

» pro(앞, 미리) + tect(= cover 덮다) → 미리 막다[보호하다]

(과거, 과거분사) | 지키는, 보호하는 | 보호 | 보호하는, 방어적인

144 **concern** | **concerned concerning** | **관심; 걱정하다**

20/10 [kənsə́:rn] n, v

★★★★★

출제확률 50.5%

She was concerned and frightened.

그녀는 걱정했고 놀랐다. ('06)

» con(함께) + cern(가려내다) → 어떤 문제를 함께 가려내며 걱정함

걱정스러운, 관계하는 | ~에 관하여

145 **transport** | **transportation** | **수송; 수송하다**

20/10 [trænspɔ́:rt] n, v

★★★★★

출제확률 50.5%

Buses, partly supported by the city, transport many people throughout the area.

시로부터 부분적인 지원을 받는 버스들은 그 지역에서 많은 사람들을 실어 나른다. ('01)

» trans(~를 넘어) + port(= carry) → 수송하다

수송, 운송료

146 **mark**

19/10 [mɑ́:rk] n, v

★★★★★

출제확률 50.5%

marked marking — **기호, 표시; 채점하다, 표시하다**

We rarely interpret marks on paper as references to the paper itself.

우리는 종이에 쓰인 내용이 그 종이에 대한 것이라고는 좀처럼 생각하지 않는다. ('09)

» OMR : Optical Mark Reader(광학식 표시 판독기)

뚜렷한, 표시된 | 표시, 무늬

---

147 **race**

19/10 [réis] n, v

★★★★★

출제확률 50.5%

racial racing — **민족, 인종, 경주; 경주하다**

It derives from the original shoes adopted in cold climates by races such as Eskimos.

그것은 에스키모인과 같은 민족들이 원래 추운 날씨에서 신는 신발에서 유래되었다. ('07)

» racism은 인종 차별주의라는 의미이다.

인종의, 민족의 | 경마, 경주

---

148 **publish**

18/10 [pʌ́bliʃ] v

★★★★★

출제확률 50.5%

published publisher publishing — **발표하다, 출판하다**

The school yearbook will be published soon.

학교 졸업앨범이 곧 발간될 것이다. ('01)

» publ(= people 사람들) + ish(~하다) → 사람들에게 알리다

(과거, 과거분사) | 출판인, 출판사 | 출판, 발행

---

149 **secure**

17/10 [sikjúər] v, a

★★★★★

출제확률 50.5%

insecure securely security — **획득하다, 보증하다; 안전한**

If parents show respect, students feel secure and can develop their self-confidence.

만약 부모들이 존경심을 보여준다면, 학생들은 보호받는 느낌을 받고 자신감이 커질 수 있다. ('04)

» se(= apart 떨어진) + care(걱정함) → 걱정에서 멀리 떨어짐 → 안전한

불안정한, 자신이 없는 | 단단히 | 보안, 경비

---

150 **reply**

17/10 [riplái] n, v

★★★★★

출제확률 50.5%

replied replying — **대답; 대답하다**

She replied to his letter quickly.

그녀는 그의 편지에 신속히 답했다.

» re(다시) + ply(가리키다, 나타내다) → 대답하다 * 속어로 '리플'이라고 많이 쓴다.

(과거, 과거분사) | (현재분사)

---

151 **contact**

17/10 [kɑ́ntækt] n, v

★★★★★

출제확률 50.5%

ⓢ communication, touch — **접촉; 접촉하다, 연락하다**

I really need to find my phone because all my contacts are stored in it.

내 모든 연락처가 그 안에 있어서 정말 내 휴대폰을 찾아야한다. ('11)

» con(함께, 서로) + tact(접촉하다) → 접촉하다

---

152 **apply**

16/10 [əplái] v

★★★★★

출제확률 50.5%

application applied — **적용하다, 신청(지원)하다**

To apply, send your application form by December 1, 2003.

지원을 하시려면 지원서를 2003년 12월 1일까지 송부해 주십시오. ('04)

» ap(~로) + ply(나타내다, 가리키다) → (의사를) 나타내다 * visa application : 비자 신청

신청 | 응용의

---

153 **factor**

16/10 [fǽktər] n

★★★★★

출제확률 50.5%

factored — **요인, 요소**

But still it is a more favored factor for women than for men.

그러나 그것은 여전히 남성들보단 여성들이 더 선호하는 요소이다. ('08)

» fact(사실) + or(~것, 사람) → 요소

(과거, 과거분사)

---

154 **valuable**

16/10 [vǽljuəbl] a

★★★★★

출제확률 50.5%

invaluable — **가치 있는, 소중한**

We all know how invaluable your advice and help will be.

우리 모두는 당신의 조언과 도움이 얼마나 소중한지 잘 알고 있다. ('05)

» value(가치) + able(있는) → 가치있는

매우 귀중한, 가치를 헤아릴 수 없는

155 **participate** | **participant participating participation** | **참가하다**

16/10 [pɑ:rtísəpèit] v

★★★★★

출제확률 50.5%

The programs require active student participation.

그 프로그램들은 학생들의 활발한 참여가 필요하다. ('06)

» parti(= part) + cip(= take) + ate(하다) → 부분을 차지[참가]하다 * participate in : ~에 참여하다

참가자 | (현재분사) | 참가

---

156 **delight** | **delighted delightful** | **기쁨; 매우 기쁘게 하다**

16/10 [diláit] n, v

★★★★★

출제확률 50.5%

I'm delighted to share all this with my readers.

나는 이 모든 것을 독자들과 나눌 수 있어 기쁘다. ('03)

» de(완전히) + light(빛) → 앞일이 빛처럼 밝음(일이 잘됨) → 매우 기쁨

아주 기뻐하는 | 기분 좋은

---

157 **favor** | **favorable favorably favored favoring** | **호의, 찬성**

16/10 [féivər] n

★★★★★

출제확률 50.5%

You both will be responding favorably to the more familiar face.

두 분 모두 더 낯익은 얼굴에 더 호의적인 반응을 보이실 될 것입니다. ('10)

» respond to : ~에 답하다, 호응하다

호의적인 | 호의적으로 | 호의를 사고 있는, 인기있는 | 순조로운

---

158 **reserve** | **reservation reserved** | **비축; 보존하다, 예약하다**

16/10 [rizə́:rv] n, v

★★★★★

출제확률 50.4%

To reserve a copy of the book, you must go to Room 212 by November 30.

책 복사를 예약하시려면 212번 방에 11월 30일까지 가셔야 합니다. ('01)

» re(뒤에, 다시) + serve(= keep 보관하다) → (다시 쓸 수 있게) 비축해놓다, 예약하다

예약 | 보류한, 예비의, 제한된

---

159 **deal** | **dealer dealing** | **거래, 분량; 분배하다**

16/10 [dí:l] n, v

★★★★★

출제확률 50.4%

Science and technology have changed a great deal since 19th century.

19세기부터 과학과 기술은 많은 변화를 가져왔다. ('99)

» separate from : ~로부터 분리되다

딜러, 상인 | 거래

---

160 **nerve** | **nervous nervousness** | **신경, 신경조직, 긴장**

16/10 [nə́:rv] n

★★★★★

출제확률 50.4%

Her nerves were hurting her.

그녀의 긴장이 그녀를 아프게 하고 있었다. ('09)

» nervous(긴장한, 신경질적인) → nerve + ous(많은)

불안해하는 | 신경과민, 겁

---

161 **pride** | **proud proudly** | **자랑, 자존심**

16/10 [práid] n

★★★★★

출제확률 50.4%

We feel an almost parental pride on this day.

우리는 오늘 부모와도 같은 자랑스러움을 느낀다. ('03)

» pri-는 '가치, 첫 번째'를 뜻한다.

자랑스러운, 오만한 | 자랑스럽게

---

162 **lie** | **liar lied lying** | **눕다, 있다; 거짓말**

15/10 [lài] n, v

★★★★★

출제확률 50.4%

If you lie straight on your side like a 'log,' that means you're easygoing and social.

만약 당신이 통나무처럼 반듯이 눕는다면 당신은 태평하고 사교적인 사람이라는 의미다. ('11)

» ⓢ deceit, falsehood, fabrication

거짓말쟁이 | (과거, 과거분사) | (현재분사)

---

163 **medical** | **medically** | **진료, 의대생; 의학(의료)의**

15/10 [médikəl] n, a

★★★★★

출제확률 50.4%

Larrey began his medical studies in Toulouse.

레리는 의학 공부를 툴루즈에서 시작했다. ('07)

» medic(의사) + al(~한, ~것) → 의사가 하는 일은 진료

의학적으로

164 **fit** | **fitness fittest fitting** | **~에 맞다; ~에 적합한, ~에 맞는, 건강한**
15/10 [fít] v, a
★★★★★
출제확률 50.4%
Walking is the easiest way to keep ourselves fit.
걷기는 우리 건강을 지키는데 가장 쉬운 방법이다. ('08)
» fit in : 들어맞다, 조화하다
건강함, 신체단련 | (모양이나 크기가)가장 맞는 | 맞는, 적당한

165 **responsible** | **responsibility responsiveness** | **책임있는**
15/10 [rispάnsəbl] a
★★★★★
출제확률 50.4%
Borrowers are responsible for returning items on time and in good condition.
빌린 사람은 물건을 양호한 상태로 정시에 반납할 책임이 있다. ('07)
» respons(응답하다) + (i)ble(~할 수 있는) → (뭔가를 시키면) 응답을 하는 → 책임있는
책임, 책무 | 민감성

166 **serve** | **served** | **섬기다, 봉사하다**
15/10 [sə́:rv] v
★★★★★
출제확률 50.4%
Do complain quietly when you are not satisfied with what you are served.
당신이 요리에 만족하지 않는다면 조용히 항의하라. ('03)
» servus(= slave 노예)에서 유래되었다.
(과거, 과거분사)

167 **instruction** | **instructed instructing instructor** | **가르침, 지시**
14/10 [instrʌ́kʃən] n
★★★★★
출제확률 50.4%
They write the musical notes along with detailed instructions.
그들은 자세한 설명과 함께 악보를 적는다. ('07)
» in(안에) + struct(짓다) + ion(~것) → (몸)내부에 무언가를 형성시키는 것 → 가르침
교육을 받은 | (현재분사) | 강사, 교사

168 **operate** | **operated operating operation operator** | **움직이다, 운영하다, 수술하다**
14/10 [άpərèit] v
★★★★★
출제확률 50.4%
A human is much more capable of operating those instruments correctly.
사람이 저 기계들을 훨씬 더 올바르게 작동시킬 수 있다. ('10)
» opera(작업, 일) + ate(~하다) → 작업하다, 운영하다
수술을 받은 | 수술의, 경영상의 | 수술, 작전, 운용 | (장비, 기계를) 조작하는 사람, 전화 교환원

169 **celebrate** | **celebrated celebrating celebration celebrity** | **축하하다**
14/10 [séləbrèit] v
★★★★★
출제확률 50.4%
The event is for celebrating the end of the school year.
그 행사는 학년이 끝난 것을 축하하기 위한 것이다. ('04)
» ⓢ toast, commemorate, make merry
유명한 | (현재분사) | 축하 | 명성, 유명한

170 **compose** | **composed composer composition** | **구성하다, 작곡하다**
14/10 [kəmpóuz] v
★★★★★
출제확률 50.4%
The most productive composer, Schubert wrote music.
가장 생산적인 작곡가인 슈베르트는 작곡을 했다. ('03)
» com(함께) + pose(놓다, 위치하다) → 구성하다 * composer : 작곡가
침착한 | 작곡가 | 구성, 작곡, 작품

171 **regret** | **regretful regretfully regretted** | **후회, 유감; 유감이다**
14/10 [rigrét] n, v
★★★★★
출제확률 50.4%
The doctor said, with tears in his eyes, "I regret to tell you that Simba is dead".
의사는 눈물을 흘리며 "Simba가 죽은 것을 네게 말해야 하다니 안타깝다."라고 말했다. ('00)
» re(= back 뒤) + gret(= weep 슬피 울다) → 뒤돌아서 슬피 울다 → 후회하다, 유감이다
후회하는, 유감스러워 하는 | 유감스럽게도 | (과거, 과거분사)

172 **significant** | **insignificant significance significantly** | **중요한, 의미 있는**
13/10 [signífikənt] a
★★★★★
출제확률 50.4%
Your problems and challenges suddenly seem insignificant.
당신의 문제들과 도전들이 갑자기 사소해 보인다. ('05)
» sign(표시하다) + (i)fi(~로하다) + cant(~한) → 표시한 것은 중요한 것이다
사소한, 하찮은 | 중요성, 중대성 | 상당히, 중요하게

족집게 보카 TEST Day 05

1. 아래의 단어에 맞는 뜻을 골라 선으로 이어주세요.

130 prefer •
147 race •
149 secure •
158 reserve •
143 protect •
136 regular •
155 participate •
139 range •
161 pride •
146 mark •
152 apply •
150 reply •
142 notice •
144 concern •

ⓐ 민족, 인종, 경주; 경주하다
ⓑ 대답; 대답하다
ⓒ 범위, 열, 산맥; ~에 걸치다
ⓓ 기호, 표시; 채점하다, 표시하다
ⓔ 통지, 예고; 알아차리다
ⓕ 규칙적인, 보통의, 평상시의
ⓖ 적용하다, 신청(지원)하다
ⓗ 자랑, 자존심
ⓘ 참가하다
ⓙ 획득하다, 보증하다; 안전한
ⓚ 비축; 보존하다, 예약하다
ⓛ ~더 좋아하다
ⓜ 관심; 걱정하다
ⓝ 보호하다, 지키다, 막다

2. 아래 문장의 알맞은 뜻을 보기에서 고르세요.

a. Call an antique dealer to help you separate the valuable from the worthless junk. (　　)
b. Promise yourself now to carry it out immediately. (　　)
c. The programs require active student participation. (　　)
d. We rarely interpret marks on paper as references to the paper itself. (　　)
e. Protecting an animal in danger (　　)
f. I really need to find my phone because all my contacts are stored in it. (　　)
g. We cannot ignore their interests. (　　)

보 기

① 그 프로그램들은 학생들의 활발한 참여가 필요하다.
② 우리는 종이에 쓰인 내용이 그 종이에 대한 것이라고는 좀처럼 생각하지 않는다.
③ 위험에 빠진 동물 보호하기
④ 우리는 그들의 관심사(이익)를 무시할 수 없다.
⑤ 내 모든 연락처가 그 안에 있어서 정말 내 휴대폰을 찾아야한다.
⑥ 그것을 당장 실천하기 위해 지금 자신과 약속을 하라.
⑦ 골동품 상인에게 쓸모없는 고물과 값어치 있는 것을 구분하는데 도와 달라고 연락하라.

정답: ⑦ ⑥ ① ② ③ ⑤ ④

19년간 수능 기출 영단어 10만개를 모조리 통계내어 만든

족집게 보카 Day 06

173 **threat**
13/10 [θrét] n
★★★★★
출제확률 50.4%

non-threatening threaten threatened threatening **위협, 협박**

We should be ready to fight for the right to tell the truth whenever it is threatened.
우리는 위협을 받더라도 진실을 말할 수 있는 권리를 위해 싸울 준비가 되어 있어야 한다. ('02)
» ⓢ danger, hazard, risk

위협적이지 않은 | 협박하다, 위협하다 | 멸종위기에 직면한 | 위협적인, 협박하는

174 **bother**
13/10 [báðər] v
★★★★★
출제확률 50.4%

bothered bothering bothersome **괴롭히다**

They don't have to be bothered by noisy crowds.
그들은 시끄러운 관중들로부터 괴롭힘 당하지 않아도 된다. ('00)
» be bothered by : ~에 의해 괴롭힘을 당하다

(과거, 과거분사) | (현재분사) | 귀찮은

175 **issue**
13/10 [íʃuː] n, v
★★★★★
출제확률 50.4%

ⓢ edition, printing **문제; 발행하다**

In fact, police do issue permits to qualified hunters.
사실, 경찰은 자격이 있는 사냥꾼에게 허가를 내준다. ('02)
» permit to : ~에게 허가를 주다

176 **convenient**
13/10 [kənvíːnjənt] a
★★★★★
출제확률 50.4%

convenience inconvenience **편리한**

Would it be convenient if I called you next Monday?
제가 월요일에 전화를 드려도 괜찮을까요? ('02)
» con(함께) + ven(오다, 나오다) + (i)ent(~한) → 하나에서 모든 것이 다 나오니 편리하다

편의, 편리한 것 | 불편[한 것]

177 **occasion**
13/10 [əkéiʒən] n
★★★★★
출제확률 50.4%

occasional occasionally **경우, 기회**

Occasionally, we were entertained by the sweet sounds of trees and small animals. 우리는 가끔 들려오는 상쾌한 나무 소리와 작은 동물들의 소리에 즐거워했다. ('00)
» oc(= down 아래) + cas(= fall 떨어지다) + ion(~것) → 갑자기 떨어진 것 → 기회

가끔의 | 가끔

178 **attend**
12/10 [əténd] v
★★★★★
출제확률 50.4%

attendant attended attending attentive **참석하다, ~에 주의를 기울이다**

You have attended the school music festivals.
당신은 그 학교 음악 축제에 참석하였다. ('01)
» at(~에) + tend(~향하다) → ~에 향하다 → 참석하다

종업원, 안내원 | (과거, 과거분사) | (현재분사) | 주의를 기울이는

179 **congratulate**
12/10 [kəngrǽtʃulèit] v
★★★★★
출제확률 50.4%

congratulating congratulation **축하하다**

Congratulations! Finally, you beat your competitors.
축하합니다! 마침내 당신은 경쟁자를 이겼군요. ('09)
» con(함께) + grat(감사, 기뻐하는) + ate(하다) → 축하하다

(현재분사) | 축하

180 **recommend** **recommendation recommended recommending** **추천하다, 제안하다**

12/10 [rèkəménd] v Then I'd recommend this model which comes with training wheels.

★★★★★ 그렇다면 보조 바퀴가 달린 이 모델을 추천하고 싶군요. ('11)

출제확률 50.4% » re(다시) + com(함께) + mend(말하다) * come with : ~가 따라붙다

추천, 권고 | (과거, 과거분사) | (현재분사)

181 **belong** **belonging** **~에게 속하다**

12/10 [bilɔ́:ŋ] v All members of the school community feel as though they belong.

★★★★★ 학교 커뮤니티의 모든 구성원들은 마치 자신이 소속된 것 같은 느낌을 갖는다. ('04)

출제확률 50.4% » belong to : ~에 속하다 * as though : 마치 ~인 것처럼

소유물

182 **prove** **proof proved proven proving** **증명하다**

12/10 [prú:v] v It is proven that when a speaker glances at his watch, many in the audience do

★★★★★ the same. 연설자가 시계를 보면 다수의 청중들도 이를 따라한다는 것은 증명 되었다. ('03)

출제확률 50.4% » glance at : ~을 응시하다

증거(물) | (과거, 과거분사) | 입증된 | (현재분사)

183 **confident** **confidence overconfident self-confidence** **자신 있는, 확신하는**

11/10 [kánfədənt] a His brother held the bike from behind, and Robert soon became confident.

★★★★★ 그의 형이 자전거를 뒤에서 잡아주자 Robert는 곧 자신감이 생겼다. ('01)

출제확률 50.4% » con(완전히) + fid(= trust 믿음) + ence(~것)

자신(감), 신뢰 | 지나치게 자신있는 | 자신감

184 **gather** **gathered gathering** **모으다**

11/10 [gǽðər] v People brought drinks from the bar and gathered in groups.

★★★★★ 사람들은 바에서 음료를 가져와 모여 들었다. ('03)

출제확률 50.4% » get(받다, 얻다)에서 유래했다. * gather in : ~에 모이다

(과거, 과거분사) | 모임, 수집

185 **annoy** **annoyance annoyed annoying** **괴롭히다, 성가시게 하다**

11/10 [ənɔ́i] v If they do not accept our values, we will become annoyed and angry.

★★★★★ 그들이 우리의 가치를 인정하지 않으면 우리는 화나고 짜증날 것이다. ('06)

출제확률 50.4% » an(~에게) + noy(= noise 시끄러운) → ~를 시끄럽게 하여 성가시게 하다

성가심 | 짜증 나는 | 성가신

186 **mathematics** **math mathematical mathematician mathematics** **수학**

31/9 [mæ̀θəmǽtiks] n I think you should major in mathematics or computer science.

★★★★★ 내 생각에 당신은 수학이나 컴퓨터 공학을 전공해야 한다. ('01)

출제확률 45.5% » major in : ~을 전공하다

수학 | 수학의 | 수학자 | 수학

187 **advertise** **ads advertised advertisement advertiser** **광고하다**

28/9 [ǽdvərtàiz] v Effects of advertisements on TV viewers

★★★★★ TV 시청자들에게 미치는 광고의 영향 ('09)

출제확률 45.5% » ad(~로) + vert(돌리다) + ise(~하다) → 관심을 돌림

광고 | 광고된 | 광고 | 광고주

188 **focus** **focused focusing unfocused** **초점; 집중하다**

24/9 [fóukəs] n, v The audience is not fully focusing on the speech.

★★★★★ 청중들은 연설에 완전히 집중하지 않는다. ('03)

출제확률 45.5% » focus on : ~에 집중하다

집중적인 | (현재분사) | 초점이 맞지 않는

189 **reach** **reached reaching** **도착하다, 도달하다**

24/9 [ríːtʃ] v
★★★★★
출제확률 45.5%

It took about six hours to reach the top.
꼭대기까지 올라가는데 6시간 걸렸다. ('00)
» within reach : 손이 닿는 곳에, 힘이 미치는 곳에

(과거, 과거분사) | 뻗치기, 도달하기

190 **medicine** ⓢ **drug, remedy** **약, 약물**

21/9 [médəsin] n
★★★★★
출제확률 45.5%

This is a type of medicine.
이것은 약의 한 종류이다. ('10)
» medic(의사) + ine(~것) → 의사가 주는 것은 약이다

191 **round** **rounder round-the-clock round-trip** **둥근, 원형의**

21/9 [ráund] a
★★★★★
출제확률 45.5%

There is twenty-four-hour repair and round-the-clock shopping.
24시간 운영되는 정비소와 쇼핑센터가 있다. ('10)
» round-the-clock : 밤낮 없이 계속되는 * the other way round : 반대로, 거꾸로

더 둥근(비교형) | 24시간 계속되는 | 왕복 여행의

192 **pain** **painful** **아픔**

20/9 [péin] n
★★★★★
출제확률 45.5%

More than two-thirds of all adults experience lower-back pain.
성인 2/3이상이 허리 통증을 겪어봤다. ('02)
» poena(형벌)에서 파생되었다. * painful(고통스러운) → pain(고통) + ful(많은)

고통스러운

193 **tense** **tension** **시제; 팽팽하게 하다; 긴장감있는**

20/9 [téns] n, v, a
★★★★★
출제확률 45.5%

There is no need to get tense and therefore, no reaction.
긴장을 할 필요가 없으니 반응도 없다. ('08)
» tens(= stretch 뻗다) → 뻗다 → (당겨져 뻗으니) 팽팽하게 하다

긴장, 갈등

194 **deliver** **delivered delivering delivery** **배달하다, 연설하다**

19/9 [dilívər] v
★★★★★
출제확률 45.5%

We want answers faster than they can be delivered.
우리는 대답이 전달되기도 전에 답을 원한다. ('10)
» de(멀리) + liver(자유로운) → 자유로이 멀리 보내다 → 배달하다

~인도의 | (현재분사) | 배달

195 **impress** **impressed impression impressive impressively** **감명을 주다**

19/9 [imprés] v
★★★★★
출제확률 45.5%

People tend to stick to their first impressions.
사람들은 첫 인상에 집착하는 경향이 있다. ('07)
» im(안으로) + press(누르다) → 마음을 감동 깊게 누르다

감명[감동]을 받은 | 인상 | 인상적인 | 인상 깊게

196 **remove** **removal removed removing** **제거하다, 치우다**

18/9 [rimúːv] v
★★★★★
출제확률 45.5%

Individual trees and grasses are removed by death and replaced by birth.
개별 나무와 풀이 죽어 사라진 자리에 새로운 나무와 풀이 생겨난다. ('04)
» re(다시, 뒤로) + move(옮기다) → (뒤로 옮겨) 치우다

제거, 철폐 | 제거된, 떨어진 | (현재분사)

197 **negative** ⓢ **refusing, dissenting** **부정적인, 소극적인**

17/9 [négətiv] a
★★★★★
출제확률 45.4%

They will protect themselves to escape from your negative reaction.
그들은 당신의 부정적인 반응을 피해 자신들을 보호할 것이다. ('09)
» neg(= no 아니오) + (a)tive(~한) → 싫다고 하는(부정적인) * escape from : ~에서 도망치다

198 **further** ⓢ **additional, moreover** **더욱이, 더 먼**

17/9 [fə́:rðər] ad

★★★★★

출제확률 45.4%

Please remain inside until further notice.
추가 공지가 있을 때까지 실내에 계십시오. ('01)
» further notice : 추가 공지, 추후 통지

199 **contribute** **contributed contributing contribution** **공헌하다, 기부하다, 기여하다**

17/9 [kəntríbju:t] v

★★★★★

출제확률 45.4%

They are more likely to contribute to the improvement of the school.
그들은 학교 발전에 더 기여하고자 한다. ('04)
» con(함께) + tribute(= give (나누어)주다) → 함께 나누어 주다 → 공헌하다

(과거, 과거분사) | (현재분사) | 기여, 기부

200 **reduce** **reduced reducing reduction** **줄이다, 인하하다**

16/9 [ridjú:s] v

★★★★★

출제확률 45.4%

The sign may say something like "15% Off," or "Reduced 20%," or "Half Price".
그 표지판은 아마 "15% 할인", 혹은 "20% 인하", 혹은 "절반가격" 등으로 써 있을 것이다. ('02)
» re(= back 뒤로) + duce(= lead 이끌다) → 줄이다

줄인, 감소한 | 체중 감량법 | 축소, 감소

201 **united** ⓢ **cooperated, allied, collaborated** **하나가 된, 결합된**

16/9 [ju(:)náitid] a

★★★★★

출제확률 45.5%

In the United States, people move from one company to another.
미국에서는 사람들이 한 회사에서 다른 회사로 이직을 한다. ('02)
» un(하나, 하나로) + ite(만들다) + ed(~된) → 하나가 된

202 **pleasant** **pleasantly unpleasant** **즐거운**

16/9 [plézənt] a

★★★★★

출제확률 45.4%

A new facility is now available to make your visit to our concert hall more pleasant.
신규 시설들은 현재 이용가능하며, 여러분의 콘서트 홀 방문을 더욱 즐겁게 해 드릴 것입니다. ('10)
» please(기쁘게 하다) + ant(~한) → 즐거운

즐겁게, 상냥하게 | 불쾌한, 불편한

203 **compare** **comparable compared comparing comparison** **비교하다, 비유하다**

15/9 [kəmpέər] v

★★★★★

출제확률 45.4%

We're now comparing the universe with human beings.
우리는 지금 인간을 우주와 비교하고 있다. ('09)
» com(함께) + par(동등한) → 같이 동등하게 비교하다 * compare with : ~와 비교하다

비교할 만한 | 비교하다 | 비교, (현재분사) | 비교

204 **excel** **excellence excellent** **뛰어나다, 탁월하다**

15/9 [iksél] v

★★★★★

출제확률 45.4%

Students need to excel on their aptitude tests.
학생들은 자기 적성검사를 잘 볼 필요가 있다. ('06)
» ex(밖의) + cel(높은) → (예상) 밖으로 높다 → 뛰어나다

우수, 장점 | 우수한

205 **stick** **sticker sticking sticky stuck** **막대기; 붙이다, 달라붙다**

15/9 [stík] n, v

★★★★★

출제확률 45.4%

Somebody spilled juice all over the bench. It's all sticky.
누군가가 벤치 전체에 주스를 쏟았다. 보통 끈적끈적하다. ('06)
» stick with : ~를 고수하다 * stick to : ~에 집착하다

스티커, 붙이는 것 | 끈적거림 | 끈적거리는 | ~곤경에 빠져, 움직일 수 없는

206 **survive** **survival survived** **~보다 오래 살다, ~에서 살아남다**

15/9 [sərváiv] v

★★★★★

출제확률 45.4%

But when the tree was a child, they survived a storm without losing a branch.
하지만 그 나무가 작았을 땐 폭풍속에서 나뭇가지 히나 부러지지 않고 견뎌냈다. ('09)
» sur(~을 넘어) + viv(살다) → 위기를 넘어서 살아남다

생존 | (과거, 과거분사)

207 **charge** 15/9 [tʃɑ́:rdʒ] v ★★★★★ 출제확률 45.4%

charged rechargeable **청구하다**

If you reside in this area, you may get it free of charge.
당신이 이 지역에 거주하고 있다면 그걸 무료로 가져갈 수 있다. ('07)
» free of charge : 무료로 * in charge of : ~를 관리하고 있는

격한, 열정적인 | 재충전되는

208 **bit** 14/9 [bít] n ★★★★★ 출제확률 45.4%

ⓢ **jot, piece** **작은 조각, 작은 부분**

"Could you come down a bit?" the girl asked.
그 소녀가 "잠깐 내려와 보실래요?"하며 부탁했다. ('00)
» bite(물다)에서 유래되었다. 한입 문 것은 '소량, 작은 조각'이기 때문이다.

209 **conversation** 14/9 [kɑ̀nvərséiʃən] n ★★★★★ 출제확률 45.4%

ⓢ **discussion, dialogue** **대화, 회화**

After a short conversation, Joan went to prepare coffee.
짧은 대화 후, 조앤은 커피를 준비하러 갔다. ('11)
» con(함께) + ver(말하다) + (sa)tion(~것) → 함께 말하는 것은 대화이다.

210 **aware** 14/9 [əwɛ́ər] a ★★★★★ 출제확률 45.4%

awareness **알고 있는, 알아차린**

Few people are aware that 1883 is an important year.
소수의 사람들만 1883년이 중요한 해라는 것을 알고 있다. ('03)
» a(강조) + war(지켜보다) → 지켜보고 있으니 알고 있다 * be aware of : 을 알아채다, 인지하다

자각, 인지

211 **define** 14/9 [difáin] v ★★★★★ 출제확률 45.4%

defined defining **정의하다**

It can be socially defined in different ways.
그것은 사회적으로 다르게 정의 될 수 있다. ('11)
» de(~로 부터) + fine(끝나다) → 어떤 것에 대해 처음부터 끝까지 말함

정의된 | (현재분사)

212 **waste** 14/9 [wéist] n, v ★★★★★ 출제확률 45.4%

wastebasket wasted wasteful wasteland **쓰레기; 낭비하다**

I wasted my time and continued to paint what I thought was popular.
나는 인기 있다고 생각하는 것을 계속 그리며 시간을 낭비했다. ('10)
» continue to : ~을 계속하다

휴지통 | 헛된, 쇠약한 | 낭비하는 | 불모지

213 **disappear** 13/9 [dìsəpíər] v ★★★★★ 출제확률 45.4%

disappeared **사라지다**

I just learned how to make a bird disappear.
나는 지금 막 새를 사라지게 하는 법(마술)을 배웠다. ('10)
» dis(부정) + appear(나타나다) → 사라지다

(과거, 과거분사)

214 **detail** 13/9 [dí:teil] n, v ★★★★★ 출제확률 45.4%

detailed **상세; 상세히 말하다**

They try to absorb every detail.
그들은 세세한 모든 내용을 받아들이려고 노력한다. ('11)
» de(떼다, 분리) + tail(자르다) → 세세하게 자르다 → 세부적 * try to : ~하려고 노력하다

자세한, 상세한

215 **vegetable** 13/9 [védʒətəbl] n ★★★★★ 출제확률 45.4%

vegetarian vegetation **야채**

It's made with fish and vegetables.
그것은 생선과 야채로 만들었다.
» made with : ~로 만들다

채식주의자 | 초목, 식물

족집게 보카 TEST Day 06

1. 아래의 단어에 맞는 뜻을 골라 선으로 이어주세요.

176 convenient	ⓐ 줄이다, 인하하다
191 round	ⓑ 편리한
203 compare	ⓒ 공헌하다, 기부하다, 기여하다
195 impress	ⓓ 축하하다
186 mathematics	ⓔ 제거하다, 치우다
178 attend	ⓕ 약, 약물
189 reach	ⓖ 감명을 주다
200 reduce	ⓗ 참석하다, ~에 주의를 기울이다
196 remove	ⓘ 도착하다, 도달하다
179 congratulate	ⓙ 비교하다, 비유하다
190 medicine	ⓚ 둥근, 원형의
199 contribute	ⓛ 뛰어나다, 탁월하다
204 excel	ⓜ 수학
187 advertise	ⓝ 광고하다

2. 아래 문장의 알맞은 뜻을 보기에서 고르세요.

a. There is no need to get tense and therefore, no reaction. ( )
b. It is proven that when a speaker glances at his watch, many in the audience do the same. ( )
c. You have attended the school music festivals. ( )
d. There is twenty-four-hour repair and round-the-clock shopping. ( )
e. They are more likely to contribute to the improvement of the school. ( )
f. We should be ready to fight for the right to tell the truth whenever it is threatened. ( )
g. People tend to stick to their first impressions. ( )

보 기

① 사람들은 첫 인상에 집착하는 경향이 있다.
② 우리는 위협을 받더라도 진실을 말할 수 있는 권리를 위해 싸울 준비가 되어 있어야 한다.
③ 긴장을 할 필요가 없으니 반응도 없다.
④ 당신은 그 학교 음악 축제에 참석하였다.
⑤ 그들은 학교 발전에 더 기여하고자 한다.
⑥ 24시간 운영되는 정비소와 쇼핑센터가 있다.
⑦ 연설자가 시계를 보면 다수의 청중들도 이를 따라한다는 것은 증명 되었다.

정답: ③ ⑦ ④ ⑥ ⑤ ② ①

19년간 수능 기출 영단어 10만개를 모조리 통계내어 만든

족집게 보카 Day 07

216 **measure**
13/9 [méʒər] n, v
★★★★★
출제확률 45.4%

measured — **측정, 수단, 대책; 측정하다**

The observed light measured by the receiver is increased.
수신기에 의해 측정된 빛이 증가했다. ('10)
» measure up : (희망,표준 등에) 부합하다, 들어맞다

신중한, 정확히 잰

217 **advance**
13/9 [ædvǽns, əd-] n, v
★★★★★
출제확률 45.4%

advanced advancement — **전진; 진보하다, 승진시키다**

The twelve-year-old does not worry about salary or professional advancement.
그 12살짜리 아이는 월급이나 승진을 걱정하지 않는다. ('05)
» ad(~에) + va(가치) + ce(~것) → 가치가 있는 쪽으로 진보하다 * in advance : 미리

진보한 | 진보

218 **decrease**
12/9 [dikrí:s] n, v
★★★★★
출제확률 45.4%

decreased decreasing — **감소; 감소하다**

The average number of high school students per class steadily decreased.
고교의 학급당 평균 학생 수는 점진적으로 줄어들었다. ('02)
» de(아닌, 반대) + crease(= grow 자라다) → 반대로 자라다 → 줄다

줄어든 | 감소하는

219 **regard**
12/9 [rigá:rd] n, v
★★★★★
출제확률 45.4%

disregard regarded regarding regardless — **안부; ~으로 간주하다**

This hole helps the kite fly fast regardless of the wind speed.
이 구멍은 연이 바람의 속도와 관계없이 빠르게 날 수 있도록 도와준다. ('06)
» re(다시) + gard(지켜 보다) → 안부 * regardless of : ~에 상관없이

무시하다 | ~을 ~로 여기다 | ~에 관해, ~에 대해 | 개의치 않고

220 **besides**
12/9 [bisáidz] prep, a
★★★★★
출제확률 45.4%

ⓢ excepting, apart from — **~외에, ~을 제외하고; 게다가**

We can't. The boat already left. Besides, we didn't make a reservation.
우리는 할 수 없어요. 배는 이미 떠났고 우리는 예약도 안했잖아요. ('06)
» beside(~옆에) + es(복수형) → 옆에 있는 것들 → ~외에 * make a reservation : 예약을 하다

221 **mere**
12/9 [míər] a
★★★★★
출제확률 45.4%

merely — **그저, 한낱**

Visiting the theater was not merely for the purpose of entertainment.
그 극장을 방문하는 목적이 단순히 즐기기 위한 것만은 아니다. ('10)
» ⓢ just, bare, only

그저, 단지

222 **extreme**
12/9 [ikstrí:m] n, a
★★★★★
출제확률 45.4%

extremely — **극단; 극단의, 매우**

This 'no pain, no gain' approach is extremely stressful.
이러한 '고통없이 얻는 것은 없다'라는 식의 접근은 스트레스를 많이 받게한다. ('07)
» extremely(극단적이게) → extreme(극단) + ly(부사, ~하게)

매우, 극도로

223 **lack** ⓢ **shortage, deficiency** **부족, 결핍; ~이 부족하다**

12/9 [lǽk] n, v

★★★★★

출제확률 45.4%

It had to close in 1888 because of lack of money.
1888년에 자금 부족으로 문을 닫아야 했다. ('03)
» lack of : ~이 부족하다

224 **desire** **desirable desired** **욕구; 바라다, 간절히 원하다**

11/9 [dizáiər] n, v

★★★★★

출제확률 45.4%

People desire to make such exchanges for many reasons.
사람들은 많은 이유를 들어 그러한 교환을 하려고 한다. ('09)
» de(= from ~로부터) + sire(= star 별) → 별에서 무언가를 크게 원하다 → 욕구, 열망

호감 가는, 가치 있는 | 희망했던

225 **mass** **massive** **덩어리**

11/9 [mǽs] n

★★★★★

출제확률 45.4%

A massive investment in the Olympics
올림픽에 대한 엄청난 투자 ('10)
» mass culture : 대중문화

대규모의, 거대한

226 **crop** ⓢ **harvest, gathering** **농작물**

11/9 [kráp] n

★★★★★

출제확률 45.3%

The rich soil could help farmers grow enough crops to feed the people in the cities.
이 옥토는 도시 사람들을 충분히 먹여살릴 수 있을만큼의 식량을 생산하는데 도움을 줄 것이다. ('09)

227 **sorrow** **sorrowful** **슬픔, 비통; 슬퍼하다**

11/9 [sárou] n, v

★★★★★

출제확률 45.3%

The longer you get stuck there, the harder it becomes to share the pain and sorrow. 거기에 더 오래 갇혀 있을수록 더 고통스럽고 슬퍼진다. ('08)
» sore(아픈) + ow → 슬픔

(아주)슬픈

228 **destroy** **destroyed** **파괴하다**

11/9 [distrɔ́i] v

★★★★★

출제확률 45.3%

We cannot destroy our neighbors.
우리는 우리의 이웃을 파괴할 수 없다. ('10)
» de(아래, 아닌) + story(짓다) → 짓는 것의 반대는 파괴

(과거, 과거분사)

229 **edge** ⓢ **limit, outline** **날, 가장자리**

10/9 [édʒ] n

★★★★★

출제확률 45.3%

His car had become a soft white hill on the edge of the street.
그의 자동차는 길 끝에 부드러운 하얀 언덕이 되었다. ('10)
» on edge : 흥분한, 안절부절 못하는

230 **rush** **rushed rushing** **돌진; 돌진하다, 서두르다**

10/9 [rʌ́ʃ] n, v

★★★★★

출제확률 45.3%

I rushed to him and said, Mr. Mays, could I please have your autograph?
나는 그에게 달려가 '메이즈 씨, 싸인받을 수 있을까요?'라고 물었다. ('05)
» rush hour : 출퇴근 시간

서두른 | 격한, 성급한

231 **ahead** ⓢ **in advance, in front, in the lead** **앞쪽에, 앞에, 앞으로**

10/9 [əhéd] a, ad

★★★★★

출제확률 45.3%

Finally, you approach a sign, reading FUEL AHEAD.
마침내 당신은 '전방 주유소'라는 이정표에 도달한다 ('00)
» a(강조) + head(머리, 앞서) → 앞쪽에, 앞으로 * go ahead with : ~을 추진하다

232 **willing** | **unwillingness willingly** | 기꺼이 ~하는

10/9 [wíliŋ] a
★★★★★
출제확률 45.3%

Successful people are willing to work hard.
성공하는 사람들은 기꺼이 열심히 일하려 한다. ('00)
» be willing to ~ : ~을 기꺼이 하고자 한다
본의 아님, 반항적임 | 기꺼이, 흔쾌히

233 **invent** | **invented inventing invention** | 발명하다

10/9 [invént] v
★★★★★
출제확률 45.3%

The first true piece of sports equipment that man invented was the ball.
인간이 최초로 발명한 운동기구는 공이다. ('08)
» in(= upon) + vent(= come 오다) → come upon은 '문득 ~을 생각해 내다' → 발명하다
(과거, 과거분사) | (현재분사) | 발명[품]

234 **suit** | **suitable suited unsuitable** | 옷, 소송; ~에 맞는

22/8 [sú:t] n, a
★★★★★
출제확률 40.4%

The people in dresses and suits blocked my view of the garden.
드레스와 정장을 입은 사람들에 가려 정원이 보이지 않았다. ('03)
» sue(따르다, 고소하다)에서 파생되었다. * suitcase(여행가방) → suit(옷) + case(상자)
적절한, 알맞은 | 어울리는, 적합한 | 적합하지 않은

235 **equip** | **equipment equipped** | 갖추다, 장비하다

19/8 [ikwíp] v
★★★★★
출제확률 40.4%

There was nothing but junk and old equipment.
싸구려 구식 장비 말고는 없었다. ('08)
» be equipped with : ~을 갖추다
장비 | 장비를 갖춘

236 **strength** | **strengthened strengthening** | 세기, 힘

18/8 [stréŋkθ] n
★★★★★
출제확률 40.4%

Strength is what I feel each time I look at it.
그것을 볼 때마다 나는 힘이 솟는 것을 느낀다. ('09)
» strong(강한) + th(상태) → 강한 상태 → 세기
strengthen(강화되다)의 과거, 과거분사 | 보강

237 **classic** | **classical** | 고전; 고전의, 일류의

18/8 [klǽsik] n, a
★★★★★
출제확률 40.4%

Sounds good! I'm very interested in classical music.
좋은 생각이야! 나는 정말 클래식 음악에 관심이 많아. ('01)
» class는 '우수, 탁월'이라는 의미를 지니고 있다. * in a classic set of : 일련의
고전주의의

238 **describe** | **described describing description** | 묘사하다

17/8 [diskráib] v
★★★★★
출제확률 40.4%

She described in her book some important differences.
그녀는 자신의 책에서 일부 중요한 차이점을 묘사했다. ('02)
» de(아래에) + scribe(= write 적다) → 아래에 (어떤지) 적다 → 묘사하다
(과거, 과거분사) | 묘사하는 | 묘사, 서술

239 **volunteer** | **volunteering volunteerism** | 지원자, 자원봉사자

17/8 [vɑ̀ləntíər] n
★★★★★
출제확률 40.4%

He worked along with volunteers.
그는 자원봉사자들과 함께 일했다. ('02)
» vol(자발적인) + er(사람) → 자발적으로 하려는 사람 → 지원자
(현재분사) | 자유 지원제

240 **concentrate** | **concentrated concentrating concentration** | 집중하다

17/8 [kɑ́nsəntrèit] v
★★★★★
출제확률 40.4%

I concentrated more on improving my language ability and making friends.
나는 언어 실력을 늘리고 친구들을 사귀는데 더 집중했다. ('03)
» con(함께) + centr(중앙으로) + ate(~하게 하다) → 집중하다 * be concentrated on : ~에 집중하다
집중된, 밀집된 | 집중, (현재분사) | 집중, 집결

241 **disturb** | **disturbance disturbed disturbing** | **방해하다**

16/8 [distə́:rb] v

★★★★★

출제확률 40.4%

Go to a fairly quiet place where you are not likely to be disturbed.

방해받지 않을 것 같은 아주 조용한 곳으로 가라. ('05)

» dis(= apart 떼어) + turb(뒤흔들다) → 떼내어 뒤흔들다 → 방해하다

소란, 동요 | 산란한, 매우 불안해하는 | 방해가 되는, 불안하게 하는

242 **image** | **self-image** | **상(像), 이미지, 그림**

16/8 [ímidʒ] n

★★★★★

출제확률 40.4%

Television picture tubes enable viewers to see the image that is formed inside the tube. 텔레비전 브라운관은 시청자들이 브라운관 내에 형성된 이미지를 볼 수 있게 한다. ('08)

» picture tube : 브라운관

자아상

243 **fund** | **funded fund-raiser fund-raising** | **자금, 기금; 자금을 제공하다**

16/8 [fʌ́nd] n, v

★★★★★

출제확률 40.4%

This chart shows money-raising goals for a fund.

이 차트는 기금을 마련하기 위한 목표치를 보여준다. ('00)

» fund-rasing(기금모금) → fund(기금) + raise(올리다) + ing(~것)

적립된 | 기금 모금 행사 | 모금 활동(의), 자금 조달(의)

244 **soil** | **ⓢ earth, dirt** | **흙, 땅**

15/8 [sɔ́il] n

★★★★★

출제확률 40.4%

The dead bodies of organisms in the forest are broken down and turned into soil.

숲속에서 죽은 생물체는 썩어 흙으로 돌아간다. ('04)

» broken down : 파괴된, 박살난

245 **discount** | **ⓢ deduction, rebate** | **할인; 무시하다, 도외시하다**

15/8 [dískaunt] n, v

★★★★★

출제확률 40.4%

Then she'll get a 50% discount.

그러면 그녀는 50% 할인을 받게 된다. ('01)

» dis(아닌, 뒤로) + count(세다) → 덜 세다 → 할인하다

246 **term** | **midterm** | **기간, 임기**

14/8 [tə́:rm] n

★★★★★

출제확률 40.4%

We want to describe our society in terms of age.

우리는 연령 관점에서 사회를 말하고자 한다. ('08)

» in terms of : ~에 관하여, ~에 대해서

중간의

247 **qualify** | **qualification qualified qualifier qualifying** | **~에게 자격(권한)을 주다**

14/8 [kwɑ́ləfài] v

★★★★★

출제확률 40.4%

He can hardly be called qualified at all.

그는 절대로 자격이 있다고 할 수 없다. ('03)

» qual(자질) + ify(상태) → 자질을 갖추다 * qualifying round : 예선

자격, 자질, 능력 | 자격이 있는 | 예선 통과자 | 자격을 주는, 한정하는

248 **prevent** | **prevention preventive** | **방해하다, 막다, 예방하다**

14/8 [privént] v

★★★★★

출제확률 40.4%

To prevent the symptoms, people usually take this before they depart.

그 증상을 막기위해 사람들은 출발하기 전에 보통 이것을 복용한다. ('10)

» pre(미리, 앞서) + vent(나타나다, 나오다) → 앞서 나와 막다

예방, 방지 | 예방을 위한

249 **courage** | **courageous discouraged discouraging** | **용기**

14/8 [kə́:ridʒ] n

★★★★★

출제확률 40.4%

This is one of the ways you can save lives with a little time and courage.

이것은 당신이 잠깐의 시간과 용기로 생명을 구할 수 있는 방법 중 하나이다. ('09)

» cour(마음) + age(~것) → 마음에서 나오는 것 → 용기

용감한 | 낙담한, 낙심한 | 낙담시키는

250 **react** reacted reacting reaction reactive 반작용하다, 반응하다

14/8 [riǽkt] v

★★★★★

출제확률 40.4%

React differently according to different languages.

다른 언어에 따라 다르게 반응해라. ('10)

» re(다시) + act(작용하다) → 반응하다

(과거, 과거분사) | 반응하는 | 반응, 반작용 | 반응을 하는

251 **feature** ⓢ trait, hallmark 특징, 용모, 특색; 특색짓다

14/8 [fíːtʃər] n, v

★★★★★

출제확률 40.4%

Some of them will show you the speed limit or road features.

그것들 중 일부는 당신에게 속도 제한이나 길의 특성을 알려줄 것이다. ('01)

» fea(= fact 위업, 솜씨) + (t)ure(~것) → 특색

252 **master** mastered mastering masterpiece 주인, 스승, 왕; 정복하다

14/8 [mǽstər] n, v

★★★★★

출제확률 40.4%

I believe you've mastered the basic skills of painting.

나는 네가 기본적인 그림 기술을 완벽히 익혔다고 믿는다. ('02)

» master = great(큰)

(과거, 과거분사) | (현재분사) | 걸작, 명작

253 **balance** balanced balancing 균형; 균형을 맞추다

13/8 [bǽləns] n, v

★★★★★

출제확률 40.4%

Right after his brother took his hands off the bike, he could not balance himself and fell. 그의 형이 자전거에서 손을 떼자마자, 그는 균형을 잃고 넘어졌다. ('01)

» balance A against B : A를 B와 균형 맞추다, A와 B를 비교해보다

균형 잡힌 | 균형(잡기)

254 **oppose** opposed opposing opposite opposition 반대하다

13/8 [əpóuz] v

★★★★★

출제확률 40.4%

Opposing forces: Human beings and nature

반대 세력: 인간과 자연 ('02)

» op(반대) + pose(위치하다) → 반대에 위치하다 → 반대하다

반대하는 | 서로 대립하는 | 맞은편, 다른 편[쪽] | 반대, 상대측

255 **position** positioned 위치, 지위, 장소

13/8 [pəzíʃən] n

★★★★★

출제확률 40.4%

We have both full-time and part-time positions.

종일 근무와 파트타임 근무 자리가 있다. ('04)

» pose(위치하다, 자세) + tion(명사형 접미어, ~것) → 위치

(과거, 과거분사)

256 **conflict** conflicting 투쟁, 갈등; 충돌하다

13/8 [kάnflikt] n, v

★★★★★

출제확률 40.4%

But sometimes you will get caught in a conflict.

그러나 때때로 당신은 갈등에 휘말리게 될 것이다. ('01)

» con(함께) + flict(치다, 때리다) → 함께 때리다 → 투쟁, 충돌하다

서로 싸우는, 모순되는

257 **scene** scenery 장면, 현장

13/8 [síːn] n

★★★★★

출제확률 40.4%

They speed up the action by shortening or cutting slow scenes.

그들은 장면을 자르거나 줄임으로써 움직임의 속도를 높인다. ('06)

» ⓢ site, spot, location

풍경, 경치

258 **literary** literature 문학의

13/8 [lítərèri] a

★★★★★

출제확률 40.4%

Please allow me to offer my best wishes for your future literary efforts.

앞으로 당신의 문학 저술 활동에 행운이 있기를 기원합니다. ('07)

» liter(= letter 글자) + (a)ry(작업, 일) → 글을 쓰는 작업 → 문학의

문학

족집게 보카 TEST Day 07

1. 아래의 단어에 맞는 뜻을 골라 선으로 이어주세요.

219 regard •	ⓐ 덩어리
243 fund •	ⓑ 안부; ~으로 간주하다
246 term •	ⓒ 방해하다
242 image •	ⓓ 극단; 극단의, 매우
241 disturb •	ⓔ 기간, 임기
237 classic •	ⓕ 발명하다
232 willing •	ⓖ 고전; 고전의, 일류의
230 rush •	ⓗ 지원자, 자원봉사자
239 volunteer •	ⓘ 기꺼이 ~하는
225 mass •	ⓙ ~외에, ~을 제외하고; 게다가
233 invent •	ⓚ 자금, 기금; 자금을 제공하다
220 besides •	ⓛ 갖추다, 장비하다
235 equip •	ⓜ 돌진; 돌진하다, 서두르다
222 extreme •	ⓝ 상(像), 이미지, 그림

2. 아래 문장의 알맞은 뜻을 보기에서 고르세요.

a. This hole helps the kite fly fast regardless of the wind speed. (　　)
b. The observed light measured by the receiver is increased. (　　)
c. The dead bodies of organisms in the forest are broken down and turned into soil. (　　)
d. Sounds good! I'm very interested in classical music. (　　)
e. He can hardly be called qualified at all. (　　)
f. To prevent the symptoms, people usually take this before they depart. (　　)
g. There was nothing but junk and old equipment. (　　)

보기

① 그는 절대로 자격이 있다고 할 수 없다.
② 수신기에 의해 측정된 빛이 증가했다.
③ 이 구멍은 연이 바람의 속도와 관계없이 빠르게 날 수 있도록 도와준다.
④ 그 증상을 막기위해 사람들은 출발하기 전에 보통 이것을 복용한다.
⑤ 좋은 생각이야! 나는 정말 클래식 음악에 관심이 많아.
⑥ 숲속에서 죽은 생물체는 썩어 흙으로 돌아간다.
⑦ 싸구려 구식 징비 말고는 없었다.

정답: ③ ② ⑥ ⑤ ① ④ ⑦

You can do it!

Yes, I can.

출제확률 100%에 도전하는 족집게 보카

2 Week

수능 영단어 50일(7주) 스피드 완성

이것이 바로 우선순위 영단어 족보다!

19년간 수능 기출 영단어 10만개를 모조리 통계내어 만든

족집게 보카 Day 08

259 **productive** [prədʌ́ktiv] a
12/8
★★★★★
출제확률 40.4%

counterproductive productivity unproductive — **생산적인, 생산하는**

Spending hours with a book, they think, is unproductive dreaming.
그들은 책 읽는데 시간을 보내는 것이 비생산적인 몽상이라고 생각한다. ('94)
» unproductive : un(아닌) + product(산출물, 상품) + ive(~하는) → 비생산적인

역효과를 낳는 | 생산성 | 비생산적인

260 **absolute** [ǽbsəlù:t] a
12/8
★★★★★
출제확률 40.4%

absolutely — **절대적인, 완전한, 완벽한**

I seemed to have absolutely no control over these feelings.
나는 이러한 기분에 대해 완전히 통제가 불가능할 것 같았다. ('02)
» ab(~에, 이탈) + solut(= loose 느슨하게 하다) → ~에서 이탈해 느슨한 → 구속이 사라져 완벽한

절대적으로

261 **politic** [pɑ́lətik] a
12/8
★★★★★
출제확률 40.4%

political politically politician politics — **정치의, 정치적인**

Global politics, as a result, has become more complex.
결과적으로, 국제 정치는 더 복잡해졌다. ('02)
» poli(도시) + tic(~한) → 도시를 이끌어가는데 사용하는 것 → 정치

정치적인 | 정치적으로 | 정치인 | 정치, 정치학

262 **select** [silékt] v
12/8
★★★★★
출제확률 40.4%

selected selecting selection — **고르다, 선발한**

Selecting and assembling scenes, they cut out parts that don't fit in well.
장면들을 선별하고 붙이면서 잘 맞지 않는 부분은 버린다. ('06)
» se(나뉜, 따로) + lect(선택하다) → 고르다

선택된, 선발된 | 선택 | 선택, 선발

263 **expert** [ékspə:rt] n
12/8
★★★★★
출제확률 40.4%

expertise — **익숙한 사람, 전문가**

Experts point out that this is a serious problem.
전문가들은 이것이 심각한 문제라고 지적한다. ('03)
» ex(밖) + peri(시험하다) + er(t)(사람) → 밖에서 시험을 많이 한 사람 * point out : ~을 지적하다

전문적 기술

264 **announce** [ənáuns] v
12/8
★★★★★
출제확률 40.4%

announced announcement announcer announcing — **알리다, 발표하다**

The pilot was about to make an announcement.
그 비행기 조종사가 안내방송을 하려고 했다. ('09)
» an(~에게) + nounce(= report 보고하다) → 알리다, 발표하다

발표된 | 발표, 공고 | 아나운서 | 공고, 알림

265 **worth** [wə́:rθ] a
12/8
★★★★★
출제확률 40.4%

worthless — **~의 가치가 있는**

One picture is worth a thousand words.
그림 한장은 수천 마디 말만큼의 가치가 있다. ('00)
» it's not worth –ing : ~할 가치가 없다

가치 없는

266 **climate**
11/8 [kláimit] n
★★★★★
출제확률 40.4%

ⓢ **temperature, weather** **기후, 풍토**

This wind, which has traveled from the North Pole, gives me a taste of the icy climate. 북극에서 불어온 이 바람은 내게 냉기후를 맛보게 해준다. ('02)

» clin(기울다) + ate(~것) → (지구가) 기움에 따라 변하는 것은 날씨이다.

267 **otherwise**
11/8 [ʌðərwàiz] ad, a
★★★★★
출제확률 40.4%

ⓢ **differently, in other ways** **만약 그렇지 않으면; 다른**

The absence of vitamin B would otherwise lead to a deficiency disease.
비타민 B가 부족하게 되면 결핍성 질환에 걸릴 우려가 있다. ('09)

» other(다른) + wise(방법) → 다른, 그렇지 않으면

268 **content**
11/8 [kəntént] n, a
★★★★★
출제확률 40.4%

ⓢ **constituents, elements** **내용(물); 만족하는**

Bottles can reveal their contents without being opened.
병을 개봉하지 않아도 내용물을 볼 수 있다. ('08)

» con(함께) + tent(추구하는, 향하는) → 모두가 동일하게 생각하니 만족한다

269 **remind**
11/8 [rimáind] v
★★★★★
출제확률 40.3%

reminded remindful **생각나게 하다**

Knives would remind them of killing animals.
칼은 그들에게 동물을 죽였던 일을 상기시킬 것이다. ('02)

» re(다시) + mind(마음, 생각) → 다시 생각하게 하다 * remindful of : ~를 연상케 하는

(과거, 과거분사) | 생각나게 하는

270 **surround**
10/8 [səráund] n, v
★★★★★
출제확률 40.3%

surrounding **주위, 환경; 둘러싸다, 에워싸다**

Before long more than 3,800 caves surrounding the city had been discovered.
오래지 않아 도시 주위에서 3,800개의 동굴이 발견되었다. ('10)

» sur(~을 넘어) + round(둘레에) → 둘레를 넘어 에워싸다

주위의, 인근의

271 **capable**
10/8 [kéipəbl] a
★★★★★
출제확률 40.3%

capability **~할 수 있는, 유능한**

We are capable of doing either one because we can control our actions.
우리는 행동을 통제할 수 있기 때문에 둘 중 하나를 할 수 있다. ('02)

» cap(= take 잡을) + able(수 있는) → 붙잡을 수 있는 → ~할 수 있는

능력

272 **amaze**
10/8 [əméiz] v
★★★★★
출제확률 40.3%

amazed amazing **(대단히) 놀라게 하다**

I wondered for ages at these amazing steel birds.
나는 오랜 기간 동안 이 강철새에 대해 궁금증을 가졌다. ('01)

» a(강조) + maze(당황함) → 크게 당황함

놀란 | 놀랄 만한

273 **efficient**
10/8 [ifíʃənt] a
★★★★★
출제확률 40.3%

efficiency efficiently inefficient **효율적인**

Recommend changes to make it more efficient.
더 효율적으로 만들기 위해 변화를 제안하라. ('03)

» effect(효과)에서 파생되었다.

능률, 효율 | 능률적으로 | 비효율적인

274 **succeed**
10/8 [səksí:d] v
★★★★★
출제확률 40.3%

succeeded succeeding **성공하다, 뒤를 잇다**

They will improve your chances of succeeding next time.
그들은 당신이 다음 번에 성공할 수 있는 기회를 높여 줄 것이다. ('02)

» suc(= under 아래로) + ceed(= go 가다) → 뒤를 잇다

(과거, 과거분사) | 계속되는

275 **pressure** ⓢ **compressing, influence** **압력**

10/8 [préʃər] n

★★★★★

출제확률 40.3%

Our increased workloads put too much pressure upon us.

늘어난 업무량은 우리에게 부담을 너무 많이 준다. ('04)

» press(누르다) + ure(~것) → 압력 * blood pressure : 혈압

276 **familiar** **unfamiliar** **친한, 친근한**

9/8 [fəmíljər] a

★★★★★

출제확률 40.3%

For the most part, we like things that are familiar to us.

대체로 우리는 우리에게 친숙한 것들을 좋아한다. ('10)

» family(가족) + ar(~한) → 가족같이 친근한 * for the most part : 대부분은, 대체로(는)

익숙지 않은

277 **curious** **curiosity** **궁금한, 호기심의**

9/8 [kjúəriəs] a

★★★★★

출제확률 40.3%

Curious, she drew closer and found that the students were listening to a new rock hit. 그녀가 호기심에 가까이 가보니 학생들은 인기있는 새 록음악을 듣고 있었다. ('11)

» cur(i)(= care 관심) + ous(형용사) → 관심있는, 호기심의

호기심

278 **silent** **silence** **silently** **조용한, 침묵의**

9/8 [sáilənt] a

★★★★★

출제확률 40.3%

If you are seeking more information, ask for it by remaining silent.

당신이 더 많은 정보를 얻고자 한다면, 침묵으로 그 질문을 대신하라. ('10)

» ⓢ speechless, wordless, mute

고요, 적막 | 조용히

279 **reveal** **revealed** **revealing** **나타내다, 누설하다**

9/8 [rivíːl] v

★★★★★

출제확률 40.3%

These new technologies have revealed that many things can produce infrasound.

이 신기술들은 초저주파 불가청음을 낼 수 있는 많은 것들을 밝혀냈다. ('04)

» re(뒤로) + veal(= veil 베일로 덮다) → 덮인 베일을 뒤로 빼다 → 누설하다

(과거, 과거분사) | 드러내는

280 **guarantee** **guaranteed** **guaranteeing** **보증; 보증하다**

9/8 [gæ̀rəntíː] n, v

★★★★★

출제확률 40.3%

I can replace the broken strings easily, but I can't guarantee that I can fix it.

나는 망가진 줄을 쉽게 교체할수 있지만, 고치는 것은 장담할 수 없다. ('09)

» guarant(= protect 보호하다) + ee → 보호하는 것 → 보증

확실한, 보장된 | (현재분사)

281 **contrary** ⓢ **opposite, dissenting** **반대되는 것; ~와 반대되는**

9/8 [kάntreri] n, a

★★★★★

출제확률 40.3%

On the contrary, other star players disagree.

이와는 반대로, 다른 스타 선수들은 반대한다. ('04)

» contra(= against 반대) + ry(작업, 일)

282 **frighten** **frightened** **frightening** **깜짝 놀라게 하다**

8/8 [fráitn] v

★★★★★

출제확률 40.3%

He didn't mean to frighten you, he just wanted to make you happy.

그는 당신을 놀래키려고 한게 아니라 행복하게 해주고 싶었을 뿐이다.

» fright(공포) + en(~하다) → 놀라게 하다 * 심정을 묻는 질문에 자주 등장

무서워하는, 겁먹은 | 무서운

283 **gloomy** ⓢ **dull, dismal** **어두운, 우울한**

8/8 [glúːmi] a

★★★★★

출제확률 40.2%

It's gloomy and pitiful.

우울하고 가련하다. ('07)

» 구름이(gloomy) 끼니 우울하다.

284 **consume**
22/7 [kənsú:m] v
★★★★☆
출제확률 35.4%

consumed consumer consumption 소비하다, 다 써버리다

The United States consumed the greatest amount of electricity in both 1999 and 2003. 미국은 1999년과 2003년에 가장 많은 전력을 소비했다. ('06)
» con(함께) + sume(= take 취하다) → 함께 소비하다 → 다 써버리다
(과거, 과거분사) | 소비자 | 소비

285 **pollution**
21/7 [pəlú:ʃən] n
★★★★☆
출제확률 35.4%

pollute polluted 오염

We are not always fortunate enough to enjoy a work environment free of noise pollution. 우리에게 소음공해가 없는 작업 환경을 누리는 행운이 항상 있는 것은 아니다. ('06)
» pollute(오염시키다) + tion(~것) → 오염 * noise pollution : 소음공해
오염시키다 | 오염된

286 **positive**
18/7 [pázətiv] a
★★★★☆
출제확률 35.4%

ⓢ **beneficial, productive** 긍정적인, 낙관적인

In order to achieve productive and positive results
생산적이고 긍정적인 결과를 얻기 위해서 ('04)
» pos(= put 놓다) + ive(~한) → 마음대로 놓을 수 있으니 긍정적이다

287 **relative**
17/7 [rélətiv] n, a
★★★★☆
출제확률 35.4%

non-relative relatively relativeness relativism 친척; 비교상의, 상대적인

The general shape and size of our body remains relatively constant.
일반적인 우리 몸의 형태와 크기는 비교적 일정하게 유지된다. ('04)
» relate(~와 관련있는) + ive(~한) → 관련있는 사람 → 가까운 친척
관련없는 | 비교적 | 관련성, 상관성 | 상대주의

288 **generate**
16/7 [dʒénərèit] v
★★★★☆
출제확률 35.4%

generating generation 낳다, 발생하다

The plane generates enough electricity from solar electric panels on the tops of its wings. 그 비행기는 날개 위의 태양열 전기 패널을 통해 충분한 전기를 생산한다. ('06)
» gener(= birth 탄생) + ate(~하다) → 낳다
전기를 일으키는 | 세대

289 **connect**
15/7 [kənékt] v
★★★★☆
출제확률 35.4%

connected connectedness connection 잇다, 연결하다

The connectedness of elements in nature
자연의 요소들간의 결합관계 ('10)
» con(함께, 서로) + nect(= join 연결하다) → 잇다, 연결하다
연속된, 일관된 | 소속 관계[의식], 결합 관계 | 연결, 연관성

290 **occupy**
15/7 [ákjupài] v
★★★★☆
출제확률 35.4%

occupation occupied preoccupied 차지하다, 종사하다

Try to occupy them in some other way.
그것들을 좀 다른 방법으로 차지하도록 노력해 보세요. ('10)
» oc(= against ~대항하여) + cupy(= take 차지하다) → 차지하다
직업 | 사용중인, 점령된 | 사로잡힌, 정신이 팔린

291 **labor**
15/7 [léibər] n, v
★★★★☆
출제확률 35.4%

labored laborer 노동, 노력, 근로자; 일하다

High achievers are hard-workers who bring work home and labor over it until bedtime. 성공한 사람들은 열심히 일하는 사람들로, 집에 일을 가져와서 취침시간까지 일을한다. ('00)
» lab(일하다) + or(사람) → 일하는 사람 * labor dispute : 노동 쟁의
힘드는, 괴로운 | 노동자

292 **interpret**
14/7 [intə́:rprit] v
★★★★☆
출제확률 35.4%

interpretation interpreted reinterpret 통역하다, 해석하다

It was, therefore, important for the viewer so as to facilitate interpretation of the content. 그러므로, 시청자가 내용을 더 쉽게 이해할 수 있도록 하는데 그것은 중요했다. ('10)
» so as to : ~하도록 하다
이해, 해석 | 해석된 | 재해석하다

293 **entire** [intáiər] a
14/7 ★★★★☆ 출제확률 35.4%

entirely — 전체의, 완전한

Now you see how your entire body can be used in the activity of drawing.
이제 당신은 몸 전체가 어떻게 그림 활동에 이용되는 지를 알게 될 것이다. ('06)
» en(= in 아닌) + tire(= touch 만지다) → 만지지 않은 → 완전한

완전히

294 **arrange** [əréindʒ] v
14/7 ★★★★☆ 출제확률 35.4%

arranged arrangement arranging rearranged — 배열하다, 조정하다

Flower arrangements and gardening
꽃꽂이와 원예 ('09)
» ar(~에) + range(정렬하다) → 배열하다 * flower arrangement : 꽃꽂이

(과거, 과거분사) | 배열, 정돈 | (현재분사) | 다시 정리하다

295 **symbol** [símbəl] n
14/7 ★★★★☆ 출제확률 35.4%

symbolic symbolize — 상징, 기호

What is considered a status symbol will differ among countries.
지위의 상징으로 여겨지는 것은 국가마다 다를 것이다. ('08)
» sym(함께) + bol(= throw 던지는 것) → 우리를 외부에 알리는 것 → 기호, 상징

상징적인 | 상징하다

296 **invite** [inváit] v
14/7 ★★★★☆ 출제확률 35.4%

invitation invited inviting — 초대하다

In Japan I am invited to the apartment of a young couple.
일본에서 나는 한 젊은 커플의 집에 초대를 받았다. ('03)
» be invited to : ~에 초대되다 * invite ~ over : ~를 초대하다

초대[장] | (과거, 과거분사) | 매력적인, 솔깃한

297 **constant** [kάnstənt] n, a
14/7 ★★★★☆ 출제확률 35.4%

constantly — 일정 불변의 것; 불변의, 끊임없는

But nature itself remains constant.
그러나 자연 그 자체는 불변한다. ('04)
» con(함께) + sta(서다) + nt(~한) → (항상) 함께 서다

끊임없이, 거듭

298 **account** [əkáunt] n, v
13/7 ★★★★☆ 출제확률 35.4%

accountable accountant accounted accounting — 계산, 설명, 계좌; 계산[설명]하다

The customer came here to open a bank account as a gift.
그 고객은 선물로 은행 계좌를 개설하려고 이곳에 왔다. ('08)
» ac(~에, ~를) + count(세다) → 계산하다 * account for : ~의 비율을 차지하다

설명할 수 있는 | 회계원 | 설명했다 | 회계

299 **enable** [inéibl] v
13/7 ★★★★☆ 출제확률 35.4%

enabled enabling — 가능하게 하다

They enabled the animals to eat the treetop leaves.
그들이 동물들로 하여금 나무 꼭대기에 있는 나뭇잎을 먹을 수 있도록 하였다. ('06)
» en(강조) + able(할 수 있는) → 할 수 있게 하는 * enable A to B : A를 B할 수 있게 하다

가능한 | 권한을 부여하는

300 **anxiety** [æŋzáiəti] n
13/7 ★★★★☆ 출제확률 35.4%

anxious anxiously — 걱정, 불안

We are anxious to get our products into the market as soon as possible.
우리는 우리 제품을 시장에 최대한 빨리 출시하길 간절히 바라고 있다. ('00)
» anx(= choke 질식시키다) + iety → 질식시킬 정도로 불안케 함

걱정하는, 근심하는 | 근심하여

301 **blood** [blʌd] n
13/7 ★★★★☆ 출제확률 35.4%

blood-sharing — 피, 혈액

Blood-sharing greatly improves each bat's chances of survival.
피의 공유는 개별 박쥐의 생존 가능성을 크게 높여준다. ('11)
» chance of survival : 생존 가능성

혈(피) 공유

족집게 보카 TEST Day 08

1. 아래의 단어에 맞는 뜻을 골라 선으로 이어주세요.

261 politic	ⓐ 잇다, 연결하다
286 positive	ⓑ 정치의, 정치적인
289 connect	ⓒ ~의 가치가 있는
265 worth	ⓓ 오염
277 curious	ⓔ 궁금한, 호기심의
272 amaze	ⓕ 차지하다, 종사하다
284 consume	ⓖ (대단히) 놀라게 하다
275 pressure	ⓗ 조용한, 침묵의
278 silent	ⓘ 노동, 노력, 근로자; 일하다
285 pollution	ⓙ 보증; 보증하다
290 occupy	ⓚ 긍정적인, 낙관적인
280 guarantee	ⓛ 압력
291 labor	ⓜ 효율적인
273 efficient	ⓝ 소비하다, 다 써버리다

2. 아래 문장의 알맞은 뜻을 보기에서 고르세요.

a. Before long more than 3,800 caves surrounding the city had been discovered. ( )
b. This wind, which has traveled from the North Pole, gives me a taste of the icy climate. ( )
c. Experts point out that this is a serious problem. ( )
d. He didn't mean to frighten you, just he wanted to make you happy. ( )
e. The United States consumed the greatest amount of electricity in both 1999 and 2003. ( )
f. Our increased workloads put too much pressure upon us. ( )
g. The pilot was about to make an announcement. ( )

보 기

① 그는 당신을 놀래키려고 한게 아니라 행복하게 해주고 싶었을 뿐이다.
② 전문가들은 이것이 심각한 문제라고 지적한다.
③ 오래지 않아 도시 주위에서 3,800개의 동굴이 발견되었다.
④ 늘어난 업무량은 우리에게 부담을 너무 많이 준다.
⑤ 북극에서 불어온 이 바람은 내게 냉기후를 맛보게 해준다.
⑥ 그 비행기 조종사가 안내방송을 하려고 했다.
⑦ 미국은 1999년과 2003년에 가장 많은 전력을 소비했다.

정답: ③ ⑤ ② ① ⑦ ④ ⑥

19년간 수능 기출 영단어 10만개를 모조리 통계내어 만든

족집게 보카 Day 09

302 **replace** [ripléis] v ★★★★☆ 출제확률 35.4% 13/7

replaced replacement ~을 대체하다, 제 자리에 놓다

To replace the old bed with a new one
낡은 침대를 새 것으로 바꾸기 위해 ('10)
» re(다시) + place(위치하다) → 대체하다 * be replaced with : ~로 대체되다, ~로 바꾸다
(과거, 과거분사) | 대체, 교체

303 **source** [sɔ́:rs] n ★★★★☆ 출제확률 35.4% 12/7

ⓢ **origin, beginning, fount** 출처, 근원

The importance of light as a food source
식량의 근원으로서의 빛의 중요성 ('10)
» sour(= surge 솟아나다) + ce(~것) → 솟아나는 곳 → 출처, 근원

304 **strike** [stráik] v ★★★★☆ 출제확률 35.4% 12/7

striking strikingly stroke 파업, 파업하다, 치다

Don't these topics strike a familiar note?
이 주제들이 비슷한 내용을 언급하지 않는가? ('03)
» 예문의 strike는 꼬집다, 다루다라는 의미이다.
현저한, 두드러진 | 눈에 띄게 | 타법, 타격, 발작

305 **attempt** [ətémpt] n, v ★★★★☆ 출제확률 35.4% 12/7

attempted attempting 시도; 시도하다

This is especially true when we attempt to define life.
우리가 삶을 정의하려고 할 때 이것은 특히나 사실이다. ('02)
» at(~를 향하여) + tempt(시도하다) → ~을 시도하다 * attempt to : ~을 시도하다
미수의 | (현재분사)

306 **eventually** [ivéntʃuəli] ad ★★★★☆ 출제확률 35.4% 12/7

ⓢ **in the end, after all** 결국, 마침내

Eventually, they may say what you want to hear.
결국, 그들은 당신이 듣고 싶어하는 것을 말할 것이다. ('10)
» event(사건, 행사) + al(~것) → 무언가 발생하는 것을 나타내는 말

307 **reflect** [riflékt] v ★★★★☆ 출제확률 35.4% 12/7

reflected reflecting reflection 반사하다, 반영하다, 숙고하다

The ability to sympathize with others reflects the multiple nature of the human being. 타인을 동정하는 능력은 인간의 복합적인 본성을 보여준다. ('08)
» re(다시, 되돌려) + flect(= bend 구부리다) → 반사하다
(과거, 과거분사) | 반사하는, 반영하는 | 반사, 설명

308 **wise** [wáiz] a ★★★★☆ 출제확률 35.3% 12/7

wisdom wiser 슬기로운, 현명한

I don't think it is wise to eat fruit without peeling it.
껍질을 벗기지 않고 과일을 먹는 것은 현명하지 않다고 생각한다. ('07)
» wise(현명한) + er(~보다 더) → 더 현명한
지혜, 현명함 | 더 지혜로운(비교급)

309 **criticize** | **criticism criticized self-criticism** | **흠을 잡다, 비판하다**

12/7 [krítəsàiz] v

★★★★☆

출제확률 35.3%

You'd better expose your new ideas to the criticism of others.
당신의 새로운 아이디어를 타인의 비평에 노출하는 게 좋을 것이다. ('07)
» critic(비판적인) + ize(행동) → 비판하다

비판 | (과거, 과거분사) | 자기비판

---

310 **ceremony** | **ⓢ ritual, rite** | **의식, 행사**

12/7 [sérəmòuni] n

★★★★☆

출제확률 35.3%

The graduation ceremony will be held next Friday in Hutt High School's Assembly. 그 졸업식은 Hutt 고등학교 강당에서 다음주 금요일에 열릴 것이다. ('08)
» 로마의 Caere라는 도시에서 행해지던 의식에서 유래되었다.

---

311 **private** | **privacy** | **개인의, 사적인**

12/7 [pràivət] a

★★★★☆

출제확률 35.3%

He sends his daughter for private foreign language lessons every evening.
그는 매일 저녁마다 그의 딸을 사설 외국어 교습에 보낸다. ('00)
» priv(= separate 나뉘어진, 떨어진) + ate(~은) → 남과 분리된 → 개인의, 사적인

사생활

---

312 **maintain** | **maintained maintaining** | **유지하다, 주장하다**

11/7 [meintéin] v

★★★★☆

출제확률 35.3%

In addition, teachers must maintain a good relationship with the parents.
게다가, 교사들은 부모들과 좋은 관계를 유지해야만 한다. ('04)
» main(손에) + tain(지키다) → 손안에(관리 하에) 두다 → 유지하다

재정 지원을 받는 | (현재분사)

---

313 **potential** | **potentiality potentially** | **잠재력; 잠재적인, 가능한**

11/7 [pəténʃəl] n, a

★★★★☆

출제확률 35.3%

Most people realize only a small part of their potential.
대부분의 사람들은 그들의 극히 작은 일부의 잠재력만 인식한다. ('01)
» potent(강한) + ial(~한) → 강한 힘을 내포하고 있음

잠재력 | 잠재적으로

---

314 **organ** | **organic organism** | **(생물, 조직) 기관, 오르간**

11/7 [ɔ́:rgən] n

★★★★☆

출제확률 35.3%

She enjoyed playing the organ and writing poetry.
그녀는 오르간을 연주하는 것과 작시를 즐겼다. ('03)
» enjoy + -ing : ~하는 것을 즐기다

유기농의, 장기의 | 유기체, 생물

---

315 **current** | **currently** | **물살; 현재의**

11/7 [kə́:rənt, kʌ́r-] n, a

★★★★☆

출제확률 35.3%

Did you improve your current situation?
당신은 현 상황을 개선시켰나요? ('08)
» cur(달리다) + ent(형용사) → 달리는 순간은 바로 지금

현재, 지금

---

316 **donate** | **donated donation** | **기부하다, 기증하다**

11/7 [dóuneit] v

★★★★☆

출제확률 35.3%

Why don't you donate them to the Happy Store?
그것들을 Happy Store에 기부하는 것이 어때요? ('09)
» don(주다) + ate(~하게 하다) → ~에게 줘서 사용케하다 → 기부하다

(과거, 과거분사) | 기부

---

317 **comment** | **commentary commented** | **주석, 논평; 주석을 달다**

11/7 [kɑ́ment] n, v

★★★★☆

출제확률 35.3%

Through scattered narration and commentary throughout the play,
연극 중간중간에 분산된 나레이션과 해설을 통해, ('10)
» com(강조) + ment(말하다). com-은 '함께, 강조'라는 2가지 뜻이있다.

논평, 해설 | (과거, 과거분사)

318 **owner** | **ownership** | **주인**

11/7 [óunər] n

★★★★☆

출제확률 35.3%

Store owners predict that shoppers will spend a lot of money this Christmas.
가게 주인들은 쇼핑객들이 이번 크리스마스에 많은 돈을 소비할 것으로 예측하고 있다. ('96)
» own(소유하다) + er(사람) → 소유자, 주인

소유권

319 **independent** | **independence independently** | **독립의**

11/7 [indipéndənt] a

★★★★☆

출제확률 35.3%

Power of independent youth
자립한 젊은이들의 힘 ('04)
» in(아닌) + depend(의존하다) + ent(형용사) → 의존하지 않는

독립 | 독립하여

320 **contrast** | ⓢ **difference, comparison** | **차이, 대조; 대조하다**

11/7 [kántræst] n, v

★★★★☆

출제확률 35.3%

The contrast between Western Europe and America is particularly sharp.
서유럽과 아메리카는 특히 그 차이가 극명하다. ('09)
» con(같이) + tra(끌다) → 같이 끌어내어 비교해보다 * in contrast : 대조적으로

321 **accurate** | **accuracy inaccurate inaccurately** | **정확한**

11/7 [ǽkjurət] a

★★★★☆

출제확률 35.3%

Whether the judgment is accurate or not, you should accept it.
그 판결이 정확하거나 그렇지 않던간에, 당신은 받아들여야 한다. ('07)
» ac(~에) + cur(= care 주의를 기울인) + ate(~한) → 주의를 기울이니 '정확한'

정확 | 부정확한 | 부정확하게

322 **beat** | **beaten beating** | **리듬, 맥박; 때리다, 두드리다**

11/7 [bí:t] n, v

★★★★☆

출제확률 35.3%

Her heart beat faster as the footsteps passed the window.
창밖에서 발자국 지나가는 소리가 들리자 그녀의 심장은 더 빨리 뛰었다. ('06)
» beat box : 비트박스(입으로 드럼소리를 내는 것)

두들겨 맞은, (과거분사) | 때림

323 **fuel** | **fueled fueling refueling** | **연료; 연료를 공급하다**

11/7 [fjú:əl] n, v

★★★★☆

출제확률 35.3%

He was fueling his son with a passion that would last for a lifetime.
그는 아들에게 일생동안 지속될 열정을 불어넣어 주었다. ('07)
» last for : ~동안 지속되다

(과거, 과거분사) | (현재분사) | 연료 재급유

324 **locate** | **located locating location locational** | **위치하다**

11/7 [lóukeit] v

★★★★☆

출제확률 35.3%

We have both full-time and part-time positions in a city-based location.
시내에 종일 근무와 파트타임 근무 자리가 있다. ('04)
» loc(= place 장소) + ate(하다) → 위치하다

~에 위치한 | (현재분사) | 위치 | 소재지의, 위치 선정의

325 **bear** | **bearable borne unbearable** | **곰; 참다, 견디다, 갖다**

10/7 [bέər] n, v

★★★★☆

출제확률 35.3%

The tree bears shiny dark green leaves.
그 나무는 반짝거리는 진한 녹색 잎을 가지고 있다. ('08)
» bear in mind : 명심해

참을 만한 | (과거분사) | 참을 수 없는

326 **schedule** | **scheduled** | **일정, 스케줄; 예정되다**

10/7 [skédʒu(:)l] n, v

★★★★☆

출제확률 35.3%

A test model is scheduled to be completed in 2006.
시험 모델이 2006년에 완성되도록 예정되어 있다. ('06)
» be scheduled to : ~하기로 예정되다

예정된

327 **acquire** — **acquired acquiring acquisition** — 얻다

10/7 [əkwáiər] v

★★★★☆

출제확률 35.3%

Person B acquired computer skills.

B라는 사람은 컴퓨터 다루는 기술을 익혔다. ('08)

» ac(~를) + quire(= seek 찾다, 구하다) → 얻다

획득한 | (현재분사) | 획득

328 **rough** — **roughly roughness** — 거친

10/7 [rʌ́f] a

★★★★☆

출제확률 35.3%

The digitized image of the face is rough.

디지털화된 얼굴 사진은 거칠어 보인다. ('07)

» be rough on : ~에게 거칠게 대하다, 가혹하게 굴다

대략, 거의 | 울퉁불퉁함, 거칠기

329 **harmony** — **disharmony harmonious** — 조화

10/7 [há:rməni] n

★★★★☆

출제확률 35.3%

In this way, these three all live together in harmony.

이 경우, 이 세 가지는 서로 조화를 이루게 된다. ('04)

» ⓢ agreement, accord, cooperation

불일치 | 조화로운

330 **intent** — **intention intently unintentionally** — 의도, 목적; ~에 전념하고 있는

10/7 [intént] n, a

★★★★☆

출제확률 35.3%

Our goal is to respect the artist's intent.

우리의 목적은 그 예술가의 의도를 존중하는 것이다. ('05)

» un(아닌) + intentionally(의도적인) : 고의가 아닌

의도, 목적 | 여념없이, 오로지 | 고의가 아니게, 무심코

331 **repeat** — **repeated repeatedly repeating** — 반복; 되풀이하다

10/7 [ripí:t] n, v

★★★★☆

출제확률 35.3%

Thus, they repeatedly attempted to make it clear to their public.

따라서 그들은 대중들이 확실히 이해할 수 있도록 계속적으로 시도했다. ('10)

» re(다시) + peat(= go to ~로 가다) → 다시 돌아가다 → 반복하다 * attempt to : ~을 시도하다

반복되는 | 되풀이하여 | 반복하는

332 **narrow** — **narrowed** — 좁은 부분; 좁히다; 좁은

10/7 [nǽrou] n, v, a

★★★★☆

출제확률 35.3%

So, I've narrowed the choices down to these five museums.

그래서 내가 이 다섯 곳의 박물관으로 선택할 여지를 줄였다. ('11)

» ⓢ reduce, limit, restrict

(과거, 과거분사)

333 **global** — **globe** — 전세계의, 글로벌

10/7 [glóubəl] a

★★★★☆

출제확률 35.3%

This is incredibly important to the global economy.

이것은 세계 경제에 엄청나게 중요하다. ('09)

» glob(구球) + al(접미사) → 둥근 것(지구) → 전세계

지구, 공

334 **firm** — **firmly** — 굳은, 확고한; 견고히

10/7 [fə́:rm] a, ad

★★★★☆

출제확률 35.3%

Your contributions to this firm have been invaluable.

당신이 이 회사에 공헌한 것은 아주 엄청나다. ('05)

» '회사'라는 뜻도 있다.

견고하게

335 **upset** — **ⓢ distress, trouble** — 전복, 당황; 당황케하다, 뒤집어 엎다, 화나다

10/7 [ʌpsét] n, v

★★★★☆

출제확률 35.3%

It relieves the tensions produced by our emotional upsets.

그것은 정서적인 흥분으로 발생하는 긴상감을 완화시킨다. ('01)

» up(위로) + set(놓다, 배치하다) → 놓여 있는 것을 위로 뒤엎어 놓다

336 **rely** — **reliable reliance relied relying** — **의지하다, 의존하다**

9/7 [rilái] v
★★★★☆
출제확률 35.3%

People tend to rely heavily on the tools and skills that are most familiar to them.
사람들은 그들에게 가장 친근한 도구와 기술에 크게 의존하는 경향이 있다. ('11)
» rely on : ~에 의존하다

믿을 수 있는 | 의존, 의지 | (과거, 과거분사) | (현재분사)

337 **purchase** — **purchased purchasing** — **구입(물), 획득; 구입하다**

9/7 [pə́:rtʃəs] n, v
★★★★☆
출제확률 35.3%

The wholesaler purchased roses from a farmer.
그 도매업자는 농부로부터 장미를 구입하였다. ('05)
» pur(= pro 앞으로) + chase(쫓아가다) → 물건 구입을 위해 쫓아감

(과거, 과거분사) | 구매(행위)

338 **plain** — ⓢ **simple, ordinary, common** — **평야; 평범한, 검소한; 분명하게**

9/7 [pléin] n, a, ad
★★★★☆
출제확률 35.3%

No. She's wearing a plain one.
아니오. 그녀는 평범한 것을 입고있습니다. ('04)
» plan(평평한)에서 유래되어 현재의 뜻으로 변형되었다.

339 **definite** — **definitely definition** — **명확한, 분명한**

9/7 [défənit] a
★★★★☆
출제확률 35.3%

The laws have had a definite effect.
그 법은 분명한 효과가 있었다. ('01)
» de(강조) + fin(끝내다) + te(~한) → 완전히 끝냄 → 분명한

분명히, 확실히 | 정의

340 **tool** — ⓢ **device, instrument** — **도구, 연장**

9/7 [tú:l] n
★★★★☆
출제확률 35.3%

They can understand the tools and processes involved in growing vegetables.
그들은 야채 재배와 관련된 도구와 재배 과정을 이해할 수 있다. ('09)
» involved in : ~에 연류된

341 **psychologist** — **psychological** — **심리학자**

9/7 [saikálədʒist] n
★★★★☆
출제확률 35.3%

A psychologist named Richard Warren demonstrated this particularly well.
심리학자 리차드 워렌이 특히 이것에 대해 잘 설명했다. ('10)
» psycho(= spirit 정신) + logy(학문) + ist(사람) → 정신에 대한 학문을 연구하는 사람

정신의, 심리학적인

342 **entertain** — **entertained entertainer entertaining entertainment** — **즐겁게하다, 마음에 품다**

9/7 [èntərtéin] v
★★★★☆
출제확률 35.3%

This year, some of the most talented performers and singers will entertain you.
올해에는 일부 가장 재능있는 배우들과 가수들이 여러분을 즐겁게 해 드릴 것입니다. ('05)
» enter(사람 등의 사이에서) + tain(잡아두다) → 사람들이 시선을 잡아둠 → 즐거움

(과거, 과거분사) | 연예인 | 재미있는 | 오락

343 **devote** — **devoted devotion** — **바치다, 몰두하다, 헌신하다**

9/7 [divóut] v
★★★★☆
출제확률 35.3%

One more thing you need to do is to join a club devoted to mathematics.
네가 한 가지 더 해야 할 일은 수학공부에 매진하는 클럽에 가입하는 것이다. ('07)
» de(강조) + vote(= vow 맹세하다) → 헌신하다, 바치다

헌신적인 | 헌신

344 **promote** — **promoted promotion** — **촉진하다, 승진시키다**

9/7 [prəmóut] v
★★★★☆
출제확률 35.3%

Your skills led to your being promoted to executive secretary in 1992.
당신의 기술 덕분에 당신은 1992년에 비서실장으로 승진할 수 있었다. ('05)
» pro(앞으로) + mot(움직이다) → 앞으로 움직여 나가다 → 승진시키다

(과거, 과거분사) | 승진, 홍보[판촉]

족집게 보카 TEST Day 09

1. 아래의 단어에 맞는 뜻을 골라 선으로 이어주세요.

311 private •	ⓐ 조화
320 contrast •	ⓑ 개인의, 사적인
329 harmony •	ⓒ 전세계의, 글로벌
305 attempt •	ⓓ 위치하다
312 maintain •	ⓔ 차이, 대조; 대조하다
321 accurate •	ⓕ 정확한
323 fuel •	ⓖ 물살; 현재의
332 narrow •	ⓗ 유지하다, 주장하다
315 current •	ⓘ 연료; 연료를 공급하다
324 locate •	ⓙ 시도; 시도하다
333 global •	ⓚ 좁은 부분; 좁히다; 좁은
325 bear •	ⓛ 곰; 참다, 견디다, 갖다
302 replace •	ⓜ 주인
318 owner •	ⓝ ~을 대체하다, 제 자리에 놓다

2. 아래 문장의 알맞은 뜻을 보기에서 고르세요.

a. Most people realize only a small part of their potential. ( )
b. You'd better expose your new ideas to the criticism of others. ( )
c. I don't think it is wise to eat fruit without peeling it. ( )
d. The tree bears shiny dark green leaves. ( )
e. Your contributions to this firm have been invaluable. ( )
f. So, I've narrowed the choices down to these five museums. ( )
g. Did you improve your current situation? ( )

보 기

① 그 나무는 반짝거리는 진한 녹색 잎을 가지고 있다.
② 당신의 새로운 아이디어를 타인의 비평에 노출하는 게 좋을 것이다.
③ 대부분의 사람들은 그들의 극히 작은 일부의 잠재력만 인식한다.
④ 당신이 이 회사에 공헌한 것은 아주 엄청나다.
⑤ 그래서 내가 이 다섯 곳의 박물관으로 선택할 여지를 줄였다.
⑥ 껍질을 벗기지 않고 과일을 먹는 것은 현명하지 않다고 생각한다.
⑦ 당신은 현 상황을 개선시켰나요?

정답: ③ ② ⑥ ① ④ ⑤ ⑦

19년간 수능 기출 영단어 10만개를 모조리 통계내어 만든

족집게 보카 Day 10

345 **gradually** [grǽdʒuəli] ad
9/7 ★★★★☆ 출제확률 35.3%

gradual — 점진적인, 완만한

서서히, 점진적으로

Gradually, however, people lost interest in my paintings.
그러나, 서서히 사람들은 내 그림에 대한 관심이 없어졌다. ('02)
» grad(= step 단계) + ally(~적으로) → 단계적으로 → 점진적으로

346 **convince** [kənvíns] v
9/7 ★★★★☆ 출제확률 35.3%

conviction convinced — 유죄 선고, 신념 | 확신하는, 신념 있는

납득 시키다, 확신 시키다

Before we begin, you need to convince yourself that you can do it.
시작하기에 앞서, 당신은 할 수 있다고 스스로 확신해야 한다.
» con(함께) + vi(= view 보다) + (n)ce(~것) → 함께 보고 납득을 시키다

347 **athletic** [æθlétik] a
9/7 ★★★★☆ 출제확률 35.3%

athlete — 운동선수

운동의

Nowadays, we can enjoy athletic competition of every kind without leaving our homes. 오늘날, 우리는 모든 종류의 운동 경기를 집 밖에 나가지 않고도 즐길 수 있다. ('09)
» athl(= contest 겨루다) + ete(= ate 사람) → 겨루는 사람 → 운동선수

348 **despite** [dispáit] prep
9/7 ★★★★☆ 출제확률 35.3%

ⓢ in spite of, regardless of

~임에도 불구하고

Despite the increase in rice production in 1995, the consumption per person dropped. 1995년에 쌀 생산량이 늘었음에도 불구하고 1인당 쌀 소비는 줄었다. ('02)
» despite 다음에는 절(주어+동사)이 올 수 없다.

349 **victim** [víktim] n
9/7 ★★★★☆ 출제확률 35.3%

ⓢ casualty, sufferer

희생자

This fund will help the flood victims recover some of their losses.
이 기금은 홍수 피해자들의 피해복구에 도움이 될 것이다. ('04)
» vict(= conquer 정복하다) + im → 정복을 당한 자 → 희생자

350 **indeed** [indí:d] ad
9/7 ★★★★☆ 출제확률 35.3%

ⓢ certainly, definitely

참으로, 정말로

Yes, indeed. You were a special friend of mine.
맞아, 정말 그래. 너는 나의 특별한 친구였어. ('01)
» in(안에) + deed(행동) → 마음 속에 무언가를 정말로 행동하려는 것

351 **useful** [jú:sfəl] a
8/7 ★★★★☆ 출제확률 35.3%

ⓢ practical, valuable

쓸모있는, 유용한

The lecture will be about the useful strategies for better memory.
그 강의는 더 나은 기억력을 위한 유용한 전략에 관해 다룰 예정이다. ('11)
» use(사용하다) + ful(~한) → 사용할 만한

352 **band** | **headband** | **밴드, 묶는 것; 단결하다**

8/7 [bǽnd] n, v

★★★★☆

출제확률 35.3%

Make sure you buy two of the band's T-shirts before they sell out.
매진되기 전에 그 밴드 티셔츠 2장 사는 것을 잊지마세요. ('10)
» band에 '묶는 것'이라는 의미가 있어서 '단결하다'라는 의미로도 사용된다.

머리띠

---

353 **realistic** | **realist ⓢ practical, feasible, real** | **현실주의의, 현실적인**

8/7 [ri:əlístik] a

★★★★☆

출제확률 35.3%

Be sure to make your budget realistic.
당신의 예산을 현실적으로 세워야 한다는 것을 명심하라. ('09)
» real(현실의) + tic(~한) → 현실적인 → 현실적인

현실주의자

---

354 **earn** | **earned** | **벌다, 얻다**

8/7 [ə́:rn] v

★★★★☆

출제확률 35.3%

It earned $57 million at the box office.
매표 수입으로 5천7백만 달러를 벌었다. ('01)
» well-earned : 받을 가치가 있는

(과거, 과거분사)

---

355 **exchange** | **exchanged** | **교환; 교환하다**

8/7 [ikstʃéindʒ] n, v

★★★★☆

출제확률 35.3%

Now that the economy is characterized by the exchange of information.
오늘날 경제의 특징은 정보의 교환에 있다. ('10)
» ex(밖의) + change(바꾸다) → 밖에서 바꾸다 → (남과) 교환하다

(과거, 과거분사)

---

356 **engage** | **disengage engaged engagement** | **고용하다, 약속하다, 참여하다**

8/7 [ingéidʒ] v

★★★★☆

출제확률 35.3%

Every day each of us engages in many types of complex activities.
매일 우리는 다양한 종류의 복잡한 활동에 참여한다. ('05)
» engage in : ~에 관여하다

풀다, 철수하다 | ~와 약혼한, ~하고 있는 | 약혼, 일

---

357 **expose** | **exposed exposure** | **드러내다, 폭로하다**

8/7 [ikspóuz] v

★★★★☆

출제확률 35.3%

You had better expose your new ideas to the criticism of others.
당신은 당신의 새로운 생각들을 타인의 비평에 노출시킬 필요가 있다. ('07)
» ex(밖으로) + pose(위치하다) → 밖에 놓다 → 드러내다

드러난, 노출된 | 폭로, 노출

---

358 **instrument** | **ⓢ device, gadget** | **기계, 기구, 도구**

8/7 [ínstrəmənt] n

★★★★☆

출제확률 35.3%

That's a great way to play musical instruments.
저것은 악기를 연주하는 훌륭한 방법이다. ('11)
» in(~에) + stru(ct)(세우다) + ment → ~에 세우는데 사용하는 것 → 도구

---

359 **assemble** | **assembled assembling assembly disassembled reassembled** | **모으다, 조립하다**

8/7 [əsémbl] v

★★★★☆

출제확률 35.3%

Workers disassembled the bridge in 1968, numbering the bricks, and sent them to LA.
인부들은 1968년에 그 다리를 해체하여 벽돌에 숫자를 기입한 뒤, LA로 돌려보냈다. ('07)
» as(~로) + semble(불러 모으다) → 조립하다 * assembly line : 생산라인

모인, 결집한 | (현재분사) | 집회 | 분해된 | reassemble(재조립하다)의 과거, 과거분사

---

360 **sharp** | **sharper sharply sharpness** | **날카로운**

8/7 [ʃɑ:rp] a

★★★★☆

출제확률 35.3%

The photographer will begin taking pictures sharply at 10:00.
그 사진작가는 정확히 10시에 사진을 찍을 것이다. ('04)
» sharply at : 정시에

더 날카로운; 사기꾼 | 날카롭게 | 날카로움

361 **motion** | **motionless** | **동작, 운동; 몸짓으로 알리다**

8/7 [móuʃən] n, v

★★★★☆

출제확률 35.3%

The lake was cool and motionless in the long shadows of the tall trees.
호수는 큰 나무들의 긴 그늘이 드리워진 채 움직임 없이 멋있었다. ('00)
» mot(움직이다) + (t)ion(것) → 동작 * set ~ in motion : ~을 움직이게 하다

움직이지 않는

---

362 **injure** | **injured injury** | **부상을 입다, 해치다**

8/7 [indʒər] v

★★★★☆

출제확률 35.3%

Many roads and buildings were destroyed. In addition, many people were injured. 많은 도로와 빌딩들이 파괴되었다. 게다가 많은 사람들이 부상을 입었다. ('02)
» in(아닌) + jure(= law 법) → 위법적인 → 해치다 * injured party : 피해자

다친, 부상을 입은 | 부상

---

363 **somewhat** | ⓢ **rather** | **얼마간, 약간**

7/7 [sʌ́mhwʌ̀t] ad

★★★★☆

출제확률 35.3%

It is somewhat like learning to play a game like baseball or basketball.
그것은 야구나 농구를 하는 법을 배우는 것과 약간 비슷하다. ('01)
» some(조금) + what(것) → 약간

---

364 **obtain** | **obtainable obtained** | **얻다**

7/7 [əbtéin] v

★★★★☆

출제확률 35.3%

But it's not the way we obtain them at all.
그러나 결국 우리가 그것들을 그러한 방법으로 얻을 것은 아니었다. ('04)
» ob(~에, ~를) + tain(가지다) → 얻다

얻을 수 있는 | (과거, 과거분사)

---

365 **scary** | **scared** | **무서운**

7/7 [skέəri] a

★★★★☆

출제확률 35.3%

It's urgent and scary.
(분위기가) 긴박하고 무섭다. ('09)
» 글의 분위기를 묻는 문제의 보기로 자주 출제되었다.

무서워하는, 겁먹은

---

366 **harm** | **harmful harmless** | **해; 해치다**

7/7 [hɑ́:rm] n, v

★★★★☆

출제확률 35.2%

The new technologies will ultimately succeed, without harmful side effects.
신기술들은 해로운 부작용없이 결국 성공할 것이다. ('07)
» side effect : 부작용

해로운 | 무해한

---

367 **steady** | **steadily** | **꾸준한, 변함 없는**

7/7 [stédi] a

★★★★☆

출제확률 35.2%

Since the mid-1990s, teaching Korean to foreigners has made quiet and steady progress.
1990년대 중반부터 외국인들에게 한국어를 가르치는 일은 조용하고 꾸준한 진전을 이루었다. ('01)
» stead(서 있다) + y(상태) → 항상 서 있다 → 꾸준하다

견실하게, 착실하게

---

368 **central** | **centrality centralized decentralized** | **중요성, 집중성; 중심의**

18/6 [séntrəl] n, a

★★★★☆

출제확률 30.4%

Geographical centrality has been replaced by cultural centrality.
지리적 집중은 문화적 집중으로 대체되었다. ('10)
» centr(가운데) + al(~한). -ty나 -ity로 끝나면 대부분이 명사형이다.

집중성, 중심임 | centralize(중앙집권화하다)의 과거[분사] | 분권화된

---

369 **law** | **lawsuit lawyer** | **법, 법률**

17/6 [lɔ́:] n

★★★★☆

출제확률 30.3%

In courts of law, photographs often had more value than words.
법정에서는 때로는 사진이 말보다 더 가치가 있다. ('00)
» in courts of law : 법정에서

고소, 소송 | 변호사

370 **meal**
15/6 [míːl] n
★★★★☆
출제확률 30.3%

mealtime **식사**

You must take them after every meal.
당신은 매 식후마다 그것들을 복용해야 합니다. ('02)
» M햄버거 체인점의 '해피밀'은 '행복한 식사'라는 뜻이다.

식사 시간

371 **elect**
15/6 [ilékt] v
★★★★☆
출제확률 30.3%

elected elected elective **선거하다, 투표하다**

Hundreds of thousands of voters helped elect many officials.
수십만 명의 투표자들이 많은 공직자들을 선출하는데 도움을 주었다. ('09)
» e(밖으로) + lect(고르다) → (사람을) 골라내다

선출된 | 선거 | 선거권이 있는, 선택할 수 있는

372 **diverse**
15/6 [divə́ːrs] a
★★★★☆
출제확률 30.3%

diversely diversity **다양한, 다른**

Habitat diversity refers to the variety of places where life exists.
서식지의 다양성이란 생명이 존재하는 다양한 장소를 뜻한다. ('11)
» di(= apart 찢어져서, 따로따로) + verse(= turn 돌다) → 다양한, 다른

다양하게 | 다양성

373 **biology**
14/6 [baiálədʒi] n
★★★★☆
출제확률 30.3%

biological biologically biologist **생물학**

These new technologies have another benefit for biologists.
이 신기술들은 생물학자들에게 또 다른 이익을 가져다 주었다. ('04)
» bio(생명) + logy(학문) → 생물학

생물학의 | 생물학적으로 | 생물학자

374 **package**
14/6 [pǽkidʒ] n
★★★★☆
출제확률 30.3%

packaged packaging **꾸러미, 상자, 소포**

The package will arrive in time
그 소포는 정시에 도착할 것이다. ('10)
» pack(짐을 꾸리다) + age(~것) → 짐을 꾸린 것 → 꾸러미, 소포

(과거, 과거분사) | 포장

375 **invest**
13/6 [invést] v
★★★★☆
출제확률 30.3%

investing investment investor **투자하다, (옷을) 입히다**

I'm here to give you a chance to invest in a great new product.
훌륭한 신상품에 투자할 기회를 여러분께 드리기 위해 이자리에 왔습니다. ('06)
» in(~에) + vest(옷을 입히다) * invest in : ~에 투자하다, 돈을 쓰다

(현재분사) | 투자 | 투자자

376 **construct**
13/6 [kənstrʌ́kt] v
★★★★☆
출제확률 30.3%

constructed construction constructive reconstruction **조립하다, 세우다**

The restaurant is under construction.
그 식당은 공사 중이다. ('05)
» con(함께) + struct(짓다) → 조립하다

(과거, 과거분사) | 건설, 건조 | 건설적인 | 복원, 재현, 재건

377 **ancient**
13/6 [éinʃənt] n, a
★★★★☆
출제확률 30.3%

ⓢ past, classical **고대인; 고대의**

The ancient Egyptians developed a successful civilization.
고대 이집트인들은 성공적인 문명을 발전시켰다. ('09)
» an(먼저) + ent(~한) → 먼저의 → 고대의

378 **practical**
12/6 [prǽktikəl] a
★★★★☆
출제확률 30.3%

impractical practically **실제적인, 실용적인**

In practical situations where there is no room for error
실수가 용납되지 않는 실제 상황에서는 ('10)
» pr(미리) + act(행동하다) + (i)ce(~것) → 미리 움직여 본 것, 실제로 되는 것

비현실적인 | 사실상, 현실적으로

379 **critical** | critic self-critical | **비판적인, 비난하는, 중요한**

12/6 [krítikəl] a

★★★★☆

출제확률 30.3%

They are asking critical questions about how the body is trained in sports.
그들은 운동 시 몸이 어떻게 훈련되는지에 대한 중요한 질문들을 하고 있다. ('11)
» critic(비판하는 사람) + al(~한) → 비판하는 사람같은 → 비판적인

비평가 | 자기 비판적인

380 **contain** | contained container containing | **포함하다, 함유하다**

12/6 [kəntéin] v

★★★★☆

출제확률 30.3%

The small empty box had contained a gold ring with a small diamond.
그 작은 빈 상자에는 작은 다이아몬드가 박힌 금 반지가 있었다. ('05)
» con(함께) + tain(가지다) → 포함하다

억제하는, 조심스러운 | 컨테이너, 그릇 | (현재분사)

381 **progress** | progressive progressively | **진행, 진보; 진행하다, 진보하다**

12/6 [prágrəs, -res] n, v

★★★★☆

출제확률 30.3%

Well, one group is done, and the other four groups are still in progress.
글쎄요, 한 그룹은 끝났고, 나머지 4그룹은 여전히 진행 중입니다. ('09)
» pro(앞으로) + gress(= go 가다) → 진행하다 * in progress : 진행 중인

진보적인 | 계속해서

382 **novel** | novelist | **소설; 신기한, 참신한, 새로운**

12/6 [nάvəl] n, a

★★★★☆

출제확률 30.3%

Your sister's novel is a bestseller now.
당신 여동생(누나)의 소설이 지금 베스트셀러다. ('00)
» nov(= new 새로운) + el → 이전에 없던 새로운 것

소설가

383 **survey** | ⓢ inspection, examination | **설문, 찾기; 둘러보다, 조사하다**

12/6 [sərvéi] n, v

★★★★☆

출제확률 30.3%

Excuse me, but can I ask you a couple of questions for this survey?
실례합니다만 설문조사를 위해 몇 가지 질문을 드려도 될까요? ('05)
» sur(~을 넘어) + vey(보다) → ~을 넘어 보다 → 둘러보다, 조사하다 * a couple of : 몇 개의

384 **consequence** | consequently | **결과**

11/6 [kάnsəkwəns] n

★★★★☆

출제확률 30.3%

As a consequence, the observed light measured by the receiver is increased.
그 결과, 수신기에 관찰된 빛은 증가되었다. ('10)
» con(함께) + sequent(뒤따르는) → 결과 * as a consequence : 결과적으로

따라서, 그 결과

385 **conclude** | concluded conclusion | **결론을 내리다, 끝나다**

11/6 [kənklú:d] v

★★★★☆

출제확률 30.3%

Where does this conclusion come from?
이 결론은 어디에서 왔는가? ('00)
» con(함께) + clud(= shut 닫다) → 결론을 내리다 * draw a conclusion : 결론을 내리다

(과거, 과거분사) | 결론, 결말

386 **assist** | assistance assistant | **원조; 원조하다, 돕다**

11/6 [əsíst] n, v

★★★★☆

출제확률 30.3%

She quit school and found a job as a nurse's assistant in a hospital.
그녀는 학교를 그만 두고 병원의 간호 보조원직을 구했다. ('04)
» as(~에) + sist(= stand 서다) → 돕기 위해 옆에 서다

보조 | 조수

387 **heal** | healer healing | **상처를(병을) 낫게 하다, 고치다**

11/6 [hí:l] v

★★★★☆

출제확률 30.3%

There is healing power in flowers and in trees, fresh air, and sweet-smelling soil.
나무와 꽃, 맑은 공기, 향기로운 흙에는 치유의 힘이 있다. ('08)
» heal은 '완전하다'라는 의미를 가지고 있다. * health : heal(완전하다) + th(것) → 완전한 것 → 건강

치유자 | 치유

족집게 보카 TEST Day 10

1. 아래의 단어에 맞는 뜻을 골라 선으로 이어주세요.

345 gradually •	ⓐ 모으다, 조립하다
362 injure •	ⓑ 쓸모있는, 유용한
364 obtain •	ⓒ 벌다, 얻다
373 biology •	ⓓ 동작, 운동; 몸짓으로 알리다
358 instrument •	ⓔ 조립하다, 세우다
351 useful •	ⓕ 서서히, 점진적으로
370 meal •	ⓖ 꾸준한, 변함 없는
354 earn •	ⓗ 기계, 기구, 도구
376 construct •	ⓘ 식사
361 motion •	ⓙ 얻다
367 steady •	ⓚ 생물학
365 scary •	ⓛ 무서운
357 expose •	ⓜ 부상을 입다, 해치다
359 assemble •	ⓝ 드러내다, 폭로하다

2. 아래 문장의 알맞은 뜻을 보기에서 고르세요.

a. Before we begin, you need to convince yourself that you can do it. (　　)
b. The lake was cool and motionless in the long shadows of the tall trees. (　　)
c. The package will arrive in time (　　)
d. Now that the economy is characterized by the exchange of information. (　　)
e. That's a great way to play musical instruments. (　　)
f. The new technologies will ultimately succeed, without harmful side effects. (　　)
g. You must take them after every meal. (　　)

보 기

① 당신은 매 식후마다 그것들을 복용해야 합니다.
② 호수는 큰 나무들의 긴 그늘이 드리워진 채 움직임 없이 멋있었다.
③ 저것은 악기를 연주하는 훌륭한 방법이다.
④ 시작하기에 앞서, 당신은 할 수 있다고 스스로 확신해야 한다.
⑤ 신기술들은 해로운 부작용없이 결국 성공할 것이다.
⑥ 오늘날 경제의 특징은 정보의 교환에 있다.
⑦ 그 소포는 정시에 도착할 것이다.

정답: ④ ② ⑦ ⑥ ③ ⑤ ①

19년간 수능 기출 영단어 10만개를 모조리 통계내어 만든

족집게 보카 Day 11

388 **civilization** [sivəlizéiʃən] n 11/6 ★★★★☆ 출제확률 30.3%

civil civilized — **문명(사회)**

Egyptian civilization was built on the banks of the Nile River.
이집트 문명은 나일강의 강둑에 건설되었다. ('09)
» civil(시민의) + liz(~화하다) + tion(것) → 시민사회화 하는 것

시민의, 문명의 | 교화된, 문명인의

389 **romantic** [roumǽntik] a 11/6 ★★★★☆ 출제확률 30.3%

romance — **로맨틱한, 낭만적인**

The bus is going to take you through the most romantic city in the world!
그 버스는 당신을 세계에서 가장 로맨틱한 도시로 데려다 줄 것입니다! ('08)
» roman(로마인) + tic(~한) → 로마인 같은 → 낭만적인

연애, 로맨스

390 **inner** [ínər] n, a 10/6 ★★★★☆ 출제확률 30.3%

ⓢ internal, interior, central — **과녁의 내권; 안쪽의**

Some of my friends asked me to hear my inner voice.
몇몇 나의 친구들은 내 내면의 소리에 귀 기울이라고 한다.
» in(안에) + er(~것) → 안쪽에 있는 것

391 **amuse** [əmjú:z] v 10/6 ★★★★☆ 출제확률 30.3%

amused amusement amusing — **재미있게 하다, 즐겁게 하다**

It amused her, and I felt proud.
그것은 그녀를 즐겁게 하였고 나는 자부심을 느꼈다. ('03)
» amusement park : 놀이동산 * amused는 심정을 묻는 질문에 자주 등장한다.

즐거워하는 | 즐거움 | 재미나는

392 **absorb** [æbsɔ́:rb] v 10/6 ★★★★☆ 출제확률 30.3%

absorbed absorption — **흡수하다, 열중하다**

Most of the photons are absorbed into the person.
대부분의 광자들은 사람 몸속으로 흡수된다. ('10)
» ab(이탈) + sorb(흡수하다) → 이탈한 것을 흡수한다

흡수된 | 흡수

393 **block** [blάk] n, v 10/6 ★★★★☆ 출제확률 30.3%

blocked blocking — **차단, 방해; 차단하다, 막다**

The people blocked my view of the garden.
그 사람들이 정원이 안보이게 가렸다. ('03)
» ⓢ obstruction, barrier, obstacle

막힌 | 블로킹, 막기

394 **universe** [jú:nəvə:rs] n 10/6 ★★★★☆ 출제확률 30.3%

universal universally — **우주, 세계**

A shining star in a darkening evening sky can take you out into the universe.
어두운 밤 하늘에 빛나는 별은 당신을 우주로 데려다 줄 수 있다. ('09)
» uni(하나) + verse(돌다) → 하나가 되어 도는 우주

전 세계적인, 일반적인 | 보편적으로, 일반적으로

395 **religious** | **religion** | **종교적인**
10/6 [rilídʒəs] a
★★★★☆
출제확률 30.3%

Religious impatience have turned into crisis that have taken the lives of millions.
종교적 불안은 수 백만 명의 목숨을 앗아가는 위기에 처하게 했다. ('03)
» re(뒤로) + lig(묶다) + ous(~한) → 끈끈하게(안보이게) 묶여있는 → 종교적인
종교

396 **project** | **projected** | **프로젝트, 계획; 계획하다**
10/6 [prádʒekt] n, v
★★★★☆
출제확률 30.3%

Environmental scientists chose two Chicago public housing projects.
환경학자들은 두 가지 시카고 공공 주택 프로젝트를 채택했다. ('07)
» pro(= forth 앞으로) + ject(던지다) → 제안하다
예상된

397 **opinion** | ⓢ **belief, estimation** | **의견**
9/6 [əpínjən] n
★★★★☆
출제확률 30.3%

It may influence public opinion.
여론에 영향을 미칠 수 있다. ('10)
» opin(선택하다) + ion(~것) → 선택하는 것은 의견이다

398 **department** | ⓢ **division, section** | **부서, 부문, ~부**
9/6 [dipá:rtmənt] n
★★★★☆
출제확률 30.3%

Well, in my department many people use two at the same time.
글쎄요, 제 부서에서는 많은 사람들이 동시에 두 개를 사용합니다. ('10)
» de(아래) + part(부분) + ment(~것) → 아래로 부분별로 나눈 것 → 부서

399 **combine** | **combination combined** | **결합하다**
9/6 [kəmbáin] v
★★★★☆
출제확률 30.3%

You must combine information that you already know with new observations.
당신은 이미 알고 있는 것과 새로 발견한 정보를 결합해야만 한다. ('03)
» com(함께) + bi(둘 2) → 둘을 결합하다
결합 | 결합된

400 **consist** | **consisted consistency consistent consisting** | **~으로 구성되다**
9/6 [kənsíst] v
★★★★☆
출제확률 30.3%

Much of the value of art for a child consists in making it.
아이에게 있어서 예술의 대부분의 가치는 그것을 만드는 것에 있다. ('10)
» con(함께) + sist(= stand 서다) → 함께 서 있다 → ~로 구성되다
(과거, 과거분사) | 일관성 | 일관된, 한결같은 | (현재분사)

401 **academic** | ⓢ **literary, scholarly** | **대학의, 학구적인**
9/6 [æ̀kədémik] a
★★★★☆
출제확률 30.3%

Your sons and daughters have completed all the academic requirements.
여러분의 아들과 딸들은 모든 학과 과정을 마쳤습니다. ('08)
» academic success : 학업 성공

402 **incredible** | **incredibly** | **믿을 수 없는, 엄청난**
9/6 [inkrédəbl] a
★★★★☆
출제확률 30.3%

That's incredible! The program is so easy to use.
정말 엄청나다! 그 프로그램은 사용하기 정말 쉽다. ('10)
» in(아닌) + cred(믿을) + (i)ble(~할 수 있는) → 믿을 수 없는
믿을 수 없을 정도로

403 **senior** | ⓢ **superior, the elder** | **선배; 손위의**
9/6 [sí:njər] n, a
★★★★☆
출제확률 30.3%

Bill visited senior citizens for two hours.
Bill은 어르신들을 2시간 동안 방문했다. ('01)
» 힘이 쎄니(senior), 선배다.

404 **board** | **boarded boarding** | **위원회, 판자; 탑승하다**

9/6 [bɔ́:rd] n, v

★★★★☆

출제확률 30.3%

I was thrilled as I boarded the boat.
그 보트에 타니 스릴 있었다. ('04)
» board meeting : 이사회

(과거, 과거분사) | 승선

405 **moral** | **morality morally** | **교훈; 도덕적인, 정신적인**

9/6 [mɔ́:rəl, mάr-] n, a

★★★★☆

출제확률 30.3%

Every mother and father wants to raise a child with a strong moral character.
모든 어머니와 아버지는 아이를 매우 도덕적으로 키우길 원한다. ('07)
» moral duty : 도덕적인 의무

도덕[성] | 도덕적으로

406 **represent** | **representation representative represented representing** | **나타내다, 대표하다**

9/6 [rèprizént] v

★★★★☆

출제확률 30.3%

They wanted objects in paintings to be represented.
그들은 그림 속 사물들이 표현되길 원했다. ('05)
» re(다시) + present(나타내다) : (중요하기 때문에 이미 나타낸 것을) 다시 나타내다 → 대표하다

묘사, 표현, 대표자를 내세움 | 대표(자) | (과거, 과거분사) | (현재분사)

407 **site** | **ⓢ location, spot, position** | **부지, 장소, 사이트**

9/6 [sáit] n

★★★★☆

출제확률 30.3%

In Boston, I visited a couple of historic sites.
나는 보스턴에서 역사적인 장소를 몇 군데 방문했다. ('05)
» 인터넷 주소를 뜻하는 웹 사이트(Web site)에서도 이 단어를 사용한다.

408 **gym** | **gymnasium** | **체육관**

8/6 [dʒím] n

★★★★☆

출제확률 30.3%

This Friday evening he's presenting a music concert in the gym.
그는 이번 주 금요일 밤에 체육관에서 뮤직 콘서트를 할 것입니다. ('05)
» gymnasium의 줄임말

체육관

409 **confirm** | **confirmed** | **확인하다**

8/6 [kənfə́:rm] v

★★★★☆

출제확률 30.3%

They are going to confirm their love with this ceremony.
그들은 이번 예식에서 그들의 사랑을 확인할 것이다. ('07)
» con(함께) + firm(단단한, 굳은) → 서로 단단히 한다

확고부동한

410 **establish** | **established establishing** | **설립하다, 확립하다**

8/6 [istǽbliʃ, es-] v

★★★★☆

출제확률 30.3%

It is necessary to establish better educational programs for teaching the Korean language. 한국어를 가르치는 더 나은 교육 프로그램을 만드는 것이 필요하다. ('01)
» e(강조) + stabl(안정된) + lish(~하다) → 안정되게 무언가를 설립하다[확립하다]

확립된 | (현재분사)

411 **sufficient** | **insufficient self-sufficient sufficiency sufficiently** | **충분; 충분한**

8/6 [səfíʃənt] n, a

★★★★☆

출제확률 30.3%

When you're making a decision, following your instincts is necessary but not sufficient.
당신이 의사결정을 내릴 때, 직감을 따르는 것은 필요조건이지 충분조건은 아니다. ('06)
» suf(아래에) + fic(= make 만들다) + (i)ent(형용사) → 아래에 충분히 만들어 놓은 → 충분한

불충분한 | 자급자족할 수 있는 | 충분한 양 | 충분히

412 **context** | **ⓢ situation, circumstance** | **문맥, 상황**

8/6 [kάntekst] n

★★★★☆

출제확률 30.3%

However, the result may be different when the features are separated from the context. 그러나, 그 특징들이 상황과 분리된다면 결과는 달라질 수 있다. ('08)
» con(함께) + text(글) → 글을 모아보니, 의미하는 문맥 혹은 상황을 알 수 있다 → 문맥, 상황

413 **population** ⓢ **residents, inhabitants, people** **인구**

8/6 [pàpjuléiʃən] n

★★★★☆

출제확률 30.3%

The increased population brought more demand for food.

인구의 증가는 더 많은 식량 수요를 초래했다. ('00)

» popul(= people 사람들, 민중) + ation(~것, 상태) → 사람들의 상태

414 **indicate** ⓢ **imply, suggest** **지시하다, 나타내다, 내비치다**

8/6 [índikèit] v

★★★★☆

출제확률 30.3%

You indicated in your cover letter that you intend to follow a literary career.

당신은 자기소개서에서 문학쪽 경력을 쌓고 싶다고 내비쳤다. ('07)

» in(~안에, ~에) + dic(말하다) + ate(하다) → 안에서 말하다 → 내포하다, 나타내다

415 **empty** **empty-handed** **비우다; 빈**

8/6 [émpti] v, a

★★★★☆

출제확률 30.3%

Empty your pockets before washing your jacket.

재킷을 세탁하기 전에 주머니에 있는 것을 모두 비우시오. ('06)

» empt(= take (모두) 가져감) + y(~한) * empty-handed : 빈손으로

빈 손의

416 **irritate** **irritable irritated irritating irritation** **귀찮게 하다, 초조하게 하다**

8/6 [írətèit] v

★★★★☆

출제확률 30.3%

For a long time, this irritated me a great deal.

오랜 시간 동안 이것은 나를 엄청 괴롭혔다. ('05)

» a great deal : 엄청나게 많이

짜증을 내는, 화가 난 | 짜증이 난 | 짜증나는 | 짜증

417 **advantage** **disadvantage disadvantaged** **유리, 이익; ~(에게) 유리하게 하다**

8/6 [ædvǽntidʒ] n, v

★★★★☆

출제확률 30.2%

Traditional classrooms hold many advantages over online classes.

전통적인 교실이 온라인 강의보다 유리한 점이 더 많다. ('02)

» ad(~에) + va(가치) + age(~것) → ~에 가치가 있는 것 → 상대적으로 유리한, 이익

약점, 불리한 점 | 불리한 조건을 가진

418 **feed** **fed feeding** **먹을 것을 주다, 먹이를 먹다**

8/6 [fí:d] v

★★★★☆

출제확률 30.3%

A bat that fails to feed for two nights is likely to die.

이틀 밤동안 먹지 못한 박쥐는 죽을 수 있다. ('11)

» food(음식)에서 파생되었다.

(과거, 과거분사) | 음식 섭취

419 **depart** **departed departure** **출발하다**

8/6 [dipá:rt] v

★★★★☆

출제확률 30.3%

The boy paid the cashier, and departed.

그 소년은 캐셔에게 돈을 지불하고 떠났다. ('08)

» departure(출발) → depart(출발하다) + ure(상태) * departure gate : 출발 탑승구

세상을 떠난, (과거분사) | 출발

420 **resource** **resourcefulness** **자원, 수단, 방법**

8/6 [rí:sɔ:rs] n

★★★★☆

출제확률 30.3%

Resources that make the challenges meaningful

도전을 의미있게 해주는 방법들 ('06)

» source는 '근원, 원천'이라는 뜻이다.

자원이 풍부함

421 **tie** **tied** **묶다, 매다**

8/6 [tái] v

★★★★☆

출제확률 30.3%

No, he doesn't. He's in a grey suit with a checked tie.

아니다. 그는 회색 정장에 체크무늬 넥타이를 하고 있다. ('00)

» be tied up : 꼼짝 못 하다, 바쁘다

(과거, 과거분사)

422 **tiny** [táini] a ★★★★☆ 출제확률 30.3% 8/6
ⓢ slight — 작은, 조그마한
The doll had rings on her fingers and held a tiny key.
그 인형은 손가락에 반지를 끼고 있었고 작은 열쇠를 들었다. ('09)

423 **hate** [héit] v ★★★★☆ 출제확률 30.3% 8/6
hated hateful ⓢ detest, despise — 미워하다, 증오하다
I hate this cold weather.
나는 이런 추운 날씨를 싫어한다. ('00)
(과거, 과거분사) | 미운, 증오에 찬

424 **emphasis** [émfəsis] n ★★★★☆ 출제확률 30.3% 8/6
emphasize emphasized — 강조, 중요성
This government has emphasized excellence in business.
이 정부는 업무의 탁월함을 강조해 왔다. ('03)
» em(~에, 안) + phas(보여주다) + is(~것) → 안에 있는 것은 중요한 것
강조하다 | (과거, 과거분사)

425 **primary** [pràimeri] a ★★★★☆ 출제확률 30.3% 7/6
primarily — 본래의, 기본적인
It was one of the primary characteristics of Renaissance art.
그것은 르네상스 예술의 주요 특징 중 하나였다. ('05)
» prim(최초의, 제일의) + ary(형용사) → 기본적인
주로

426 **offend** [əfénd] v ★★★★☆ 출제확률 30.3% 7/6
inoffensive offended offense offensive — 화나게 하다, 범하다, 공격하다
He didn't know how to offend others.
그는 다른 사람을 화나게 하는 법을 몰랐다. ('06)
» of(= against 반하여) + fend(= strike 치다) → ~에 반하여 치다 → 공격하다
공격적이지 않은 | (과거, 과거분사) | (= offence)공격, 위반, 범행 | 모욕적인, 공격적인

427 **mysterious** [mistíəriəs] a ★★★★☆ 출제확률 30.3% 7/6
mystery — 불가사의한
It was mysterious and scary.
그것은 불가사의하고 무서웠다. ('08)
» mystery : 불가사의 단어 뒤에 -ious가 붙으면 형용사가 된다. 뜻은 '~한'으로 활용된다.
미스터리, 수수께끼

428 **mess** [més] n, v ★★★★☆ 출제확률 30.3% 7/6
messiness messy — 난잡; 더럽히다
Before, it was so messy up here.
전에는 여기가 매우 지저분했었다. ('08)
» mess up : ~을 엉망으로 만들다
혼란스러움, 부두덕한 | 지저분한

429 **reward** [riwɔ́:rd] n, v ★★★★☆ 출제확률 30.3% 7/6
rewarding ⓢ compensation, premium — 보답, 상; 보답하다
Nature does not reward those who do not exert effort.
자연은 노력하지 않는 자에게 보상하지 않는다. ('11)
» re(강조, 다시) + ward(지켜보다, 보호하다) → 지켜 보호한 것에 대해 보상을 하다
보람 있는, 수익이 많이 나는

430 **ideal** [aidí:əl] n, a ★★★★☆ 출제확률 30.3% 7/6
ideally — 이상; 이상적인
The pot became an ideal container for a bunch of roses.
그 단지는 장미 다발을 넣기에 딱 맞는 용기가 되었다. ('09)
» 이상함(strange)이 아니라 이상주의(idealism)의 이상을 의미한다.
이상적으로, 완벽하게

족집게 보카 TEST Day 11

1. 아래의 단어에 맞는 뜻을 골라 선으로 이어주세요.

391 amuse	ⓐ 비우다; 빈
406 represent	ⓑ 재미있게 하다, 즐겁게 하다
418 feed	ⓒ 위원회, 판자; 탑승하다
410 establish	ⓓ 우주, 세계
401 academic	ⓔ 나타내다, 대표하다
393 block	ⓕ 설립하다, 확립하다
404 board	ⓖ 차단, 방해; 차단하다, 막다
415 empty	ⓗ 충분; 충분한
411 sufficient	ⓘ 교훈; 도덕적인, 정신적인
394 universe	ⓙ 먹을 것을 주다, 먹이를 먹다
405 moral	ⓚ 지시하다, 나타내다, 내비치다
414 indicate	ⓛ 출발하다
419 depart	ⓜ 믿을 수 없는, 엄청난
402 incredible	ⓝ 대학의, 학구적인

2. 아래 문장의 알맞은 뜻을 보기에서 고르세요.

a. The people blocked my view of the garden. (　　)
b. Your sons and daughters have completed all the academic requirements. (　　)
c. You indicated in your cover letter that you intend to follow a literary career. (　　)
d. Well, in my department many people use two at the same time. (　　)
e. This Friday evening he's presenting a music concert in the gym. (　　)
f. They are going to confirm their love with this ceremony. (　　)
g. The increased population brought more demand for food. (　　)

보 기

① 인구의 증가는 더 많은 식량 수요를 초래했다.
② 그 사람들이 정원이 안보이게 가렸다.
③ 여러분의 아들과 딸들은 모든 학과 과정을 마쳤습니다.
④ 글쎄요, 제 부서에서는 많은 사람들이 동시에 두 개를 사용합니다.
⑤ 그들은 이번 예식에서 그들의 사랑을 확인할 것이다.
⑥ 그는 이번 주 금요일 밤에 체육관에서 뮤직 콘서트를 할 것입니다.
⑦ 당신은 자기소개서에서 문학쪽 경력을 쌓고 싶다고 내비쳤다.

정답: ② ③ ⑦ ④ ⑥ ⑤ ①

19년간 수능 기출 영단어 10만개를 모조리 통계내어 만든

족집게 보카 Day 12

431 **evaluate** [ivǽljuèit] v
★★★★☆
출제확률 30.2%

evaluated evaluating evaluation — **평가하다**

You can evaluate the problem and come up with the best way to solve it.
당신은 문제를 평가한 뒤 최선의 해결책을 도출해 낼 수 있다. ('03)
» e(밖으로) + valuate(가치를 평가하다) → 평가하다

(과거, 과거분사) | 평가 | 평가

---

432 **stretch** [strétʃ] n, v
★★★★☆
출제확률 30.2%

stretched stretching — **넓이; 잡아늘이다, 퍼지다**

The lines stretch as far as the eye can see.
그 선들은 눈으로 볼 수 있는 최대 거리만큼 뻗어 있다. ('02)
» as far as : ~까지

(과거, 과거분사) | 늘어남, 뻗기

---

433 **risk** [rísk] n, v
★★★★☆
출제확률 30.2%

ⓢ danger, hazard — **위험; 위험을 무릅쓰다**

They should not risk their own lives in deep forests.
그들은 깊은 숲속에 그들의 목숨을 걸지 말아야 한다. ('02)
» at risk : 위험에 처한[있는]

---

434 **rapid** [rǽpid] n, a
★★★★☆
출제확률 30.2%

rapidly — **급류; 빠른**

In the US, it is now practiced by thousands of people and is rapidly growing in popularity. 그것은 현재 미국에서 수천명이 연습하고 인기리에 급성장하고 있다. ('08)
» rap(= seize 붙잡다) + id(~한) → (쫓아가서) 붙잡는 → 빠른

급속히, 순식간에

---

435 **imitate** [ímətèit] v
★★★★☆
출제확률 30.2%

imitating imitation — **흉내내다**

Don't tell me you were doing your imitation of Mr. Baker.
네가 베이커 씨를 흉내 냈다고 말하지 말아줘. ('04)
» doing an imitation : ~을 흉내내다, 성대모사하다

(현재분사) | 모방, 모조

---

436 **lock** [lάk] n, v
★★★★☆
출제확률 30.2%

locked unlock unlocked unlocking — **자물쇠; 자물쇠를 채우다**

You should keep your room locked at all times.
당신은 항상 방문을 잠궈 두어야 한다. ('99)
» at all times : 항상

짜맞춘, 갇힌, 잠긴 | 열다, (비밀 등을) 드러내다 | 열려있는 | unlock(열다)의 현재분사

---

437 **slight** [sláit] n, v, a
★★★★☆
출제확률 30.2%

slightest slightly — **모욕; 무시하다; 약간의, 경미한**

India's consumption increased to slightly over 500 billion kilowatt-hours.
인도의 소비량이 증가하여 5천억 킬로와트 시를 살짝 초과하였다. ('06)
» s + light(약간의) * slightly : 약간, 조금

최소의(최상급) | 약간, 부주의하게

438 **handle** [hǽndl] n, v 7/6 ★★★★☆ 출제확률 30.2%

handlebar handling — **손잡이, 핸들; ~을 다루다**

What do you think about this one with a basket attached to the handlebars?
핸들에 바구니가 달려있는 이것은 어떻습니까?(어떻게 생각하십니까?) ('11)
» hand(손) + le(~것) → 손으로 다루는 것 → 손잡이

(자전거 등의)핸들 | 다루기, 조작, 처리, 취급

---

439 **owe** [óu] v 7/6 ★★★★☆ 출제확률 30.2%

owing — **힘입다, 빚(의무)이 있다**

Many of those who have succeeded owe this to the fact that their concentration is good. 성공한 많은 사람들은 좋은 집중력이라는 사실 덕분이다. ('03)
» owe A to B : A는 B의 덕택이다

갚아야 할

---

440 **aspect** [ǽspekt] n 7/6 ★★★★☆ 출제확률 30.2%

ⓢ feature, factor — **양상, 국면, 면**

You can be confident that you will be able to pay for all aspects of the trip.
당신은 모든 여행 경비를 지불 할 수 있다는 확신을 할 수 있게 된다. ('09)
» a(= to ~에 대한) + spect(= look 모습, 외모) → 양상, 국면

---

441 **delay** [diléi] n, v 7/6 ★★★★☆ 출제확률 30.2%

delayed — **연기, 지체; 미루다**

There will be a delay on your order.
당신이 주문한 것이 지연될 것 같습니다. ('04)
» de(= away 멀리) + lay(두다) → (지금 하지 않고) 멀리 두다 → 미루다 * delay on : ~이 지연되다

연기된, 지연된

---

442 **cure** [kjúər] n, v 7/6 ★★★★☆ 출제확률 30.2%

cured curing — **치료; 치료하다, 고치다**

Lower the temperature a little to about 37℃, you have the ideal cure for sleeplessness.
온도를 37도 정도로 약간 낮추면, 당신은 이상적인 불면증 치료를 받게 된다. ('01)
» cur는 'care(고치다)'의 의미를 가지고 있다. * sleeplessness : 불면증

저장한, 보존한 | (현재분사)

---

443 **pot** [pát] n 7/6 ★★★★☆ 출제확률 30.2%

pottery — **원통형의 그릇, 냄비**

Honey, what are you doing with this pot?
여보, 이 냄비로 무엇을 하려고 해? ('08)
» 화분은 flowerpot이다.

도자기, 도예

---

444 **lend** [lénd] v 7/6 ★★★★☆ 출제확률 30.2%

ⓢ provide, loan — **빌려주다, 제공하다**

Never mind. I'll lend you the money.
신경쓰지 마세요. 제가 당신에게 돈을 빌려 드리겠습니다. ('02)
» borrow는 빌려오는 것이고, lend는 빌려주는 것이다.

---

445 **landscape** [lǽndskèip] n 6/6 ★★★★☆ 출제확률 30.2%

seascape — **풍경, 경치**

The landscape of a place all affect the lives of the people who live there.
한 장소의 풍경은 그곳에 살고 있는 사람들의 모든 삶에 영향을 미친다. ('09)
» land(땅) + scape(경치) → 풍경 * seascape : 바다 경치

바다 경치

---

446 **obvious** [ábviəs] a 6/6 ★★★★☆ 출제확률 30.2%

obviously — **명백한**

Night diving is obviously less simple than diving during the day.
심야 잠수는 주간 잠수보다 확실히 더 복잡하다. ('08)
» ob(~에) + vi(보다) + ous(~한) → 볼 수 있으니 명백한 것이다.

확실히, 명백히

447 **nevertheless** ⓢ **regardless, nonetheless** **그럼에도 불구하고**

6/6 [nèvərðəlés] ad

★★★★☆

출제확률 30.2%

We are nevertheless able to enter into their behavior and their emotions.

그럼에도 불구하고 우리는 그들의 행동과 감정에 몰입할 수 있다. ('08)

» enter into : ~에 들어가다, 공감하다, 몰입하다, 관여하다

448 **terrify** **terrified terrifying** **무섭게 하다, 겁나게 하다**

6/6 [térəfài] v

★★★★☆

출제확률 30.2%

The atmosphere is terrified.

겁나는 분위기이다. ('08)

» terr(두렵게 하다) + (i)fy(~화 하다) → 무섭게 하다 * 글의 분위기를 묻는 질문에 자주 기출 됨.

무서워하는, 겁이 난 | 놀라게 하는, 무서운

449 **arise** **arisen arising arose** **일어나다, 나타나다**

6/6 [əráiz] v

★★★★☆

출제확률 30.2%

Questions have arisen from victims about who is responsible for the avoidable accident.

피할 수 있었던 그 사고의 책임을 누가 져야 하는가에 대한 질문이 피해자들로부터 제기되었다. ('02)

» a(강조) + rise(일어나다) → 일어나다

(과거분사) | (현재분사) | (과거)

450 **sight** ⓢ **scene, vista sighting** **광경, 경치, 시력**

6/6 [sáit] n

★★★★☆

출제확률 30.2%

She's afraid of losing her sight.

그녀는 시력을 잃을까 걱정하고 있다.

» be afraid of : ~하는 것을 두려워하다 * catch sight of : ~을 찾아내다

목격

451 **region** **regional** **지방, 지역**

6/6 [rí:dʒən] n

★★★★☆

출제확률 30.2%

Countries, regions, and even villages were economically independent.

국가, 지방, 심지어 마을까지도 경제적으로 독립했다. ('10)

» reg(왕) + ion(~것) → 왕이 다스리는 곳 → 지방, 지역

지방의, 지역의

452 **witness** **unwitnessed witnessed** **증인; 목격하다**

6/6 [wítnis] n, v

★★★★☆

출제확률 30.2%

The ball made a flight truer and higher than I'd witnessed from any boy or man.

그 공은 어떤 소년이나 남성이 한 것보다도 더 정확하고 높게 날아갔다. ('09)

» wit(= wise 지식) + ness(~것) → 자신이 경험하거나 목격한 지식을 말하는 것

목격되지 않은, 감지되지 않은 | (과거, 과거분사)

453 **scale** ⓢ **range, extent, degree** **계급, 규모, 저울; 비늘을 벗기다**

6/6 [skéil] n, v

★★★★☆

출제확률 30.2%

It is offered to the shops or businesses that buy goods on a large scale and sell them. 그것은 물건을 대량으로 사서 판매하는 점포나 회사들에 제공된다. ('01)

» out of scale : 균형을 잃은

454 **forward** ⓢ **advanced, prospective, premature** **앞쪽에, 앞으로**

6/6 [fɔ́:rwərd] ad

★★★★☆

출제확률 30.2%

I was looking forward to a wonderful day.

나는 멋진 날을 기대했다. ('04)

» fore(앞) + ward(~쪽, 방향) → 앞으로 * look forward to : ~하기를 학수고대하다

455 **roll** **rolled unrolled** **명부, 굴리기; 구르다, 굴리다**

6/6 [róul] n, v

★★★★☆

출제확률 30.2%

All of us are similar bio-mechanical units that rolled off the same assembly line.

우리 모두는 동일한 조립라인에서 굴러 떨어진 유사한 생화학적 단위이다. ('10)

» roll off : 굴러 떨어지다

(과거, 과거분사) | 펼쳐진

456 **alive** ⓢ **active, existing, functioning** **살아있는**

6/6 [əlàiv] a

★★★★☆

출제확률 30.2%

The air was alive with chatter and laughter.

분위기는 수다와 웃음으로 생기가 넘쳤다. ('03)

» a(강조) + live(살아있는) → 살아있는 * alive with : ~으로 활기가 넘치는

457 **spite** ⓢ **annoy, harm** **악의, 심술; ~에 심술부리다**

6/6 [spáit] n, v

★★★★☆

출제확률 30.2%

But in spite of this boundless outdoors potential.

그러나 실외의 이런 끝없는 잠재력에도 불구하고. ('10)

» in spite of : ~함에도 불구하고' 라는 숙어로 많이 쓰인다.

458 **charity** ⓢ **fund, endowment** **자비, 자선**

6/6 [tʃǽrəti] n

★★★★☆

출제확률 30.2%

The act of asking for money from people to give to charity.

자선활동에 기부하기 위해 사람들에게 기부금을 요청하는 행위. ('04)

» ask for : ~를 요청하다, 요구하다

459 **embarrass** **embarrassed embarrassing** **당황스럽게 하다, 난처하게 하다**

6/6 [imbǽrəs] v

★★★★☆

출제확률 30.2%

It was sort of embarrassing because he said I looked like I was in elementary school. 내가 초등학교에 다니는 것 같다고 그가 말한 것 때문에 조금 당황스러웠다. ('05)

» em(~에) + bar(막대기) + rass(~하다) → 막대기를 놓아 (막으니) 난처하다

어리둥절한, 당혹한 | 난처한, 당혹스러운

460 **secretary** **비서(관)**

6/6 [sékrətèri] n

★★★★☆

출제확률 30.2%

Tell the secretary that you want to buy one.

비서에게 당신이 하나 사고 싶다고 말하세요. ('01)

» secret(비밀) + ary(사람) → 비밀을 가진 사람 → 비서 * executive secretary : 사무국장

461 **recover** **recovered recovering recovery** **회복하다**

15/5 [rikʌ́vər] v

★★★★☆

출제확률 25.3%

The festival is only one week away, but Peter hasn't recovered fully.

그 축세는 1주일 밖에 남지 않았지만 아직 피터는 완전히 회복하지 못했다. ('08)

» re(다시) + cover(= take 취하다) → (잃은 것을) 다시 취하다 → 회복하다

회복한 | (현재분사) | 회복

462 **urban** ⓢ **metropolitan, civic** **도시의**

15/5 [ə́:rbən] a

★★★★☆

출제확률 25.3%

Over the past decade, Chattanooga has made an incredible urban comeback.

지난 십 년에 걸쳐 Chattanooga는 믿을 수 없을 만큼 도시로서의 명성을 회복했다. ('10)

» urb(도시) + an(~의) → 도시의

463 **policy** **policy-maker** **정책, 방침**

15/5 [páləsi] n

★★★★☆

출제확률 25.3%

Please keep your insurance policy and emergency contact details with you at all times. 항상 비상 연락망과 보험 증권을 소지하고 계십시오. ('07)

» poli(도시) + cy(~것) → 도시를 다스리는 것 * public policy : 공공 정책

정책 입안자

464 **species** ⓢ **kind, class** **종(류), 인류**

13/5 [spí:ʃi:z] n

★★★★☆

출제확률 25.3%

But, in other species, evolution had led to a specialization in their ability.

그러나 다른 종들의 경우, 진화는 그들의 능력을 특수화 시키는 결과를 가져왔다. ('94)

» spec(= look 보이는 모습) + ies(접미사) → 보이는 모습 → 종류 * lead to : ~을 이끌다, 초래하다

465 **female** — 여성, 암컷
13/5 [fí:meil] a
★★★★☆
출제확률 25.3%

The chart shows the top five preferred factors for male and female job seekers.
그 차트는 남녀 구직자가 가장 선호하는 요인 5가지를 보여준다. ('08)
» 남성은 male이다.

466 **career** — ⓢ **occupation, pursuit, calling** — 경력, 생애, 커리어
12/5 [kəríər] n
★★★★☆
출제확률 25.3%

We believe your future career will benefit from the same effort.
우리는 당신이 노력한 만큼 미래의 경력에 도움이 될 것이라 믿습니다. ('03)
» car(차) + eer(것) → 차가 지나가는 길(인생의 길)

467 **specific** — **specifically specificity** — 구체적인, 특정한
12/5 [spisífik] a
★★★★☆
출제확률 25.3%

There is the danger that too much specificity can limit your imagination.
과도하게 구체적인 것은 당신의 상상력을 제한시키는 위험이 있다. ('10)
» speci(= kind 종류) + fic(~를 만드는) → (특정한) 무언가를 만드는 → 특정한

분명히, 특별히, 구체적으로 | 특별함

468 **temperature** — 온도
12/5 [témpərətʃər] n
★★★★☆
출제확률 25.3%

Due to the very low temperatures, a freezer makes much drier environment.
매우 낮은 온도로 인해 냉동고는 훨씬 더 건조한 환경을 만든다. ('06)
» temperat(온화한) + ure(~것) → 온도(온화한 정도를 나타내는 것)

469 **status** — ⓢ **position, progress** — 지위, 현상, 신분
12/5 [stéitəs] n
★★★★☆
출제확률 25.3%

Cars, houses, or fine clothing, are considered status symbols.
자동차, 집, 좋은 옷 등은 신분의 상징으로 여겨진다. ('08)
» sta는 '서다'라는 의미이다. 현재 서 있는 상태를 의미한다.

470 **theory** — **theorized** — 이론
11/5 [θí:əri] n
★★★★☆
출제확률 25.3%

The theory of language development
언어 개발 이론 ('01)
» theo(= god) + y(명접) → 신에 대한 것 → 이론

theorize(이론을 제시하다)의 과거, 과거분사

471 **technical** — **technician** — 기술적인
11/5 [téknikəl] a
★★★★☆
출제확률 25.3%

Provide some enthusiastic technical support.
열정적인 기술적 지원을 제공하라. ('05)
» technic(기술, 공학) + al(~한) → 기술적인

기술자

472 **confuse** — **confused confusing** — 혼란시키다
11/5 [kənfjú:z] v
★★★★☆
출제확률 25.3%

People can become confused by multitasking.
사람들은 멀티태스킹(다중 처리)를 하면서 혼란스러워 할 수 있다. ('11)
» con(함께) + fuse(녹다, 쏟아버리다) → 한꺼번에 다 쏟아버리니 혼란스럽다

혼란스러워 하는 | 혼란스러운

473 **claim** — ⓢ **insist, allege, assert** — 요구하다, 요청하다
10/5 [kléim] v
★★★★☆
출제확률 25.3%

He's going to put in a claim for his loss.
그는 그의 손해에 대한 청구를 할 것이다.
» claim은 call(부르짖다)에서 유래되었다.

족집게 보카 TEST Day 12

1. 아래의 단어에 맞는 뜻을 골라 선으로 이어주세요.

434 rapid •	ⓐ 양상, 국면, 면
458 charity •	ⓑ 악의, 심술; ~에 심술부리다
461 recover •	ⓒ 살아있는
457 spite •	ⓓ 모욕; 무시하다; 약간의, 경미한
456 alive •	ⓔ 회복하다
452 witness •	ⓕ 무섭게 하다, 겁나게 하다
447 nevertheless •	ⓖ 증인; 목격하다
445 landscape •	ⓗ 앞쪽에, 앞으로
454 forward •	ⓘ 풍경, 경치
440 aspect •	ⓙ 자비, 자선
448 terrify •	ⓚ 광경, 경치, 시력
435 imitate •	ⓛ 급류; 빠른
450 sight •	ⓜ 흉내내다
437 slight •	ⓝ 그럼에도 불구하고

2. 아래 문장의 알맞은 뜻을 보기에서 고르세요.

a. Please keep your insurance policy and emergency contact details with you at all times. (　　)
b. Countries, regions, and even villages were economically independent. (　　)
c. The atmosphere is terrified. (　　)
d. Honey, what are you doing with this pot? (　　)
e. The air was alive with chatter and laughter. (　　)
f. It was sort of embarrassing because he said I looked like I was in elementary school. (　　)
g. You can be confident that you will be able to pay for all aspects of the trip. (　　)

보 기

① 국가, 지방, 심지어 마을까지도 경제적으로 독립했다.
② 겁나는 분위기이다.
③ 당신은 모든 여행 경비를 지불 할 수 있다는 확신을 할 수 있게 된다.
④ 내가 초등학교에 다니는 것 같다고 그가 말한 것 때문에 조금 당황스러웠다.
⑤ 여보, 이 냄비로 무엇을 하려고 해?
⑥ 분위기는 수다와 웃음으로 생기가 넘쳤다.
⑦ 항상 비상 연락망과 보험 증권을 소지하고 계십시오.

정답: ⑦ ① ② ⑤ ⑥ ④ ③

족집게 보카 Day 13

474 **assume** [əsúːm] v
10/5 ★★★★☆ 출제확률 25.3%

assumption — ~인 체하다, 생각하다, 가정하다

It may not be valid to assume that the media make our time distinct from the past. 미디어가 우리 시대를 과거와 다르게 만든다고 추정하는 것은 옳지 않을 수도 있다. ('05)

» as(= to ~로) + sume(= take (생각을) 취하다) → ~로 생각하다, 여기다

가정

475 **machine** [məʃíːn] n
10/5 ★★★★☆ 출제확률 25.3%

machinery ⓢ **engine, device, appliance** — 기계

After the grapes are picked, either by hand or by machine, they are taken to the winery. 포도가 사람이나 기계에 의해 수확되면 포도주 양조장으로 옮겨진다. ('06)

» either A or B : A 아니면 B(양자택일의)

기계(류)

476 **surface** [sə́ːrfis] n
9/5 ★★★★☆ 출제확률 25.3%

ⓢ **exterior, covering, face** — 표면

Dew drops cover the surface of the mirror.
이슬 방울들이 거울의 표면을 덮는다. ('10)

» sur(위) + face(얼굴, 겉) → 표면

477 **edit** [édit] n
9/5 ★★★★☆ 출제확률 25.3%

edition editor editorial — 편집자

She's in an editorial board meeting at the moment. Can I help you?
그녀는 지금 편집 임원회의 중입니다. 무엇을 도와 드릴까요? ('06)

» add(추가)에서 파생되었다. * morning edition : 조간신문

판, 호 | 편집자 | 편집자의, 편집의

478 **underwater** [ʌ̀ndərwɔ́ːtər] a
9/5 ★★★★☆ 출제확률 25.3%

물속의

People would build an underwater boat to take themselves there to find it.
사람들은 그것을 찾기 위해 해저 선박을 건조할 것이다. ('06)

» under(아래) + water(물) → 물 아래

479 **adopt** [ədɑ́pt] v
9/5 ★★★★☆ 출제확률 25.3%

adopted adopting — 채용하다, 양자(양녀)로 삼다

The society adopts a new food without the food culture surrounding it.
그 사회는 주변 음식 문화를 배제한 채 새로운 음식을 받아들인다. ('09)

» ad(~로) + opt(= choose 선택하다) → ~를 선택하다 → 채용하다

입양된 | (현재분사)

480 **mental** [méntl] a
9/5 ★★★★☆ 출제확률 25.2%

mentally — 정신의

The mental and physical health of elderly people
노인들의 정신적 육체적 건강 ('04)

» ment(마음의) + al(~의) → 정신의

정신적으로

481 **primitive** | **primitiveness** | **원시인; 원시의**
9/5 [prímətiv] n, a
★★★★☆
출제확률 25.2%

And thereafter, words like 'savage' and 'primitive' began to disappear.
그 후로 '흉포한'과 '원시적인'과 같은 단어들은 사라지기 시작했다. ('08)
» prim(= first 최초의) + (i)tive(상태인 (사람)) → 원시의

원시성, 미개한 상태

482 **task** | Ⓢ **duty, mission** | **일, 임무**
9/5 [tæsk] n
★★★★☆
출제확률 25.2%

It was an easy task and the correct answer was obvious.
그것은 쉬운 업무였고 정답은 명확했다. ('11)
» multi-tasking : 다중 작업의

483 **polite** | **impolite politeness** | **예의바른, 공손한**
9/5 [pəláit] a
★★★★☆
출제확률 25.2%

That's right, so please be more polite next time.
괜찮으니, 다음엔 좀 더 예의바르게 행동하시오. ('03)
» pol(품위) + ite(있는) → 품위있는, 예의바른

무례한, 예의없는 | 공손함, 예의바름

484 **display** | **displayed** | **진열; 보이다, 진열(전시)하다**
9/5 [displéi] n, v
★★★★☆
출제확률 25.2%

The 1960-69 period displayed the highest growth rate of total output of all the periods. 1960~69년 동안 총생산은 역대 최고 성장률을 나타내었다. ('10)
» dis(아닌) + play(= fold 접다) → 접어 놓은 것을 펴서 전시한다

(과거, 과거분사)

485 **destruct** | **destruction destructive** | **파괴하다**
9/5 [distrʌ́kt] n
★★★★☆
출제확률 25.2%

The destruction of our enemy might have been a victory for us.
우리의 적을 물리치는 것은 우리에게 승리일 수 있었다. ('10)
» de(아닌) + struct(짓다) → 짓는 것의 반대는 파괴

파괴 | 파괴적인

486 **swing** | **swinging** | **그네; 흔들리다, 흔들다**
9/5 [swiŋ] n, v
★★★★☆
출제확률 25.2%

When we arrived, my sister immediately ran off to the swings.
우리가 도착하자 내 동생은 바로 그네로 달려 갔다. ('09)
» go with a swing : (파티나 연회 등이) 성황을 이루다, 잘 되다

흔들리는

487 **spirit** | **spiritual** | **정신, 자세, 영혼**
9/5 [spírit] n
★★★★☆
출제확률 25.2%

Mr. Gonzales has helped people find a shelter for their spirits.
곤잘레스 씨는 사람들로 하여금 영혼의 쉼터를 찾을 수 있도록 도왔다. ('05)
» spire(숨 쉬다)에서 파생되었다.

정신의, 정신적인

488 **false** | **falsify** | **거짓의, 가짜의**
8/5 [fɔ́:ls] a
★★★★☆
출제확률 25.2%

Recent studies, however, have proved this belief to be false.
그러나, 최근 연구들은 이 믿음이 틀렸다고 증명했다. ('09)
» falsify는 false의 동사형이다.

위조하다, 변조하다

489 **depress** | **depressed depressing depression** | **억압하다, 우울하게 하다**
8/5 [diprés] v
★★★★☆
출제확률 25.2%

Tears can drive us still deeper into depression.
눈물이 우리를 더 깊은 우울증으로 몰아갈 수 있다. ('09)
» de(= down 아래로) + press(누르다) → 사람의 기를 눌러(down) 우울하게 하다

우울한 | 우울하게 만드는 | 우울증, 우울함

490 **elder**

8/5 [éldər] n, a

★★★★☆

출제확률 25.2%

elderly eldest **연장자; 나이가 든**

The elderly think of themselves as being much younger than they actually are.

나이 든 사람들은 스스로가 실제보다 젊다고 생각한다. ('04)

» eld(= old 늙은) + er(~보다 더, 사람) → 더 늙은 사람

나이가 지긋한 | 가장 나이가 많은

491 **blind**

8/5 [bláind] n, v, a

★★★★☆

출제확률 25.2%

blindly blindness **장님; 눈멀게 하다; 장님인**

A man was trying to explain to a blind friend what a white color is.

한 남자가 그의 장님 친구에게 흰색이 무엇인지 설명하려고 했다. ('94)

» 앞이 안보이게 하니 '차양, 블라인드'라는 의미로도 쓰인다.

맹목적으로 | 맹목

492 **beyond**

8/5 [biɑ́nd] prep

★★★★☆

출제확률 25.2%

ⓢ **exceeding, surpassing** **~의 저쪽에, ~이상으로, ~넘어**

To solve a problem, you must look beyond how you feel.

문제를 해결하기 위해서 당신은 느끼는 것 이상을 봐야만 한다. ('03)

493 **valid**

8/5 [vǽlid] a

★★★★☆

출제확률 25.2%

ⓢ **genuine, legal** **유효한, 근거가 확실한**

In neutral context, a more valid survey can be conducted.

중립적인 상황에서 더 유효한 설문조사가 이뤄질 수 있다. ('10)

» val(가치있는) + id → (아직까지) 가치있는 → (가치가) 유효한

494 **conduct**

8/5 [kɑ́ndʌkt] n, v

★★★★☆

출제확률 25.2%

conducted conductor **행위, 지도; 행동하다, 수행하다**

After the plane crashed, an investigation about the accident was conducted.

그 비행기가 추락한 뒤, 그 사고에 대한 조사가 실시되었다.

» con(여럿을, 함께) + duct(끌어내는) → 함께 (~하도록) 끌어내다 → 수행하다

(과거, 과거분사) | 안내자, 지휘자

495 **presentation**

8/5 [prìːzentéiʃən] n

★★★★☆

출제확률 25.2%

ⓢ **donation, offering** **증여, 수여, 발표**

Vicky is practicing on her high school stage for tomorrow's presentation.

Vicky는 그녀의 고등학교 강단에서 내일 발표 연습을 하고 있다. ('04)

» present(~을 주다) + (a)tion(~것) → 무언가를 주는 것

496 **spread**

8/5 [spréd] v

★★★★☆

출제확률 25.2%

spread-out **퍼지다, 퍼뜨리다, 확산**

Nawal's smile was so wide that it spread across all three faces.

Nawal의 미소가 너무 커서 세 명 모두의 얼굴에 웃음이 번졌다. ('00)

» spread across : ~이 퍼지다[번지다]

널리 퍼지다, 몸을 뻗다, 넓은 공간을 쓰다

497 **appointment**

8/5 [əpɔ́intmənt] n

★★★★☆

출제확률 25.2%

ⓢ **nomination, assignment** **약속, 지명, 임명**

Please put my name in the appointment book.

예약 수첩에 내 이름을 기입해 주십시오. ('08)

» ap(~에) + point(푹 찌르다) + ment(~것) → ~를 oo에 낙점함 * appointment book : 예약명부

498 **insist**

8/5 [insíst] v

★★★★☆

출제확률 25.2%

insisted insistent insisting **주장하다, 고집하다**

He insisted that his son go to a special school.

그는 그의 아들이 특수 학교에 가야 한다고 주장했다. ('00)

» in(안에) + sist(= stand 서다) → 내 생각만 맞다고 서있다

(과거, 과거분사) | 고집하는, 계속되는 | (현재분사)

499 **conscious** | consciously consciousness self-conscious unconsciously | **의식적인, 알고 있는**

8/5 [kɑ́nʃəs] a
★★★★☆
출제확률 25.2%

Immediately after we started, I lost consciousness.
우리가 시작하자마자 나는 의식을 잃고 말았다. ('01)
» con(함께) + sci(알다) + ous(형용사) → 함께 알고 있는
의식적으로 | 의식, 생각 | 자의식이 강한 | 무의식적으로

500 **float** | floated floating | **뜨다**

7/5 [flóut] v
★★★★☆
출제확률 25.2%

He thought he saw something white floating in the middle of the tree.
그는 나무 중간에 뭔가 하얀 것이 떠있는 것을 보았다고 생각했다. ('02)
(과거, 과거분사) | 떠 있는

501 **circumstance** | ⓢ condition, situation, state | **환경, 사정**

7/5 [sə́:rkəmstæ̀ns] n
★★★★☆
출제확률 25.2%

Under those circumstances, the destruction of our enemy might have been a victory. 이러한 상황에서는 적을 물리침으로서 승리를 얻을 수 있었다. ('10)
» circum(주위의) + sta(서다) + ce(~것) → 주위에 일어나는 것

502 **institute** | institution | **협회, 연구소; 설립하다**

7/5 [ínstətjù:t] n, v
★★★★☆
출제확률 25.2%

We can apply in formal institutions.
우리는 공식 연구소에 지원할 수 있다. ('08)
» in(~에) + stitu(te)(~을 세우다) → 설립하다, 설립한 것(협회)
학회, 기관

503 **breathe** | breath breathtaking | **숨쉬다, 호흡하다**

7/5 [brí:ð] v
★★★★☆
출제확률 25.2%

Simba stopped breathing.
심바는 숨을 거뒀다. ('00)
» breath(호흡) + e(히다) → 호흡하다
숨 | 아슬아슬한

504 **access** | accessible | **접근; 이용하다**

7/5 [ǽkses] n, v
★★★★☆
출제확률 25.2%

Geographical centrality makes a place more accessible.
지리적인 집중성은 해당 장소로의 접근을 더욱 용이하게 한다. ('10)
» as(= to ~로) + cess(= going 가기) → ~로 가다 → 접근
접근하기 쉬운

505 **decorate** | decorated decorating decoration | **장식하다, 꾸미다**

7/5 [dékərèit] v
★★★★☆
출제확률 25.2%

Decorating a dining table with various plants.
저녁 식사 테이블을 다양한 식물들로 꾸미기. ('09)
» ⓢ adorn, trim, ornament
장식된 | 장식 | 장식

506 **predict** | predicting predictor unpredictable | **예언하다**

7/5 [pridíkt] v
★★★★☆
출제확률 25.2%

Why is predicting the future so difficult?
왜 미래를 예측하는 것이 그렇게 어려운가? ('05)
» pre(미리) + dict(말하다) → ~일에 대해 미리 말하다 → 예언하다
(현재분사) | 예언가 | 예측이 불가능한

507 **praise** | praised | **칭찬; 칭찬하다**

7/5 [préiz] n, v
★★★★☆
출제확률 25.2%

He praised their great achievements.
그녀는 그들의 훌륭한 성과를 칭찬했다.
» price(값어치) → 그 가치를 인정함 → 칭찬
(과거, 과거분사)

508 **typical** **typically** **전형적인, 모범적인**
7/5 [típikəl] a He created an English village with typical English shops and restaurants.
★★★★☆ 그는 전형적인 영국 상점과 레스토랑으로 영어마을을 만들었다. ('07)
출제확률 25.2% » type(형, 형태) + cal(~한) → 전형적인
보통, 일반적으로, 전형적으로

509 **previous** **previously** **이전의, ~보다 전에**
7/5 [prí:viəs] a, ad The readers could easily move backward in the text to find a previously read
★★★★☆ passage. 독자들은 이전에 읽은 구절을 찾기 위해 더 쉽게 앞으로 돌아갈 수 있다. ('08)
출제확률 25.2% » pre(이전, 앞서) + vi(보다) + ous(~한) → 이전의(이전에 본 것의)
이전에, 미리

510 **wander** **wanderer wandering** **거닐다, 돌아다니다, 헤매다**
7/5 [wándər] v He let them wander around his old small room.
★★★★☆ 그는 그들에게 그의 작고 낡은 방 주위를 거닐 수 있도록 해 주었다. ('05)
출제확률 25.2% » wand(= turn 돌다) + er(동접) → 돌아다니다
방랑자 | 방랑하는

511 **sake** **위함, 이익, 목적**
7/5 [séik] n In Paris, he painted for money rather than for art's sake.
★★★★☆ 파리에서 그는 예술이 아닌 돈을 위해 그림을 그렸다. ('02)
출제확률 25.2% » for one's own sake : 그 자체만으로, 자기자신을 위해

512 **contemporary** **ⓢ modern, coexisting** **동갑내기; 현대의(사람), 동시대의**
7/5 [kəntémpərèri] n, a Newspapers and books by contemporary authors
★★★★☆ 동시대의 작가에 의해 쓰여진 신문과 책들 ('06)
출제확률 25.2% » con(같은) + tempor(시대) + ary(~의) → 현대의

513 **ultimate** **ultimately** **최후의, 궁극적인, 최고의**
7/5 [ʌ́ltəmət] a Doing so would ultimately cause us to suffer.
★★★★☆ 그렇게 하는 것은 궁극적으로 우리를 고생스럽게 할 것이다. ('10)
출제확률 25.2% » ⓢ supreme, greatest, paramount
결국, 궁극적으로

514 **mention** **mentioned** **언급; 말하다**
7/5 [ménʃən] n, v Suppose you mention the name of your new neighbor to a friend.
★★★★☆ 당신의 새 이웃의 이름을 친구에게 말했다고 가정해 보자. ('07)
출제확률 25.2% » ment(말하다) + ion(~것) → 언급 * don't mention it : 천만에
언급한

515 **destination** **ⓢ terminus** **목적지**
7/5 [dèstənéiʃən] n I believe that success is a journey, not a destination.
★★★★☆ 나는 성공이 목적지가 아닌 과정이라 믿는다. ('01)
출제확률 25.2% » destine(예정해두다, 정해지다) + (a)tion(~것) → 예정해 둔 곳은 목적지다

516 **neglect** **neglected** **방치; 게을리하다, 도외시하다**
7/5 [niglékt] n, v Teens' Behavior : Respected or Neglected?
★★★★☆ 10대들의 행동 : 존중 되는가? 아니면 무시되고 있는가? ('08)
출제확률 25.2% » neg(= not 아닌) + lect(선택하다) → 선택하지 않음 → 방치하다
방치된, 도외시된

족집게 보카 TEST Day 13

1. 아래의 단어에 맞는 뜻을 골라 선으로 이어주세요.

474 assume •	ⓐ 장님; 눈멀게 하다; 장님인
491 blind •	ⓑ 행위, 지도; 행동하다, 수행하다
493 valid •	ⓒ 예의바른, 공손한
502 institute •	ⓓ 연장자; 나이가 든
487 spirit •	ⓔ 그네; 흔들리다, 흔들다
480 mental •	ⓕ 정신의
499 conscious •	ⓖ 퍼지다, 퍼뜨리다, 확산
483 polite •	ⓗ 장식하다, 꾸미다
505 decorate •	ⓘ 의식적인, 알고 있는
490 elder •	ⓙ 유효한, 근거가 확실한
496 spread •	ⓚ 협회, 연구소; 설립하다
494 conduct •	ⓛ ~인 체하다, 생각하다, 가정하다
486 swing •	ⓜ 거짓의, 가짜의
488 false •	ⓝ 정신, 자세, 영혼

2. 아래 문장의 알맞은 뜻을 보기에서 고르세요.

a. Immediately after we started, I lost consciousness. ( )
b. People would build an underwater boat to take themselves there to find it. ( )
c. Mr. Gonzales has helped people find a shelter for their spirits. ( )
d. The elderly think of themselves as being much younger than they actually are. ( )
e. After the grapes are picked, either by hand or by machine, they are taken to the winery. ( )
f. Vicky is practicing on her high school stage for tomorrow's presentation. ( )
g. Simba stopped breathing. ( )

보 기

① 우리가 시작하자마자 나는 의식을 잃고 말았다.
② 나이 든 사람들은 스스로가 실제보다 젊다고 생각한다.
③ 곤잘레스 씨는 사람들로 하여금 영혼의 쉼터를 찾을 수 있도록 도왔다.
④ 포도가 사람이나 기계에 의해 수확되면 포도주 양조장으로 옮겨진다.
⑤ Vicky는 그녀의 고등학교 강단에서 내일 발표 연습을 하고 있다.
⑥ 사람들은 그것을 찾기 위해 해저 선박을 건조할 것이다.
⑦ 심바는 숨을 거뒀다.

정답: ① ⑥ ③ ② ④ ⑤ ⑦

19년간 수능 기출 영단어 10만개를 모조리 통계내어 만든

족집게 보카 Day 14

517 **violence** [váiələns] n ★★★★☆ 출제확률 25.2%

nonviolence nonviolent violent — **폭력, 격렬**

There was a relevance to violence and war.
전쟁과 폭력은 연관성이 있다. ('10)
» violent(난폭한, 폭력적인)의 명사형이다. * relevance to : ~와 관련이 있다.
비폭력(주의) | 평화적인 | 폭력적인

518 **disagree** [disəgríː] v ★★★★☆ 출제확률 25.2%

disagreed disagreement — **의견이 다르다**

On the contrary, other star players disagree with it.
이와는 반대로, 다른 스타 선수들은 이를 반대한다. ('04)
» dis(아니다) + agree(동의하다) → 동의하지 않다
(과거, 과거분사) | 불일치

519 **broadcast** [brɔ́ːdkæ̀st] n, v ★★★★☆ 출제확률 25.2%

broadcasting — **방송; 방송하다**

The first experiments in television broadcasting began in France in the 1930s.
최초의 TV 방송 실험은 프랑스에서 1930년대에 시작되었다. ('09)
» broad(멀리) + cast(던지다, (빛을) 발하다) → 방송하다 * television broadcasting : TV 방송
방송

520 **campaign** [kæmpéin] n ★★★★☆ 출제확률 25.2%

Ⓢ movement, drive — **(선거) 운동, 전쟁**

Humanity International's campaign to build houses for homelss people
집 없는 사람들에게 집을 지어주기 위한 국제 자선활동 캠페인 ('02)
» camp(야외 숙소) + aign → 군인들은 전투 시 야영을 한다 → 군사적 전투 혹은 전쟁

521 **degree** [digríː] n ★★★★☆ 출제확률 25.2%

Ⓢ stage — **(각)도, 정도, 학위**

But it must be almost 30 degrees out there.
그러나 바깥은 거의 30도일 것이다. ('03)
» de(아래) + gree(걷다, 가다) → 아래로 걷는 것은 계단(단계, 급)이다

522 **permit** [pərmít] v ★★★★☆ 출제확률 25.2%

permission permitting — **허가하다**

Police issue permits to qualified hunters.
경찰은 자격이 있는 사냥꾼들에게 허가를 내준다. ('02)
» per(= through 통과시키다) + mit(= send 보내다) → 통과시켜 보내다 → 허가하다
허락, 허가 | (현재분사)

523 **quantity** [kwɑ́ntəti] n ★★★★☆ 출제확률 25.2%

Ⓢ amount, sum, lot — **양, 분량**

We offer discounts to individuals who order large quantities of a product.
우리는 한 제품을 대량 구매하는 개인들에게 할인을 해준다. ('01)
» offer A to B : B에게 A를 제공하다

524 **reject** | **rejecting rejection** | **거절하다**

6/5 [ridʒékt] v

★★★★☆

출제확률 25.2%

In so far as it is a question of rejecting universally accepted and indubitable values.

보편적으로 인정되고 의심할 나위 없는 가치를 거부한 것은 아직까지도 의문이다. ('11)

» re(뒤로) + ject(던지다) → 거절하다

거부하는 | 거절, 부결

525 **atmosphere** | **ⓢ environment, mood, surroundings** | **분위기, 대기**

6/5 [ǽtməsfiər] n

★★★★☆

출제확률 25.2%

The new cafe has lots of atmosphere.

새로 생긴 그 카페는 분위기가 아주 좋다.

» atmo(= air 공기) + sphere(에워 싸는 것) → 분위기

526 **derive** | **derived** | **~을 얻다, 유래하다**

6/5 [diráiv] v

★★★★☆

출제확률 25.2%

This belief derives from a nineteenth-century understanding of emotions.

이러한 믿음은 19세기의 감정에 대한 이해에서 유래되었다. ('09)

» de + rive(강) → 강으로부터 인류 문명은 시작되었다. * derive from : ~에서 유래하다

유래된, 파생된

527 **inspire** | **inspiration inspired** | **고무(격려)하다, 불어넣다**

6/5 [inspáiər] v

★★★★☆

출제확률 25.2%

At that moment, a sudden inspiration took hold.

그 때, 갑자기 영감이 떠 올랐다. ('10)

» in(안에) + spir(= breathe 숨쉬다) → 안에 숨을 불어넣다 → 격려하다

영감 | 영감을 받은

528 **apparent** | **apparently** | **또렷한, 명백한**

6/5 [əpǽrənt] a

★★★★☆

출제확률 25.2%

Apparently assuming you will recognize her voice, she doesn't provide any verbal content.

당신이 그녀의 목소리를 분명히 알아차릴 것이라고 가정하면, 그녀는 아무 말도 하지 않을 것이다. ('05)

» a(강조) + parent(= appearing 나타남) → 강하게 나타남 → 또렷한

명백히

529 **estimate** | **estimation overestimate** | **견적, 평가; 어림잡다, 평가하다**

6/5 [éstəmət, -mèit] n, v

★★★★☆

출제확률 25.2%

If you cannot get confirmed prices, get as many estimates as you can.

만약 당신이 가격이 얼마인지 확인할 수 없다면 당신이 할 수 있는 최대치로 예측하라. ('09)

» estim(가치) + ate(~하다) → 가치를 평가하다

판단, 존중 | 과대평가하다

530 **identical** | **ⓢ matching, duplicate, alike** | **똑같은, 동일한**

6/5 [aidéntikəl] a

★★★★☆

출제확률 25.2%

The features in Figure B are basically identical with those in Figure A.

그림 B의 특징은 그림 A와 기본적으로 동일하다. ('08)

» identical with : ~와 동일한

531 **release** | **released releasing** | **방출, 해방; 해방하다, 발표(공개)하다**

6/5 [rilíːs] n, v

★★★★☆

출제확률 25.2%

Today's top rock singers release his or her next piece on the Internet.

오늘날의 최고 록 가수들은 그들의 차기 작품을 인터넷에 공개한다. ('04)

» re(다시) + lease(= loose 해방된) → 다시 해방된 → 해방하다

(과거, 과거분사) | (현재분사)

532 **bound** | **boundary boundless** | **범위; 튀어오르다**

6/5 [báund] n, v

★★★★☆

출제확률 25.2%

Some chemicals are bound to remain on the surface of the peel.

일부 화학물질들이 껍질 표면 위에 남게 된다. ('07)

» bind(묶다)의 과거형이기도 하다. * boundless : 끝이 없는 * out of bounds : 제한 구역 밖으로

경계, 한계 | 무한한

533 **enhance** | **enhancing** | **강화하다, 올리다**

6/5 [inhǽns] v

★★★★☆

출제확률 25.2%

Activities like these also enhance the value of hard work.
또한 이러한 활동들은 고된 일의 가치를 높여준다. ('09)
» en(강조) + hance(= raise 올리다) → 올리다, 강화시키다

(현재분사)

534 **expense** | **ⓢ cost, expenditure, payment** | **지출, 비용**

6/5 [ikspéns] n

★★★★☆

출제확률 25.2%

You'll have to use your emergency fund to cover basic expenses such as food and transport. 당신은 비상금으로 음식비, 교통비와 같은 기본적인 지출에 사용하게 될 것이다. ('09)
» ex(밖으로) + pens(무게를 달다) → 옛날에는 지폐를 무게를 재서 사용했었다.

535 **rent** | **ⓢ lease, rental** | **임차료, 집세; 임대하다, 임차하다**

6/5 [rént] n, v

★★★★☆

출제확률 25.2%

I don't think we need to rent this video tape.
제 생각엔 저희는 이 비디오 테이프를 빌릴 필요가 없어요. ('07)
» 빌린 차를 '렌트카(rent car)'라고 한다.

536 **rid** | **해방하다, 면하게 하다**

6/5 [ríd] v

★★★★☆

출제확률 25.2%

Please get rid of your bad habit.
제발 당신의 나쁜 버릇을 버리세요. ('08)
» get rid of : ~을 처리하다, 없애다 * ride의 과거형

537 **appeal** | **appealed** | **호소; 호소하다, 간청하다**

6/5 [əpí:l] n, v

★★★★☆

출제확률 25.2%

The thought appealed to him.
그 생각은 그의 마음에 들었다. ('08)
» ap(~에 대해) + peal(누르다, 몰다) → 호소하다 * appeal to : ~의 마음에 들다

호소했다

538 **distinguish** | **distinguished distinguishing** | **구별하다**

6/5 [distíŋgwiʃ] v

★★★★☆

출제확률 25.2%

Distinguishing the original from the fake
가짜 중에서 원본을 구별하기 ('05)
» dis(분리) + stingue(찌르다) + sh → 찔러 구분함 * distinguish A from B : B로부터 A를 구분하다

저명한, 두드러진 | 특징적인, 특색있는

539 **technique** | **ⓢ method, means, approach** | **기술, 수법**

6/5 [tekní:k] n

★★★★☆

출제확률 25.2%

We are going to learn about the types of persuasive techniques in academic fields. 우리는 학문적 분야에서 설득하는 기술의 형태에 대해 배울 것이다. ('11)
» techn(기술) + (i)que(~것) → 기술

540 **chat** | **chatter chatting chatty** | **잡담; 잡담하다**

6/5 [tʃǽt] n, v

★★★★☆

출제확률 25.2%

When chatting with friends, some teenage girls are too expressive.
친구들과 잡담을 할 때면, 어떤 10대 소녀들은 너무 과도하게 표현을 한다. ('04)
» chatter(수다를 떨다) → chat + er(자주)

재잘거리다, 수다 | 채팅, 잡담 | 수다스러운

541 **spot** | **ⓢ speck, stain, mark** | **지점, 점**

6/5 [spát] n

★★★★☆

출제확률 25.2%

Moles are dark spots on human skin.
점은 사람 피부에 난 검은 얼룩이다. ('05)
» mole : 사마귀, 점 * on-the-spot : 현지[현장]의, 즉석의

542 **admit** [ædmít] v ★★★★☆ 출제확률 25.2% (6/5)

admitted admitting — **인정하다, 시인하다**

They admit it is extremely difficult.
그들은 그것이 정말 어렵다는 것을 인정했다. ('05)
» ad(~로) + mit(= send (들여)보내주다) → 허락하다

공인된 | 들임, 인정

543 **unknown** [ʌnnóun] a ★★★★☆ 출제확률 25.2% (6/5)

ⓢ unfamiliar, obscure, humble — **알려지지 않은**

It allowed them to gain access to the unknown world of communication between animals. 그것은 알려지지 않은 동물간의 의사소통 세계에 접근할 수 있도록 해 주었다. ('04)
» un(아닌) + known(알려진) → 알려지지 않은

544 **decade** [dékeid] n ★★★★☆ 출제확률 25.2% (6/5)

10년

The stars' light began traveling decades ago.
그 별들의 빛은 수 십년전에 이동을 시작했다. ('09)
» deca-는 10을 의미한다

545 **precious** [préʃəs] a ★★★★☆ 출제확률 25.2% (6/5)

ⓢ valuable, priceless — **귀중한**

She thinks that all life is precious and deserves a chance to live.
그녀는 모든 삶이 소중하고 살아갈 기회를 가질만한 자격이 있다고 생각한다. ('10)
» preci(= price 가치있는) + ous(형용사, ~는) → 가치 있는 → 귀중한

546 **category** [kǽtəgɔ:ri] n ★★★★☆ 출제확률 25.2% (6/5)

categorizing — **범주, 부문, 종류**

There are borderline cases that fit partly into one category and partly into another.
부분적으로 한쪽에 속해있지만 부분적으로 또 다른 범주에 속하는 이도저도 아닌 경우가 있다. ('02)
» cate(아래) + (g)ory(것) → 특정 주제 밑에 있는 것들 → 범주

(현재분사)

547 **cast** [kǽst] n, v ★★★★☆ 출제확률 25.2% (6/5)

ⓢ actor, character — **형(型), 주조, 배역; 던지다, 주조하다**

They said you're going to be cast for the lead role in that new drama.
그들은 당신이 새 드라마에서 주연을 맡을 것이라고 말했다. ('02)
» 뼈가 부러졌을 때 하는 깁스를 'cast'라 한다.

548 **absent** [ǽbsənt] a ★★★★☆ 출제확률 25.2% (6/5)

absence absently absent-mindedness — **결석한, 부재한**

I took a riverboat from my hometown after 20 years' absence.
나는 20년 만에 고향에 돌아와 강배를 탔다. ('04)
» ab(이탈, 모자란) + sent(= esse 존재하다) → 부재한

부재 | 넋을 잃고 | 얼빠진 상태

549 **whereas** [*h*wɛərǽz] conj ★★★★☆ 출제확률 25.2% (6/5)

ⓢ while on the other hand, since — **~임에 반하여**

A stone is not conscious of possibilities, whereas human beings are conscious.
돌은 가능성에 대해 자각하지 않는 반면 인간은 이를 자각한다. ('02)

550 **article** [ά:rtikl] n ★★★★☆ 출제확률 25.2% (6/5)

ⓢ essay, feature — **조항, 기사, 물품, 관사**

Soon she was writing newspaper articles.
곧 그녀는 신문 기사를 작성했다. ('04)
» arti(예술적인) + cle(것) → 심혈을 기울여 쓴 것 → 기사

551 **companion** Ⓢ partner, comrade, colleague 동료
6/5 [kəmpǽnjən] n
★★★★☆
출제확률 25.2%
Even if suffering is our only companion, soon enough we will become a butterfly. 비록 고통이 우리의 유일한 동료일지라도 우리는 곧 나비가 될 것이다. ('06)
» com(함께) + pan(빵) + ion(접미사) → 함께 빵을 먹는 사람 → 동료 * soon enough : 곧

552 **flat** Ⓢ even, horizontal, level 평평한, 단조로운
6/5 [flǽt] a
★★★★☆
출제확률 25.2%
Objects in paintings were flat and symbolic rather than real in appearance.
그림 속의 사물들은 사실적이기 보다는 단조롭고 상징적이었다. ('05)
» 변음, 낮은 음이라는 의미도 있다.(플랫)

553 **honor** honorable honored 명예, 영광
6/5 [ɑ́nər] n
★★★★☆
출제확률 25.2%
Go and enjoy the winner's honor.
가서 승리자의 영광을 누리세요. ('09)
» Medal of Honor : 명예훈장
명예로운, 영광스러운 | 명예로운

554 **mature** immature maturational maturity 성숙한; 성숙시키다
6/5 [mətjúər] v, a
★★★★☆
출제확률 25.2%
The mature man thinks that troubles belong only to the present.
그 성숙한 사람은 문제는 오직 현재에만 국한된다고 생각한다. ('05)
» belong to : ~에 속하다
미숙한 | 성숙의 | 성숙

555 **manufacture** manufactured manufacturer manufacturing 제품, 제조; 제조하다
6/5 [mæ̀njufǽktʃər] n, v
★★★★☆
출제확률 25.2%
It has competitiveness in small car manufacturing.
소형 차량 제조에 경쟁력이 있다. ('05)
» manu(= hand 손으로) + fact(= make 만들다) + ure(~것) → 손으로 만든 것 → 제품
제작된 | 제조사 | 제조업

556 **complain** complained complaining 불평하다
6/5 [kəmpléin] v
★★★★☆
출제확률 25.2%
Other shanties let sailors complain about their hard lives.
다른 뱃노래들은 선원들이 그들의 고된 삶을 불평하도록 하였다. ('03)
» com(함께) + plain(한탄하다, 푸념하다) → 불평하다
(과거, 과거분사) | (현재분사)

557 **address** addressed 인사말, 주소; 연설하다, 다루다
6/5 [ədrés] n, v
★★★★☆
출제확률 25.2%
These are basic questions that were addressed at the world meeting on the environment. 이것들은 세계 환경회의에서 다뤄진 기본적인 질문들이다. ('08)
» Ⓢ sermon, oration, lecture
주소가 적힌

558 **careless** carelessly 부주의한
6/5 [kɛ́ərlis] a
★★★★☆
출제확률 25.2%
The driver argued that the careless pedestrian was to blame for the accident.
운전자는 사고가 보행자의 부주의로 인해 발생하였다고 주장했다. ('97)
» care(주의, 걱정) + less(없는) → 부주의한
부주의하게

559 **former** Ⓢ prior, previous 형성자; 이전의, 전자(의)
5/5 [fɔ́:rmər] n, a
★★★★☆
출제확률 25.2%
Former US President Jimmy Carter has toured various countries since 1994.
전 미국 대통령 지미 카터는 1994년 이후로 다양한 국가를 여행했다. ('02)
» the former : 전자, 앞의 것

족집게 보카 TEST Day 14

1. 아래의 단어에 맞는 뜻을 골라 선으로 이어주세요.

단어	뜻
520 campaign	ⓐ 10년
535 rent	ⓑ (선거) 운동, 전쟁
547 cast	ⓒ 알려지지 않은
539 technique	ⓓ 양, 분량
530 identical	ⓔ 잡담; 잡담하다
522 permit	ⓕ 지출, 비용
533 enhance	ⓖ 기술, 수법
544 decade	ⓗ 허가하다
540 chat	ⓘ 강화하다, 올리다
523 quantity	ⓙ 형(型), 주조, 배역; 던지다, 주조하다
534 expense	ⓚ 임차료, 집세; 임대하다, 임차하다
543 unknown	ⓛ 결석한, 부재한
548 absent	ⓜ 똑같은, 동일한
531 release	ⓝ 방출, 해방; 해방하다, 발표(공개)하다

2. 아래 문장의 알맞은 뜻을 보기에서 고르세요.

a. The thought appealed to him. (　　)
b. This belief derives from a nineteenth-century understanding of emotions. (　　)
c. Police issue permits to qualified hunters. (　　)
d. I don't think we need to rent this video tape. (　　)
e. It allowed them to gain access to the unknown world of communication between animals. (　　)
f. There was a relevance to violence and war. (　　)
g. We are going to learn about the types of persuasive techniques in academic fields. (　　)

보 기

① 우리는 학문적 분야에서 설득하는 기술의 형태에 대해 배울 것이다.
② 전쟁과 폭력은 연관성이 있다.
③ 그 생각은 그의 마음에 들었다.
④ 경찰은 자격이 있는 사냥꾼들에게 허가를 내준다.
⑤ 그것은 알려지지 않은 동물간의 의사소통 세계에 접근할 수 있도록 해 주었다.
⑥ 제 생각엔 저희는 이 비디오 테이프를 빌릴 필요가 없어요.
⑦ 이러한 믿음은 19세기의 감정에 대한 이해에서 유래되었다.

정답: ③ ⑦ ④ ⑥ ⑤ ② ①

You can do it!

Yes, I can.

출제확률 100%에 도전하는 족집게 보카

3 Week

수능 영단어 50일(7주) 스피드 완성

이것이 바로 우선순위 영단어 족보다!

19년간 수능 기출 영단어 10만개를 모조리 통계내어 만든

족집게 보카 Day 15

560 **awful** [ɔ́:fəl] a, ad
5/5 ★★★★☆ 출제확률 25.2%

awfully — **끔찍한; 굉장히**

It's awful. They're starving.
끔찍하다. 그들은 굶주리고 있다. ('08)
» aw(오, 저런) + ful(가득한) → 불쾌한 감정이 가득한 → 끔찍한

무섭게, 대단히

561 **mix** [míks] n, v
5/5 ★★★★☆ 출제확률 25.2%

mixed mixture — **혼합(물); 섞다**

As everybody knows, oill will not mix with water.
모두가 알다시피 물과 기름은 섞이지 않는다.
» mix with : ~와 섞이다

혼합한 | 혼합[물]

562 **official** [əfíʃəl] n, a
5/5 ★★★★☆ 출제확률 25.2%

ⓢ **formal, bureaucratic** — **공무원; 공식의, 공무상의**

London city officials wanted to build a new bridge.
런던 시 공직자들은 새로운 다리 건설을 원했다. ('07)
» office(공식의) + ial(~인) → 공식적인

563 **hire** [hàiər] v
5/5 ★★★★☆ 출제확률 25.2%

hired hiring — **고용하다, 빌리다**

Our new owner deserves a lot of the credit for hiring a great coach.
우리의 새 구단주가 훌륭한 감독을 고용한 점은 높이 평가받을만 합니다. ('06)
» payment for work(임금)이라는 의미에서 유래되었다.

고용된 | 고용, 임대차

564 **minor** [máinər] n
5/5 ★★★★☆ 출제확률 25.2%

minority — **미성년자, 부전공학생**

RPC helped secure professional positions for minorities in a number of different fields. RPC는 다양한 분야에서 소수민족의 전문직을 보호하는데 도움을 주었다. ('09)
» minor(낮은, 소수) ↔ major(높은, 중요한)

소수

565 **smooth** [smú:ð] a
5/5 ★★★★☆ 출제확률 25.2%

smoothly — **매끄러운**

Smooth sailing after the storm, the aircar arrived at the orbit of the Island of Paradise. 폭풍 후 순조롭게 항해하여, aircar는 파라다이스 섬 주변에 도착했다. ('08)
» arrive at : ~에 도착하다, ~에 이르다

부드럽게, 순조롭게

566 **ashamed** [əʃéimd] a
5/5 ★★★★☆ 출제확률 25.2%

ⓢ **distressed, embarrassed** — **부끄러운, 수치스러운**

I felt ashamed for not having visited him for the last five years.
나는 지난 5년간 그 분을 찾아뵙지 못해 부끄러웠다. ('03)
» a(강조) + shamed(부끄러운) → 부끄러운

567 **recall** Ⓢ **remember, evoke** **소환; 상기하다, 소환하다**

5/5 [rikɔ́:l] n, v

★★★★☆

출제확률 25.2%

As an adult, the artist visited Japan, where, he recalls, food was almost too beautiful.
그 예술가는 어른이 되어 그의 기억에 음식이 너무나도 아름다웠던 일본을 방문했다. ('05)
» re(다시) + call(부르다) → 소환하다

568 **ethnic** Ⓢ **native, indigenous, cultural** **민족의, 인종의**

5/5 [éθnik] a

★★★★☆

출제확률 25.2%

Meanwhile, the US seeks to eliminate these same skills among ethnic minorities.
그러는 동안 미국은 소수민족 간의 이러한 동일 기술을 제거할 수 있는 방안을 모색한다. ('06)
» ethic(윤리)에 국가를 뜻하는 nation의 n이 단어 중간에 있다.

569 **genuine** **genuinely** **진짜의, 순수한**

5/5 [dʒénjuin] a

★★★★☆

출제확률 25.2%

Where there is genuine interest, one may work diligently without even realizing it. 진짜 관심이 있으면 자신이 근면히 일하고 있다는 사실조차 알지 못할 것이다. ('05)
» gen(= birth) + u + ine(의) → 순종의, 진짜의

진정으로

570 **sweep** **sweeping swept** **청소; 휩쓸다, 쓸다, 청소하다**

5/5 [swí:p] n, v

★★★★☆

출제확률 25.2%

But the sweeping beautiful view made the hard climb worthwhile.
그러나 탁 트인 경관을 보니 힘든 등반을 한 것이 가치가 있게 되었다. ('01)
» whip(채찍질 하다)에서 유래되었다. '빗자루를 아래 위로 움직여 청소하다'는 의미.

광범위한, 전면적인 | (과거, 과거분사)

571 **crash** **crashing** **충돌, 추락; 추락하다**

5/5 [kræʃ] n, v

★★★★☆

출제확률 25.2%

A survey is conducted just after a plane crash.
비행기 추락이 있은 뒤 조사가 실시되었다. ('10)
» crack(금이 가다)에서 파생되었다.

완전한, 예외적인, 놀랄 만한

572 **oxygen** **산소**

5/5 [ɑ́ksidʒən] n

★★★★☆

출제확률 25.2%

The electric engine resolves water into oxygen and hydrogen.
그 전기엔진은 물을 산소와 수소로 분해한다.
» resolve into : ~으로 분해하다

573 **deserve** Ⓢ **merit, be worthy of** **받을 가치가 있다, ~할 만하다**

5/5 [dizə́:rv] v

★★★★☆

출제확률 25.2%

They deserve your attention and care, even if all you do is smile and say hello.
당신은 그들에게 하는 것은 웃으며 인사하는 것뿐이지만, 그들은 주목받고 보호받을 자격이 있다. ('03)
» de(강조) + serve(지키다, 섬기다) → 섬기는 사람은 ~를 받을 가치가 있다

574 **root** **rooted** **뿌리; 뿌리박다, 정착하다**

5/5 [rú:t] n, v

★★★★☆

출제확률 25.2%

Doctors should identify root causes of disease to come up with a personalized treatment. 의사들은 개인 맞춤형 치료를 하기 위해서는 병의 근본 원인을 규명해야 한다. ('10)
» come up with : ~을 생산하다, 찾아내다, 제시하다

~에 뿌리를 둔

575 **manner** Ⓢ **politeness, etiquette** **방법, 방식, 매너**

5/5 [mǽnər] n

★★★★☆

출제확률 25.2%

Today introductions are made in an unclear manner.
오늘날의 소개는 불명확한 방식으로 이뤄지고 있다. ('01)
» man(손) + er(~것) → ~을 다루는 것, 태도

576 **impact** ⓢ **collision, crash, bump** **영향, 충돌, 충격; 영향(충격)을 주다**
5/5 [ímpækt] n, v
★★★★☆
출제확률 25.2%

Western economies during the 20th century had a significant impact.
서구 경제는 20세기에 큰 충격을 받았다. ('07)
» im(안으로, 강조) + pact(묶다) → 세게 묶으니 안에 영향을 준다

577 **disaster** **disastrous disastrously** **재해, 불행**
5/5 [dizǽstər] n
★★★★☆
출제확률 25.2%

Any contact between humans and rare plants can be disastrous for the plants.
인간과 희귀 식물간의 접촉은 그 식물에게 재앙이 될 수 있다. ('08)
» dis(따로) + aster(별) → 별이 떨어질 때 큰 재앙이 있다고 믿었다
비참한 | 비참하게

578 **envy** **envious** **시기, 부러움; 부러워하다**
5/5 [énvi] n, v
★★★★☆
출제확률 25.2%

I was very surprised and envious.
나는 매우 놀랐고 부러웠다. ('07)
» en(= upon 위를) + vy(보다) → 올려다 보다 * envious가 심경을 묻는 질문의 보기로 자주 등장.
부러워하는, 시기심이 강한

579 **doubt** **undoubtedly** **의심, 의혹; 의심하다**
5/5 [dáut] n, v
★★★★☆
출제확률 25.2%

Peter doubts if he can do his duties.
Peter는 그가 임무를 수행할 수 있을지 의심스러웠다. ('08)
» dou(둘) + bt → 2가지의 마음(생각)을 갖다 → 의심하다
의심할 여지없이

580 **mood** ⓢ **spirit, temper** **기분, 마음가짐**
5/5 [mú:d] n
★★★★☆
출제확률 25.2%

The mood and setting that will make it seem most attractive
그것을 가장 매력있게 보이게 할 분위기와 환경 ('00)

581 **prior** **priority** **이전의, 앞의**
5/5 [práiər] a
★★★★☆
출제확률 25.2%

I think you need to get your priorities straight.
내 생각엔 당신은 최우선 순위를 곧장 정해야 한다. ('06)
» pri(= first 처음) + or → 처음의 → 먼저의, 처음의 * priority : 최우선 * prior to : ~이전에
우선권, 우선

582 **aim** **aimed** **목적, 표적; 겨누다, ~하려고 애쓰다**
5/5 [éim] n, v
★★★★☆
출제확률 25.2%

In sum, classical music and jazz both aim to provide a depth of expression and detail. 요약하면, 클래식 음악과 재즈는 둘다 깊은 표현과 섬세함을 나타내려고 한다. ('07)
» aim higher : 목표를 더 높게 세워라
겨냥한

583 **ma'am** **아주머니, 마님, 부인**
5/5 [mǽm] n
★★★★☆
출제확률 25.2%

How may I help you, ma'am?
부인, 무엇을 도와드릴까요? ('07)
» 남성에 대한 존칭은 sir, 여성은 ma'am이다.

584 **pure** **impure purely purity** **순수한**
5/5 [pjúər] a
★★★★☆
출제확률 25.2%

Shoes have not always served such a purely functional purpose.
신발이 순수하게 기능적인 목적으로만 사용되는 것은 아니다. ('07)
» pur(깨끗하게 하다)에서 파생되었다.
불결한, 순결하지 않은 | 순전히, 전적으로 | 순수성, 순도

585 **lifetime** ⓢ span, time **일생, 수명, 평생; 일생의**

5/5 [láiftàim] n, a

★★★★☆

출제확률 25.2%

We simply do not have the technology to travel to the nearest star in a human lifetime. 우리는 일생 동안에 가장 가까이 있는 별에도 여행을 할 수 있는 기술이 없다. ('02)

» life(인생, 삶) + time(시간, 기간) → 일생, 평생

---

586 **apologize** **apologizing** **사죄하다**

5/5 [əpálədʒàiz] v

★★★★☆

출제확률 25.2%

You don't have to apologize.
사과할 필요는 없다. ('05)

» apology(사과) + ize(~하다) → 사과하다

(현재분사)

---

587 **remark** **remarkable remarked** **주목; 말하다, 주목하다**

5/5 [rimá:rk] n, v

★★★★☆

출제확률 25.2%

We congratulate you on your remarkable achievements in college.
우리는 당신이 대학에서 이룩한 대단한 업적을 축하한다. ('03)

» re(다시, 강조) + mark(표시) → 다시 표시함 → 주목 * remarkable : 주목할 만한, 대단한

놀랄 만한, 놀라운 | (과거, 과거분사)

---

588 **severe** **severely** **심각한, 엄격한, 격렬한**

5/5 [səvíər] a

★★★★☆

출제확률 25.1%

Recently, a severe disease hit Asian nations hard, causing several hundred deaths.
최근 심각한 전염병이 아시아 국가를 강타하여 수백명의 사망자가 발생했다. ('04)

심하게, 엄하게

---

589 **analyze** **analysis analyst analyzing** **분석하다**

15/4 [ǽnəlàiz] v

★★★☆☆

출제확률 20.3%

Use your experience to analyze the situation.
그 상황을 분석하는데 당신의 경험을 활용하라. ('06)

» ana(~의 구석구석까지) + lyze(느슨하게 하다) → 구석까지 풀어내다 → 분석하다

분석 | 분석가 | 분석

---

590 **evident** **evidence** **명백한**

13/4 [évədənt] a

★★★☆☆

출제확률 20.3%

It's evident that it is often the highly superior child who invents these creatures.
종종 이러한 작품들을 발명하는 어린이들은 매우 뛰어나다는 것이 명백하다. ('10)

» e(밖으로) + vid(보이는) + ent(~한) → 밖에서 보이니 명백한

증거

---

591 **install** **installation installed installer installing** **설치하다**

13/4 [instɔ́:l] v

★★★☆☆

출제확률 20.3%

My sister wants me to install an ad blocking program
내 여동생은 내가 광고를 막는 프로그램을 설치해주길 원한다. ('11)

» installment plan : 할부판매

(장비, 프로그램의) 설치 | (과거, 과거분사) | 설치하는 사람 | (현재분사)

---

592 **export** **exported** **수출(품); 수출하다**

13/4 [ikspɔ́:rt] n, v

★★★☆☆

출제확률 20.2%

The number of exported cars has steadily increased since 1997.
1997년 이후로 차량 수출이 지속적으로 증가했다. ('03)

» ex(밖) + port(= carry 나르다) → (우리나라) 밖으로 나르다 → 수출하다

(과거, 과거분사)

---

593 **document** **documentary documented** **문서(로 입증하다), 기록**

11/4 [dákjumənt] n

★★★☆☆

출제확률 20.2%

Can you make one copy of this document?
이 문서를 한 부 복사해주실 수 있겠습니까? ('07)

» docu(가르치다) + ment(~것) → 가르치는 것(문서는 사건의 일말을 가르쳐준다)

다큐멘터리, 기록물, 서류로 이뤄진 | (과거, 과거분사)

594 **professor** ⓢ prof 교수
11/4 [prəfésər] n
★★★☆☆
출제확률 20.3%
Our nursing professor gave us a quiz.
간호학 교수가 우리에게 퀴즈를 냈다. ('03)
» pro(앞서) + fess(주장하다, 말하다) + or(사람) → 남들보다 앞서 나가 말하는 사람 → 교수

595 **reality** ⓢ validity, truth, realism 현실, 진실(성)
10/4 [riǽləti] n
★★★☆☆
출제확률 20.3%
Children aged 2 through 6 show anxiety about things not based in reality such as ghosts. 2살에서 6살난 아이들은 유령과 같이 실존하지 않는 것에 대해 걱정한다. ('02)
» real(현실의) + ty(~것) → 현실 * anxiety about : ~에 대해 걱정하다

596 **intense** intensify intensity intensive 격렬한, 심한(빛, 온도 등이)
10/4 [inténs] a
★★★☆☆
출제확률 20.3%
That measures the intensity of the observed light.
저것은 관찰된 빛의 세기를 측정한다. ('10)
» in(안으로) + tense(긴장시키다) → 안으로 집중시킴 → 격렬한
강화하다 | 강렬함, (빛 등의)강도 | 집중적인

597 **assignment** assigned ⓢ task, job, duty 숙제, 임무, 할당
10/4 [əsáinmənt] n
★★★☆☆
출제확률 20.3%
Later that evening, he was doing the assignment when his father came in.
그날밤 늦게 그의 아버지가 들어오셨을 때 그는 과제를 하고 있었다. ('10)
» assign(할당하다) + ment(~것) → 할당, 임무, 숙제
할당된

598 **isolation** isolate 격리, 고립, 고독
10/4 [àisəléiʃən] n
★★★☆☆
출제확률 20.3%
One of the toughest parts of isolation is a lack of an expressive exit.
고독의 가장 어려운 부분은 감정을 표출할 수 있는 곳이 부족하다는 것이다. ('08)
» isol(혼자) + lat(~하게 하다) + ion(~것) → 홀로 있게 함 * isolation figure bump : 두상, 융기, 혹
격리하다, 고립시키다

599 **neat** neatly 가지런한, 산뜻한
10/4 [ní:t] a
★★★☆☆
출제확률 20.3%
There, placed neatly beside the empty dish, were fifteen pennies.
빈 접시 옆에 15페니가 가지런히 놓여 있었다. ('08)
» ⓢ organized, simple, trim
깔끔하게

600 **transmit** transmitted transmitting 보내다, 전송하다, 전도하다(빛, 소리)
9/4 [trænsmít] v
★★★☆☆
출제확률 20.3%
Electric bulbs transmit light but keep out the oxygen.
전구는 빛을 발산하지만 산소의 유입은 막는다. ('08)
» trans(~를 넘어) + mit(= send 보내다) → ~를 넘어 보내다 → 전송하다, 보내다
(과거, 과거분사) | 송신하는, 전도하는

601 **monitor** monitoring 모니터; 감시하다
9/4 [mánətər] n, v
★★★☆☆
출제확률 20.2%
Well done! I'll buy you another monitor after work.
잘했다! 일 끝나고 내가 모니터를 당신에게 사주겠다. ('10)
» moneo(경고하다)에서 파생했다. 잘못이 확인되면 이를 경고하고 충고하는 사람을 의미한다.
감시, 관찰

602 **muscle** ⓢ strength, stamina, might 근육; 힘으로 밀고 나아가다
8/4 [mʌ́sl] n, v
★★★☆☆
출제확률 20.2%
Floppy Barrow builds upper body muscles a lot.
Floppy Barrow 씨는 상체 근육을 많이 키운다. ('07)
» mus(= mouse 쥐) + cle(작은) → 작은 쥐 → 근육

족집게 보카 TEST Day 15

1. 아래의 단어에 맞는 뜻을 골라 선으로 이어주세요.

563 hire	ⓐ 진짜의, 순수한
587 remark	ⓑ 고용하다, 빌리다
590 evident	ⓒ 일생, 수명, 평생; 일생의
586 apologize	ⓓ 부끄러운, 수치스러운
585 lifetime	ⓔ 명백한
581 prior	ⓕ 재해, 불행
576 impact	ⓖ 이전의, 앞의
574 root	ⓗ 아주머니, 마님, 부인
583 ma'am	ⓘ 영향, 충돌, 충격; 영향(충격)을 주다
569 genuine	ⓙ 미성년자, 부전공학생
577 disaster	ⓚ 주목; 말하다, 주목하다
564 minor	ⓛ 의심, 의혹; 의심하다
579 doubt	ⓜ 뿌리; 뿌리박다, 정착하다
566 ashamed	ⓝ 사죄하다

2. 아래 문장의 알맞은 뜻을 보기에서 고르세요.

a. Our new owner deserves a lot of the credit for hiring a great coach. (　　)
b. It's awful. They're starving. (　　)
c. Recently, a severe disease hit Asian nations hard, causing several hundred deaths. (　　)
d. I think you need to get your priorities straight. (　　)
e. My sister want me to install an ad blocking program (　　)
f. The number of exported cars has steadily increased since 1997. (　　)
g. Peter doubts if he can do his duties. (　　)

보 기

① 내 여동생은 내가 광고를 막는 프로그램을 설치해주길 원한다.
② 끔찍하다. 그들은 굶주리고 있다.
③ 우리의 새 구단주가 훌륭한 감독을 고용한 점은 높이 평가받을만 합니다.
④ 1997년 이후로 차량 수출이 지속적으로 증가했다.
⑤ 내 생각엔 당신은 최우선 순위를 곧장 정해야 한다.
⑥ 최근 심각한 전염병이 아시아 국가를 강타하여 수백명의 사망자가 발생했다.
⑦ Peter는 그가 임무를 수행할 수 있을지 의심스러웠다.

정답: ③ ② ⑥ ⑤ ① ④ ⑦

족집게 보카 Day 16

603 **perception** 8/4 [pərsépʃən] n ★★★☆☆ 출제확률 20.2%	**misperception perceptual** Face perception seems to work the same way. 얼굴 인식도 동일한 방식으로 작용할 것으로 보인다. ('08) » per(완전히) + cept(= take 취하다) + ion(~것) → 완전히 알게 된 것 오해, 오인 | 지각(력)의	**지각, 인식**
604 **neutral** 8/4 [njú:trəl] a ★★★☆☆ 출제확률 20.2%	**neutrality** So we tend to think of them as neutral objects. 그래서 우리는 그것들을 중립적인 사물로 생각하려는 경향이 있다. ('09) » ne(= deny 거부하다) + utr(= either 이도저도) + al(~한) → 이도저도 거부하는 → 중립의 중립	**중립의**
605 **numeral** 8/4 [njú:mərəl] n, a ★★★☆☆ 출제확률 20.2%	**numerical numerous** They are also composed of numerous unique individuals and communities. 또한 그것들은 다양하고 특별한 개인들과 사회로 구성되어 있다. ('06) » numer(= number) + al(접미사) → 숫자의 수의, 수적인 | 다수의, 많은	**수, 숫자; 수의**
606 **unique** 8/4 [ju:ní:k] a ★★★☆☆ 출제확률 20.2%	**uniqueness** Introduction of unique products alone does not guarantee market success. 독특한 상품을 출시한다고 시장에서의 성공을 보장하는 것은 아니다. ('06) » uni(하나의, 단일의) + que(요구하다) → 단 하나의 것 → 유일의, 독특한 독특성	**독특한, 유일의**
607 **element** 8/4 [éləmənt] n ★★★☆☆ 출제확률 20.2%	**ⓢ factor, component, unit** The elements of nature are continually changing. 자연의 구성물은 계속해서 변한다. ('04)	**요소, 원소**
608 **grocery** 8/4 [gróusəri] n ★★★☆☆ 출제확률 20.2%	Can you go to the grocery store and get some onions for me? 식료품점에 가서 양파 좀 사다줄 수 있겠니? ('06) » gorc(= gross 대량) + ery(~것) → 대량 → (대량으로 사고 파는) 식료품류	**식료품류**
609 **exhibit** 8/4 [igzíbit] n, v ★★★☆☆ 출제확률 20.2%	**exhibition** They do not exhibit most of the other characteristics of life. 그들은 삶의 다른 대부분의 특징들을 보여주지 않는다. ('02) » ex(밖으로) + hibit(= have 가진 것) → 가진 것을 밖으로 내보임 전시, 전시회	**전시; 보이다, 전시하다**

610 **pound** Ⓢ **strike, beat, thump** **(무게, 화폐 단위) 파운드; 두드리다**

8/4 [páund] n, v

★★★☆☆

출제확률 20.2%

It was over six feet long and weighed more than 200 pounds.
길이 6피트에 무게가 200파운드 이상이었다. ('06)
» pond(= weigh 무게)에서 유래되었다.

611 **interrupt** **interrupting interruption uninterrupted** **방해하다**

8/4 [ìntərʌ́pt] v

★★★☆☆

출제확률 20.2%

This becomes an interruption because the audience is not fully focusing on the speech. 청중이 연설에 완전히 집중할 수 없기 때문에 이것은 방해가 된다. ('03)
» inter(사이) + rupt(= break 중단하다) → 가로막다

(과거, 과거분사) | 방해함, 중단 | 연속된, 중단되지 않는

612 **branch** Ⓢ **bough, limb, offshoot** **(나뭇) 가지, 지점**

8/4 [brǽntʃ] n

★★★☆☆

출제확률 20.2%

Without losing a branch
나뭇가지 하나 부러지지 않은 채 ('09)
» 지점이 나뭇가지처럼 생긴다고 해서 branch(나뭇가지)를 '지점'이라는 의미로 사용한다.

613 **evolve** **evolution evolved evolving** **진화하다**

8/4 [ivάlv] v

★★★☆☆

출제확률 20.2%

These labels represented a biologically less evolved form of humanity.
이러한 꼬리표는 생물학적으로 덜 진화된 형태의 인류를 의미했다. ('08)
» e(밖) + volve(돌다) → 외부가 변형된다는 의미 → 진화하다

진화, 발달 | (과거, 과거분사) | 발전하는, 서서히 전개되는

614 **correspond** **correspondence correspondingly** **일치하다, 편지를 주고 받다**

7/4 [kɔːrəspάnd] v

★★★☆☆

출제확률 20.2%

No longer feel uncomfortable as a result of our correspondence.
우리의 의견 일치로 인해 더 이상 불편함을 느끼지 않는다. ('10)
» cor(함께) + respond(응답하다) → 일치하다

일치, 관련성 | 상응하게

615 **bond** Ⓢ **union, tie, association** **유대, 결합, 채권; 접착하다**

7/4 [bάnd] n, v

★★★☆☆

출제확률 20.2%

Consider the following implication involving the role of social bonds and affection. 다음에 나오는 사회적 유대와 그 애정에 관련하여 의미하는 바를 생각해 보라. ('09)
» bond는 bind(묶다)에서 유래했다.

616 **budget** **budgeted** **예산(안)**

7/4 [bʌ́dʒit] n

★★★☆☆

출제확률 20.2%

Plan your budget in advance to give yourself time to research the costs fully.
그 비용을 모두 조사하기에 앞서 당신의 예산을 미리 계획하라. ('09)
» a low-budget film : 저예산 영화

(과거, 과거분사)

617 **distinct** **distinctive** **명백한, 명확한**

7/4 [distíŋkt] a

★★★☆☆

출제확률 20.2%

The behavior found in native cultures was not the distinctive feature.
원주민 문화에서 발견된 행동양식은 (그들만의) 독특한 특성이 아니었다. ('08)
» dis(아닌) + tin(= hold 붙다) → 홀로 떨어져 있어 구분이 명확한

특유의

618 **competent** **competence** Ⓢ **qualified, suitable, skilled** **유능한, 능력이 있는**

7/4 [kάmpətənt] a

★★★☆☆

출제확률 20.2%

We shouldn't choose a purely competent person without interest.
우리는 유능하기만하고 열정이 없는 사람은 선택해선 안된다. ('96)
» compete(경쟁하다) + ent(~한) → 경쟁할 만한 → 능력있는

능력

619 **passion** | **passionate** | **열정, 울화, 흥분**

7/4 [pǽʃən] n

★★★☆☆

출제확률 20.2%

Little did he know that he was fueling his son with a passion that would last for a li
그는 아들에게 불어넣어 준 열정이 평생 동안 지속될 줄은 전혀 몰랐다. ('07)
» pass(괴로워하는) + ion(~것) → 괴로워하는 것 → 열정

열정적인

620 **salary** | **ⓢ wage, pay, income** | **봉급, 급료**

7/4 [sǽləri] n

★★★☆☆

출제확률 20.2%

Success, which generally means promotion or an increase in salary.
성공은 보통 승진이나 봉급인상을 의미한다. ('05)
» sal(소금) + ary(~것) → 로마 시대에 병사들에게 소금을 살 돈을 지급한 것에서 유래 되었다.

621 **mate** | **roommate** | **상대, 배우자, 친구**

7/4 [méit] n

★★★☆☆

출제확률 20.2%

Simmons became convinced that this competition for mates was what drove the evolution. 시몬스는 짝을 서로 차지하려는 경쟁이 진화를 이끌었다고 확신하게 되었다. ('06)
» ⓢ companion, associate, partner

동거인, 룸 메이트

622 **insect** | **ⓢ bug** | **곤충**

7/4 [ínsekt] n

★★★☆☆

출제확률 20.2%

Aroma attracts certain insects.
아로마는 특정 벌레들을 유혹한다. ('09)
» in(안으로) + sect(자르다) → 마디가 잘려 있는 것은 곤충이다

623 **freeze** | **freezer freezing** | **동결; 얼다, 얼게 하다**

7/4 [frí:z] n, v

★★★☆☆

출제확률 20.2%

It felt nice and cool, not as freezing as when she had first stepped into it.
그녀가 처음 들어왔을 때처럼 차갑지 않고, 좋고 멋졌다. ('11)
» ⓢ solidify, stiffen, suspend

냉동 장치 | 어는, 몹시 추운

624 **ordinary** | **ordinarily** | **보통의, 평범한**

7/4 [ɔ́:rdənèri] a

★★★☆☆

출제확률 20.2%

One of them ordinarily making an offer and another accepting.
보통 그들 중 한명이 제안을 하고 상대방이 이를 받아들인다. ('10)
» ordin(= order 순서 대로의) + ary(~의) → 통상적인, 보통의

보통 때는, 정상적으로

625 **facility** | **ⓢ equipment, means** | **설비, 시설, 쉬움, 용이함**

7/4 [fəsíləti] n

★★★☆☆

출제확률 20.2%

We hope you make good use of this new facility.
우리는 당신이 이 새로운 시설을 잘 사용하기 바란다. ('10)
» facile(손쉬운) + ity(~것) → 용이함 → 시설(편리를 위해 만든 것)

626 **tear** | **ⓢ split, rip** | **눈물; 찢다, 찢어지다**

7/4 [tíər] n, v

★★★☆☆

출제확률 20.2%

You need to tear the envelope to open it.
봉투를 개봉하려면 찢어야 한다.
» burst into tears : 울음을 터트리다

627 **perceive** | **perceived perceiving** | **감지(인지)하다**

7/4 [pərsí:v] v

★★★☆☆

출제확률 20.2%

What we perceive as color is not made up of color.
우리가 색이라고 인지하는 것은 색으로 만들어지지 않았다. ('08)
» per(완전히, 철저히) + ceive(= take 취하다) → 완전히 파악하다 → 인지하다

(과거, 과거분사) | (현재분사)

628 **horizon**
7/4 [həráizn] n
★★★☆☆
출제확률 20.2%

horizontal — 지평(수평)선

To me, horizontal bars are not comfortable to look at.
저에게는 수평 막대들이 보기에 불편합니다. ('09)
» (h)ori(= rise (해가) 떠오르는) + zon(e)(지역) → 지평선, 수평선

수평의

629 **direction**
7/4 [dirékʃən] n
★★★☆☆
출제확률 20.2%

ⓢ **instruction, regulation** — 방향, 지침, 지시

A car coming from the other direction
반대 쪽에서 오는 차 ('01)
» direct(직접적인, 방향의) + ion(~것) → 방향

630 **extend**
7/4 [iksténd] v
★★★☆☆
출제확률 20.2%

extension — 넓히다, 뻗치다, ~에 이르다

On behalf of the school, I would like to extend our invitation to you and your family
학교를 대신하여 나는 당신과 당신의 가족까지 초대하려고 한다. ('08)
» ex(밖으로) + tend(늘이다) → 밖으로 넓히다

확대, 연장, 내선

631 **court**
7/4 [kɔ́:rt] n
★★★☆☆
출제확률 20.2%

ⓢ **law court, bar** — 법정, 법원, 경기장

Are you mad about the shouting from the tennis courts?
당신은 테니스 경기장에서 들리는 고함 소리 때문에 화가 나셨나요? ('01)
» cour(심장) + t → 심장이 뛰는 곳 → 법정, 경기장

632 **ethical**
7/4 [éθikəl] a
★★★☆☆
출제확률 20.2%

ethically ethics — 도덕상의, 윤리적인

We hope they'll learn to behave morally and ethically.
우리는 그들이 도덕적이고 윤리적으로 행동하는 법을 배우길 희망한다. ('07)
» ethic(도덕, 윤리) + al(형접) → 도덕적인, 윤리적인

윤리적으로 | 윤리, 윤리학

633 **elementary**
7/4 [èləméntəri] a
★★★☆☆
출제확률 20.2%

ⓢ **rudimentary, plain, uncomplicated** — 초보의, 기본이 되는

He told me that I looked like I was in elementary school.
그는 내가 마치 초등학생 처럼 보인다고 말했다. ('05)
» element는 '원소(모든 것의 기초)'라는 뜻이다.

634 **president**
7/4 [prézədənt] n
★★★☆☆
출제확률 20.1%

presidency — 대통령, 회장, 사장

Jeffrey Newell, president of Hartley Hotels, will come this week.
Hartly 호텔 회장인 Jeffrey Newell 씨가 이번 주에 내방할 것이다. ('00)
» preside(통솔하다) + ent(사람) → 통솔자

대통령 직[임기], 회장 직

635 **decline**
6/4 [dikláin] n, v
★★★☆☆
출제확률 20.2%

declined declining — 경사; 기울다, 쇠퇴하다, 거절하다

Total output declined from the 1960-1969 period to the 1980-1989 period.
총 생산량은 1960-1969 기간부터 1980-1989 기간까지 감소했다. ('10)
» de(아래로) + cline(구부리다) → 아래로 구부리니 기울다

(과거, 과거분사) | 기우는, 쇠퇴하는

636 **dense**
6/4 [déns] a
★★★☆☆
출제확률 20.2%

densely density — 짙은, 빽빽한

No longer were the shores densely wooded, nor could I see any wildlife anywhere.
그 해안가는 더 이상 나무로 우거지지 않았으며 어디서도 야생 동물을 찾아볼 수 없었다. ('04)
» densely wooded : 나무로 빽빽하게 우거진 * no longer : 더 이상 ~하지 않다

짙게, 빽빽이 | 밀도

637 **gain** **gained** ⓢ **acquire, secure, obtain** **~을 얻다, 이기다**
6/4 [géin] v
★★★☆☆
출제확률 20.2%
They depend on their music scores to gain popularity.
그들은 인기를 얻기 위해 그 음악 점수에 매달린다. ('07)
» get(얻다)에서 파생되었다.
(과거, 과거분사)

638 **cooperate** **cooperation** **협력하다, 협동하다**
6/4 [kouápərèit] v
★★★☆☆
출제확률 20.2%
I really appreciate your cooperation.
여러분의 협조에 진심으로 감사드립니다. ('05)
» co(함께) + operate(움직이다, 운영하다) → 협동하다
협력, 협동

639 **discipline** **disciplined** **self-disciplined** **훈련, 훈육, 규율**
6/4 [dísəplin] n
★★★☆☆
출제확률 20.2%
This is similar to people getting wiser and more disciplined by overcoming the difficulties.
이것은 사람들이 어려움을 극복하면서 더욱 현명해지고 단련되는 것과 비슷하다. ('04)
» dis(강조) + cip(= take) + line(혈통) → 혈통을 강하게 따르는 것 → 규율
훈련받은 | 자기 훈련의, 수양의

640 **function** **functional** **기능, 역할; 작용하다**
6/4 [fʌ́ŋkʃən] n, v
★★★☆☆
출제확률 20.2%
A designer of door handles might not worry about communicating their functions. 문 손잡이 디자이너는 그 기능에 대해 의논하는 것을 걱정하지 않을 것이다. ('09)
» 접미사가 '-tion'으로 끝나지만 동사역할도 함에 유의하자.
기능의, 직무상의

641 **elevate** **elevation** **elevator** **올리다, 높이다**
6/4 [éləvèit] v
★★★☆☆
출제확률 20.2%
It's situated at an elevation of 1,350m.
그것은 해발 1,350m에 위치해 있다. ('05)
» e(강조, 밖으로) + lev(= raise 오르다) + ate(~하다) → 오르다
높이, 고도 | 엘리베이터

642 **nutritious** **malnutrition** **nutrient** **nutrition** **nutritional** **영양이 많은**
6/4 [njutríʃəs] a
★★★☆☆
출제확률 20.2%
I understand that it has some nutritious value and contains dietary fiber.
나는 그것이 영양적으로 가치가 좀 있다는 것과 식이 섬유를 함유하고 있다는 것을 알고 있다. ('07)
» nutri(영양분을 주다) + (ti)ous(~는) → 영양을 주는 → 영양이 많은 * dietary fiber : 식이성 섬유
영양실조 | 영양분; 영양이 되는 | 영양 | 영양상의

643 **refer** **reference** **referred** **언급하다, 참조하다**
6/4 [rifə́:r] v
★★★☆☆
출제확률 20.2%
This feeling is often referred to as "parental love".
이 감정(느낌)은 종종 "어버이의 사랑"이라고 불리었다. ('01)
» re(다시) + fer(= carry 나르다) → 이미 있는 것을 보고 다시 옮김 → 참조하다
문의, 조회, 참조 | (과거, 과거분사)

644 **preserve** **preserved** **보존 식품; 유지하다, 보존하다**
6/4 [prizə́:rv] n, v
★★★☆☆
출제확률 20.2%
It's the first preserved example of Greek alphabetic writing.
그것은 최초로 보존된 그리스 문자의 글쓰기 표본이다. ('06)
» pre(미리) + serve(= keep 보관하다, 지키다) → 미리 지켜놓으니 '보존하다'
보존된

645 **appropriate** **appropriately** **충당하다, 사용하다; 적당한, 적절한**
6/4 [əpróuprièit] v, a
★★★☆☆
출제확률 20.2%
Place them in appropriate and useful positions.
저것들을 적절하고 유용한 장소에 놓으세요. ('10)
» ap(~에 대해) + propri(= own 소유한) + ate(하다) → 횡령하다
적당하게

족집게 보카 TEST Day 16

1. 아래의 단어에 맞는 뜻을 골라 선으로 이어주세요.

623 freeze	ⓐ 명백한, 명확한
620 salary	ⓑ 동결; 얼다, 얼게 하다
622 insect	ⓒ (나뭇) 가지, 지점
625 facility	ⓓ 열정, 울화, 흥분
616 budget	ⓔ 봉급, 급료
609 exhibit	ⓕ 지각, 인식
628 horizon	ⓖ 설비, 시설, 쉬움, 용이함
631 court	ⓗ 대통령, 회장, 사장
634 president	ⓘ 지평(수평)선
619 passion	ⓙ 곤충
603 perception	ⓚ 법정, 법원, 경기장
612 branch	ⓛ 유대, 결합, 채권; 접착하다
615 bond	ⓜ 전시; 보이다, 전시하다
617 distinct	ⓝ 예산(안)

2. 아래 문장의 알맞은 뜻을 보기에서 고르세요.

a. Little did he know that he was fueling his son with a passion that would last for a lifetime. (   )
b. These labels represented a biologically less evolved form of humanity. (   )
c. Plan your budget in advance to give yourself time to research the costs fully. (   )
d. To me, horizontal bars are not comfortable to look at. (   )
e. One of them ordinarily making an offer and another accepting. (   )
f. So we tend to think of them as neutral objects. (   )
g. We hope they'll learn to behave morally and ethically. (   )

보 기

① 저에게는 수평 막대들이 보기에 불편합니다.
② 그는 아들에게 불어넣어 준 열정이 평생 동안 지속될 줄은 전혀 몰랐다.
③ 그 비용을 모두 조사하기에 앞서 당신의 예산을 미리 계획하라.
④ 그래서 우리는 그것들을 중립적인 사물로 생각하려는 경향이 있다.
⑤ 보통 그들 중 한명이 제안을 하고 상대방이 이를 받아들인다.
⑥ 이러한 꼬리표는 생물학적으로 덜 진화된 형태의 인류를 의미했다.
⑦ 우리는 그들이 도덕적이고 윤리적으로 행동하는 법을 배우길 희망한다.

정답: ② ⑥ ③ ① ⑤ ④ ⑦

19년간 수능 기출 영단어 10만개를 모조리 통계내어 만든

족집게 보카 Day 17

646 **lately** ⓢ **recently, nowadays** **요즘, 최근에, 근래**
6/4 [léitli] ad
★★★☆☆
출제확률 20.2%
Honey, my dad doesn't seem to be sleeping well lately.
여보, 우리 아버지가 요즘 잠을 제대로 못 주무시는 것 같아요. ('10)
» honey는 '꿀'이라는 의미도 있지만 '자기', '여보'라는 의미도 있다.

647 **principle** ⓢ **rule, truth** **원리, 원칙**
6/4 [prínsəpəl] n
★★★☆☆
출제확률 20.2%
The shapes of Korean kites are based on scientific principles.
한국의 연 모양은 과학적 원리에 근거하고 있다. ('06)
» prin(제일의) + cip(취하다) + le(~것) → 제일의 중요한 것 → 원리, 원칙

648 **request** ⓢ **demand, ask for, desire** **요구; 요청하다**
6/4 [rikwést] n, v
★★★☆☆
출제확률 20.2%
I have been asked to request you to join it.
나는 당신에게 참가해 달라고 요청하였다. ('05)
» re(다시, 거듭) + quest(= seek 찾다) → (맞는지) 다시 찾다 → 요청하다

649 **desperate** **desperately** **절망적인, 필사적인**
6/4 [déspərət] a
★★★☆☆
출제확률 20.2%
I wanted desperately to make the middle school team the coming fall.
나는 오는 가을에 중학팀을 만들기를 간절히 원했다. ('09)
» de(없는) + sper(= hope 희망이 있는) + ate(~한, ~하다) → 희망이 없는 → 절망적인
절망적으로

650 **flood** **flooded flooding** **홍수**
6/4 [flʌ́d] n
★★★☆☆
출제확률 20.2%
We are flooded by incorrect information.
우리는 부정확한 정보의 홍수에 잠겨 있다. ('05)
» flo(흐르다)에서 파생되었다. * flood into : ~로 몰려들다
침수된, 물에 잠긴 | 홍수

651 **junk** ⓢ **litter, garbage, trash** **쓰레기, 폐물**
6/4 [dʒʌ́ŋk] n
★★★☆☆
출제확률 20.2%
Yes, there was nothing but junk and old equipment.
네, 거기에는 쓰레기와 고물밖에 없었어요. ('08)
» junk food : 칼로리는 높고 영양가는 낮은 음식

652 **forecast** ⓢ **prophecy, prediction** **예상, 일기 예보; 예상하다**
6/4 [fɔ́:rkæ̀st] n, v
★★★☆☆
출제확률 20.2%
Thanks for telling me about the weather forecast.
일기예보를 알려주셔서 고맙습니다. ('07)
» fore(앞, 미리) + cast(던지다) → (주사위 등을) 던져서 점을 치다 * weather forecast : 일기예보

653 **mankind** Ⓢ **humanity, man** **인간**
6/4 [mænkáind] n God created mankind in his likeness and image, including giving man a free will.
★★★☆☆ 하나님은 인간에게 자유 의지를 부여하였고, 인간을 그의 형상과 모습대로 창조하였다.
출제확률 20.2% » man(사람) + kind(종) → 인간

654 **insight** **insightful** Ⓢ **perception, awareness, understanding** **통찰, 통찰력**
5/4 [ínsàit] n The information provides important insight into the patient's overall physical
★★★☆☆ condition. 그 정보는 환자의 전체 몸 상태에 대한 중요한 통찰력을 제공한다. ('05)
출제확률 20.2% » in(안에) + sight(시야) → 안을 볼줄 아는 시야 → 통찰력
통찰력 있는

655 **pursue** **pursuing** **추구하다, 뒤쫓다**
5/4 [pərsú:] v Its hunting technique is not to swiftly pursue its victim, but to wait for it.
★★★☆☆ 그 사냥 기술은 사냥감을 재빨리 쫓아가는 것이 아니라 사냥감을 기다리는 것이다. ('07)
출제확률 20.2% » pur(앞) + sue(따르다) → 앞을 따라가다 → 뒤쫓아 가다
(현재분사)

656 **internal** Ⓢ **inner, interior** **내부의**
5/4 [intə́:rnl] a The end product is an internal mental image that we call color.
★★★☆☆ 우리가 색이라 부르는 내부 정신적 이미지가 최종 산출물이다. ('08)
출제확률 20.2% » in(~안에) + ternal(세 겹의) → 세 겹 안에 있는 것은 정말 깊숙한 내부의 것이다 → 내부의

657 **imply** **implied** **의미하다, 암시하다**
5/4 [implái] v I was shocked to find out that it could imply something negative.
★★★☆☆ 그것이 부정적인 의미를 내포할 수 있다는 것을 알아냈을 때 나는 충격을 받았다. ('10)
출제확률 20.2% » im(~안에) + ply(나타내다, 가리키다) → (~속에) 나타내다 * find out : ~을 발견해내다
함축된, 암시적인

658 **panic** **panicked** **공황, 당황; 당황케하다**
5/4 [pǽnik] n, a If I'd told you that, you might have panicked and none of us would have made
★★★☆☆ it. 그것을 당신에게 말했다면 당신은 당황했을 것이고 우리는 성공하지 못했을 것이다. ('07)
출제확률 20.2% » 그리스 신화 판(Pan)이 공황을 일으킨다는 옛날 생각에서 유래되었다.
(과거, 과거분사)

659 **seed** Ⓢ **grain, egg, embryo** **seedless** **씨; 씨를 뿌리다**
5/4 [sí:d] n, v Weed seeds cannot pass through the goat's body.
★★★☆☆ 잡초의 씨는 염소의 몸을 통과하지 못한다. ('00)
출제확률 20.2% » see(= sow (씨를)뿌리다) + d(과거분사 어미) → 뿌린 것 → 씨
씨가 없는

660 **overcome** **overcame** **overcoming** **이겨내다, 극복하다**
5/4 [òuvərkʌ́m] v You should overcome this barrier to become a famous engineer.
★★★☆☆ 당신이 유명한 엔지니어가 되기 위해서는 이 장애물을 극복해야 한다. ('11)
출제확률 20.2% » over(능가하여) + come(오다) → 능가해내다 → 극복하다
(과거형) | (현재분사)

661 **intellectual** **intellect** **지적인**
5/4 [intəléktʃuəl] a Other people take an intellectual approach to its form and construction.
★★★☆☆ 다른 사람들은 그것의(음악) 형식과 구조에 대해 지적인 접근을 한다. ('08)
출제확률 20.2% » intel(= among 여러명 중에) + lect(고르다) + ual(형용사) → 여러명 중 선택된 뛰어난 사람
지력, 지적 능력

662 **compensate** **compensation** **배상하다, 갚다, 보상하다**

5/4 [kámpənsèit] v

★★★☆☆

출제확률 20.2%

The other has rights to compensation.
다른 한 사람은 보상받을 권리를 갖는다. ('10)
» com(함께) + pens(무게를 달다) + ate(~하다) → 함께 무게를 달아 보상하다

배상, 보상

663 **stimulate** **stimulated stimulating stimulation** **자극하다**

5/4 [stímjulèit] v

★★★☆☆

출제확률 20.2%

The process of alternately producing tension was what made the activity stimulating. 긴장을 간간히 주는 과정이 그 활동을 활기차게 만들었다. ('10)
» sti(찌르다) + ate(~하다) → 찔러 자극하다

(과거, 과거분사) | 자극이 되는 | 자극, 흥분

664 **log** **ⓢ record, register** **통나무; 기록하다, 벌목하다**

5/4 [ló(:)g] n, v

★★★☆☆

출제확률 20.2%

He gathered logs, shaking off their soft white snow and carrying them inside.
그는 통나무들을 모아 부드러운 흰눈을 털어내고 안으로 가져갔다. ('10)
» shake off : 털어내다

665 **genetic** **gene genetically geneticist** **유전적인, 발생적인**

5/4 [dʒənétik] a

★★★☆☆

출제확률 20.2%

A geneticist unlocks new secrets of the DNA molecule.
한 유전학자가 DNA유전자의 새로운 비밀을 밝히다. ('11)
» gene(= birth 태어나다) + tic(~한) → 태생적인 → 유전적인 * genetically modified : 유전자 변형의

유전자 | 유전적으로 | 유전학자

666 **strategy** **ⓢ scheme, policy, procedure** **전략, 전술**

5/4 [strǽtədʒi] n

★★★☆☆

출제확률 20.2%

They are very useful strategies for better memory.
그것들은 기억을 더 잘하기 위한 매우 유용한 전략들이다. ('11)
» strat(= army 군대) + eg(= lead 이끌다) + y(~것) → 군대를 이끄는 것 → 전략, 전술

667 **bend** **bent** **구부리다**

5/4 [bénd] v

★★★☆☆

출제확률 20.2%

This old cottonwood could not bend with the wind the way the chokecherry trees could.
이 오래 된 미루나무는 산벚나무와 달리 바람이 분다고 휘어지지 않을 것이다. ('09)
» bend over : 허리를 숙이다

굽은

668 **alternative** **ⓢ substitute, option** **양자택일; 대신의**

5/4 [ɔ:ltə́:rnətiv] n, a

★★★☆☆

출제확률 20.2%

You have $25 to spend and have narrowed your alternatives to a textbook or a date.
당신은 25불을 갖고 있으며 선택을 좁혀 교과서 구입 혹은 데이트 중에 고르기로 했다. ('94)
» alter(바꾸다) + (n)ate(~하다) + ive(~한) → 대안 * narrow alternatives : 대안을 좁히다

669 **ritual** **rite** **의식(= rite)**

5/4 [rítʃuəl] a

★★★☆☆

출제확률 20.2%

The ritual performed by the tribes was not well-known in Western society.
그 부족들에 의해 행해지는 의식은 서구 사회에 잘 알려지지 않았다.
» perform a ritual : 종교의식을 거행하다

의식, 의례

670 **tropical** **ⓢ steamy, hot** **열대의, 열대성의, (날씨가) 뜨거운**

5/4 [trápikəl] a

★★★☆☆

출제확률 20.2%

This is now occurring in tropical forests throughout the world.
이것은 현재 전세계의 열대 우림에서 발생하고 있다. ('11)
» tropic : 열대 지방의

671 **intend** | **intended unintended** | **의도하다**

5/4 [inténd] v

★★★☆☆

출제확률 20.2%

The company will be able to get its intended results.

회사는 의도했던 결과를 얻을 수 있을 것이다. ('03)

» in(~를 향하여) + tend(마음 등을 뻗다) → 의도하다 * in the intended manner : 의도된 방식대로

의도하는 | 의도하지 않은

672 **diligent** | **diligence diligently** | **근면한**

5/4 [dílədʒənt] a

★★★☆☆

출제확률 20.2%

I've never seen any students more diligent than Tom.

나는 탐보다 더 근면한 학생을 본 적이 없다.

» di(= apart 따로) + lig(선택하는) + ent(~한) → 일일이 따로 선택하니 '근면한'

근면 | 부지런히

673 **forgive** | **forgiveness** | **용서하다**

5/4 [fərgív] v

★★★☆☆

출제확률 20.2%

I would like to ask for the kindness in your heart to forgive my unintended offense. 의도하지 않은 저의 무례함을 너그럽게 용서해 주시기를 바랍니다. ('10)

» ⓢ excuse, pardon

용서, 관용

674 **visible** | **invisible** | **볼 수 있는**

5/4 [vízəbəl] a

★★★☆☆

출제확률 20.2%

Two or three farmhouses were visible through the mist.

안개 속으로 농가 두세 채가 보였다. ('06)

» vision(시력) + able(~할 수 있는) → 볼 수 있는

보이지 않는

675 **sum** | **ⓢ aggregate, total** | **합계, 요점; 합계하다, 요약하다**

5/4 [sʌ́m] n, v

★★★☆☆

출제확률 20.2%

The whole is more than the sum of its parts.

전체가 부분의 합보다 크다. ('00)

» super(= above ~위에) + most(가장) → 가장 높은 → 합계, 총계

676 **slip** | **slipped** | **미끄럼; 미끄러지다**

5/4 [slíp] n, v

★★★☆☆

출제확률 20.2%

She slipped and fell in the bathroom.

그는 화장실에서 미끄러져 넘어졌다. ('03)

» slip one's mind : 깜박 잊다

(과거, 과거분사)

677 **match** | **matched** | **시합, 성냥; 경쟁하다**

5/4 [mǽtʃ] n, v

★★★☆☆

출제확률 20.2%

Some individuals sit and watch a football game or tennis match without cheering. 일부 사람들은 축구 경기나 테니스 경기를 응원 없이 앉아서 본다. ('09)

» match up (with something) : ~와 일치하다, ~와 비슷하다

(과거, 과거분사)

678 **import** | **imported importing** | **수입(품); 수입하다**

5/4 [impɔ́:rt] n, v

★★★☆☆

출제확률 20.2%

We have imported lamps, and they have the stars.

우리는 수입 램프가 있지만, 그들에게는 별들이 있다. ('03)

» im(안으로) + port(= carry 나르다) → 안으로 나르다 → 수입하다

수입품, 수입된 | (현재분사)

679 **finance** | **financial** | **재정; 자금을 조달하다**

5/4 [finǽns] n, v

★★★☆☆

출제확률 20.2%

But in order to achieve it, they need financial help.

그러나 그들이 그것을 성취하기 위해서는 재정적 도움이 필요하다. ('03)

» fin(끝나다) + (a)nce(~것) → 무언가를 정산하는 것 → 재정 * in order to : ~하기 위해

재정의

680 **authority** ⓢ **officials, administration** **권위, 권한, 당국**
5/4 [əθɔ́:riti] n
★★★☆☆
출제확률 20.2%
Your probable answer to this question is legal authority in the first sentence.
이 질문에 대한 당신 대답의 첫 번째 요지는 적법한 권한일 것이다. ('04)
» aut(= self 개인의) + hor(= bound (영향력을) 한정) + ity(~것)

681 **intelligent** **intelligence** **지적인, 영리한, 이성적인**
5/4 [intéləd3ənt] a
★★★☆☆
출제확률 20.2%
The movie business and the athletic world are full of intelligence.
영화 산업과 스포츠계는 똑똑한 사람들로 가득하다. ('07)
» intel(~중에) + lig(선택하는) + ent(~한) → 여럿을 놓고 선택하니 영리한
지능, 기밀, 정보

682 **prejudice** **prejudiced** **편견, 선입견**
5/4 [prédʒudis] n
★★★☆☆
출제확률 20.2%
He is completely dependent on the prejudices of his times.
그는 완전히 그 당시의 선입견에 사로잡혀 있다. ('06)
» pre(미리) + jud(법, 판단) + (i)ce(~것) → 미리 판단함
편견이 있는

683 **brief** **briefest** **적요; 짧은, 간결한**
5/4 [brí:f] n, a
★★★☆☆
출제확률 20.2%
I opened my show at 11:05 with a brief introduction about his background.
나는 그의 배경에 대해 간단히 소개하며 11시 5분에 공연을 시작했다. ('07)
» brief는 bridge(= short 짧은)에서 유래되었다.
가장 짧은[간단한]

684 **plenty** ⓢ **abundance, affluence, wealth** **풍부; 많은**
5/4 [plénti] n, a
★★★☆☆
출제확률 20.2%
The vineyard needs plenty of exposure to the sun in cool climate areas.
포도원은 선선한 지역에서 다량의 햇빛을 받아야 한다. ('06)
» plen(= fill 채우다) + ty(접미사) → 가득 채워 넣음 → 풍부한

685 **moreover** ⓢ **furthermore, further, in addition** **더욱이, 게다가**
5/4 [mɔ́:róuvər] ad
★★★☆☆
출제확률 20.2%
Moreover, these differences often cause local conflicts to grow into larger wars.
더욱이 이러한 차이는 지역 갈등을 넘어 더 큰 전쟁으로 커질 수 있다. ('02)
» more(더 많이) + over(이상) → 그 이상으로 → 더욱이

686 **worthwhile** **~할 가치가 있는, ~할 만한**
4/4 [wə́:rθhwail] a
★★★☆☆
출제확률 20.2%
It is probably well worthwhile.
그것은 아마도 꽤 가치가 있을 것이다. ('10)
» worth(가치 있는) + while(~동안) → ~(기간) 동안 가치가 있는

687 **miserable** **miserably** **비참한**
4/4 [mízərəbl] a
★★★☆☆
출제확률 20.2%
The atmosphere was gloomy and miserable.
분위기는 우울하고 비참했다. ('09)
» miser(= wretched 비참한) + able(~한) → 비참한
비참하게

688 **justify** **justifying** **정당화하다, 변명하다**
4/4 [dʒʌ́stəfài] v
★★★☆☆
출제확률 20.2%
Villa Cimbrone justifies its reputation as 'the place where poets go to die'.
Villa Cimbrone은 '시인들이 가서 죽는 곳'이라는 명성을 정당화한다. ('08)
» just(올바른, 정당한) + fy(= make 만들다) → 정당화하다
(현재분사)

족집게 보카 TEST Day 17

1. 아래의 단어에 맞는 뜻을 골라 선으로 이어주세요.

649 desperate •	ⓐ 이겨내다, 극복하다
664 log •	ⓑ 절망적인, 필사적인
676 slip •	ⓒ 근면한
668 alternative •	ⓓ 예상, 일기 예보; 예상하다
659 seed •	ⓔ 통나무; 기록하다, 벌목하다
651 junk •	ⓕ 자극하다
662 compensate •	ⓖ 양자택일; 대신의
673 forgive •	ⓗ 의식(= rite)
669 ritual •	ⓘ 배상하다, 갚다, 보상하다
652 forecast •	ⓙ 미끄럼; 미끄러지다
663 stimulate •	ⓚ 용서하다
672 diligent •	ⓛ 시합, 성냥; 경쟁하다
677 match •	ⓜ 쓰레기, 폐물
660 overcome •	ⓝ 씨; 씨를 뿌리다

2. 아래 문장의 알맞은 뜻을 보기에서 고르세요.

a. Yes, there was nothing but junk and old equipment. ( )
b. I've never seen any students more diligent than Tom. ( )
c. Weed seeds cannot pass through the goat's body. ( )
d. They are very useful strategies for better memory. ( )
e. This old cottonwood could not bend with the wind the way the chokecherry trees could. ( )
f. The end product is an internal mental image that we call color. ( )
g. The company will be able to get its intended results. ( )

보 기

① 회사는 의도했던 결과를 얻을 수 있을 것이다.
② 네, 거기에는 쓰레기와 고물밖에 없었어요.
③ 잡초의 씨는 염소의 몸을 통과하지 못한다.
④ 우리가 색이라 부르는 내부 정신적 이미지가 최종 산출물이다.
⑤ 이 오래 된 미루나무는 산벚나무와 달리 바람이 분다고 휘어지지 않을 것이다.
⑥ 그것들은 기억을 더 잘하기 위한 매우 유용한 전략들이다.
⑦ 나는 탐보다 더 근면한 학생을 본 적이 없다.

정답: ② ⑦ ③ ⑥ ⑤ ④ ①

19년간 수능 기출 영단어 10만개를 모조리 통계내어 만든

족집게 보카 Day 18

689 **attach** [ətǽtʃ] v
4/4 ★★★☆☆ 출제확률 20.2%

attached attachment — **붙이다**

What do you think about this one with a basket attached to the handlebars?
바구니에 손잡이가 달린 이것은 어떤가요? ('11)
» at(~에) + tach(닿다) → ~에 붙이다 * attached to : ~에 들러붙다, 애정을 가지다

붙여진 | 부착물, 애착

690 **accomplish** [əkάmpliʃ] v
4/4 ★★★☆☆ 출제확률 20.2%

accomplished accomplishment — **이루다, 성취하다**

Its limits in a voluntary effort to accomplish something difficult and worthwhile
무언가 가치 있고 힘든 것을 성취하기 위한 자발적 노력의 한계 ('11)
» ac(~로) + com(함께, 강조) + pli(채우다) + ish(접미사) → 채워내는 것

성취된 | 성취

691 **welfare** [wélfὲər] n
4/4 ★★★☆☆ 출제확률 20.2%

ⓢ social security, pensions, benefits — **복지, 복지 사업**

Here Anita became interested in social welfare.
여기 Anita는 사회 복지에 관심을 갖게 되었다. ('04)
» wel(잘) + fare(가다) → 잘 나간다(잘 나가는 나라의 복지가 좋다) → 복지

692 **harsh** [hά:rʃ] a
4/4 ★★★☆☆ 출제확률 20.2%

harshness — **귀에 거슬리는, 거친, 난폭한**

The harshness of their surroundings is a vital factor in making them strong and sturdy. 그들 주위의 거친 환경은 그들을 강하고 억세게 만드는 극히 중요한 요소이다. ('11)
» hoarse(목이 쉰)에서 유래되었다. 쉰 목소리를 들으니 귀에 거슬린다.

거침, 가혹함

693 **conventional** [kənvénʃənl] a
4/4 ★★★☆☆ 출제확률 20.2%

ⓢ ordinary, usual, regular — **사회적 통념의, 관습적인**

That limits conventional medicine's effectiveness.
그것은 종래의 약품 효과를 제한시킨다. ('10)
» con(함께) + vent(나오다) + ional(형용사) → (모두에게서) 나오는 것은 통념이다

694 **capacity** [kəpǽsəti] n
4/4 ★★★☆☆ 출제확률 20.2%

ⓢ ability, aptitude, capability — **능력, 수용력**

The expression of a capacity that may exist.
능력에 대한 표현(표시)은 존재할 것이다. ('08)
» cap(= take 취하다) + acity(힘) → 취할 수 있는 힘 → 능력

695 **code** [kóud] n
4/4 ★★★☆☆ 출제확률 20.2%

coding decode — **규범, 규제, 코드, 암호**

Recently new building codes came into effect in our city.
최근에 신축 빌딩에 대한 규제가 우리 시에서 발효되었다. ('01)
» come into effect : 시행[발효]되다 * Morse code : 모스 부호

부호화, 코딩 | (암호를) 해독하다

696 **terrific** 4/4 [tərífik] a ★★★☆☆ 출제확률 20.2%

Ⓢ **brilliant, outstanding, excellent** — **빼어난, 대단한**

That'll be terrific.
그거 괜찮겠는데. ('08)
» terr(두렵게 하다) + fic(~한) → (두려울 정도로) 대단한, 엄청난

697 **crucial** 4/4 [krú:ʃəl] a ★★★☆☆ 출제확률 20.2%

crucially Ⓢ **decisive, critical, pivotal** — **결정적인, 중요한**

As I mentioned before, the earth will face a crucial moment very soon.
내가 이미 언급했듯이, 지구는 중대한 순간을 곧 맞이하게 될 것이다. ('06)
» cruc(i)(=cross 교차로) + al(~한) → (결정을 해야하는) 교차로의 → 결정적인, 아주 중대한

결정적으로

698 **ensure** 4/4 [inʃúər] v ★★★☆☆ 출제확률 20.2%

Ⓢ **confirm, guarantee, secure** — **보장하다**

The company should ensure the travelers' safety during the trip.
그 회사는 여행 동안에 여행자들의 안전을 보장해야 한다.
» en(~하게하다) + sure(확실한) → 확실하게 하다 → 보장하다

699 **restrict** 4/4 [ristríkt] v ★★★☆☆ 출제확률 20.2%

restricted restricting restriction unrestricted — **제한하다**

Later, however, restrictions were lifted.
그러나 나중에 제한 조치들은 해제되었다. ('02)
» re(다시) + strict(묶다, 엄하게 하다) → 다시 묶다 → 제한하다

제한된, 한정된 | 제한[한정]하다 | 제한, 규제 | 제한받지 않는

700 **blame** 4/4 [bléim] n, v ★★★☆☆ 출제확률 20.2%

Ⓢ **criticize, condemn, reproach** — **비난; 비난하다**

They blame the police for not taking proper measures.
그들은 경찰이 적절한 조치를 취하지 않았다고 비난한다. ('02)
» blame on : ~의 탓으로 돌리다, 책임을 전가하다

701 **divide** 4/4 [diváid] v ★★★☆☆ 출제확률 20.2%

divided dividing division — **나누다, 분할하다**

The owners should decide how to divide their properties.
그 소유주들은 그들의 재산을 어떻게 분할할지 결정해야 한다.
» di(= dis 거리를 둠) + vid(보다) → (둘을 떼어) 거리를 두고 보다 → 나누다

분할된 | 나누는 | 분할, 구분

702 **gender** 4/4 [dʒéndər] n ★★★☆☆ 출제확률 20.2%

성(性)

RPC works on issues such as fair housing, gender equality, and environmental justice. RPC는 공정 주택 거래, 남녀 평등, 환경 정의 등의 쟁점에 관한 일을 한다. ('09)
» gender는 '종류'라는 의미에서 유래되었다. * gender equality : 양성 평등, 남녀평등

703 **fundamental** 4/4 [fʌ̀ndəméntl] n, a ★★★☆☆ 출제확률 20.2%

fundamentally — **근본; 기초의, 본질적인**

The doctor of the future needs to practice medicine in fundamentally different ways. 미래의 의사들은 근본적으로 다른 방식으로 병원 개원을 해야 할 필요가 있다. ('10)
» fund(기본) + ment(~것) + tal(~한) → 기본의 * practice medicine : 의사 노릇을 하다

근본적으로

704 **assure** 4/4 [əʃúər] v ★★★☆☆ 출제확률 20.2%

assuredly — **보증하다, 확신시키다**

We can assure you, it is quite harmless.
우리는 당신에게 그것이 전혀 무해하다고 보장할 수 있다. ('10)
» as(~에) + sure(확신하는) → ~에 확신하다

확실히

705 **overlook** | **overlooked overlooking** | **간과; 못보다, 내려다보다, 간과하다**

4/4 [òuvərlúk] n, v

★★★☆☆

출제확률 20.2%

Individuals from extremely diverse backgrounds have learned to overlook their differences. 매우 다양한 배경을 가진 사람들은 그들의 차이를 눈감아주도록 배워왔다. ('11)

» over(넘어, 위쪽의) + look(보다) → 위에서 내려다 보니 못 보는 것이 생김 → 간과하다

간과하다 | 내려다보는, 바라보는

706 **award** | **awarded awarding** | **(심사하여) 주다, 수여하다**

4/4 [əwɔ́:rd] v

★★★☆☆

출제확률 20.2%

Oh, they're awarding the second prize now. I'm next.

오, 그들이 두 번째 상을 수여하고 있다. 다음은 내 차례다. ('09)

» a(강조) + ward(~를 향해) → 무언가를 향해 노력한 사람에게 주는 것

(과거, 과거분사) | (현재분사)

707 **vocabulary** | ⓢ **words, language** | **어휘, 용어**

4/4 [voukǽbjulèri] n

★★★☆☆

출제확률 20.2%

'savage' and 'primitive' began to disappear from the vocabulary of cultural studies. '야생의'와 '원시적인'과 같은 단어들은 교양과목 단어에서 사라지기 시작했다. ('08)

» voc(목소리, 부르다) + ary(~것) → 말할 때 쓰는 것 → 어휘 * voca는 vocabulary의 줄임말이다.

708 **approval** | **disapproval** | **승인, 찬성**

4/4 [əprú:vəl] n

★★★☆☆

출제확률 20.2%

A child will often ask for approval openly.

아이는 종종 공개적으로 허락을 요청할 것이다. ('01)

» ap(~에 대해) + prove(승인, 증명하다) + al(~것) → ~에 대해 승인하는 것

반감, 불승인

709 **custom** | **customary** | **풍습, 관습**

4/4 [kʌ́stəm] n

★★★☆☆

출제확률 20.2%

It has been the custom to ridicule the people.

사람들을 조롱하는 것이 풍습이 되었다. ('11)

» '스스로 익힌 것'이라는 의미를 지니고 있다.

관례적인, 습관적인

710 **myth** | **mythical** | **신화, 근거 없는 믿음**

4/4 [míθ] n

★★★☆☆

출제확률 20.2%

Secrets of Aging: Myth and Truth

노화의 비밀 : 통념과 진실 ('08)

» ⓢ illusion, fantasy, delusion

신화의, 상상의

711 **agency** | **agent** | **대리점(대행사), 대리(중개)**

4/4 [éidʒənsi] n

★★★☆☆

출제확률 20.2%

They often work for advertising agencies.

그들은 종종 광고 대행사에 근무한다. ('00)

» ag(움직이다) + ency(~것) → (나 대신) 움직이는 것은 중개인이다.

대리인

712 **anticipate** | **anticipated anticipating unanticipated** | **예상하다, 예측하다**

4/4 [æntísəpèit] v

★★★☆☆

출제확률 20.2%

Technology will not cause new and unanticipated problems.

기술은 새롭거나 예상치 못한 문제를 야기하지 않을 것이다. ('07)

» anti(= before 이전에) + cip(= take [생각을]취하다) + ate(동사) → 예상하다

기대하던 | 예상 | 기대하지 않은

713 **snap** | **snapped snapshot** | **덥석 물다, 짤깍 소리를 내다**

4/4 [snǽp] v

★★★☆☆

출제확률 20.2%

The smaller fish snaps at the worm.

더 작은 물고기가 그 벌레를 덥석 물었다. ('11)

» snap back : 회복하다

(과거, 과거분사) | 스냅 사진, 짤막한 묘사

714 **guilty**
4/4 [gílti] a
★★★☆☆
출제확률 20.2%

guilt **유죄의, 죄책감의**

You don't need to feel guilty about it because it's not your fault.
당신 잘못이 아니기 때문에 죄책감을 느낄 필요는 없습니다.
» 반대말은 innocent(무죄의)이다.

유죄, 죄책감

715 **flow**
4/4 [flóu] n, v
★★★☆☆
출제확률 20.2%

flowing **흐름; 흐르다, 넘쳐흐르다**

The beautiful musical thoughts which seemed to flow from his brain
그의 머리에서 흘러나오는 것 같은 아름다움 음악적 영감들 ('03)
» seem to : ~할 것 같다, ~처럼 보이다

흐르는

716 **property**
4/4 [prápərti] n
★★★☆☆
출제확률 20.2%

ⓢ holdings, possessions, capital **재산, 자산, 소유권**

Young children rarely think of their art as personal property.
어린 아이들은 그들의 예술작품을 개인의 자산이라고 거의 생각하지 않는다. ('10)
» proper(자신의) + ty(~것) → 자신의 것 * property tax : 재산세

717 **modest**
4/4 [mádist] a
★★★☆☆
출제확률 20.2%

modesty **(가격, 크기 등이) 보통인, 겸손한**

I'd say it's staying modest.
적절하다고 말하고 싶습니다. ('02)
» mod(척도의[맞는]) + est(형용사) → 적절한

겸손, 보통 정도임

718 **continent**
4/4 [kántənənt] n
★★★☆☆
출제확률 20.2%

continental **대륙**

Throughout the continent, the voices of Asia are saying goodbye to Western control.
아시아 대륙 전체에서 아시아의 목소리는 서양의 지배에 대해 작별을 고하고 있다. ('03)
» con(함께) + tin(= hold 붙다) → 함께 토지가 붙어 대륙이 된다

대륙의

719 **nonetheless**
4/4 [nʌ́nðəlés] ad
★★★☆☆
출제확률 20.1%

ⓢ nevertheless, even so **그럼에도 불구하고**

Nonetheless, they usually throw away a very nutritious part of the fruit the peel.
그럼에도 불구하고, 그들은 보통 영양이 풍부한 부분인 과일 껍질을 버린다. ('07)
» throw away : ~을 버리다

720 **author**
4/4 [ɔ́:θər] n, v
★★★☆☆
출제확률 20.1%

ⓢ writer, novelist, composer **저자, 창시자; (책을) 쓰다**

Newspapers and books by contemporary authors
동시대의 작가에 의해 쓰여진 신문과 책 ('06)
» aut(= self 개인의) + hor(= bound (영향력을) 한정) → 한 개인에게만 한정하는 권리 → 저자

721 **admire**
4/4 [ædmáiər] v
★★★☆☆
출제확률 20.1%

admirable admirer **감탄하다, 찬양하다**

A parent's admirable efforts not to play favorites means no child gets whole parental love.
차별 대우를 안하는 부모의 훌륭한 노력은, 부모의 사랑을 모두 받는 아이가 없음을 뜻한다. ('10)
» ad(~에) + mir(e)(= wonder 놀라다, 감탄하다) → 존경하다

칭찬 할 만한 | 찬미하는 사람

722 **ambition**
4/4 [æmbíʃən] n
★★★☆☆
출제확률 20.1%

ambitious **대망, 야심, 야망**

She had an ambition to become a doctor.
그녀는 의사가 되겠다는 야망이 있었다.
» amb(주위) + it(가다) + ion(~것) → 선거에서 표를 얻기위해 돌아다님 → 야심, 야망

야심적인

723 **awake** 4/4 [əwéik] v ★★★☆☆ 출제확률 20.1%

awaken awoke **깨우다**

It awakens my imagination.
그것은 나의 상상력을 일깨웠다. ('02)
» a(강조) + wake(깨우다) → 깨우다 * stay awake : 깨어 있다

깨우다 | (과거, 과거분사)

724 **stem** 4/4 [stém] n ★★★☆☆ 출제확률 20.1%

ⓢ trunk, branch, stalk **줄기**

For example, the ant plant has tunnels in its stems.
예를 들면, 그 개미식물의 줄기 안에는 터널이 있다. ('04)
» 황우석 박사가 개발했던 줄기 세포가 영어로 stem cell이다.

725 **scholar** 4/4 [skɑ́lər] n ★★★☆☆ 출제확률 20.1%

scholarly scholarship **학자**

An eighteenth-century scholar said, "Water, which is essential for life, costs nothing." 한 18세기 학자는 "생명에 필수적인 물은 공짜다."라고 말했다. ('02)
» schol(= school) + ar(사람) → 학교에 있는 사람

학구적인, 전문적인 | 장학금, 학문

726 **path** 4/4 [pǽθ] n ★★★☆☆ 출제확률 20.1%

ⓢ route, course, road **(공원, 정원의) 작은 길**

Many new bicycle paths were made.
새로운 자전거 도로가 많이 생겼다. ('01)
» path(= pathy)가 접미사나 접두사로 사용되면 '느낌, 정신적인 병' 등의 뜻으로 사용된다.

727 **battle** 4/4 [bǽtl] n ★★★☆☆ 출제확률 20.1%

battlefield battling **전투, 싸움**

A battle wound would be more of a status symbol.
전투의 상처는 계급 상징 이상의 의미를 갖는다. ('08)
» bat(= beat 때리다) + (t)le(반복함) → 때리는 것을 반복함 → 싸움

전쟁터 | (현재분사)

728 **self** 4/4 [sélf] n, a ★★★☆☆ 출제확률 20.1%

selfless selves **자기, 자신; 단색의**

Whatever their type, heroes are selfless people who perform extraordinary acts.
그들이 어떤 유행이건 간에, 영웅들은 이타적으로 비범한 행동을 하는 사람들이다. ('07)
» by oneself : 홀로, 외로이 * do-it-yourself(DIY) : (수리·조립 등을) 스스로 하는

이타적인, 사심 없는 | self의 복수형

729 **overweight** 4/4 [óuvərwèit] n, a ★★★☆☆ 출제확률 20.1%

ⓢ heavy, fat **초과 중량(체중); 중량을 초과한**

Doctors warn about the increasing number of overweight children.
의사들은 비만 어린이의 수가 늘어나는 것에 대해 경고하고 있다. ('07)
» over(초과한) + weight(무게) → 중량 초과의

730 **grant** 4/4 [grǽnt] v ★★★☆☆ 출제확률 20.1%

granted **허락하다, 주다, 인정하다**

All your wishes are granted.
당신의 모든 소원은 이루어졌다. ('05)
» be granted : 주어지다

(과거, 과거분사)

731 **sort** 4/4 [sɔ́:rt] n, v ★★★☆☆ 출제확률 20.1%

ⓢ classify, order, categorize **종류; 분류하다, 골라내다**

Peter Jenkins began teaching all sorts of people how to climb trees safely using a rope.
피터 젠킨스는 밧줄로 나무에 안전히 오르는 방법을 남녀노소 불문하고 가르치기 시작했다. ('08)
» all sorts of : 모든 종류의

족집게 보카 TEST Day 18

1. 아래의 단어에 맞는 뜻을 골라 선으로 이어주세요.

707 vocabulary	ⓐ 그럼에도 불구하고
719 nonetheless	ⓑ 성(性)
721 admire	ⓒ 보장하다
694 capacity	ⓓ 근본; 기초의, 본질적인
702 gender	ⓔ 대리점(대행사), 대리(중개)
695 code	ⓕ 규범, 규제, 코드, 암호
714 guilty	ⓖ 풍습, 관습
698 ensure	ⓗ 유죄의, 죄책감의
720 author	ⓘ 간과; 못보다, 내려다보다, 간과하다
705 overlook	ⓙ 감탄하다, 찬양하다
711 agency	ⓚ 능력, 수용력
709 custom	ⓛ 어휘, 용어
701 divide	ⓜ 나누다, 분할하다
703 fundamental	ⓝ 저자, 창시자; (책을) 쓰다

2. 아래 문장의 알맞은 뜻을 보기에서 고르세요.

a. Its limits in a voluntary effort to accomplish something difficult and worthwhile ( )
b. That limits conventional medicine's effectiveness. ( )
c. RPC works on issues such as fair housing, gender equality, and environmental justice. ( )
d. Throughout the continent, the voices of Asia are saying goodbye to Western control. ( )
e. You don't need to feel guilty about it because it's not your fault. ( )
f. Secrets of Aging: Myth and Truth ( )
g. Individuals from extremely diverse backgrounds have learned to overlook their differences. ( )

보 기

① 당신 잘못이 아니기 때문에 죄책감을 느낄 필요는 없습니다.
② 매우 다양한 배경을 가진 사람들은 그들의 차이를 눈감아주도록 배워왔다.
③ RPC는 공정 주택 거래, 남녀 평등, 환경 정의 등의 쟁점에 관한 일을 한다.
④ 무언가 가치 있고 힘든 것을 성취하기 위한 자발적 노력의 한계
⑤ 노화의 비밀 : 통념과 진실
⑥ 그것은 종래의 약품 효과를 제한시킨다.
⑦ 아시아 대륙 전체에서 아시아의 목소리는 서양의 지배에 대해 작별을 고하고 있다.

정답: ④ ⑥ ③ ⑦ ① ⑤ ②

19년간 수능 기출 영단어 10만개를 모조리 통계내어 만든

족집게 보카 Day 19

732 **horrific** | **horrified** | **무서운, 대단한**

4/4 [hɔːrífik] a

★★★☆☆

출제확률 20.1%

I was absolutely horrified.

나는 완전히 무서움에 떨었다. ('03)

» horr(떨다, 공포) + fic(만들다) → 떨게 만드는 → 무서운

겁에 질린

733 **laboratory** | **실험실, 연구소**

4/4 [lǽbərətɔ̀ːri] n

★★★☆☆

출제확률 20.1%

To be a mathematician you don't need an expensive laboratory.

수학자가 되는데 있어서 비싼 연구실은 필요 없다. ('07)

» labor(일하는) + ate(~하다) + ory(~곳) → 일하는 곳

734 **revolution** | **revolutionizing** | **혁명, (천체의) 운행**

4/4 [rèvəlúːʃən] n

★★★☆☆

출제확률 20.1%

During the Revolution, in 1792, he joined the Army of the North as a military surgeon. 혁명기였던 1792년에 그는 북부 육군의 군의관으로 입대하였다. ('07)

» re(다시) + volu(뜻, 스스로) + tion(~것) → 뜻을 다시 생각하는 것

revolutionize(혁명을 일으키다)의 현재분사

735 **brilliant** | **brilliantly** | **빛나는, 훌륭한**

4/4 [bríljənt] a

★★★☆☆

출제확률 20.1%

A few were brilliant and beautiful.

일부만이 훌륭하고 아름다웠다. ('07)

» brill(= shine 빛나다) + ant(~한) → 빛나는

찬란히

736 **nowhere** | **아무데도 없다**

4/4 [nóuhwὲər] ad

★★★☆☆

출제확률 20.1%

Nowhere, indeed, was any sign or suggestion of life.

생명의 어떠한 흔적이나 암시는 어디에도 존재하지 않았다. ('06)

» no(아니다, 없다) + where(어디) → 아무데도 없다

737 **afford** | ⓢ **provide, render** | **~할 여유가 있다, 공급하다**

4/4 [əfɔ́ːrd] v

★★★☆☆

출제확률 20.1%

We can't afford to get a poor grade just because of such carelessness.

우리는 그러한 부주의로 인해 나쁜 성적을 받는 것을 용납할 수 없다. ('02)

» afford to : ~할 여유가 있다

738 **interact** | **interaction** | **상호 작용하다**

4/4 [intərǽkt] v

★★★☆☆

출제확률 20.1%

This knowledge guides you through your daily interactions.

이 지식은 당신의 일상에서의 의사소통에 도움을 줄 것이다. ('01)

» inter(서로) + act(작용하다) → 상호 작용하다

상호 작용

739 **explode** | **explosion** | **폭발시키다, 폭발하다**

4/4 [iksplóud] v

★★★☆☆

출제확률 20.1%

Underground explosions can produce infrasound.
지하 폭발은 초저주파음을 발생시킬 수 있다. ('04)
» ex(= out 밖으로) + plod(e)(= clap hands 박수치다) → 크게 박수치다 → 폭발하다

폭발

740 **silly** | **silliest** | **어리석은**

4/4 [síli] a

★★★☆☆

출제확률 20.1%

I would get incredibly mad about something, usually something silly.
나는 보통 무언가 바보같은 것에 엄청나게 화가 난다. ('02)
» ⓢ foolish, stupid, thoughtless

가장 어리석은(최상급)

741 **struggle** | **ⓢ strive, effort** | **분투 노력하다, 싸우다**

4/4 [strʌ́gl] v

★★★☆☆

출제확률 20.1%

We witness their struggles, triumphs, and failures.
우리는 그들의 투쟁, 승리, 그리고 실패를 목격했다. ('02)
» strug(= strike 치다) + le(동접) → 싸우다 → 분투 노력하다

742 **crisis** | **crises** | **위기**

15/3 [kráisis] n

★★★☆☆

출제확률 15.2%

Korean president is making every effort to overcome the financial crisis.
대한민국 대통령은 경제 위기를 극복하기 위해 최선의 노력을 하고있다.
» cri(나뉘다) + sis(과정, 활동) → 나뉘어진 상황 → 위기 * crisis = crises

위기

743 **rural** | **ⓢ country, rustic, suburban** | **시골의**

14/3 [rúərəl] a

★★★☆☆

출제확률 15.2%

In rural areas, the percentages of female children with asthma were lower than urban areas. 여자 아이들의 천식에 걸린 비율이 도시보다 시골에서 낮게 나타났다. ('11)
» rur(= country 시골) + al(~한) → 시골의

744 **habitat** | **ⓢ habitation, residence** | **서식지, 거주지**

13/3 [hǽbitæ̀t] n

★★★☆☆

출제확률 15.2%

More often, an entire habitat does not completely disappear.
대개, 서식지 전체가 완전히 사라지지 않는다.
» hab(=dwell 살다) + at(곳) → 사는 곳

745 **instinct** | **instinctive** | **직감, 본능**

12/3 [ínstiŋkt] n

★★★☆☆

출제확률 15.2%

Everyone has instincts, and listening to your inner voice is always a good idea.
모든 사람에겐 직감이 있고, 마음 속 소리를 듣는 것은 언제나 좋은 생각이다. ('06)
» in(~안에) + (s)tin(= hold 붙은) → 내 몸속에 자연히 있는 것 → 직감

본능적인

746 **weed** | **잡초**

11/3 [wí:d] n

★★★☆☆

출제확률 15.2%

Goats like eating weeds.
염소는 잡초 먹는 것을 좋아한다. ('00)
» like + -ing : ~하는 것을 좋아하다

747 **theme** | **ⓢ essence, keynote, topic** | **주제, 화제**

9/3 [θí:m] n

★★★☆☆

출제확률 15.2%

These have been the main subjects and themes of my work.
이것들은 내 작품의 주요 주제와 테마가 되었다. ('03)
» '테마'라고도 한다.

748 **enrollment** **enrolling ⓢ register, enlistment** **등록, 입학**
9/3 [inróulmənt] n
★★★☆☆
출제확률 15.2%
The above graph shows changes in school enrollment rates of the population ages 3. 위의 그래프는 3세 아이들의 교육 등록률의 변화를 보여준다. ('09)
» enroll(입학시키다, 등록하다) + ment(~것) → 등록 * enrollment rate : 입학률
(현재분사)

749 **accompany** **accompanied accompanying** **동행하다, 동반하다, ~을 수반하다**
9/3 [əkʌ́mpəni] v
★★★☆☆
출제확률 15.2%
If you are accompanied by a single companion, you are half yourself.
당신이 한 명의 동료와 동행한다면, 당신은 스스로 반쪽이 되는 것이다. ('07)
» ac(~에) + company(동료) → 동료와 동행하다 * be accompanied by[with] : ~을 동반하다
수반하다 | 수반하는

750 **register** **registered registering registration** **기록부; 등록하다, 가리키다**
9/3 [rédʒistər] n, v
★★★☆☆
출제확률 15.2%
Kids under 18 need their parent's signature on the registration.
18세 이하 청소년은 신청서에 부모의 서명이 필요하다. ('07)
» re(다시) + gist(= gest 나르다) + er(~것) → 나의 신상을 다시 기록부에 옮겨 적는 것
등록한, 등기의 | (현재분사) | 등록, 등기 처리, 신고(결혼, 이혼 등)

751 **stock** **stocked stockpile** **재고, 주식; 저장하다**
8/3 [stɑ́k] n, v
★★★☆☆
출제확률 15.2%
We stock name-brand equipment for any sport you can think of.
당신이 운동하면 떠 올릴 수 있는 유명 브랜드 운동 장비들을 갖추고 있습니다. ('94)
» stock market : 주식시장
(과거, 과거분사) | 비축량

752 **scan** **scanned scanner scanning** **훑어보기; 자세히 조사하다, 훑어보다**
8/3 [skǽn] n, v
★★★☆☆
출제확률 15.2%
She stopped for a moment and anxiously scanned the river before her.
그녀는 잠시 멈춰 그녀 앞에 있는 강을 걱정스럽게 살펴보았다. ('11)
(과거, 과거분사) | 스캐너 | (현재분사)

753 **multi** **multi-cultural multi-issue multi-lives multi-media** **다색; 다색의, 다채로운**
8/3 [mʌ́lti] n, a
★★★☆☆
출제확률 15.2%
The answer should be multi, which means 'more than one'.
대답이 여러 개가 될 수 있다는 말 뜻은 '하나보다 많을' 수 있음을 의미한다. ('08)
다문화의 | 다양한 쟁점[이슈] | 다양한 생명[종] | 다중 매체

754 **resist** **resistant** **저항하다, 견뎌내다**
7/3 [rizíst] v
★★★☆☆
출제확률 15.2%
There are other diseases that our bodies cannot successfully resist on their own.
우리 몸 스스로가 성공적으로 저항할 수 없는 다른 질병들이 있다. ('05)
» re(= against ~에 대항하여) + sist(= stand 서다) → 저항하다
~에 잘 견디는, 저항력 있는

755 **tax** **taxing** **세금**
7/3 [tǽks] n
★★★☆☆
출제확률 15.1%
The city relies heavily on property taxes to fund public schools.
그 도시는 공립학교를 위한 자금을 재산세에 과도하게 의존하고 있다. ('09)
» rely on : ~에 의존하다
(현재분사)

756 **session** **ⓢ meeting, conference, assembly** **모임, 기간, 회기**
7/3 [séʃən] n
★★★☆☆
출제확률 15.1%
Do you have a session next Monday?
당신은 다음 주 월요일에 모임이 있나요? ('08)
» se(나누다) + (s)sion(~것) → 나눠 놓은 것

757 **architecture** architect ⓢ design, construction 건축(술)

6/3 [á:rkətèktʃər] n

★★★☆☆

출제확률 15.2%

There is beautiful modern architecture such as the post-modern museum.

포스트 모던식 박물관같은 아름다운 현대 건축물이 있다. ('10)

» archi(최고의) + tect(= build 짓다) + ure(~것) → 최고로 짓는 것 → 건축(술)

건축가, 설계자

758 **bet** ⓢ gamble, venture, wager 내기; (돈을)걸다, 내기를 하다

6/3 [bét] n, v

★★★☆☆

출제확률 15.2%

You bet!

물론이지!(바로 그거야!) ('02)

» lay a bet : 돈을 걸다

759 **agriculture** agricultural 농업, 농사

6/3 [ǽgrikʌltʃər] n

★★★☆☆

출제확률 15.2%

Agriculture will continue to develop in three main ways.

농업은 3가지 주요 방식으로 발전을 계속할 것이다. ('95)

» agri(밭의, 농업의) + cult(일구다) + ure(것) → 밭을 일구어 형성된 것 → 농업

농업의

760 **sympathy** sympathetic sympathize 연민, 동정심, 공감

6/3 [símpəθi] n

★★★☆☆

출제확률 15.2%

The people felt sympathy for the victims of earthquake.

그 사람들은 지진 피해자들에게 동정심을 느꼈다.

» sym(함께) + pathy(= feeling 느낌) → 공감 * sympathize with : ~와 공감하다

동정어린 | 동정하다, 위로하다

761 **flu** ⓢ cold, influenza 독감, 유행성 감기

6/3 [flú:] n

★★★☆☆

출제확률 15.2%

I hope you're feeling better from the flu.

감기로부터 쾌유하시길 바랍니다. ('11)

» flu는 '흐르다'라는 의미를 가지고 있다. 콧물이 흐르니 감기에 걸린 것이다.

762 **native** ⓢ innate, mother 토종; 타고난, 태어난

6/3 [néitiv] n, a

★★★☆☆

출제확률 15.2%

We're going to look for Korean native wildflowers.

우리는 한국 토종 야생화를 찾으러 갈 것이다. ('08)

» nat(태어난) + ive(~한) → 태어난

763 **explore** explorer 탐험하다, 답사하다

6/3 [iksplɔ́:r] v

★★★☆☆

출제확률 15.2%

They are the explorers who discover new worlds.

새로운 세계를 발견한 탐험가들이 저들이다. ('07)

» ex(밖으로) + plore(= cry 외치다) → 밖으로 나가 무언가를 찾으려고 외치다

탐험가

764 **optimistic** ⓢ promising, encouraging 낙천적인, 낙관적인

6/3 [ɑ̀ptəmístik] a

★★★☆☆

출제확률 15.2%

Elites in particular were optimistic of television.

특히 엘리트들은 텔레비전에 대해 낙관적이다. ('09)

» optim(최적의) + tic(~한) → 최적이니 낙관적이다

765 **section** ⓢ segment, division, portion 부분, 구역, 절

6/3 [sékʃən] n

★★★☆☆

출제확률 15.2%

The purpose of a symphony orchestra is not to play section by section.

심포니 오케스트라의 목적이 한 악절 한 악절 연주하는 것은 아니다. ('00)

» sect(자르다) + ion(것) → 자르는(구분하는) 것

766 **commercial** ⓢ **materialistic, trading** **광고 방송; 상업(상)의**
6/3 [kəmə́:rʃəl] n, a
★★★☆☆
출제확률 15.2%
CO_2 emissions from commercial heating account for 12% of all CO_2 emissions.
상업용 난방에서 발생하는 CO_2가 전체 CO_2 발생의 12%를 차지한다. ('05)
» com(함께) + merc(장사하다) + ial(~한) → 상업의 * account for : ~에 대해 설명하다

767 **recycle** **recycled recycling** **재생하다, 재활용하다**
6/3 [rì:sáikl] v
★★★☆☆
출제확률 15.2%
The recycling of food waste
음식물 쓰레기의 재활용 ('07)
» re(다시) + cycle(순환) → 재생하다
(과거, 과거분사) | 재활용

768 **consult** **consultant** **의견을 묻다, 상담하다**
6/3 [kənsʌ́lt] v
★★★☆☆
출제확률 15.2%
Get an outside consultant to analyze the company's performance.
회사의 성과를 분석하기 위해 외부 컨설턴트를 고용하세요. ('03)
» counsel(상담하다)에서 파생되었다. * consultant(고문) : consult(상담하다) + ant(사람)
컨설턴트, 상의자

769 **colleague** ⓢ **ally, partner, associate** **동료**
5/3 [káli:g] n
★★★☆☆
출제확률 15.2%
His colleagues studied the facial reactions of students to aboriginal ritual ceremony. 그의 동료들은 원시적 종교 행사에 대한 학생들의 표정 반응을 연구했다. ('08)
» col(같이) + league(단결) → 같이 단결하는 사람

770 **yield** **yielded** **(결과를) 내다, 항복하다, 양보하다**
5/3 [jí:ld] v
★★★☆☆
출제확률 15.2%
Words can yield a variety of interpretations.
단어들은 다양한 해석을 내 놓을 수 있다. ('10)
» ⓢ produce, bear, provide
(과거, 과거분사)

771 **revise** **revised revising revision** **개정; 개정하다**
5/3 [riváiz] n, v
★★★☆☆
출제확률 15.1%
There will be time for revising and polishing any ideas you want to pursue later.
당신이 추구하는 생각들을 교정하고 다듬을 시간이 추후에 있을 것이다. ('08)
» re(다시) + vise(가다) → 다시 가서 보고 개정하다
변경한 | (현재분사) | 수정, 검토

772 **motivate** **motivated motivation motive** **동기를 주다**
5/3 [móutəvèit] v
★★★☆☆
출제확률 15.1%
I'd like to motivate my students to study harder.
저는 학생들에게 동기를 부여하여 공부를 더 열심히 하게 하고 싶습니다.
» mot(움직이다) + iv(~한) + ate(동사, ~하다) → 움직이게 하다
자극받은, 동기가 부여된 | 동기 부여 | 동기

773 **demonstrate** **demonstrated** **증명하다, 시위하다, 설명하다**
5/3 [démənstrèit] v
★★★☆☆
출제확률 15.2%
We are looking for people who can demonstrate the following statements.
우리는 다음의 성명서에 대해 시위운동을 할 수 있는 사람들을 찾고 있다. ('10)
» be looking for : ~를 찾는 중이다
(과거, 과거분사)

774 **burden** **burdensome unburdening** **무거운 짐, 부담; 짐을 지우다**
5/3 [bə́:rdn] n, v
★★★☆☆
출제확률 15.2%
The people living in Africa are suffering from financial burden.
아프리카에 사는 사람들은 재정적 부담으로 인해 고통받고 있다.
» people (who are) living in...에서 people과 living사이에 who are가 생략되었다.
부담이 되는 | (부담, 걱정을) 덜어주는

족집게 보카 TEST Day 19

1. 아래의 단어에 맞는 뜻을 골라 선으로 이어주세요.

735 brilliant	ⓐ 농업, 농사
750 register	ⓑ 잡초
762 native	ⓒ 내기; (돈을)걸다, 내기를 하다
754 resist	ⓓ 상호 작용하다
745 instinct	ⓔ 빛나는, 훌륭한
737 afford	ⓕ 세금
748 enrollment	ⓖ 저항하다, 견뎌내다
759 agriculture	ⓗ ~할 여유가 있다, 공급하다
755 tax	ⓘ 등록, 입학
738 interact	ⓙ 동행하다, 동반하다, ~을 수반하다
749 accompany	ⓚ 기록부; 등록하다, 가리키다
758 bet	ⓛ 토종; 타고난, 태어난
763 explore	ⓜ 직감, 본능
746 weed	ⓝ 탐험하다, 답사하다

2. 아래 문장의 알맞은 뜻을 보기에서 고르세요.

a. We can't afford to get a poor grade just because of such carelessness. ( )
b. We witness their struggles, triumphs, and failures. ( )
c. Kids under 18 need their parent's signature on the registration. ( )
d. There are other diseases that our bodies cannot successfully resist on their own. ( )
e. She stopped for a moment and anxiously scanned the river before her. ( )
f. It was absolutely horrified. ( )
g. You bet! ( )

보 기

① 우리 몸 스스로가 성공적으로 저항할 수 없는 다른 질병들이 있다.
② 나는 완전히 무서움에 떨었다.
③ 그녀는 잠시 멈춰 그녀 앞에 있는 강을 걱정스럽게 살펴보았다.
④ 우리는 그러한 부주의로 인해 나쁜 성적을 받는 것을 용납할 수 없다.
⑤ 물론이지!(바로 그거야!)
⑥ 18세 이하 청소년은 신청서에 부모의 서명이 필요하다.
⑦ 우리는 그들의 투쟁, 승리, 그리고 실패를 목격했다.

정답: ④ ⑦ ⑥ ① ③ ② ⑤

19년간 수능 기출 영단어 10만개를 모조리 통계내어 만든

족집게 보카 Day 20

---

775 **crime**
5/3 [kráim] n
★★★☆☆
출제확률 15.2%

ⓢ **vice, corruption, violation** — **범죄**

Violence and property crimes were nearly twice as high.
폭행과 절도 범죄가 거의 2배 높았다. ('07)

---

776 **essay**
5/3 [ései] n, v
★★★☆☆
출제확률 15.2%

ⓢ **article, composition** — **수필, 시도하다**

On the examinations, they wrote essays about particular questions on particular texts. 시험을 볼 때 그들은 특정 글의 특정한 질문에 대해 글을 썼다. ('97)
» es(= ex 밖으로) + say(말하다) → (무언가에 대해) 밖으로 말하다 → 수필, 에세이

---

777 **cell**
5/3 [sél] n
★★★☆☆
출제확률 15.2%

ⓢ **compartment, chamber, room** — **세포, 칸, (작은) 조직**

The cells within our body are continually being replaced.
우리 몸 속에 있는 세포들은 계속 교체된다. ('04)

---

778 **chew**
5/3 [tʃúː] n, v
★★★☆☆
출제확률 15.2%

chewy — **씹기; 씹다**

"This could be a dog's chewy toy".
"이것은 개 껌일 거야". ('09)
» chin(턱) + jaw(턱) → 턱으로 하는 것 → 씹기

씹을 필요가 있는

---

779 **vast**
5/3 [vǽst] a
★★★☆☆
출제확률 15.2%

vastly — **광대한, 막대한**

When it disappears, a vast number of species disappear as well.
그것이 사라지면 수 많은 종들도 사라질 것이다. ('11)
» va(n)(= empty 빈) + st(~한) → (사막같이 아무것도 없는)텅 빈 → 광대한

엄청나게, 대단히

---

780 **expand**
5/3 [ikspǽnd] v
★★★☆☆
출제확률 15.2%

expanding **expanse** — **넓히다, 확장(확대) 하다**

Global markets that expand rapidly
급팽창하는 글로벌 시장 ('06)
» ex(밖으로) + pand(= spread 퍼지다) → 밖으로 퍼지다 → 확장하다

(현재분사) | 팽창, 확장

---

781 **bias**
5/3 [báiəs] n, v
★★★☆☆
출제확률 15.2%

biased — **편견; 편견을 갖게하다**

A more biased survey can be conducted.
더 편향된 설문조사 결과가 나올 수 있다. ('10)

편향된

---

782 **reputation** | Ⓢ **name, renown, esteem** | **평판, 명성**

5/3 [rèpjutéiʃən] n
★★★☆☆
출제확률 15.2%

The company lost its reputation after major news coverage about a defect in its products. 그 회사는 제품 결함에 대한 주요 뉴스 보도가 나온 뒤로 명성을 잃었다. ('10)
» re(다시) + put(= think 생각) + tation(~것) → 누군가에 대해 다시 생각해 보는 것 → 명성, 평판

---

783 **drug** | **drugstore** | **약, 마약; 약을 먹이다**

5/3 [drʌ́g] n, v
★★★☆☆
출제확률 15.2%

Drugs that work equally well on all patients, regardless of gender, age, or genetics. 나이, 성별, 유전과 상관없이 모든 환자에게 동일한 효과를 내는 약. ('10)
» Ⓢ medication, medicine, remedy

약국

---

784 **rub** | **rubbed rubbing** | **비비다, 문지르다**

5/3 [rʌ́b] v
★★★☆☆
출제확률 15.1%

You know how he's always rubbing his chin and saying, "Now class!".
그가 언제나 턱을 문지르면서 "자, 여러분!"이라고 말하는 거 당신도 알죠. ('04)
» rub in : 문질러 바르다

(과거, 과거분사) | (현재분사)

---

785 **infant** | Ⓢ **baby, toddler, child** | **유아, 갓난아기**

5/3 [ínfənt] n
★★★☆☆
출제확률 15.1%

We become aware of their existence when we are infants.
우리가 갓난아기일 때 그들의 존재를 알게 된다. ('04)
» aware of : ~을 알아차리다, ~을 알다

---

786 **legal** | **illegally** | **법률(상)의, 합법적인**

5/3 [lígəl] a
★★★☆☆
출제확률 15.1%

We shouldn't download games illegally.
우리는 불법으로 게임을 다운로드하면 안된다. ('10)
» leg는 '법'을 의미한다.

불법적으로

---

787 **union** | **reunion** | **결합, 연합, 합병, 노조**

5/3 [jú:njən] n
★★★☆☆
출제확률 15.1%

There are more than 300 employees belonging to the union.
그 노조에 직원 300명 이상이 가입해 있다. ('98)
» unite(결합하다)의 명사형이다.

재결합

---

788 **emerge** | **emerged emergency emerging** | **나타나다, 출몰하다**

5/3 [imə́:rdʒ] v
★★★☆☆
출제확률 15.1%

"emerging" countries are not vastly different from one another.
"개발"도상국들은 서로 크게 다르지는 않다. ('06)
» e(= out 밖으로) + merge(= sink 가라앉는) → 밖으로 나오는 → 출몰하는

(과거, 과거분사) | 긴급(비상) 사태 | 최근 생겨난

---

789 **conserve** | **conserving** | **보존하다**

5/3 [kənsə́:rv] v
★★★☆☆
출제확률 15.1%

We're working for the organization which is conserving wild plants in Korea.
우리는 한국의 야생식물을 보존하는 단체에서 일한다. ('04)
» con(함께) + serv(지키다) → 보존하다

(현재분사)

---

790 **device** | **devised** | **고안, 계획, 장치**

5/3 [diváis] n
★★★☆☆
출제확률 15.1%

The constant noises of electronic devices will drown out the sounds of the birds singing. 계속되는 전자기기 소음으로 인해 새 소리가 들리지 않을 것이다. ('08)
» de(떼다) + vi(보다) + ce(~것) → (자세히) 따로 떼어 보는 것 → 계획, 고안

(과거, 과거분사)

791 **genre** ⓢ **kind, type, sort** 장르

5/3 [ʒɑ́:nrə] n

★★★☆☆

출제확률 15.1%

There were a variety of genres from easy listening to jazz and classical music.
가볍게 들을 수 있는 재즈부터 클래식까지 다양한 장르가 있었다. ('07)

---

792 **hardship** ⓢ **difficulty, adversity, suffering** 고난

5/3 [hɑ́:rdʃip] n

★★★☆☆

출제확률 15.1%

People are getting wiser and disciplined by overcoming the difficulties and hardships. 사람들은 고난과 역경을 이겨내면서 더 현명해지고 단련된다. ('04)

» hard(어려운, 힘든) + ship(견디다) → 어려움을 견뎌야 하는 시간 → 고난

---

793 **sink** **sinking sunken** 싱크대; 가라앉다

5/3 [síŋk] n, v

★★★☆☆

출제확률 15.1%

Suddenly the engine died, and for mysterious reasons, the boat began to sink.
갑자기 엔진이 멈추더니 알 수 없는 이유로 배가 가라앉기 시작했다. ('07)

» ⓢ submerge, go down, fall in

가라앉음, 함몰; 가라앉는 | 침몰한, 물속에 가라앉은

---

794 **solar** **solar-powered** 태양의

5/3 [sóulər] a

★★★☆☆

출제확률 15.1%

Hydrogen is being developed as an alternative to fossil fuels along with solar energy. 수소는 태양열 에너지와 함께 화석 연료의 대체재로 개발되고 있다.

» along with : ~을 따라, ~와 함께 * solar-powered : 태양을 동력으로 사용하는

태양열 동력의

---

795 **reside** **residence residential** 살다, 거주하다, 존재하다

5/3 [rizáid] v

★★★☆☆

출제확률 15.1%

Much less comes from commercial and residential heating.
상업용과 주거용에서는 훨씬 적은 열이 발생한다. ('05)

» resident(거주하는, 거주자) → reside + ent(하는)

주택, 거주지, 거주 | 주택지의, 거주하기 좋은

---

796 **adapt** **adapted** 적응시키다, 개작하다

5/3 [ədǽpt] v

★★★☆☆

출제확률 15.1%

The cow can adapt to the new food.
그 소는 새로운 먹이에 적응할 것이다. ('00)

» ad(~에) + apt(적합한) → ~에 적응시키다 * adapt to : ~에 적응하다

개조된

---

797 **clue** ⓢ **suggestion, trace, indication** 실마리, 힌트

5/3 [klú:] n

★★★☆☆

출제확률 15.1%

Well, give me another clue.
글쎄요, 다른 힌트 주세요. ('03)

» clew(실뭉치)에서 유래되었다. 얽힌 실을 하나씩 풀어가는 '힌트'라는 의미이다.

---

798 **extent** ⓢ **breadth, area, magnitude** 범위, 정도

4/3 [ikstént] n

★★★☆☆

출제확률 15.1%

The extent and rate of diffusion depend on the degree of social contact.
확산의 범위와 비율은 사회접촉 정도에 달려 있다. ('07)

» ex(밖으로) + tent(늘이다) → (밖으로 늘린) 범위, 정도

---

799 **conference** ⓢ **convention, seminar, forum** 협의, 회의

4/3 [kɑ́nfərəns] n

★★★☆☆

출제확률 15.1%

Newell will appear as a special guest speaker at the International Tourism Conference. Newell은 국제 관광회의에 특별 게스트로 등장할 것이다. ('00)

» confer(모으다) + ence(~것) → (사람들을) 모아서 하는 것 → 회의

800 **beverage** Ⓢ liquid, liquor, drink **음료**

4/3 [bévəridʒ] n

★★★☆☆

출제확률 15.1%

Surveys by a beverage company about its image showed very favorable public attitude.
한 음료회사에 의한 설문조사에서 그 회사에 대한 대중의 이미지가 매우 좋게 나왔다. ('10)
» bever(= drink 음료) + age(명접) → 음료

801 **stripe** **striped** **줄무늬; 줄무늬를 넣다**

4/3 [stráip] n, v

★★★☆☆

출제확률 15.1%

One has flowers and the other has stripes.
하나는 꽃무늬가 있고, 다른 하나는 줄무늬가 있다. ('07)
» get one's stripes : 승진하다

줄무늬가 있는

802 **tragic** **tragedy** **비극의, 참혹한**

4/3 [trǽdʒik] a

★★★☆☆

출제확률 15.1%

People have been motivated to conserve them after discovering the tragic realities.
사람들이 참혹한 현실을 알게 된 뒤로 그것들을 보존해야겠다는 마음을 갖게 되었다. ('04)
» be motivated to : ~에 동기부여 되다

비극

803 **paralyze** **paralyzed paralyzing** **마비시키다**

4/3 [pǽrəlàiz] v

★★★☆☆

출제확률 15.1%

Kevin had a car accident three years ago, and his legs were paralyzed.
케빈은 3년 전에 교통사고를 당해 다리가 마비되었다. ('07)
» Ⓢ cripple, disable, immobilize

마비된 | (현재분사)

804 **pine** **솔, 소나무; 애타게 그리워하다**

4/3 [páin] n, v

★★★☆☆

출제확률 15.1%

Bristlecone pines are unusual trees that grow in the mountain regions of western America.
브리슬콘 소나무는 특이한 소나무로, 아메리카 서부지역에 있는 산에서 서식한다. ('11)
» pain(고통)에서 파생되었다.

805 **conform** **conforming conformity** **따르다, 순응하다**

4/3 [kənfɔ́:rm] v

★★★☆☆

출제확률 15.1%

No one seems to conform to our way of thinking.
그 누구도 우리가 생각하는 방식을 따르려는 것 같지 않다. ('11)
» con(같이, 함께, 서로) + form(만들다, 형성하다) → 함께 만든 것을 따르다

(현재분사) | 순응

806 **somehow** Ⓢ one way or another **어떻게든 해서, 아무튼**

4/3 [sʌ́mhàu] ad

★★★☆☆

출제확률 15.1%

Somehow she even knew I would become a famous fiction-writer.
어쩐지 그녀는 내가 유명한 소설 작가가 될 것이라는 것도 알고 있다. ('97)
» some(조금) + how(어떻게) → 어떻게든 좀 → 아무튼

807 **abundant** **abundance** **풍부한**

4/3 [əbʌ́ndənt] a

★★★☆☆

출제확률 15.1%

The country has abundant energy resources.
그 나라는 풍부한 에너지 자원을 보유하고 있다.
» ab(= away 훨씬) + (o)und(= overflow 넘치다) → 훨씬 넘치는 → 풍부한

풍부

808 **vote** **voted voter** **투표, 표결**

4/3 [vóut] n

★★★☆☆

출제확률 15.1%

It has succeeded in registering hundreds of thousands of voters.
수십만 명의 유권자를 등록시키는데 성공했다. ('09)
» vow(맹세하다)에서 파생되었다. * succeed in : ~을 성공시키다

투표를 통해 선발된 | 유권자, 투표자

809 **eliminate** **eliminating elimination** **제거하다, 배출하다**
4/3 [ilímənèit] v
★★★☆☆
출제확률 15.1%
They are trying to eliminate documents written in local language.
그들은 지역 언어로 쓰여진 문서들을 제거하려고 노력했다.
» e(밖으로) + limin(= threshold 문지방) + ate(~하다) → 문 밖으로 보내다 → 제거하다
(현재분사) | 제거

810 **deed** **misdeed** **행위, 업적, 실행**
4/3 [dí:d] n
★★★☆☆
출제확률 15.1%
Heros sometimes perform amazing deeds in difficult situations.
영웅들은 때때로 어려운 상황에서 놀라운 일을 해낸다. ('07)
» do의 명사형이다.
비행, 나쁜 짓

811 **passive** **ⓢ inactive, uninvolved** **소극적인, 수동적인**
4/3 [pǽsiv] a
★★★☆☆
출제확률 15.1%
You will have avoided being merely a passive observer.
당신은 단순히 수동적인 방관자가 되려고 하지 않을 것이다. ('09)
» pass(괴로워하다) + ive(~는) → 괴로움을 느끼는 수동적인 상태

812 **starve** **starvation starving** **굶어죽다, 갈망하다**
4/3 [stá:rv] n
★★★☆☆
출제확률 15.1%
Is there anything to eat, George? I'm starving.
조지, 뭐 좀 먹을 것 있니? 나 배고파 죽겠어. ('07)
» star(= stiff 뻣뻣한) + ve(~하다) → (몸이) 뻣뻣해지다 → 굶어 죽다
굶주림, 기아 | (현재분사)

813 **multiple** **ⓢ various, numerous** **다수의**
4/3 [mʌ́ltəpl] a
★★★☆☆
출제확률 15.1%
They develop expertise in multiple areas.
그들은 다방면에서 전문성을 개발시킨다. ('08)
» multi(많은) + pl(접다) → 많이 접으니 여러 가지다

814 **passage** **ⓢ path, route** **구절, 통로**
4/3 [pǽsidʒ] n
★★★☆☆
출제확률 15.1%
It can happen that one's memories grow much sharper even after a long passage of time.
심지어 사람의 기억력이 오랜 시간이 지난 뒤에 더 예리해지는 경우도 발생한다. ('08)
» pass(통과하다) + age(~것) → 통로 * a long passage of time : 오랜 시간[세월]

815 **prey** **ⓢ victim, target** **먹이, 희생**
4/3 [préi] n
★★★☆☆
출제확률 15.1%
The lion was running after the prey.
그 사자는 먹이를 뒤쫓고 있었다.
» run after : ~의 뒤를 쫓다

816 **odd** **odd-looking** **홀수의, 이상한**
4/3 [ɑd] a
★★★☆☆
출제확률 15.1%
If you are like most people, you should notice something odd.
만약 당신이 대다수의 사람들과 같다면, 무언가 이상한 것을 알아챘을 것이다. ('10)
이상하게 보이는

817 **stream** **ⓢ brook, creek** **시내, 개울; 흐르다**
4/3 [strí:m] n, v
★★★☆☆
출제확률 15.1%
They have a stream that has no end.
그들에게는 그 끝을 알 수 없는 시내가 있다. ('03)
» go with[against] the stream : [시대] 흐름을 따라가다[거스르다]

족집게 보카 TEST Day 20

1. 아래의 단어에 맞는 뜻을 골라 선으로 이어주세요.

778 chew	ⓐ 보존하다
793 sink	ⓑ 씹기; 씹다
805 conform	ⓒ 줄무늬; 줄무늬를 넣다
797 clue	ⓓ 편견; 편견을 갖게하다
788 emerge	ⓔ 싱크대; 가라앉다
780 expand	ⓕ 고난
791 genre	ⓖ 실마리, 힌트
802 tragic	ⓗ 범위, 정도
798 extent	ⓘ 장르
781 bias	ⓙ 따르다, 순응하다
792 hardship	ⓚ 비극의, 참혹한
801 stripe	ⓛ 어떻게든 해서, 아무튼
806 somehow	ⓜ 넓히다, 확장(확대) 하다
789 conserve	ⓝ 나타나다, 출몰하다

2. 아래 문장의 알맞은 뜻을 보기에서 고르세요.

a. Global markets that expand rapidly ( )
b. One has flowers and the other has stripes. ( )
c. "emerging" countries are not vastly different from one another. ( )
d. Much less comes from commercial and residential heating. ( )
e. The cow can adapt to the new food. ( )
f. We become aware of their existence when we are infants. ( )
g. Surveys by a beverage company about its image showed very favorable public attitude. ( )

보 기

① 한 음료회사에 의한 설문조사에서 그 회사에 대한 대중의 이미지가 매우 좋게 나왔다.
② 급팽창하는 글로벌 시장
③ "개발"도상국들은 서로 크게 다르지는 않다.
④ 우리가 갓난아기일 때 그들의 존재를 알게 된다.
⑤ 그 소는 새로운 먹이에 적응할 것이다.
⑥ 상업용과 주거용에서는 훨씬 적은 열이 발생한다.
⑦ 하나는 꽃무니가 있고, 다른 하나는 줄무늬가 있다.

정답: ② ⑦ ③ ⑥ ⑤ ④ ①

19년간 수능 기출 영단어 10만개를 모조리 통계내어 만든

족집게 보카 Day 21

818 **vague** — **vaguely vagueness** — **어렴풋한, 애매한, 막연한**
4/3 [véig] a
★★★☆☆
출제확률 15.1%

We have learned to avoid vagueness in communication.
우리는 의사소통에 있어서 애매한 표현을 피하도록 배웠다. ('10)
» vag(돌아다니다) + ue → 돌아다니니 확실하지 않음 → 어렴풋함

모호하게, 희미하게 | 막연함

819 **pat** — **patting** — **(가볍게) 두드림; 두드리다; 안성맞춤인**
4/3 [pǽt] n, v, a
★★★☆☆
출제확률 15.1%

Patting with the palm of the hand
손바닥으로 토닥거리기 ('10)
» 의성어

(현재분사)

820 **chief** — **chiefly** — **우두머리, 장**
4/3 [tʃíːf] n
★★★☆☆
출제확률 15.1%

Let's suppose that the same fire chief has asked you to paint a picture on his firehouse.
그 동일한 소방대장이 당신에게 소방서에 그림을 그려달라는 요청을했다고 가정해보자. ('10)
» CEO(Cheif Executive Officer) : 최고 경영자

주로, 대개

821 **route** — **ⓢ way, path, direction** — **길, 방법**
4/3 [rúːt] n
★★★☆☆
출제확률 15.1%

What route is probably the fastest?
어떤 길이 가장 빠를 것 같습니까? ('03)

822 **bubble** — **bubbling** — **거품; 거품이 일다**
4/3 [bʌ́bl] n, v
★★★☆☆
출제확률 15.1%

"Um-mah," I cried at her, my irritation already bubbling over, "the basket's over here!"
"엄-마" 나는 그녀에게 소리쳤다. 나의 짜증은 이미 달아올랐다. "그 바구니 여기 있다구요!" ('09)
» bubble over : (감정 등이) 달아오르다

(현재분사)

823 **justice** — **ⓢ honesty, fairness, integrity** — **정의, 공정**
4/3 [dʒʌ́stis] n
★★★☆☆
출제확률 15.1%

Its mission is to move the nation towards social, racial, and economic justice.
그것의 임무는 국가를 사회적, 인종적 경제적으로 정의롭게 만드는 것이다. ('09)
» just(올바른, 공정한) + (i)ce(~것) → 올바른 것

824 **constitute** — **constitution** — **구성하다**
4/3 [kánstətjùːt] v
★★★☆☆
출제확률 15.1%

Freedom of speech is guaranteed by the Constitution.
언론의 자유는 헌법에 의해 보장되어 있다.
» con(함께) + stitu(te)(~을 세우다) → 함께 세우다 → 구성하다

구성, 헌법

825 **gesture** | **gestured** | **몸짓, 제스쳐; 몸짓을 하다**

4/3 [dʒéstʃər] n, v

★★★☆☆

출제확률 15.1%

People should fully understand the essential role of hand gestures.
사람들은 손짓의 본질적인 역할에 대해 완전히 이해해야 한다. ('03)
» gest(= carry (몸짓으로) 나르다) + ure(~것) → 몸짓으로 (상대방에게) 알려주는 것

(과거, 과거분사)

---

826 **escape** | ⓢ **evade, avoid, dodge** | **탈출; 탈출하다**

4/3 [iskéip] n, v

★★★☆☆

출제확률 15.1%

Heat will not escape unnecessarily during the winter.
겨울에 불필요하게 열이 새어 나가지 못할 것이다. ('01)
» es(= ex 밖으로) + cape(머리) → 머리가 밖에 있다 → 달아나다

---

827 **polish** | **polished polishing** | **광택(제), 폴란드어; 닦다, 윤내다**

4/3 [pálij] n, v

★★★☆☆

출제확률 15.1%

Industrial diamonds are used in many grinding and polishing operations.
산업용 다이아몬드는 다양한 갈기와 광내는 작업에 사용된다. ('07)
» poli(도시) + sh → 도시처럼 잘 닦인 → 닦다 * used in : ~에 쓰이다

윤[광]이 나는 | 광내기, 연마

---

828 **penny** | **penniless** | **페니, 푼돈**

4/3 [péni] n

★★★☆☆

출제확률 15.1%

This poor little boy spent the next six years, working fifteen hours a day for pennies.
이 불쌍한 어린 소년은 다음 6년간을 단 몇푼을 벌기 위해 하루에 15시간씩 일하였다. ('02)
» 1센트짜리 동전을 1페니라고 부른다

무일푼인, 매우 가난한

---

829 **basis** | ⓢ **foundation, groundwork** | **기초, 근거, 이유, 기준**

4/3 [béisis] n

★★★☆☆

출제확률 15.1%

The company can re-plan its strategy on the basis of the consultant's advice.
그 회사는 컨설턴트의 조언에 따라 전략을 재수정 할 수 있다. ('03)
» basic(기초)의 파생형이다. * on the basis of : ~을 기반으로, ~에 근거하여

---

830 **encounter** | **encountered** | **마주침; 맞닥뜨리다, 만나다**

4/3 [inkáuntər] n, v

★★★☆☆

출제확률 15.1%

One encounters a wide variety of genres from easy listening to jazz and classical music. 듣기 쉬운 재즈에서부터 클래식에 이르기까지 다양한 장르를 만나게 된다. ('07)
» en(만들다) + counter(= against 반대) → 맞닥뜨리다

(과거, 과거분사)

---

831 **desert** | **deserted** | **사막; 버리다, 없어지다; 사막과 같은**

4/3 [dézərt] n, v, a

★★★☆☆

출제확률 15.1%

Let's say you are driving across the desert.
당신이 사막을 운전하여 횡단한다고 가정해보자. ('00)
» de(분리) + sert(= join 결합) → 결합되지 않고 떨어져 나간 곳

사람이 없는, 버림받은

---

832 **digest** | **digestion digestive** | **요약; 소화하다**

4/3 [daiʒést] n, v

★★★☆☆

출제확률 15.1%

The digestive system of the goat is different from that of the sheep or the cow.
염소의 소화체계는 양과 소의 그것과는 다르다. ('00)
» di(= apart 찢어져서, 따로따로) + gest(나르다) → 잘게 나누다 → 소화하다

소화 | 소화를 돕는, 소화제

---

833 **haste** | **hasty** | **서두름, 조급**

4/3 [héist] n

★★★☆☆

출제확률 15.1%

Hasty eaters then broke tiny branches off trees to pick out the hot food. 급하게 음식을 먹는 사람들은 그 뜨거운 음식을 꺼내기 위해 나무에서 작은 가지들을 꺾었다. ('02)
» pick out : 꺼내다, 골라내다, 뽑다, 선택하다

급한, 성급한

834 **media** 매스컴, 미디어

4/3 [mí:diə] n

★★★☆☆

출제확률 15.1%

Electronic media and computer games are becoming more influential.
전자 미디어와 컴퓨터 게임은 더욱 영향력이 커지고 있다. ('05)
» med(중간에) + ia(~것) → 사건을 중간에서 전달해 주는 것

835 **detect** **detector** 발견하다

4/3 [ditékt] v

★★★☆☆

출제확률 15.1%

The doctor carries out some special tests to detect such dangerous diseases as cancer. 그 의사는 암 등의 위험한 질병을 찾아내기 위해 일부 특수 검사를 진행한다. ('05)
» de(제거하다) + tect(= cover 덮개) → 덮개를 제거하다 → 발견하다 * carry out : 수행[진행]하다

탐지기

836 **autograph** ⓢ **signature** 서명, 자필

4/3 [ɔ́:təgræ̀f] n

★★★☆☆

출제확률 15.1%

Could I please have your autograph?
사인을 받을 수 있을까요? ('05)
» auto(스스로) + graph(쓰다) → 스스로 쓴 것

837 **mechanical** **mechanic** 기계상의, 기계적인

4/3 [məkǽnikəl] a

★★★☆☆

출제확률 15.1%

Mechanical clocks started appearing on towers in Italy in the 14th century.
기계로 작동하는 시계는 14세기 이탈리아의 타워에서 등장하기 시작했다. ('05)
» mechanic(기계공) + al(~한) → 기계적인

수리공

838 **ought** ~하기로 되어 있다

4/3 [ɔ́:t] aux, v

★★★☆☆

출제확률 15.1%

You ought to go on a diet.
당신은 다이어트를 해야 한다. ('04)
» ought은 to와 함께 쓰이며 should보다 강한 의무를 뜻한다.

839 **sincere** **sincerity** 성실한, 진실한

4/3 [sinsíə:r] a

★★★☆☆

출제확률 15.1%

Get in touch with the person you wronged, and ask for forgiveness in all sincerity. 당신이 실수한 사람에게 연락하여 정중히 용서를 구하라. ('03)
» get in touch with : ~와 연락하고 지내다

성실, 정직

840 **democracy** ⓢ **republic, self-government** 민주주의, 민주정치

4/3 [dimákrəsi] n

★★★☆☆

출제확률 15.1%

We have the good fortune to live in a democracy.
우리는 민주주의 사회에 사는 행운을 누리고 있다. ('02)
» demo(민중의) + cracy(통치) → 민주주의

841 **telescope** ⓢ **scope, glass, spyglass** 망원경

4/3 [téləskòup] n

★★★☆☆

출제확률 15.1%

We explore the universe by observing it with all kinds of telescopes.
우리는 모든 종류의 망원경을 이용하여 관찰함으로서 우주를 탐험한다. ('02)
» tele(멀리) + scope(보다) → 멀리 볼 수 있게 하는 것 → 망원경

842 **leap** ⓢ **bounce, hop, jump** 뜀, 도약; 껑충 뛰다

4/3 [lí:p] n, v

★★★☆☆

출제확률 15.1%

Look before you leap.
잘 생각해 보고 행동하라(돌다리도 두들겨 보고 건너라). ('01)

843 **simultaneous** **simultaneously** **동시의**

3/3 [sàiməltéiniəs] a

★★★☆☆

출제확률 15.1%

We noticed our friend talking on the phone while simultaneously checking on dinner. 우리는 친구가 전화 통화를 하면서 저녁식사를 준비하고 있다는 것을 알게 되었다. ('04

» simul(비슷한) + tan(순간) + eous(~한, ~의) → 비슷한 순간의

동시에

844 **latter** Ⓢ **second, last** **나중 것의, 뒤쪽의**

3/3 [lǽtər] a

★★★☆☆

출제확률 15.1%

The former approximates to zero and the latter to infinity.

전자는 대략 0이고 후자는 무한대이다. ('11)

» late(후기의) + er(~것) → 나중의 것

845 **livestock** **가축, 가축류**

3/3 [láivstɑ̀k] n

★★★☆☆

출제확률 15.1%

The country's economy is based on agricultural and livestock products.

그 국가의 경제는 농산물과 축산물에 기반하고 있다.

» live(살아있는) + stock(재고) → 살아있는 재고는 가축들이다

846 **conceal** **concealed** Ⓢ **hide, screen, reveal** **숨기다, 감추다**

3/3 [kənsíːl] v

★★★☆☆

출제확률 15.1%

It was his practice to conceal himself at previews of his paintings to hear public opinions.

그것은 시사회에서 그의 그림이라는 것을 숨겨 대중의 의견을 들어보려는 그의 습관이었다. ('11)

» con(함께) + ceal(봉해진) → 함께 봉해진(숨겨진) 것

(과거, 과거분사)

847 **mineral** **광물**

3/3 [mínərəl] n

★★★☆☆

출제확률 15.1%

The so-called nonliving elements are minerals, oxygen, and sunlight.

소위 무생물 요소라 불리는 것들에는 광물, 산소, 햇빛이 있다. ('10)

» so-called : 소위 ~라고 불리는

848 **therapy** Ⓢ **treatment, remedy, cure** **therapist** **치료, 요법**

3/3 [θérəpi] n

★★★☆☆

출제확률 15.1%

The problems of musical therapy for two-year-olds

2살배기 아이를 위한 음악 치료법의 문제점들 ('06)

» therapy for : ~를 위한 치료요법

전문 치료사

849 **deliberate** **deliberately** **~을 숙고하다; 신중한, 침착한**

3/3 [dilíbərət] v, a

★★★☆☆

출제확률 15.1%

They deliberately positioned themselves between frustration and boredom.

그들은 화가 난것과 무덤덤한 것 중에 자신의 입장을 신중하게 표명하였다. ('10)

» de(강조) + liber(수평) + ate(~하다) → 확실히 수평인지 확인하다 → 신중한

의도적으로, 신중하게

850 **grateful** Ⓢ **appreciative, thankful** **고마워하는**

3/3 [gréitfəl] a

★★★☆☆

출제확률 15.1%

The person receiving it will be touched and grateful.

그것을 받는 사람은 감동받고 고마워할 것이다. ('03)

» grat(감사, 기뻐하는) + ful(가득 찬) → 기쁨으로 가득차서 → 고마워하는

851 **urgent** Ⓢ **critical, desperate, crucial** **긴급한, 절박한**

3/3 [ə́ːrdʒənt] a

★★★☆☆

출제확률 15.1%

We're in the middle of an urgent job right now, so it will take about two hours.

우리는 현재 급한 업무 중이어서 2시간 정도 걸릴 것 같습니다. ('07)

» urge(재촉하다) + ent(~한) → 재촉하는 → 긴급한

852 **overall** ⓢ general, entire, whole 작업바지; 전부의, 종합적인

3/3 [óuvərɔ́:l] n, a

★★★☆☆

출제확률 15.1%

We need to closely look at the overall change in the enrollment rate in the 1980s.
우리는 1980년대의 전반적인 등록비율의 변화를 눈여겨 볼 필요가 있다. ('09)
» over(~를 넘어, 걸쳐) + all(모두) → 모두에 걸쳐

853 **adjust** adjusting ⓢ adapt, accustom, conform 적응시키다, 조정하다

3/3 [ədʒʌ́st] v

★★★☆☆

출제확률 15.1%

Most of us try to adjust our attitudes and behaviors to a rapid pace of living and working.
우리 대부분은 업무와 삶의 속도에 우리의 태도와 행동을 맞춰가려고 노력한다. ('04)
» ad(~에) + just(올바르게 하다) → ~에 적응시키다

조절

854 **flexible** flexibility ⓢ elastic, plastic, pliable 구부리기 쉬운, 융통성 있는

3/3 [fléksəbl] a

★★★☆☆

출제확률 15.1%

The branches then go through a complex process to become strong and flexible paper. 강하고 유연한 종이가 되기 위해 나뭇가지들은 복잡한 과정을 거치게 된다. ('04)
» flex(구부리다) + able(~할 수 있는) → 구부릴 수 있는

융통성, 탄력성

855 **elegant** elegance ⓢ beautiful, fashionable, delicate 기품 있는, 품위 있는

3/3 [éligənt] a

★★★☆☆

출제확률 15.1%

They were constantly trying to make dolls more elegant and beautiful.
그들은 계속해서 인형을 더 우아하고 아름답게 만들려고 노력했다. ('09)
» e(밖으로) + leg(고르다) + ant(~한) → (좋은 것을) 골라낸

우아, 고상, 세련

856 **cherish** cherished ⓢ look after, nurture, care for 소중히 하다, 마음에 품다

3/3 [tʃériʃ] v

★★★☆☆

출제확률 15.1%

That's why my family members cherish me.
그것이 바로 우리 가족 구성원들이 나를 소중히 여기는 이유이다. ('05)
» that's why : 그것이 바로 ~한 이유이다

(과거, 과거분사)

857 **substitute** substituting ⓢ replacement, reserve, sub 대리인, 후보; 대리하다, 대용하다

3/3 [sʌ́bstətjù:t] n, v

★★★☆☆

출제확률 15.1%

Could you be a substitute for me?
저의 대리인이 되어 주시겠습니까? ('08)
» sub(아래에) + st(= stand 서 있는) + tute(~것) → 주전 바로 밑에 있는 후보, 대리인

(현재분사)

858 **diabetes** 당뇨병

3/3 [dàiəbí:tis] n

★★★☆☆

출제확률 15.1%

Dietary fiber reduces the risk of heart disease and diabetes.
식이섬유는 심장병과 당뇨병의 위험을 줄여준다. ('07)

859 **extraordinary** extraordinarily 대단한, 비상한

3/3 [ikstrɔ́:rdənèri] a

★★★☆☆

출제확률 15.1%

Mom was an extraordinarily clean person.
엄마는 대단히 깨끗한 사람이었다. ('04)
» extra(~을 넘어선) + ordin(순서, 질서) + ary(~한, ~하는) → 보통이 아닌

비상하게

860 **surf** surfboard surfing 밀려드는 파도; 파도타기를 하다

3/3 [sə́:rf] n, v

★★★☆☆

출제확률 15.1%

He can watch movies, chat with friends, play games, surf the Internet.
그는 영화보기, 친구와 잡담하기, 게임하기, 인터넷 서핑 등을 할 수 있다. ('06)

서핑 보드 | 파도타기

족집게 보카 TEST Day 21

1. 아래의 단어에 맞는 뜻을 골라 선으로 이어주세요.

821 route •	ⓐ 광택(제), 폴란드어; 닦다, 윤내다
848 therapy •	ⓑ 길, 방법
827 polish •	ⓒ 동시의
844 latter •	ⓓ 구성하다
843 simultaneous •	ⓔ 치료, 요법
839 sincere •	ⓕ 발견하다
834 media •	ⓖ 성실한, 진실한
845 livestock •	ⓗ 망원경
841 telescope •	ⓘ 매스컴, 미디어
824 constitute •	ⓙ 거품; 거품이 일다
835 detect •	ⓚ 가축, 가축류
822 bubble •	ⓛ 기계상의, 기계적인
837 mechanical •	ⓜ 요약; 소화하다
832 digest •	ⓝ 나중 것의, 뒤쪽의

2. 아래 문장의 알맞은 뜻을 보기에서 고르세요.

a. Industrial diamonds are used in many grinding and polishing operations. (　　)
b. Electronic media and computer games are becoming more influential. (　　)
c. The former approximates to zero and the latter to infinity. (　　)
d. Could I please have your autograph? (　　)
e. The digestive system of the goat is different from that of the sheep or the cow. (　　)
f. Free of speech is guaranteed by the Constitution. (　　)
g. Its mission is to move the nation towards social, racial, and economic justice. (　　)

보 기

① 염소의 소화체계는 양과 소의 그것과는 다르다.
② 그것의 임무는 국가를 사회적, 인종적 경제적으로 정의롭게 만드는 것이다.
③ 산업용 다이아몬드는 다양한 갈기와 광내는 작업에 사용된다.
④ 언론의 자유는 헌법에 의해 보장되어 있다.
⑤ 전자 미디어와 컴퓨터 게임은 더욱 영향력이 커지고 있다.
⑥ 사인을 받을 수 있을까요?
⑦ 전자는 대략 0이고 후자는 무한대이다.

정답: ③ ⑤ ⑦ ⑥ ① ④ ②

You can do it!

Yes, I can.

출제확률 100%에 도전하는 족집게 보카

4 Week

수능 영단어 50일(7주) 스피드 완성

이것이 바로 우선순위 영단어 족보다!

19년간 수능 기출 영단어 10만개를 모조리 통계내어 만든

족집게 보카 Day 22

861 **nuclear** 3/3 [njú:kliər] n, a ★★★☆☆ 출제확률 15.1%	**nuclear-explosion** **핵무기; 핵의** There is no chance that nuclear energy will ever be obtainable. 핵 에너지를 구할 수 있는 방법은 없다. ('05) » nuclear bomb : 핵무기, 핵폭탄	핵폭발
862 **rot** 3/3 [rát] n, v ★★★☆☆ 출제확률 15.1%	**rotten rotting** **썩음, 부패; 썩다** The rotting, dead tree-stems and the empty, eye-like windows. 썩어 죽은 나무줄기와 눈처럼 생긴 텅빈 창문. ('04)	썩은, 부패한 | (현재분사)
863 **defeat** 3/3 [difí:t] n, v ★★★☆☆ 출제확률 15.1%	**defeated** **패배; 패배시키다** The trip had completely defeated the father's purpose. 그 여행은 아버지의 목적과 완전히 다른 결과를 가져다 주었다. ('03) » de(= down 아래) + feat(= make 만들다) → 아래로 만들어버리다 → 패배시키다	패배한
864 **scent** 3/3 [sént] n, v ★★★☆☆ 출제확률 15.1%	ⓢ **fragrance, perfume, aroma** **냄새, 향내; 냄새를 맡다** No songs of birds were in the air, no pleasant scents, no moving lights and shadows. 지저귀는 새소리도, 기분좋은 향내도, 지나가는 빛이나 그림자도 없었다. ('94) » scent(= feel 느끼다) → 무언가를 느낌 → 냄새	
865 **peak** 3/3 [pí:k] n, v, a ★★★☆☆ 출제확률 15.1%	ⓢ **climax, culminate** **뾰족한; 뾰족해지다; 최고의** He probably travels at a peak time when the airports are crowded and unpleasant. 그는 아마 공항에 가장 사람이 많고 불편할 때 여행을 간다. ('94) » pick에서 파생했다. pick은 '고르다'라는 의미도 있지만 '뾰족한 끝'이라는 의미도 있다.	
866 **flavor** 3/3 [fléivər] n, v ★★★☆☆ 출제확률 15.1%	**맛, 향기; 풍미(향기)를 더하다** Many superior coffee beans are being decaffeinated in ways that conserve strong flavors. 많은 고급 커피원두는 강한 향은 보존하면서 카페인은 제거된다. ('09) » in ways : ~방법들로	
867 **procedure** 3/3 [prəsí:dʒər] n ★★★☆☆ 출제확률 15.1%	ⓢ **process, course, method** **수속, 진행** This procedure is needed not only for you but also for the person who receives your gift. 이 절차는 당신 뿐만이 아니라 선물을 받게 될 사람에게도 필요하다. ('09) » pro(앞으로) + ced(= go 가다) + ure(~것) → 앞으로 가는 것	

868 **approximate** **approximately approximation** ~에 가까워지다; 대략의

3/3 [əprάksəmèit] v, a

★★★☆☆

출제확률 15.1%

Parent-infant 'co-sleeping' is the norm for approximately 90 percent of world population. 전 세계 인구의 약 90%가 부모와 아이가 함께 자는 것을 당연하게 여긴다. ('10)

» ap(= to ~에) + proxim(= near 가까운) + ate(하다) → ~에 가까워지다

대략 | 근사치

869 **exceed** **exceeded** 넘다, 능가하다

3/3 [iksí:d] v

★★★☆☆

출제확률 15.1%

Its weight cannot exceed 2,000 kilograms.

무게는 2,000 킬로그램을 초과할 수 없다. ('06)

» ex(밖으로, ~를 넘어) + ceed(= go 가다) → 능가하다

(과거, 과거분사)

870 **mutual** Ⓢ **reciprocal** 서로의, 상호간의

3/3 [mjú:ʧuəl] a

★★★☆☆

출제확률 15.1%

The making of this requires the mutual agreement of two or more.

이것을 구성하는 데에는 둘 혹은 그 이상의 상호간 동의가 필요하다. ('10)

» mut(= change 바꾸다) + (u)al(~한) → 바꾸는 → 서로의 * mutual agreement : 상호 동의

871 **split** Ⓢ **crack, chop, break** 쪼개다, 나누다

3/3 [splít] v

★★★☆☆

출제확률 15.1%

A nurse showed me my helmet and it was split in half.

한 간호사가 두 동강 난 내 헬멧을 보여주었다. ('97)

872 **visual** **visualization** 영상; 시각의, 보는

3/3 [víʒuəl] n, a

★★★☆☆

출제확률 15.1%

Reading develops the powers of imagination and inner visualization.

독서는 상상력과 심상을 개발시켜 준다. ('97)

» vis(보다) + (u)al → 보는 것, 시각의

시각화, 심상

873 **incentive** Ⓢ **motivation, stimulus, spur** 동기, 격려; 자극적인

3/3 [inséntiv] n, a

★★★☆☆

출제확률 15.1%

Poor distribution provided little incentive to purchase the new product.

불충분한 배급망은 신제품을 사고자 하는 동기를 조금밖에 부여하지 못했다. ('09)

» in(안에) + cent(중앙) + ive(~한) → 사람의 중심인 마음을 움직이게 하는 것 → 동기

874 **luxury** **luxuriant luxurious** 사치(품); 사치(품)의, 고급의

3/3 [lʌ́kʃəri] n, a

★★★☆☆

출제확률 15.1%

Especially in the 1930s and 1940s, people did not allow the acquisition of luxury goods. 특히 1930~1940년대 사람들은 사치품의 구입을 허용하지 않았다. ('09)

» lux(= light 빛나다) + ury(~것) → 빛나는 것 → 사치(품) * luxury goods : 사치품

풍부한 | 호화로운

875 **dozen** 다스, 12

3/3 [dʌ́zn] n

★★★☆☆

출제확률 15.1%

Dozens of wildflowers of countless varieties cover the ground.

셀 수 없을 정도로 다양한 야생화가 지면을 덮고 있다. ('08)

» dozens : 수 십개, 많은

876 **cease** **ceasing unceasing** 그만두다, 그치다

3/3 [sí:s] v

★★★☆☆

출제확률 15.1%

The ocean extends without cease in all directions.

그 바다는 막힘 없이 사방팔방으로 뻗어 있다.

» in all directions : 사방팔방으로

중지 | 끊임없는

877 **hence** 3/3 [héns] ad ★★★☆☆ 출제확률 15.1%

ⓢ therefore, consequently, thus **그러므로**

Hence, the time spent on regular examinations is a sensible investment in good health. 그러므로, 정기 (건강) 검진에 보낸 시간은 건강에 대한 현명한 투자다. ('05)

» therefore와 동일한 의미이다.

878 **vital** 3/3 [váitl] a ★★★☆☆ 출제확률 15.1%

ⓢ crucial, essential, significant **필수적인, 생명의**

Another vital factor is increasing one's responsiveness to the markets.

또 다른 필수 요소는 시장에 대한 반응성을 증가시키는 것이다. ('06)

» 라틴어 vivere(살다, 生) + al(~의)의 결합이다.

879 **persuade** 3/3 [pərswéid] v ★★★☆☆ 출제확률 15.1%

persuading persuasive **설득하다**

His argument is not persuasive.

그의 주장은 설득적이지 않다. ('04)

» per(완전히) + suade(= advise 조언하다) → 완전히 조언하다 → 설득하다

(현재분사) | 설득력 있는

880 **deny** 3/3 [dinái] n, v ★★★☆☆ 출제확률 15.1%

denying undeniably **부인; 부정하다**

Her response to the death of her lover was undeniably charming.

사랑하는 이의 죽음에 대한 그녀의 반응은 부인할 수 없을 만큼 매력적이었다. ('05)

» ⓢ refuse, forbid, prohibit

(현재분사) | 명백하게

881 **infinity** 3/3 [infínəti] n ★★★☆☆ 출제확률 15.1%

infinite **무한대**

They help us narrow the infinity of possible futures down to one or, at least, a few.

그들은 우리가 불확실한 미래를 하나 혹은 적어도 몇 개로 줄일 수 있도록 도움을 준다. ('05)

» in(없다, 아니다) + finite(한계, 유한의) + y(~것) → 한계가 없는 것

무한한

882 **admission** 3/3 [ædmíʃən] n ★★★☆☆ 출제확률 15.1%

ⓢ entrance, initiation, admittance **입장(입학, 입회, 입국)**

The cost of free galleries is so high that visitors should pay admission.

무료 갤러리의 비용이 너무 높아 방문객들은 입장료를 지불해야 한다. ('03)

» admit(받아들이다) + sion(~것) → 받아들이는 것

883 **frame** 3/3 [fréim] n, v ★★★☆☆ 출제확률 15.1%

framed **구조, 골격, 틀, 액자; 형성하다**

When you look at other photographers' work, pay attention to how they fill the frame.

다른 사진작가들의 작품을 보게 되면 그들이 어떻게 액자를 채우는지를 주목해서 보라. ('06)

» frame ~ to oneself : ~을 마음에 그리다

틀에 낀

884 **lay** 3/3 [léi] v ★★★☆☆ 출제확률 15.1%

ⓢ place, put down, leave **눕히다, 놓다**

If you feel sick, lay down back there.

몸이 아프면 거기에 기대어 누우세요.

» lay down : ~을 내려놓다, 눕다

885 **restore** 3/3 [ristɔ́:r] v ★★★☆☆ 출제확률 15.1%

restoration restorer restoring **회복시키다**

Painting restorers are highly trained in their techniques.

회화 복원가들은 고도의 기술 훈련을 받은 사람들이다. ('05)

» painting restorer : 회화 복원가 * restoring force : 복원력

복원, 회복 | 복원[복구] 전문가 | (현재분사)

886 **prevalent**
3/3 [prévələnt] a
★★★☆☆
출제확률 15.1%

ⓢ **general, common, widespread** **유행하는, 퍼지는**

That is the prevalent opinion that Korean soccer team is going to win over Japan.
대한민국 축구팀이 일본을 이긴다는 것이 전반적으로 우세한 의견이다.
» pre(미리) + val(강하다, 가치가 있다) + ent(~한) → 이미 가치가 있는 것은 유행한 것

887 **urge**
3/3 [ə́:rdʒ] n, v
★★★☆☆
출제확률 15.1%

ⓢ **recommend, advise, advocate** **충동; 재촉하다, 충고[권고]하다**

He urges pumpkin buyers to create their own zoos this Halloween.
그는 호박 바이어들에게 이번 할로윈에 그들만의 동물원을 만들어 달라고 재촉했다. ('05)

888 **abandon**
3/3 [əbǽndən] a
★★★☆☆
출제확률 15.1%

abandoned **버리다, 그만두다**

We have abandoned our relationship with the food we eat.
우리는 우리가 먹던 음식을 안먹기로 했다. ('08)
» a(강조) + band(= bind 묶다) + on(어미) → (무언가를 못하도록) 묶다 → 금지하다 → 그만두다
버림받은

889 **overwhelming**
3/3 [òuvərhwélmiŋ] a
★★★☆☆
출제확률 15.1%

ⓢ **powerful, stunning** **압도적인**

People feel an overwhelming need to fill it.
사람들은 그것을 채워야 한다는 강한 필요성을 느끼게 된다. ('10)
» over(넘어) + whelm(압도하다, 짓누르다) → 압도적인

890 **meanwhile**
3/3 [mí:nhwàil] ad
★★★☆☆
출제확률 15.1%

ⓢ **for now, in the interim** **그러는 동안**

The benefits, meanwhile, are nonexistent.
그러는 동안, 이익은 더 이상 존재하지 않는다. ('07)
» me(= middle 중간에) + an(어미) + while(~동안) → (일이 진행되는) 중간 동안

891 **pity**
3/3 [píti] n
★★★☆☆
출제확률 15.1%

pitiful **연민, 유감**

What a pity! I won't back it up next time.
유감입니다! 다음 번에는 도와 주지 않을 거예요. ('10)
» back ~ up : 도와주다
가련한, 측은한

892 **swift**
3/3 [swíft] a
★★★☆☆
출제확률 15.1%

swifter swiftly **날쌘, 신속한**

The smallmouth prefers clean, rocky bottoms and swift water.
낙연어는 깨끗하고, 유속이 빠르며, 돌 바닥인 강을 선호한다. ('10)
» swif(= sweep 쓸어 내리다) + t → 쓸듯이 지나가는 → 빠른, 신속한
더 날쌘(비교급) | 신속히, 빨리

893 **versus**
3/3 [və́:rsəs] prep
★★★☆☆
출제확률 15.1%

vs **~대, ~에 반하여**

This will enhance subtle information about light versus dark differences.
이것은 빛과 어둠의 차이에 대한 미묘한 정보를 부각시킬 것이다. ('06)
» 줄여서 'VS' 라고도 쓴다.
(= versus)

894 **solitary**
3/3 [sάlətèri] a
★★★☆☆
출제확률 15.1%

ⓢ **isolated, lone, alone** **고독한, 쓸쓸한, 혼자 있기를 좋아하는**

In rivers and streams, they are more solitary.
강이나 시내에서 그들은 더 혼자 있기를 좋아한다. ('10)
» sol(혼자) + it(상태) + ary(~한) → 혼자 있는 상태의 → 고독한

895 **tempt** 3/3 [témpt] v ★★★☆☆ 출제확률 15.1%

tempted **~의 마음을 끌다, 유혹하다**

You'll feel tempted to start using it.
당신은 그것을 사용하고 싶은 기분이 들것이다. ('05)
» be tempted to : ~를 하고싶어 하다, ~에 유혹되다

(과거, 과거분사)

896 **orient** 3/3 [ɔ́:riənt] n, v, a ★★★☆☆ 출제확률 15.1%

oriental oriented **동양; 동쪽으로 향하다; 동쪽의**

The students should create future-oriented attitudes.
학생들은 미래 지향적인 자세를 가져야 한다. ('10)
» ori(시작하다) + ent(~한) → 해는 동쪽에서부터 뜨기 시작한다 → 동양

동양의, 동양인의 | ~을 지향하는

897 **pile** 3/3 [páil] n, v ★★★☆☆ 출제확률 15.1%

piled **쌓아올린 더미; 쌓아 올리다**

He went out into the weather for wood he had piled against the garage.
그는 폭풍을 무릅쓰고 차고 앞에 쌓아놓은 장작을 가지러 나갔다. ('10)
» stack은 차곡차곡 쌓인 것을 의미하고, pile은 규칙없이 쌓여있는 것(더미)을 의미한다.

(과거, 과거분사)

898 **thrill** 3/3 [θríl] n ★★★☆☆ 출제확률 15.1%

thrilled thrilling **스릴, 전율, 감동**

It's exciting and thrilling.
흥미롭고 스릴 넘친다. ('10)
» '스릴 만점이다!'라고 말할 때 스릴이 'thrill'이다.

아주 신이 난, 흥분한 | 흥분되는, 신나는

899 **gap** 3/3 [gǽp] n ★★★☆☆ 출제확률 15.1%

ⓢ difference, contrast, disparity **틈, 차이**

He's trying to bridge the gap between himself and the actors.
그는 자신과 배우들간의 차이를 줄이고자 노력하고 있다. ('10)
» 예문의 bridge는 '(가교 역할을 하여) 줄이다'라는 의미이다.

900 **entrance** 3/3 [éntrəns] n ★★★☆☆ 출제확률 15.1%

ⓢ entry, access, admission **입구**

You can check your belongings at the room located on the right of the main entrance. 당신은 소지품들을 중앙 현관 오른편에 있는 방에서 확인할 수 있다. ('10)
» entre(= enter 들어가다) + ce(~것) → 들어가는 곳 → 입구

901 **trend** 3/3 [trénd] n, v ★★★☆☆ 출제확률 15.1%

ⓢ vogue, rage, fashion **경향, 추세; 향하다**

Trends in constructing hospitals are very positive these days.
병원 건설의 최근 경향이 매우 긍정적이다. ('08)
» ~를 향하다(tend)의 의미에서 유래되었다.

902 **nowadays** 3/3 [náuədèiz] ad ★★★☆☆ 출제확률 15.1%

ⓢ today, at the moment, now **오늘날에는**

Because it is more interesting and, nowadays, more effective.
왜냐하면 요즘에는 더 흥미롭고 더 효과적이기 때문이다. ('08)
» now(오늘) + days(날들) → 오늘날

903 **blossom** 3/3 [blɑ́səm] n, v ★★★☆☆ 출제확률 15.1%

blossoming **꽃, 개화; 꽃피다**

Using gardening as a health care tool is blossoming.
원예를 건강관리 수단으로 이용하는 것이 인기 있다. ('08)
» bloom(꽃이 피다) + ss → 꽃이 피다, 꽃

개화

족집게 보카 TEST Day 22

1. 아래의 단어에 맞는 뜻을 골라 선으로 이어주세요.

861 nuclear •	ⓐ 광고하다
878 vital •	ⓑ 무한대
880 deny •	ⓒ 서로의, 상호간의
889 overwhelming •	ⓓ 그러므로
186 mathematics •	ⓔ 필수적인, 생명의
867 procedure •	ⓕ 핵무기; 핵의
886 prevalent •	ⓖ 감명을 주다
870 mutual •	ⓗ 날쌘, 신속한
892 swift •	ⓘ 유행하는, 퍼지는
877 hence •	ⓙ 부인; 부정하다
195 impress •	ⓚ 압도적인
881 infinity •	ⓛ 동기, 격려; 자극적인
873 incentive •	ⓜ 수속, 진행
187 advertise •	ⓝ 수학

2. 아래 문장의 알맞은 뜻을 보기에서 고르세요.

a. We want answers faster than they can be delivered. (　　)
b. His brother held the bike from behind, and Robert soon became confident. (　　)
c. A new facility is now available to make your visit to our concert hall more pleasant. (　　)
d. Please remain inside until further notice. (　　)
e. I think you should major in mathematics or computer science. (　　)
f. The rotting, dead tree-stems and the empty, eye-like windows. (　　)
g. It took about six hours to reach the top. (　　)

보 기

① 추가 공지가 있을 때까지 실내에 계십시오.
② 꼭대기까지 올라가는데 6시간 걸렸다.
③ 내 생각에 당신은 수학이나 컴퓨터 공학을 전공해야 한다.
④ 썩어 죽은 나무줄기와 눈처럼 생긴 텅빈 창문.
⑤ 우리는 대답이 전달되기도 전에 답을 원한다.
⑥ 그의 형이 자전거를 뒤에서 잡아주자 Robert는 곧 자신감이 생겼다.
⑦ 신규 시설들은 현재 이용가능하며, 여러분의 콘서트 홀 방문을 더욱 즐겁게 해 드릴 것입니다.

정답: ⑤ ⑥ ⑦ ① ③ ④ ②

19년간 수능 기출 영단어 10만개를 모조리 통계내어 만든

족집게 보카 Day 23

904 **certificate** [sərtífikət] n, v
3/3 ★★★☆☆ 출제확률 15.1%

certify — 증명서, 면허장; 증명서를 주다

They will proudly receive their graduation certificates.
그들은 자랑스럽게 졸업장을 받을 것이다. ('08)
» cert(= sure 확실한) + fic(=make 만들다) + ate(~하다) → 확실히 만들어 주다 → 증명서를 주다

증명하다, 보증하다

---

905 **vase** [véis] n
3/3 ★★★☆☆ 출제확률 15.1%

꽃병

Whoever of all dancers performs most gracefully will win this vase as a prize.
댄서들 중 가장 우아한 공연을 펼치는 분께 이 꽃병을 상으로 드립니다. ('06)
» 그릇(vessel)이라는 의미에서 유래되었다.

---

906 **steep** [stí:p] n, a
3/3 ★★★☆☆ 출제확률 15.1%

steeper steepest — 비탈; 험한, 가파른

In Western Europe, many people suffer from recent steep gasoline taxes.
최근 가파른 유류세 인상으로 인해 서 유럽의 많은 사람들이 고통받고 있다. ('09)
» suffer from : ~로부터 고통받다

더 가파른(비교급) | 가장 가파른(최상급)

---

907 **abstract** [æbstrækt] n, a
3/3 ★★★☆☆ 출제확률 15.1%

abstraction — 추상; 추상적인

To get information from abstract subjects
추상적인 주제에서 정보 얻기 ('09)
» abs(~에서 분리하여) + tract(끌어내다) → ~에서 분리해 끌어내다 → 추상적인

추상

---

908 **treasure** [tréʒər] n, v
3/3 ★★★☆☆ 출제확률 15.1%

ⓢ **valuable, wealth, fortune** — 보배, 보물; 비축하다

He treasures everything his dad has given.
그는 아버지가 준 모든 것을 소중하게 여긴다.

---

909 **duty** [djú:ti] n
3/3 ★★★☆☆ 출제확률 15.1%

ⓢ **obligation, assignment** — 의무

Peter doubts if he can do his duties, and tries to find the right person.
Peter는 그가 의무를 다하고 있는지 의심스러워서 맞는 사람을 찾으려고 노력 중이다. ('08)
» du(= owe 신세지다) + ty → 신세진 것 → (갚아야 할) 의무

---

910 **dictate** [díkteit] v
3/3 ★★★☆☆ 출제확률 15.1%

dictated dictatorship — 명령하다

The key is to learn how to use your instincts to support, not dictate, your decisions.
중요한 것은 당신의 직감을 어떻게 활용하여 의사결정에 명령이 아닌 도움을 줄 수 있게 하는가다. ('06)
» dict(말하다) + ate(~하다) → 말하여 명령하다

(과거, 과거분사) | 독재자, 독재 국가

911 **aircraft** 항공기

3/3 [έərkræ̀ft] n

★★★☆☆

출제확률 15.1%

Researchers are developing a solar-powered and single-pilot aircraft.
연구원들은 태양전지가 달린 1인승 조종 비행기를 개발하고 있다. ('06)
» air(공중) + craft(탈 것, 기술) → 공중에서 타는 것

912 **overnight** 밤을 새는

3/3 [óuvərnàit] a

★★★☆☆

출제확률 15.1%

Let's go hiking on the mountain and stay overnight.
산으로 하이킹 가서 밤을 새웁시다. ('07)
» over(~넘어) + night(밤) → 밤을 (자지 않고) 넘기는 → 밤을 새는

913 **principal** ⓢ **essential, primary, main** 교장; 주요한

3/3 [prínsəpəl] n, a

★★★☆☆

출제확률 15.1%

As your principal, I have the pleasure of welcoming you to our awards ceremony.
여러분의 교장으로서 수상식에 온 여러분을 환영하게 되어 기쁩니다. ('02)
» prin(제일의) + cip(취하다) + al → 제일 높은 자리를 차지한 → 교장

914 **sociable** ⓢ **outgoing** 사교적인

3/3 [sóuʃəbl] a

★★★☆☆

출제확률 15.1%

He is famous and sociable.
그는 유명하고 사교적이다. ('07)
» soc(사회) + (i)able(~할 수 있는) → 사교적인

915 **stir** **stirred** 휘젓다, 움직이다

3/3 [stə́:r] v

★★★☆☆

출제확률 15.1%

"Kick softly," she told him, "Don't stir up the water more than you have to".
"부드럽게 차세요"라고 그녀가 그에게 말했다. "필요 이상으로 물을 휘젓지 마세요" ('07)
» ⓢ blend, mix, whip

(과거, 과거분사)

916 **suspect** **suspected suspended unsuspecting** 의심하다; 용의자

3/3 [səspékt] n, v

★★★☆☆

출제확률 15.1%

They suspected that he is the thief they saw yesterday.
그들은 그가 어제 그들이 본 도둑이라고 의심했다.
» su(~아래) + spect(보다) → 아래에 숨긴게 있나 보다 → 의심하다

의심나는 | 집행 유예의 | 의심하지 않는

917 **possess** **possession** 소유하다

3/3 [pəzés] v

★★★☆☆

출제확률 15.1%

The work belongs among the most precious possessions of mankind.
그 작품은 인류의 자산 중 가장 귀중한 것에 속한다. ('06)
» poss(= power 힘) + ess(앉다) → 힘있는 자리에 앉아 있으니, 무언가를 소유하다

소유, 소유물

918 **transform** **transformation** 변형시키다

3/3 [trænsfɔ́:rm] v

★★★☆☆

출제확률 15.1%

Each listener could transform the music depending upon his or her own personal tastes. 각 청취자는 취향에 맞게 음악을 변형시킬 수 있다. ('04)
» trans(변경, 이동) + form(형태) → 형태를 변경하다 → 변형시키다

변화, 변신

919 **credit** **credited** 신뢰, 신용

3/3 [krédit] n

★★★☆☆

출제확률 15.1%

It looks like a credit card or something.
그것은 신용 카드인 것 같기도하고 다른 것 같기도 하나. ('04)
» cre(믿다) + dit(~것) → 믿는 것은 신용

신망있는

920 **aside** ⓢ **apart, beside, separately** **옆에(으로), 따로, 제쳐놓고**
3/3 [əsáid] ad
★★★☆☆
출제확률 15.1%

You will be able to put that emotion and memory aside and find peace of mind.
당신은 그 감정과 기억을 제쳐두고 마음의 평안을 찾을 수 있을 것이다. ('03)
» a(강조) + side(옆에) * aside from : ~와는 별도로, ~를 제외하고

921 **refuse** **refused** **거절하다**
3/3 [rifjú:z] v
★★★☆☆
출제확률 15.1%

Bell refused to listen to him.
벨은 그의 말 듣기를 거절하였다. ('00)
» re(다시, 뒤로) + fuse(쏟아버리다) → (받은 것을) 뒤로 쏟아버림 → 거부하다, 거절하다
(과거, 과거분사)

922 **impose** **부과하다, 강요하다**
3/3 [impóuz] v
★★★☆☆
출제확률 15.1%

We try to impose our values on others by wanting them to live by what we feel.
우리가 느끼는 대로 타인도 살기를 원함으로써 우리의 가치관을 타인에게 강요한다. ('06)
» im(= in ~에) + pose(= put 놓다) → ~에 놓다 → ~을 부과하다 * values : 가치관

923 **innocent** ⓢ **blameless, honest** **순결한, 결백한**
3/3 [ínəsənt] a
★★★☆☆
출제확률 15.1%

You'll see that this is nothing more than an innocent habit.
당신은 이것이 결백한 습관 외에 어떤 것도 아니라는 것을 알게 될 것이다. ('03)
» nothing more than : ~에 불과한

924 **cabin** ⓢ **hut, cottage, shed** **오두막집, 선실**
3/3 [kǽbin] n
★★★☆☆
출제확률 15.1%

That night we cooked out, and then shared a small cabin with other climbers.
그날 밤 우리는 밖에서 요리를 해 먹은 뒤, 다른 등반가들과 조그마한 오두막집을 함께 사용했다. ('01)
» cook out : 요리를 해 먹다

925 **retire** **retired retiree retirement** **물러나다, 은퇴하다**
3/3 [ritáiər] v
★★★☆☆
출제확률 15.1%

Fortunately, I seem to remember that I'm retired.
다행히도 내가 은퇴한 것이 기억나는 것 같다. ('05)
» re(다시) + tire(피곤하다) → 다시 피곤하다 → 은퇴하다
은퇴한, 퇴직한 | 퇴직자 | 은퇴

926 **fiction** ⓢ **novel, tale** **소설, 꾸며낸 이야기**
3/3 [fíkʃən] n
★★★☆☆
출제확률 15.1%

The recent fiction written by Thomas is very popular all over the world.
토마스가 최근에 쓴 소설이 전 세계에 걸쳐 매우 인기가 있다.
» fic(= make 만들다) + tion(~것) → 만들어 낸 것

927 **pace** **paced** **걸음**
3/3 [péis] n
★★★☆☆
출제확률 15.1%

Because he wants to do everything, it's very tough to keep pace with him.
그는 모든 것을 하려고 하기 때문에 그와 보조를 맞추는 것은 매우 어렵다.
» keep pace with : ~와 보조를 맞추다
걸음이 ~인

928 **generous** ⓢ **hospitable, open-handed** **관대한**
3/3 [dʒénərəs] a
★★★☆☆
출제확률 15.1%

Please show your support by sending a generous contribution to the Flood Relief Fund. 당신의 지지를 홍수 구호 기금에 후한 기부를 통해 보여 주십시오. ('04)
» gen(낳다) + erous(~한) → 태생이 좋으니 관대하다

929 **tone**
3/3 [tóun] n
★★★☆☆
출제확률 15.1%

ⓢ **hue, colour** **톤(색감)**

Paint the background tones lighter.
배경색을 더 연하게 칠하세요. ('03)
» in a tone : 일치하여, ~어조로

930 **accustom**
3/3 [əkʌ́stəm] v
★★★☆☆
출제확률 15.1%

accustomed **익숙케 하다**

People are accustomed to using blankets to make themselves warm.
사람들은 담요를 보온용으로 사용하는데 익숙하다. ('02)
» ac(~와 같은) + custom(습관) → 어떤 습관에 동일시 하다 → 익숙케 하다
익숙해진

931 **protest**
3/3 [prətést] n, v
★★★☆☆
출제확률 15.1%

protested **항의, 주장; 항의하다, 주장하다**

She called me up to protest that the tornado watch kept her in her basement for hours.
그녀는 토네이도 경보 때문에 몇 시간 동안이나 지하실에 있었다고 전화로 항의했다. ('01)
» pro(앞에) + test(= witness 증언하다) → 항의하다
(과거, 과거분사)

932 **pupil**
3/3 [pjú:pəl] n
★★★☆☆
출제확률 15.1%

ⓢ **student, schoolchild** **학생, 제자, 눈동자**

The pupils of the cat's eyes were believed to gradually change.
고양이의 눈동자는 점점 변한다고 알려져 있다. ('97)
» pup(= child 아이) + il(어미) → 아이 → 학생, 제자

933 **portion**
3/3 [pɔ́:rʃən] n, v
★★★☆☆
출제확률 15.1%

ⓢ **segment, fragment, part** **일부, 부분; 분할하다**

Shortages will mean that a large portion of cash will be used to pay for this basic fuel.
이 기초 연료가 부족하다는 것은 이를 구입하는데 많은 돈을 지출해야 함을 의미한다. ('94)
» port(= part 부분) + tion(~것) → 부분

934 **tide**
3/3 [táid] n
★★★☆☆
출제확률 15.1%

ⓢ **stream, current, flow** **조수, 조류**

Whether in a game, or on a battlefield, that sudden voicing of belief reverses the tide. 게임에서나 전쟁터에서 그런 자신에 찬 목소리는 전세를 역전시킨다. ('97)
» tide는 time(때)에서 유래되었다. 정해진 때에 따라 바닷물이 유입되고 유출되기 때문이다.

935 **mars**
11/2 [má:rz] n
★★☆☆☆
출제확률 10.2%

화성

Mars was so bright that even the lights of the city didn't get in the way.
화성은 너무 밝아서 그 도시의 불빛조차 방해되지 않았다. ('04)
» get in the way : 방해되다

936 **sentence**
10/2 [séntəns] n, v
★★☆☆☆
출제확률 10.2%

ⓢ **verdict, judgment** **문장, 형벌; 선고하다**

He recorded a sentence and cut out a piece of the sentence from the recording tape. 그는 한 문장을 녹음한 뒤, 문장 일부분을 녹음 테이프에서 잘라냈다. ('10)
» sent(느끼다) + ence(~것) → 느끼게 하는 것 → 문장 * cut something out : ~을 잘라내다

937 **geography**
10/2 [dʒiágrəfi] n
★★☆☆☆
출제확률 10.2%

geographical **지리학**

Human is more accurate in managing geographical or environmental factors.
인간이 지질학적이거나 환경적인 요인을 다루는데 더 정확하나. ('10)
» geo(지구, 땅) + graphy(기록한 것) → 지리학
지리학의

938 **string** Ⓢ **cord, line** **끈, 줄, 현(악기)**
10/2 [stríŋ] n
★★☆☆☆
출제확률 10.2%

The balls were first made of grass or leaves held together by strings.
최초의 공은 풀이나 나뭇잎을 줄로 묶어 만들었다. ('08)
» strong(강한)에서 파생되었다. * hold together : 뭉치다, 단결하다

939 **insurance** **insurer** **보험, 보증**
9/2 [inʃúərəns] n
★★☆☆☆
출제확률 10.2%

A suitable insurance policy should provide coverage for medical expenses.
적절한 보험 증권은 의료 비용에 대한 보상을 제공해야 한다. ('05)
» insurance policy : 보험 증권

보험업자[회사]

940 **ecosystem** **생태계**
9/2 [ékousìstəm] n
★★☆☆☆
출제확률 10.2%

The consequences of the destruction of ecosystems
생태계 파괴의 결과들 ('10)
» eco(생태) + system(체계) → 생태계

941 **emission** Ⓢ **release, discharge, giving off** **발산, 방출**
8/2 [imíʃən] n
★★☆☆☆
출제확률 10.2%

Two-thirds of CO_2 emissions arise from transportation and industry.
이산화탄소 발생의 2/3는 교통수단과 공장에서 발생한다. ('05)
» e(밖으로) + mit(보내다) + (s)ion(~것) → 밖으로 보내는 것

942 **output** Ⓢ **production, manufacture** **생산, 산출물**
8/2 [áutpùt] n
★★☆☆☆
출제확률 10.2%

The growth rate of total output declined from the 1960-1969 period to the 1980-1989. 총 생산량 성장율은 1960-1969년에서부터 1980-1989년 기간 동안 하락했다. ('10)
» out(밖으로) + put(놓는 것) → (만들어) 밖에 놓은 것 → 산출물

943 **mediate** **mediated mediation mediator** **조정; 중재하다**
7/2 [mí:dièit] n, v
★★☆☆☆
출제확률 10.2%

RPC helped mediate labor disputes.
RPC는 노동분쟁을 중재하는데 도움을 주었다. ('09)
» medi(중간에) + ate(동사, ~하다) → 중간에서 조정하다

(과거, 과거분사) | 중재, 조정, 매개 | 중재인, 중재기관

944 **equilibrium** Ⓢ **balance, symmetry, stability** **평행(상태), 균형, 마음의 안정**
7/2 [ì:kwəlíbriəm] n
★★☆☆☆
출제확률 10.2%

A violin creates tension in its strings and gives each of them an equilibrium shape. 바이올린은 각 줄에 장력을 일으켜 줄들이 평행을 이루도록 한다. ('09)
» equi(같은) + librium(= balance 균형) → 균형을 맞춤

945 **distribute** **distributed distribution** **분배하다, 배포하다**
7/2 [distríbju:t] v
★★☆☆☆
출제확률 10.2%

The publisher wants to distribute the book in Asia.
그 출판사는 그 책을 아시아에 배포하고 싶어했다.
» dis(따로 떼어) + tribute(= give 주다) → 분배하다

분포된, 광범위한 | 분배, 분포

946 **punish** **punished** **처벌하다**
7/2 [pʌ́niʃ] v
★★☆☆☆
출제확률 10.2%

You demand that children tell you the truth and then punish them.
당신은 아이에게 진실을 말하라고 요구한 뒤에 벌을 준다. ('09)
» poena(형벌)에서 파생되었다.

(과거, 과거분사)

족집게 보카 TEST Day 23

1. 아래의 단어에 맞는 뜻을 골라 선으로 이어주세요.

907 abstract •	ⓐ 변형시키다
922 impose •	ⓑ 추상; 추상적인
934 tide •	ⓒ 익숙케 하다
926 fiction •	ⓓ 명령하다
917 possess •	ⓔ 부과하다, 강요하다
909 duty •	ⓕ 거절하다
920 aside •	ⓖ 소설, 꾸며낸 이야기
931 protest •	ⓗ 걸음
927 pace •	ⓘ 옆에(으로), 따로, 제쳐놓고
910 dictate •	ⓙ 조수, 조류
921 refuse •	ⓚ 항의, 주장; 항의하다, 주장하다
930 accustom •	ⓛ 화성
935 mars •	ⓜ 의무
918 transform •	ⓝ 소유하다

2. 아래 문장의 알맞은 뜻을 보기에서 고르세요.

a. Peter doubts if he can do his duties, and tries to find the right person. (　　)
b. People are accustomed to using blankets to make themselves warm. (　　)
c. The work belongs among the most precious possessions of mankind. (　　)
d. That night we cooked out, and then shared a small cabin with other climbers. (　　)
e. Fortunately, I seem to remember that I'm retired. (　　)
f. He is famous and sociable. (　　)
g. Paint the background tones lighter. (　　)

보 기

① 배경색을 더 연하게 칠하세요.
② Peter는 그가 의무를 다하고 있는지 의심스러워서 맞는 사람을 찾으려고 노력 중이다.
③ 그 작품은 인류의 자산 중 가장 귀중한 것에 속한다.
④ 그는 유명하고 사교적이다.
⑤ 다행히도 내가 은퇴한 것이 기억나는 것 같다.
⑥ 그날 밤 우리는 밖에서 요리를 해 먹은 뒤, 다른 등반가들과 조그마한 오두막집을 함께 사용했다.
⑦ 사람들은 담요를 보온용으로 사용하는데 익숙하다.

정답: ② ⑦ ③ ⑥ ⑤ ④ ①

19년간 수능 기출 영단어 10만개를 모조리 통계내어 만든

족집게 보카 Day 24

947 **complicate** **complicated uncomplicated** 복잡하게 하다

6/2 [kámpləkèit] v

★★☆☆☆

출제확률 10.2%

Our brains involve a much more complicated system.
우리의 뇌는 훨씬 더 복잡한 체계에 관여한다. ('09)
» com(함께) + plic(= fold 겹쳐진) + (a)tion(~것) → 서로 겹쳐져 있어 복잡하다
복잡한 | 복잡하지 않은, 단순한

948 **hesitate** **hesitancy hesitated hesitatingly** 주저하다, 망설이다

6/2 [hézətèit] v

★★☆☆☆

출제확률 10.1%

She wrapped a large scarf around her and hesitated for a moment.
그녀는 큰 스카프를 두른 뒤 잠시 동안 주저했다. ('09)
» hesit(= stick 부착하다) + ate(~하다) → 부착하다, 들러붙다 → 주저하다, 망설이다
주저 | (과거, 과거분사) | 머뭇거리며

949 **fiber** 섬유(질)

6/2 [fáibər] n

★★☆☆☆

출제확률 10.1%

Fruit peel contains essential vitamins and is a source of dietary fiber.
과일 껍질은 필수 비타민을 함유하고 있고 식이섬유의 공급원이다. ('07)
» dietary fiber : 식이 섬유

950 **folk** ⓢ **people, mankind, humanity** 사람들, 민속, 전통; 서민의

6/2 [fóuk] n, a

★★☆☆☆

출제확률 10.1%

We are scheduled to go to Folk Village at 4:00.
우리는 4시에 민속촌 방문이 예정되어 있다.
» be scheduled to : ~하도록 예정되다

951 **committee** 위원회

6/2 [kəmíti] n

★★☆☆☆

출제확률 10.1%

I have been asked to assist in creating a committee to improve the Sunshine Charity.
나는 Sunshine 자선단체의 발전을 위한 위원회 발족에 자문을 해달라는 요청을 받았다. ('05)
» sit on the committee : 위원회의 일원이 되다

952 **alienation** 멀리함, 이간

5/2 [èiljənéiʃən] n

★★☆☆☆

출제확률 10.1%

As a result, there is little or none of that alienation of young from old.
그 결과, 젊은이와 나이든 사람 간의 이질감은 적거나 거의 없다. ('11)
» alien(= other 다른) + (n)ation(~것) → 다르기에 멀리함

953 **manipulate** **manipulated manipulation manipulative** 조종하다, 교묘하게 다루다

5/2 [mənípjulèit] v

★★☆☆☆

출제확률 10.1%

Saying a person's name too often in face-to-face conversation sounds manipulative.
마주보고 대화를 나누는 중에 사람의 이름을 너무 많이 언급하는 것은 교활해 보인다. ('10)
» mani(= manus 손) + pul(= ful 가득한) + ate(~하다) → (손으로) 조종하다
(과거, 과거분사) | 조작, 속임수 | 조작의

954 **minimal**
5/2 [mínəməl] a
★★☆☆☆
출제확률 10.1%

ⓢ **minimum, slightest** **최소의, 극미한**

Poor distribution combined with minimal offerings provided little incentive to purchase.
불충분한 배급망과 극소수의 물량은 구입을 하고자 하는 동기를 조금밖에 부여하지 못했다. ('09)
» mini(작은) + al(형용사) → 작은, 최소의

955 **concept**
5/2 [kánsept] n
★★☆☆☆
출제확률 10.1%

conception **개념, 구상, 발상**

The concept of violence is now unsuitable, and nonviolence is the appropriate method. 이제 폭력이라는 개념은 부적절하고 비폭력적인 것이 적절한 방법이다. ('10)
» con(함께) + cept(= take 취하다) → 함께 (생각을) 취하는 것은 개념이다

개념, 구상

956 **hostile**
5/2 [hástl] a
★★☆☆☆
출제확률 10.1%

hostility **적의가 있는**

The US government is hostile toward North Korea.
미국 정부는 북한에 대해 적대적이다.
» host(적) + ile(~한) → 적대적인

적의, 적대 행위

957 **barn**
5/2 [bá:rn] n
★★☆☆☆
출제확률 10.1%

헛간, 외양간

At night they were securely locked into their barns.
밤이 되면 그들은 외양간에 안전하게 가둬졌다. ('06)
» bar(막대기, 봉) + n → 막대로 울타리를 쳐 놓은 곳 → 외양간

958 **steam**
5/2 [stí:m] n, v
★★☆☆☆
출제확률 10.1%

steamed steaming **증기; 증기가 발생하다**

I'm completely running out of steam.
나는 완전히 지쳐가고 있다.
» run out of steam : 피곤하다, 지치다, 힘이 빠지다

(과거, 과거분사) | 몹시 화가 난, 찌는 듯이 더운

959 **perspective**
5/2 [pərspéktiv] n
★★☆☆☆
출제확률 10.1%

ⓢ **attitude, outlook, context** **관점, 시각, 균형, 원근법**

No matter how many times I have drawn it, the perspective does not look right.
내가 얼마나 그렸든지 간에 균형이 맞지 않아 보였다. ('09)
» per(~를 통하여) + spect(= look 보다, 바라보다) + ive(~는) → 관점, 시각

960 **profit**
5/2 [práfit] n, v
★★☆☆☆
출제확률 10.1%

non-profit profitable **이익; 이익을 보다**

That's true. I'm not making the profit I expected.
그것은 사실이다. 나는 내가 기대했던 것만큼 수익을 내지 못하고 있다. ('09)
» pro(앞서) + fit(= make 만들다) → (남들보다) 앞서 만들어 내다 → 이익을 보다

비영리적인 | 유익한, 수익성 있는

961 **particle**
5/2 [pá:rtikl] n
★★☆☆☆
출제확률 10.1%

ⓢ **bit, piece, jot** **작은 조각, 극소(량) 입자**

One example is the virus - a particle that can be stored like chemicals in a bottle. 한 가지 예는 바이러스이다 - 병 속의 화학물질처럼 보관될 수 있는 입자. ('02)
» part(부분) + icle(작은) → 작은 조각

962 **partner**
5/2 [pá:rtnər] n
★★☆☆☆
출제확률 10.1%

ⓢ **colleague, associate, companion** **파트너, 협력자**

Desperately, he tried to listen to his partner while continuing to play.
그는 연주를 계속하면서 필사적으로 파트너의 소리를 들으려 노력하였다. ('02)
» part(부분) + (n)er(사람) → 부분을 맡은 사람

963 **nurture** 5/2 [nə́:rtʃər] n, v ★★☆☆☆ 출제확률 10.1%

nurtured nurturing **양육; 양육하다, 기르다**

Without this nurturing, we would only live for a few hours or a few days at the most. 이러한 양육이 없다면 우리는 기껏해야 몇시간이나 몇일밖에 살 수 없다. ('97)

» nur(= feed 기르다) + ure(~것) → 양육

(과거, 과거분사) | (현재분사)

964 **rescue** 4/2 [réskju:] n, v, a ★★☆☆☆ 출제확률 10.1%

rescued **구출; 구출하다; 구조의**

The World Wildlife Foundation has rescued several species of animals since 1961. 세계 야생동물 보호기금은 1961년부터 여러 종류의 동물들을 구조해왔다. ('96)

» re(강조) + scue(= secure 안전한) → 안전하게 하다 → 구출하다

(과거, 과거분사)

965 **version** 4/2 [və́:rʒən] n ★★☆☆☆ 출제확률 10.1%

ⓢ class, sort, form **~판, 형태, 변형, 소견**

Decide which version of your face you like better.
더 마음에 드는 당신의 얼굴 형태를 고르세요. ('10)

» vers(= turn 돌다) + ion(~것) → 돈 것 → 변형, 판

966 **foretell** 4/2 [fɔ:rtél] v ★★☆☆☆ 출제확률 10.1%

ⓢ predict, forecast **예언하다**

We desperately need people who can foretell the future.
우리는 미래를 예견할 수 있는 사람들이 몹시 필요하다. ('05)

» fore(미리, 앞서) + tell(말하다) → 예언하다

967 **graze** 4/2 [gréiz] n, v ★★☆☆☆ 출제확률 10.1%

grazing overgrazing **방목; 방목하다, 풀을 뜯어먹다**

Only with great difficulty can the giraffe bend down to graze on the ground.
단순히 땅에 있는 풀을 뜯어먹으려 해도 기린은 정말 힘들게 몸을 구부려야 한다. ('94)

» grass(풀)의 동사형이다.

목초지, 방목 | 과도한 방목

968 **suspicious** 4/2 [səspíʃəs] a ★★☆☆☆ 출제확률 10.1%

suspicion **의심하는, 의심 많은**

They must accept the criticism of others but be suspicious of it.
그들은 타인의 비판을 수용해야 하지만 의심도 해야 한다. ('94)

» su(~아래) + spec(보다) → 아래에 숨긴 게 있는지 보다 → 의심하다

의심, 혐의

969 **trail** 4/2 [tréil] n, v ★★☆☆☆ 출제확률 10.1%

trailing **오솔길, 자국; (질질) 끌다**

She sees some people walking along a beautiful trail leading up to the tower.
그녀는 몇몇 사람들이 타워로 이어지는 아름다운 오솔길을 따라 걷는 것을 본다. ('11)

» (배를) 끌다 → 배가 지난 곳에 뱃자국 남음 → 미행하다, 자국

질질 끌리는

970 **polar** 4/2 [póulər] a ★★☆☆☆ 출제확률 10.1%

polarity **남(북)극의, 극지의**

A United Nations report says that the number of polar bears is rapidly decreasing. UN 보고서에 따르면 북극곰의 개체수가 급속히 줄어들고 있다고 한다. ('07)

» pole(기둥) + ar(~의) → 극지의

양극성

971 **furthermore** 4/2 [fə́:rðərmɔ:r] ad ★★☆☆☆ 출제확률 10.1%

ⓢ as well, further, in addition **더욱이, 게다가**

Furthermore, many good friends have little in common.
게다가, 좋은 친구들은 서로간에 공통점이 별로 없다. ('11)

» further(더 나아가) + more(더) → 더욱이

972 **executive** | **executed execution** | **경영 간부, 관리직; 실행의, 관리의**

4/2 [igzékjutiv] n, a

★★☆☆☆

출제확률 10.1%

Your skills led you to be promoted to executive secretary in 1992.

당신의 기술덕택에 당신은 1992년에 비서실장으로 승진할 수 있게 되었다. ('05)

» execute(실행하다) + ive → 실행의, 실행하는 사람 * be promoted to : ~로 진급되다

(과거, 과거분사) | 실행, 집행

973 **transfer** | **transferred transferring** | **운반; 옮기다, 나르다**

4/2 [trænsfə́:r] n, v

★★☆☆☆

출제확률 10.1%

In this case, if information has been transferred, it is most definitely false.

이 경우, 만약 정보가 전달되었다면, 확실히 가장 잘못되었다. ('11)

» trans(~를 넘어, 가로질러) + fer(= carry 나르다) → ~을 넘어 나르다 → 옮기다

(과거, 과거분사) | 전도, 전환

974 **bunch** | **ⓢ bouquet** | **다발, 송이**

4/2 [bʌ́ntʃ] n

★★☆☆☆

출제확률 10.1%

If you catch one, you can catch a bunch.

만약 당신이 하나를 잡게 되면, 많이 잡을 수 있다. ('10)

» a bunch of : (양이) 많은

975 **fare** | **airfare** | **요금, 운임**

4/2 [fɛ́ər] n

★★☆☆☆

출제확률 10.1%

The travel agent said that airfare is now based on the length of the stay.

그 여행사 직원은 체류 기간에 따라 항공운임이 다르다고 말했다. ('06)

» airfare(항공운임) → air(항공) + fare

항공료

976 **reverse** | **reversed** | **반대; 거꾸로 하다; 거꾸로 된**

4/2 [rivə́:rs] n, v, a

★★☆☆☆

출제확률 10.1%

Your friend will prefer the true print, but you will prefer the reverse image.

당신의 친구는 사실적인 사진을 선호하겠지만 당신은 거꾸로된 사진을 선호할 것이다. ('10)

» re(다시, 반대로) + verse(= trun 돌리다) → 거꾸로 하다

반대의, 거꾸로 된

977 **shower** | **소나기; 소나기가 내리다**

4/2 [ʃáuər] n, v

★★☆☆☆

출제확률 10.1%

Many drops make a shower.

물방울이 모여 소나기가 된다. (티끌모아 태산) ('99)

» ⓢ sprinkle, spray

978 **fee** | **ⓢ payment, cost, charge** | **요금, 보수**

4/2 [fí:] n

★★☆☆☆

출제확률 10.1%

Your school fees for this semester are 4,900 dollars.

당신의 이번 학기 수업료는 4,900불입니다. ('07)

» late fee : 지체료, 연체료

979 **recreational** | **ⓢ entertaining** | **기분전환의, 오락의**

4/2 [rèkriéiʃənl] n

★★☆☆☆

출제확률 10.1%

Recreational tree climbing is an evolving sport.

레저용 나무 오르기는 뜨고 있는 스포츠다. ('08)

» re(다시) + create(창조하다) + al(~는) → 다시 새롭게 하는

980 **appliance** | **ⓢ instrument, device, tool** | **기구, 장치, 설비**

4/2 [əpláiəns] n

★★☆☆☆

출제확률 10.1%

Home appliances will drown out the sounds of the birds singing in the morning.

가전 제품들로 인해 아침의 새 소리를 듣지 못하게 될 것이다. ('08)

» drown out : 떠 내려보내다, 들리지 않게 하다 * home appliances : 가전제품

981 **sustain** | **sustainability sustained** | **떠받치다, 부양하다, 지속하다**
4/2 [səstéin] v
★★☆☆☆
출제확률 10.1%
'Sustainability' is the second most favored factor in choosing a job.
'지속 가능성'은 직업을 정할 때 두 번째로 가장 선호하는 요인이다. ('08)
» sus(= under 아래에서) + tain(= hold 지탱하다) → 아래에서 지탱하다 → 떠받치다, 부양하다
지속 가능성 | 지속된, 일관된

982 **adolescent** | **adolescence** | **사춘기의, 미성숙한**
4/2 [æ̀dəlésnt] a
★★☆☆☆
출제확률 10.1%
We feel that a man in his thirties should act his age and not behave like an adolescent.
30대인 사람은 그에 맞는 행동을 해야지 청소년처럼 행동하면 안된다는 것을 우리는 알고있다. ('08)
» ad(= to ~을 향해) + ol(= old(grow) 성장하는) + escent(형접) → ~로 성장하는 것 → 사춘기의
사춘기

983 **verbal** | **말의, 구두의**
4/2 [və́:rbəl] a
★★☆☆☆
출제확률 10.1%
She does not provide any verbal content which would help you identify her.
그녀는 당신이 듣고 그녀인지 알 수 있는 목소리는 내지 않는다. ('05)
» verb(말) + al(~의) → 말의, 구두의

984 **manual** | **ⓢ instructions, handbook** | **설명서; 수동의, 손으로 하는**
4/2 [mǽnjuəl] n, a
★★☆☆☆
출제확률 10.1%
Did you follow the instructions in the manual carefully?
설명서의 지시를 신중히 따르셨나요? ('08)
» man(손의) + (u)al(~의) → 손의, 수동의

985 **faith** | **faithful** | **신앙, 신용, 믿음**
4/2 [féiθ] n
★★☆☆☆
출제확률 10.1%
Some people have faith that we shall solve our dependence on fossil fuels.
몇몇 사람들은 화석 연료에 의존하는 문제를 해결할 수 있다는 믿음을 가지고 있다. ('07)
» fai(= trust) + th(상태) → 믿는 상태 → 신앙, 믿음
충실한, 믿을 수 있는

986 **loan** | **loaned** | **대출(금); 빌려주다**
4/2 [lóun] n, v
★★☆☆☆
출제확률 10.1%
The standard loan period is 21 days.
기본 대출 기간은 21일이다. ('07)
» ⓢ let out, lend, credit
(과거, 과거분사)

987 **ripen** | **ripening** | **익다, 원숙하다**
4/2 [ráipən] v
★★☆☆☆
출제확률 10.1%
I could see crops ripening in the fields.
농작물이 밭에서 익어가는 것을 볼 수 있었다. ('03)
» ripe(익은)의 동사형이다.
성숙, 숙성

988 **command** | **ⓢ domination, mastery, control** | **명령; 명령하다, 지휘하다**
4/2 [kəmǽnd] n, v
★★☆☆☆
출제확률 10.1%
The center hole allows the kite to respond quickly to the flyer's commands.
그 중앙에 난 구멍은 연을 조종하는 사람의 명령에 재빠르게 반응토록 한다. ('06)
» com(강조, 강하게) + mand(= order 명령하다) → 명령하다

989 **craft** | **ⓢ skill, expertise, technique** | **기능, 교묘, 배, 비행기**
4/2 [krǽft] n
★★☆☆☆
출제확률 10.1%
The craft will need a wingspan of 80 meters.
그 비행기의 날개 길이는 80미터는 되어야 할 것이다. ('06)

족집게 보카 TEST Day 24

1. 아래의 단어에 맞는 뜻을 골라 선으로 이어주세요.

950 folk	ⓐ 적의가 있는
977 shower	ⓑ 사람들, 민속, 전통; 서민의
956 hostile	ⓒ 경영 간부, 관리직; 실행의, 관리의
973 transfer	ⓓ 조종하다, 교묘하게 다루다
972 executive	ⓔ 소나기; 소나기가 내리다
968 suspicious	ⓕ 구출; 구출하다; 구조의
963 nurture	ⓖ 의심하는, 의심 많은
974 bunch	ⓗ 남(북)극의, 극지의
970 polar	ⓘ 양육; 양육하다, 기르다
953 manipulate	ⓙ 위원회
964 rescue	ⓚ 다발, 송이
951 committee	ⓛ 예언하다
966 foretell	ⓜ 작은 조각, 극소(량) 입자
961 particle	ⓝ 운반; 옮기다, 나르다

2. 아래 문장의 알맞은 뜻을 보기에서 고르세요.

a. The US government is hostile toward North Korea. ( )
b. Without this nurturing, we would only live for a few hours or a few days at the most. ( )
c. In this case, if information has been transferred, it is most definitely false. ( )
d. Decide which version of your face you like better. ( )
e. One example is the virus - a particle that can be stored like chemicals in a bottle. ( )
f. Saying a person's name too often in face-to-face conversation sounds manipulative. ( )
g. As a result, there is little or none of that alienation of young from old. ( )

보 기

① 한 가지 예는 바이러스이다 - 병 속의 화학물질처럼 보관될 수 있는 입자.
② 그 결과, 젊은이와 나이든 사람 간의 이질감은 적거나 거의 없다.
③ 미국 정부는 북한에 대해 적대적이다.
④ 마주보고 대화를 나누는 중에 사람의 이름을 너무 많이 언급하는 것은 교활해 보인다.
⑤ 이러한 양육이 없다면 우리는 기껏해야 몇시간이나 몇일밖에 살 수 없다.
⑥ 더 마음에 드는 당신의 얼굴 형태를 고르세요.
⑦ 이 경우, 만약 정보가 전달되었다면, 확실히 가장 잘못되었다.

정답: ③ ⑤ ⑦ ⑥ ① ④ ②

19년간 수능 기출 영단어 10만개를 모조리 통계내어 만든

족집게 보카 Day 25

990 **caterpillar** — 모충

4/2 [kǽtərpìlər] n

★★☆☆☆

출제확률 10.1%

The caterpillar makes a special honey mixture which the ants eat.

모충은 개미들이 먹는 특수한 꿀 혼합물을 만들어낸다. ('04)

» 나비, 나방이 되기 전의 모충을 의미한다.

---

991 **underground** — 지하; 지하의

4/2 [ʌ́ndərgràund] n, a

★★☆☆☆

출제확률 10.1%

ⓢ **basement, buried, subterranean**

I think the best way is to take the underground.

내 생각엔 가장 좋은 방법은 지하로 가는 것이다. ('00)

» under(아래) + ground(땅) → 지하

---

992 **clarity** — 명료함, 명석함, 명쾌함

3/2 [klǽrəti] n

★★☆☆☆

출제확률 10.1%

ⓢ **transparency, precision, lucidity**

A fire chief, for example, needs to issue his orders with absolute clarity.

예를 들면 소방 대장은 절대적으로 명확하게 명령을 내려야 한다. ('10)

» clar(깨끗한) + (i)ty(~것) → 깨끗한 것 → 명확함, 명료함

---

993 **paddle** — 노; 노를 젓다

3/2 [pǽdl] n, v

★★☆☆☆

출제확률 10.1%

paddled

Ocoee was among the most paddled rivers in the country.

Ocoee는 그 나라에서 가장 노 젓는 배가 많은 강이다. ('10)

(보트나 카누용) 노, 패들

---

994 **review** — 재검토; 다시 조사하다, 검토하다

3/2 [rivjúː] n, v

★★☆☆☆

출제확률 10.1%

reviewed reviewing

We should consider this when reviewing the results of a survey.

설문조사 결과를 검토할 때 우리는 이것을 고려해야 한다. ('10)

» re(다시) + view(보다) → 다시 봄 → 검토하다

(과거, 과거분사) | 다시 보기, 검토하기

---

995 **exhaust** — 다 써버리다, 지치게 하다

3/2 [igzɔ́ːst] v

★★☆☆☆

출제확률 10.1%

exhausted exhaustion

They all reached the beach two hours later, exhausted but safe.

그들은 2시간 뒤에 그 해변에 도착하였다. 그들은 지쳤지만 안전했다. ('07)

» ex(밖으로) + haust(= draw (물이) 빠지다) → 밖으로 물을 퍼내다 → 다 써버리다, 지치게하다

탈진한, 고갈된 | 탈진, 고갈

---

996 **pacific** — 평화로운, 태평한

3/2 [pəsífik] a

★★☆☆☆

출제확률 10.1%

ⓢ **peaceful, restful, easeful**

The Pacific Ocean is polluted due to the recent oil spill accident.

최근의 기름 유출사고로 인해 태평양이 오염되었다.

» Pacific(태평한) + Ocean(바다) → 태평양

997 **referee** ⓢ **judge, ref, umpire** **심판**

3/2 [rèfərí:] n

★★☆☆☆

출제확률 10.1%

Finally, the referee ordered the player off which he latter regretted.
마침내, 그 심판은 그 선수에게 퇴장을 명령했고 그는 나중에 후회했다.
» refer(언급하다) + ee(사람) → 문제에 대해 언급하는 사람 → 심판

998 **portray** **portrait** **portrayed** ⓢ **describe, depict, delineate** **그리다**

3/2 [pɔ:rtréi] v

★★☆☆☆

출제확률 10.1%

Mathematics was used to portray the essential form of objects in perspective of humans. 인간의 관점에서 사물의 핵심적인 형태를 묘사하는데 수학이 사용되곤 했다. ('05)
» port(= carry 나르다) + ay → 현상을 날라 그림으로 옮김

초상화 | (과거, 과거분사)

999 **coal** **석탄; 석탄을 싣다**

3/2 [kóul] n, v

★★☆☆☆

출제확률 10.1%

Today coal is still used for heating, especially in factories.
오늘날 석탄은 난방용으로 여전히 사용되고 있는데, 공장에서 특히 그렇다. ('94)

1000 **flatter** **flattered** **flattering** **flattery** **아첨하다**

3/2 [flǽtər] v

★★☆☆☆

출제확률 10.1%

I rushed to look up the word 'flattering' in the dictionary.
'아첨'이란 단어를 사전에서 서둘러 찾아봤다. ('10)
» look up : ~을 찾아보다

(과거, 과거분사) | 아첨하는 | 아첨

1001 **propose** **proposal** ⓢ **suggest, present, submit** **제안하다**

3/2 [prəpóuz] v

★★☆☆☆

출제확률 10.1%

I propose that our children focus on areas in which they excel.
저는 우리 아이들이 잘하는 분야에 집중하기를 제안합니다. ('06)
» pro(앞서) + pose(= put ~를 내 놓다(안건 등을)) → 제안하다

제안, 제의

1002 **relevant** **irrelevant** **관련된, 적절한**

3/2 [réləvənt] a

★★☆☆☆

출제확률 10.1%

They often collect data that are unhelpful or irrelevant.
그들은 종종 불필요하거나 연관성 없는 데이터를 수집한다. ('10)
» re(다시) + lev(= raise 들어올리다) + ant(~하는) → 다시 들어보니 적절한

상관없는, 무관한

1003 **examine** **reexamining** **검사하다, 시험하다**

3/2 [igzǽmin] v

★★☆☆☆

출제확률 10.1%

Research was done to examine the difference.
그 차이를 검사하기 위해 조사(연구)가 시행되었다. ('02)
» exam(시험)에서 유래되었다.

재시험[재검토] 하다

1004 **asset** ⓢ **property, goods, capital** **자산, 재산**

3/2 [ǽset] n

★★☆☆☆

출제확률 10.1%

The time and energy are limitless and assets are abundant.
시간과 에너지는 무한하며 자산은 풍부하다. ('11)
» a(하나) + set(세트) → 물건의 한 세트(통칭) → 자산

1005 **useless** ⓢ **worthless, fruitless, impractical** **쓸모없는**

3/2 [jú:slis] a

★★☆☆☆

출제확률 10.1%

Really? How did you get rid of those useless ads?
정말요? 어떻게 이런 불필요한 광고들을 제거하셨나요? ('11)
» use(사용하다) + less(~없는) → 사용 못하는 * get rid of : ~을 제거하다

1006 **rational** ⓢ **reasonable, wise, sensible** **합리적인 것; 이성적인**

3/2 [rǽʃənl] n, a

★★☆☆☆

출제확률 10.1%

Their tendency toward independent thought and rational judgment.

독립적인 생각과 이성적인 판단을 하려는 그들의 경향. ('11)

» rat(= reason 이유) + ion(~것) + al(~한) → 이유있는 → 이성적인

1007 **cave** **caved** **동굴; 굴복하다, 동굴을 파다**

3/2 [kéiv] n, v

★★☆☆☆

출제확률 10.1%

Before long more than 3,800 caves surrounding the city had been discovered.

이윽고 도시 주위에 3,800개의 동굴이 발견되었다. ('10)

» '굴복하다'라는 뜻이 있음에 유의하자

(과거, 과거분사)

1008 **resolve** **unresolved** **해체하다, 해결하다, 다짐하다**

3/2 [rizάlv] v

★★☆☆☆

출제확률 10.1%

This results in a tension in the art world that is largely unresolved.

이것은 예술계에 주로 풀리지 않는 갈등을 낳는 결과를 초래했다. ('10)

» re(다시) + solve(해결하다) → 다시 해결하다 → 해결하다

미해결의

1009 **ridiculous** **ridicule** **어리석은, 터무니없는**

3/2 [ridíkjuləs] a

★★☆☆☆

출제확률 10.1%

Some players call the change "simply ridiculous".

일부 선수들은 그 변화에 대해 "너무 터무니없다"고 말한다. ('06)

» rid(웃음거리) + ic + ulous(~인) → 웃음거리의, 어리석은

조롱; 비웃다

1010 **instant** **instantly** **즉석; 즉시(의)**

3/2 [ínstənt] n, a

★★☆☆☆

출제확률 10.1%

We live in a fundamentally different world, one of constant, instant access to information.

우리는 기본적으로 정보에 즉각적이고 지속적으로 접근 가능한 다른 세상에 살고 있다. ('05)

» in(~에) + stant(= standing 서 있는) → ~에 서 있는 → 준비된 → 즉석, 즉시의

즉각, 즉시

1011 **deadline** ⓢ **time limit, target date** **마감 기한**

3/2 [dédlàin] n

★★☆☆☆

출제확률 10.1%

I won't be able to finish by the deadline.

나는 마감 기한 내에 끝내지 못할 것이다. ('10)

» dead(죽음, 끝) + line(선) → 끝내야 하는 선

1012 **scratch** **scratched scratching** **할퀴다, 긁다**

3/2 [skrǽtʃ] v

★★☆☆☆

출제확률 10.1%

The habit of scratching can be replaced with rubbing in some lotion.

긁는 습관은 로션을 비비는 것으로 대체 될 수 있다. ('10)

» scrape(스크랩, 조각)에서 파생되었다. * be replaced with : ~로 대체되다

할퀸 | (현재분사)

1013 **beard** **(턱) 수염**

3/2 [bíərd] n

★★☆☆☆

출제확률 10.1%

At last, a car pulled up, and a large man with a beard jumped out.

결국 차가 와서 멈추더니 턱수염을 기른 덩치 큰 남자가 뛰어내렸다. ('00)

» pull up : 멈추다(서다)

1014 **apart** ⓢ **away, aside** **떨어져서, 따로; 별개의**

3/2 [əpά:rt] ad, a

★★☆☆☆

출제확률 10.1%

How can you create closeness when the two of you are hundreds of miles apart?

당신 둘이 수백 마일 떨어져 있다면 어떻게 친밀감을 형성할 수 있겠는가? ('10)

» a(~로, 강조) + part(떨어져) → 떨어진

1015 **palm**
3/2 [pá:m] n
★★☆☆☆
출제확률 10.1%

palm-sized **손바닥, 야자(종려)**

You can talk to each other in real time, looking at each other on a palm-sized phone. 당신은 실시간으로 손바닥 만한 크기의 전화기로 서로 마주보며 통화할 수 있다. ('08)
» palm-sized : 손바닥 만한 크기의
손바닥 크기만한

1016 **burst**
3/2 [bə́:rst] n, v
★★☆☆☆
출제확률 10.1%

ⓢ **explode, blow up, crack** **폭발; 폭발하다, ~로 가득차다**

The people were exposed to 110-decibel bursts of noise.
그 사람들은 110데시벨의 폭발음에 노출되었다. ('06)
» be exposed to : ~에 노출되다

1017 **prescription**
3/2 [priskrípʃən] n
★★☆☆☆
출제확률 10.1%

ⓢ **instruction, direction** **처방, 규정, 법규**

You don't necessarily need a prescription for this.
이것 때문에 처방전이 필요하지는 않아요. ('10)
» pre(미리) + script(쓰다) → 규정은 미리 쓰여진 것이다

1018 **daydream**
3/2 [déidrì:m] n
★★☆☆☆
출제확률 10.1%

daydreaming **공상(에 잠기다), 백일몽**

It inspired in me countless childhood daydreams.
그것은 나로 하여금 유년기에 셀수 없이 많은 백일몽을 꾸도록 하였다. ('10)
» day(낮) + dream(꿈) → 공상
백일몽

1019 **label**
3/2 [léibəl] n
★★☆☆☆
출제확률 10.1%

ⓢ **tag, mark, tab** **꼬리표, 딱지**

We generally interpret these marks as labels that do refer to their carriers.
우리는 보통 이러한 라벨로 표시된 기호가 캐리어(여행용 가방)를 의미한다고 받아들인다. ('09)

1020 **angle**
3/2 [ǽŋgl] n
★★☆☆☆
출제확률 10.1%

ⓢ **incline, slope** **각도**

I know a beautiful barn where the corners are not at right angles.
나는 모서리가 직각이 아닌 아름다운 외양간(차고)을 알고 있다. ('09)
» ang(굽은) + le → 굽은 정도(각도) * at an angle : 비스듬하게

1021 **drain**
3/2 [dréin] n, v
★★☆☆☆
출제확률 10.1%

drained **유출; 배수하다, 잔을 비우다**

To start with, you need well drained, not necessarily over fertile soil.
우선, 당신은 배수가 잘되고 불필요하게 너무 비옥하지 않은 토양이 있어야 한다. ('06)
» to start with: 우선, 첫째로 * drain off : 배출하다
진이 빠진

1022 **comprehend**
3/2 [kàmprihénd] v
★★☆☆☆
출제확률 10.1%

comprehension **이해하다, 포함하다**

Reading comprehension involves one's knowledge of the world.
독해력은 한 사람이 가지고 있는 세상에 대한 지식과 연관되어 있다. ('04)
» com(함께, 완전히) + prehend(= seize 파악하다) → 완전히 파악하다 → 이해하다
이해, 포괄성

1023 **outlook**
3/2 [áutlùk] n
★★☆☆☆
출제확률 10.1%

ⓢ **attitude, opinion, perspective** **관점, 전망**

This presents only one of several outlooks on physics.
이것은 물리학에 대한 몇 가지 관점 중 한 가지만 보여준다. ('09)
» out(밖의) + look(모습) → 전망, (내다보는)관점

1024 **dribble** | **dribbled** | **드리블, 이슬비; 물이 똑똑 떨어지다**
3/2 [dríbl] n, v
★★☆☆☆
출제확률 10.1%
I dribbled awkwardly around the free-throw line.
나는 자유투 라인에서 엉성하게 드리블을 했다. ('09)
» drib(= drip 떨어뜨리다) + (b)le(~것) → 떨어지는 것 → 이슬비 → 드리블(하다)
(과거, 과거분사)

1025 **soak** | **soaked** | **담그다, 적시다**
3/2 [sóuk] v
★★☆☆☆
출제확률 10.1%
After the beans are steamed, they are soaked in water.
원두를 찐 후 물에 담군다. ('09)
» ⓢ wet, merge, moisten
흠뻑 젖은

1026 **vibrate** | **vibration** | **진동하다**
3/2 [váibreit] v
★★☆☆☆
출제확률 10.1%
We have learned that light waves are characterized by different frequencies of vibration. 우리는 빛의 파동이 진동의 빈도에 따라 특징을 보인다는 것을 배웠다. ('08)
» 핸드폰이 진동한다고 할 때 'The cell phone is vibrating.'이라고 표현한다.
진동, 떨림

1027 **refine** | **refined** | **정련하다, 정제하다**
3/2 [ri:fáin] v
★★☆☆☆
출제확률 10.1%
This method is generally used for refining crude oil.
이 방식은 원유를 정제하는데 일반적으로 사용된다.
» re(다시) + fine(끝내다) → (여러 번) 다시 끝낸다 → 정제하다
정제된, 교양 있는

1028 **rude** | **rudely** | **무례한, 가공하지 않은**
3/2 [rú:d] a
★★☆☆☆
출제확률 10.1%
People are often considered to be rude unintentionally.
사람들은 종종 의도와는 달리 무례해 보일 때가 있다. ('03)
» ⓢ impolite, discourteous, imprudent
무례하게

1029 **shoulder** | **ⓢ bear, assume, take on** | **어깨; 책임을 짊어지다**
3/2 [ʃóuldər] n, v
★★☆☆☆
출제확률 10.1%
They were reluctant to shoulder the financial burden of developing national networks.
그들은 전국적인 망을 개발하는데 따른 재정적 부담을 떠 안는 것에 대해 망설였다. ('09)
» 어깨로 짊어지는 것은 '책임'이다.

1030 **poison** | **poisoning** | **독(약)**
3/2 [pɔ́izn] n
★★☆☆☆
출제확률 10.1%
Such poisons can kill wild animals or even pets, like dogs.
이러한 독성 물질들은 야생동물이나 강아지 같은 애완동물을 죽일 수 있다. ('00)
» food poisoning : 식중독
독살, 음독, 중독

1031 **atom** | **atomic ⓢ particle, trace, molecule** | **원자, 미립자**
3/2 [ǽtəm] n
★★☆☆☆
출제확률 10.1%
Although an apple may appear red, its atoms are not themselves red.
비록 사과는 붉게 보일지라도 그 원자 자체는 붉은색이 아니다. ('08)
» a(= not 아닌) + tom(= cut 자르다) → (더 이상) 자를 수 없는 것 → 원자
원자의

1032 **irresistible** | **irresistibly** | **저항할 수 없는, 억제할 수 없는**
3/2 [irizístəbl] a
★★☆☆☆
출제확률 10.1%
Two irresistibly romantic gardens the Villa Rufolo and the Villa Cimbrone
거부할 수 없이 낭만적인 정원 2곳인 Villa Rufolo와 Villa Cimbrone ('08)
» ir(아닌) + re(반대로) + sist(서다) + able(~할 수 있는) → 저항할 수 있는 것이 아닌
저항할 수 없는, 너무 유혹적인

족집게 보카 TEST Day 25

1. 아래의 단어에 맞는 뜻을 골라 선으로 이어주세요.

1010 instant •
1007 cave •
1009 ridiculous •
1012 scratch •
1003 examine •
996 pacific •
1015 palm •
1018 daydream •
1021 drain •
1006 rational •
990 caterpillar •
999 coal •
1002 relevant •
1004 asset •

ⓐ 자산, 재산
ⓑ 즉석; 즉시(의)
ⓒ 석탄; 석탄을 싣다
ⓓ 합리적인 것; 이성적인
ⓔ 동굴; 굴복하다, 동굴을 파다
ⓕ 모충
ⓖ 할퀴다, 긁다
ⓗ 유출; 배수하다, 잔을 비우다
ⓘ 손바닥, 야자(종려)
ⓙ 어리석은, 터무니없는
ⓚ 공상(에 잠기다), 백일몽
ⓛ 관련된, 적절한
ⓜ 평화로운, 태평한
ⓝ 검사하다, 시험하다

2. 아래 문장의 알맞은 뜻을 보기에서 고르세요.

a. Their tendency toward independent thought and rational judgment. (　　)
b. I rushed to look up the word 'flattering' in the dictionary. (　　)
c. Research was done to examine the difference. (　　)
d. You can talk to each other in real time, looking at each other on a palm-sized phone. (　　)
e. I won't be able to finish by the deadline. (　　)
f. I think the best way is to take the underground. (　　)
g. We generally interpret these marks as labels that do refer to their carriers. (　　)

보 기

① 당신은 실시간으로 손바닥 만한 크기의 전화기로 서로 마주보며 통화할 수 있다.
② 독립적인 생각과 이성적인 판단을 하려는 그들의 경향.
③ 그 차이를 검사하기 위해 조사(연구)가 시행되었다.
④ 내 생각엔 가장 좋은 방법은 지하로 가는 것이다.
⑤ 나는 마감 기한 내에 끝내지 못할 것이다.
⑥ '아첨'이란 단어를 사전에서 서둘러 찾아봤다.
⑦ 우리는 보통 이러한 라벨로 표시된 기호가 캐리어(여행용 가방)를 의미한다고 받아들인다.

정답: ② ⑥ ③ ① ⑤ ④ ⑦

19년간 수능 기출 영단어 10만개를 모조리 통계내어 만든

족집게 보카 Day 26

1033 **yell** | **yelled yelling** | **고함치다, 소리지르다**

3/2 [jél] v

★★☆☆☆

출제확률 10.1%

With anger, you can get mad at someone and yell.
화가 나면 당신은 누군가에게 화가 나서 소리를 지를 수도 있을 것이다. ('08)
» get mad at : ~에게 화가나다

(과거, 과거분사) | (현재분사)

1034 **pitch** | **pitched pitching** | **던지다, 양, 정도**

3/2 [pítʃ] v

★★☆☆☆

출제확률 10.1%

It can travel a greater distance than higher-pitched noise.
그것은 더 높은 음의 소음보다 더 멀리 나갈 수 있다. ('08)
» pitcher(던지는 사람, 투수) → pitch + er(사람)

(과거, 과거분사) | 투구(법), 피칭

1035 **despair** | **ⓢ desperation, depression** | **절망; 절망하다**

3/2 [dispέər] n, v

★★☆☆☆

출제확률 10.1%

In isolation, hope disappears, despair rules.
고독해지면 희망은 사라지고 절망이 지배한다. ('08)
» de(멀리) + spair(희망) → 희망이 멀리 날아가버림 → 절망

1036 **modify** | **modified modifying** | **변경하다, 수식하다, 완화하다**

3/2 [mάdəfài] v

★★☆☆☆

출제확률 10.1%

Some have faith that we shall solve our food problems with genetically modified crops. 일부 사람들은 유전자 조작 식품이 우리의 식량 문제를 해결해 주리라 믿는다. ('07)
» mod(척도의) + fy(~화하다) → 척도에 맞게 변경한다

완화된, 수정된 | 완화하는, 변경하는

1037 **vehicle** | **ⓢ conveyance, transportation** | **운송 수단, 탈 것**

3/2 [ví:ikəl] n

★★☆☆☆

출제확률 10.1%

They are very important for the development of new models of all types of vehicles. 그것들은 모든 유형의 신차 모델을 개발하는데 매우 중요하다. ('07)
» veh(i)(= carry 나르다) + cle(~것) → 나르는 것 → 운송 수단

1038 **cancer** | **ⓢ tumour, growth** | **암, 종양**

3/2 [kǽnsər] n

★★☆☆☆

출제확률 10.1%

This year your contribution will help in the fight against diseases such as cancer.
당신의 기부금은 올해 암과 같은 질환과 싸우는 이들을 돕는데 사용될 것입니다. ('05)
» 원래 '게'라는 의미로 사용하다가 암조직을 게다리에 비유하면서 '암'으로 사용되었다.

1039 **pole** | **ⓢ stick, stake, rod** | **막대기, 장대**

3/2 [póul] n

★★☆☆☆

출제확률 10.1%

This wind has traveled from the North Pole.
이 바람은 북극에서 날아온 것이다. ('02)
» North Pole : 북극

1040 **metal** **금속**

3/2 [métl] n

★★☆☆☆

출제확률 10.1%

A shortage of diamond would cause a breakdown in the metal-working industry.
다이아몬드의 부족은 금속 세공 산업의 붕괴를 몰고올 수 있다. ('07)
» metal-working : 금속 세공, 금속 가공

1041 **supervise** **supervised supervising** **감독하다**

3/2 [sú:pərvàiz] v

★★☆☆☆

출제확률 10.1%

This can also create an atmosphere where children are better supervised.
또한 이것은 아이들 관리가 더 잘되는 환경이 조성될 수 있도록 한다. ('07)
» super(= over 위에서) + vise(보다) → 위에서 지켜보다 → 감독하다

(과거, 과거분사) | (현재분사)

1042 **mist** **ⓢ fog, spray** **안개**

3/2 [míst] n

★★☆☆☆

출제확률 10.1%

The night grew darker and the mist began to spread around him.
밤은 더 깊어가고 그의 주위에 안개가 끼기 시작했다. ('02)
» mist는 옅은 안개를, fog은 이보다 짙은 안개를 뜻한다.

1043 **broad** **ⓢ vast, extensive, wide** **넓은, 광대한; 완전히, 순사투리로**

3/2 [brɔ́:d] a, ad

★★☆☆☆

출제확률 10.1%

Students should study a broad range of subjects throughout middle and high school. 학생들은 중학교와 고등학교를 통해 광범위한 과목을 공부해야 한다. ('06)
» ⓢ vast, extensive, wide * a broad range of : 광범위한

1044 **precise** **precision** **정확한, 정밀한**

3/2 [prisáis] a

★★☆☆☆

출제확률 10.1%

The precision of Huygens clock allowed scientists to use it for their physics experiments.
호이겐스의 정확한 시계 덕분에 과학자들은 물리학 실험을 하는데 이를 사용할 수 있었다. ('05)
» pre(앞) + cise(= cut 잘라낸) → 앞을 짧게 잘라낸 → 불필요한 부분이 없어 정확한, 정밀한

정확(성), 정밀(성)

1045 **forbid** **forbade forbidden** **금하다**

3/2 [fərbíd] v

★★☆☆☆

출제확률 10.1%

Playing with food was forbidden.
음식을 가지고 장난하는 것은 금지되었다. ('05)
» for(= away ~떨어져서, 분리, 금지) + bid(명령하다) → 금지를 명령하다 → 금하다

(과거형) | (과거분사)

1046 **inhabit** **inhabitant inhabited** **서식하다, 거주하다**

3/2 [inhǽbit] v

★★☆☆☆

출제확률 10.1%

Several eagles inhabit this mountain.
몇몇 독수리들이 이 산에 서식하고 있다.
» in(안에, ~에) + habit(살다) → 서식하다, 거주하다

주민, 서식 동물 | 거주하는, 서식하는

1047 **dip** **dipped dipper** **담그다, 가라앉다**

3/2 [díp] v

★★☆☆☆

출제확률 10.1%

I found a gourd, the traditional Korean dipper.
한국의 전통 국자인 조롱박을 발견했다. ('04)
» dipper(국자) = dip(담그다) + per(~하는 것)

(과거, 과거분사) | 국자

1048 **yearbook** **졸업 앨범, 연감**

3/2 [jíərbùk] n

★★☆☆☆

출제확률 10.1%

I have an announcement from the graduation yearbook committee.
졸업 앨범 위원회에서 안내해 드릴 말씀이 있습니다. ('04)
» year(년) + book(책) → 매년 발간하는 책

1049 **trunk** — ⓢ **stem, stalk** — **나무 줄기**

3/2 [trʌ́ŋk] n ★★☆☆☆ 출제확률 10.1%

I looked upon the dark, gray walls and upon a few white trunks of some dead trees. 나는 어두운 회색 벽과 일부 죽은 나무의 흰 나무줄기들을 지켜보았다. ('04)

» look upon : 지켜보다, 구경하다

1050 **lean** — **leaning** — **기울기; 기대다; 야윈**

3/2 [lí:n] n, v, a ★★☆☆☆ 출제확률 10.1%

I'm not the one leaning against the tree.
나무에 기대고 있던 사람은 제가 아니에요. ('03)

» lean against : ~에 기대다

성향

1051 **pronunciation** — **발음, 발음법**

3/2 [prənʌ̀nsiéiʃən] n ★★☆☆☆ 출제확률 10.1%

I'd like someone to check my pronunciation.
누군가 내 발음을 체크해 주었으면 좋겠다. ('00)

» pro(= before ~앞에) + nounce(말하다) → ~앞에서 말하다 → 발음하다

1052 **objective** — **objectively** — **목표, 목적(물); 객관적인**

3/2 [əbdʒéktiv] n, a ★★☆☆☆ 출제확률 10.1%

It is not achieving its goals or objectives effectively.
그것은 그것의 목표나 목적을 효과적으로 달성하지 못하고 있다. ('03)

» object(사물) + ive(~한) → 사물을 객관적으로 봄 → 객관적인

객관적으로

1053 **poverty** — ⓢ **pennilessness, need** — **빈곤, 가난**

3/2 [pávərti] n ★★☆☆☆ 출제확률 10.1%

Schubert spent his whole life in poverty.
슈베르트는 평생 빈곤의 삶을 살았다. ('03)

» poor(가난한) + ty(상태, ~것) → 가난

1054 **mummy** — **미라**

3/2 [mʌ́mi] n ★★☆☆☆ 출제확률 10.1%

We became so interested in the mummies that we lost track of the time.
우리는 미라에 너무 흥미를 느낀 나머지 시간 가는 줄도 몰랐다. ('02)

» mum(무언의) + (m)y → 입다물고 아무말도 안하고 있는 것 → 미라

1055 **abroad** — ⓢ **overseas** — **외국에, 널리**

3/2 [əbrɔ́:d] ad ★★☆☆☆ 출제확률 10.1%

They watch and influence what governments do at home or abroad.
그들은 정부가 국내외에서 하는 일을 감시하고 영향을 끼친다. ('00)

» a(~에) + broad(광대한) → 광대한 곳에 → 외국으로

1056 **artificial** — ⓢ **imitation, fake, counterfeit** — **인공적인**

3/2 [ὰ:rtəfíʃəl] a ★★☆☆☆ 출제확률 10.1%

Baby monkeys were separated from their mothers and provided with artificial mothers. 어미로부터 새끼 원숭이들은 떼어놓고 대신 어미 인형을 주었다. ('01)

» arti(예술적으로) + fi(만든) + (c)ial(형용사, ~인) → (가짜지만 진짜같아) 예술적인 → 인공적인

1057 **substance** — ⓢ **material, stuff, fabric** — **실질, 실체, 물질**

3/2 [sʌ́bstəns] n ★★☆☆☆ 출제확률 10.1%

The shepherds who found the substance were curious about its softness.
그 물질을 발견한 목동들은 그것의 부드러움에 호기심을 가졌다. ('01)

» sub(아래에) + stan(있는) + ce(~것) → (수면) 아래에 있는 것 → 실제, 실체

1058 **grain** ⓢ **cereal, corn** **곡류, 낟알; 낟알로 만들다**

3/2 [gréin] n, v
★★☆☆☆
출제확률 10.1%

We eat grains, vegetables, fruits, nuts, meat, and fish.
우리는 곡류, 야채, 과일, 견과, 고기, 생선 등을 섭취한다. ('97)
» gra(= grate 즐거운, 기쁜) + in → 기쁘게 하는 것 → 곡류

1059 **scold** **scolded scolding** **잔소리꾼; 꾸짖다, 잔소리하다**

3/2 [skóuld] n, v
★★☆☆☆
출제확률 10.1%

She kept telling herself that she would scold him when he came in.
그녀는 그가 들어오면 꾸짖겠다고 스스로 계속 다짐했다. ('96)
» ⓢ rebuke, criticize, nag

(과거, 과거분사) | 꾸짖는; 잔소리

1060 **venture** ⓢ **enterprise, project, undertaking** **모험; 위험을 무릅쓰고 ~하다**

3/2 [véntʃər] n, v
★★☆☆☆
출제확률 10.1%

I'm thinking of starting a business venture with him.
나는 그와 함께 벤쳐 사업을 시작할까 생각 중이다. ('96)
» vent(나오다) + ure(~것) → (위험을 무릅쓰고) 나오는 것은 모험이다

1061 **long-term** **장기간**

3/2 [lɔ́:ŋ-tə́:rm] n
★★☆☆☆
출제확률 10.1%

Today, I'd like to talk about the long-term effects of pollution.
오늘 저는 오염의 장기 효과에 대해 이야기하고자 합니다. ('97)
» long(긴) + term(기간) → 장기간

1062 **mud** **muddy** **진흙**

3/2 [mʌ́d] n
★★☆☆☆
출제확률 10.1%

Tony's family car is covered with mud.
토니네 가족 차량이 진흙으로 뒤덮여 있다. ('94)
» be covered with : ~로 덮이다

진흙투성이인

1063 **sightsee** **sightseeing** **관광 여행하다, 유람하다**

3/2 [sáitsì:] v
★★☆☆☆
출제확률 10.1%

Perhaps it will one day take people for sightseeing trips around the moon.
아마 언젠가는 그것이 사람들을 태우고 달 관광 여행을 시켜줄 것이다. ('95)
» sight(장소) + see(보다) → 장소를 둘러보다 → 관광하다

관광

1064 **fever** ⓢ **ferment, excitement** **열, 열광**

3/2 [fí:vər] n
★★☆☆☆
출제확률 10.1%

I have a fever and a sore throat.
나는 열이 나고 목이 아프다. ('94)
» in a fever : 열광하여

1065 **aid** **unaided** **도움; 돕다**

3/2 [éid] n, v
★★☆☆☆
출제확률 10.1%

It's useful for study of motion too slow to be observed by the unaided, human eye.
그것은 사람의 육안으로 식별하기 어려울 정도의 매우 느린 움직임을 연구하는데 유용하다. ('94)
» first-aid : 응급 치료

도움을 받지 않는

1066 **overlap** **overlapping** **중복; 겹치다**

2/2 [òuvərlǽp] n, v
★★☆☆☆
출제확률 10.1%

Having the edges overlapping in a regular arrangement like tiles on a roof
끝을 지붕 위의 타일(기와)처럼 규칙적으로 겹치게 하기 ('11)
» over(~위에) + lap(무릎) → (무릎 위에 다리가) 겹치다(다리를 꼬는 동작)

중복된, 서로 중복되는

1067 **peer** ⓢ **fellow, companion** **동등한 사람, 동배**
2/2 [píər] n
★★☆☆☆
출제확률 10.1%
People's tendency to agree with their peers was stronger.
사람들은 동료의 의견에 동의하려는 경향이 더 강했다. ('11)
» par(평등)에서 유래되었다. * agree with : ~에 동의하다

1068 **reinforce** **reinforced** **강화; 보강하다**
2/2 [rìːinfɔ́ːrs] n, v
★★☆☆☆
출제확률 10.1%
What disturbs me is the idea that good behavior must be reinforced with incentives.
나를 혼란시킨 것은, 좋은 행동은 강력한 동기에 의해 강화되어야 한다는 개념이었다. ('11)
» re(다시) + in(~에, 안으로) + force(힘을 주다) → 강화하다
보강된, 강화된

1069 **shrink** **shrinkage** **오그라들다, 움츠러들다**
2/2 [ʃríŋk] v
★★☆☆☆
출제확률 10.1%
The shrinkage of habitats and its consequences
줄어드는 서식지와 그 결과들 ('11)
» ⓢ decrease, diminish, narrow
위축, 수축

1070 **surpass** ⓢ **exceed, outdo, excel** **surpassed** **~보다 낫다, 능가하다**
2/2 [sərpǽs] v
★★☆☆☆
출제확률 10.1%
Achieving results that surpass their expectations
그들의 기대를 뛰어 넘는 결과를 달성하기 ('11)
» sur(= over 이상으로) + pass(고통, 아픔) → 남보다 더 큰 고통과 아픔을 겪으니 남을 능가하다
(과거, 과거분사)

1071 **unanimous** **ambiguous** **unanimously** **만장일치의**
2/2 [juːnǽnəməs] a
★★☆☆☆
출제확률 10.1%
The lawmakers unanimously agreed on the new budget.
국회의원들이 만장일치로 새로운 예산안에 동의했다.
» un(모두) + anim(= mind 마음) + ity(~것) → 모두 같은 마음인 것(상태) → 만장일치
애매모호한 | 만장일치로

1072 **beforehand** ⓢ **previously, earlier** **사전에, 미리**
2/2 [bifɔ́ːrhæ̀nd] ad
★★☆☆☆
출제확률 10.1%
It was, therefore, important for the viewer to learn about the play beforehand.
그래서 연극을 보기 전에 미리 청중들이 그 연극에 대해 알아두는 것이 중요하다. ('10)
» before(~이전에) + hand(소유) → 가지기 전에 → 사전에

1073 **biography** **biographical** ⓢ **record, life story** **전기**
2/2 [baiágrəfi, bi-] n
★★☆☆☆
출제확률 10.1%
"Biography of Marie Curie" Rob said.
"메리 퀴리 부인의 자서전이요"라고 Rob이 말했다. ('10)
» bio(= life 일생, 생애) + graphy(기록한 것) → 일생에 걸쳐 기록한 것
전기의

1074 **facilitate** ⓢ **speed up, promote** **용이하게 하다, 쉽게하다, 촉진하다, 조장하다**
2/2 [fəsílətèit] v
★★☆☆☆
출제확률 10.1%
It was important for the viewer so as to facilitate interpretation of the content.
내용에 대한 이해를 촉진시키기 위해 그것은 시청자에게 중요했다. ('10)
» facil(쉬운) + ate(~하다) → 쉽게하다 → 촉진하다

1075 **sweat** **sweating** **땀**
2/2 [swét] n
★★☆☆☆
출제확률 10.1%
If you are in a cold sweat, you'd better see a doctor.
만약 당신이 식은땀을 흘린다면, 진찰을 받으십시오.
» cold sweating : 식은 땀
(현재분사)

족집게 보카 TEST Day 26

1. 아래의 단어에 맞는 뜻을 골라 선으로 이어주세요.

1036 modify	ⓐ 담그다, 가라앉다
1051 pronunciation	ⓑ 변경하다, 수식하다, 완화하다
1063 sightsee	ⓒ 잔소리꾼; 꾸짖다, 잔소리하다
1055 abroad	ⓓ 막대기, 장대
1046 inhabit	ⓔ 발음, 발음법
1038 cancer	ⓕ 기울기; 기대다; 야윈
1049 trunk	ⓖ 외국에, 널리
1060 venture	ⓗ 인공적인
1056 artificial	ⓘ 나무 줄기
1039 pole	ⓙ 관광 여행하다, 유람하다
1050 lean	ⓚ 모험; 위험을 무릅쓰고 ~하다
1059 scold	ⓛ 열, 열광
1064 fever	ⓜ 암, 종양
1047 dip	ⓝ 서식하다, 거주하다

2. 아래 문장의 알맞은 뜻을 보기에서 고르세요.

a. This year your contribution will help in the fight against diseases such as cancer. (   )
b. She kept telling herself that she would scold him when he came in. (   )
c. Several eagles inhabit this mountain. (   )
d. Schubert spent his whole life in poverty. (   )
e. We became so interested in the mummies that we lost track of the time. (   )
f. Students should study a broad range of subjects throughout middle and high school. (   )
g. We eat grains, vegetables, fruits, nuts, meat, and fish. (   )

보 기

① 우리는 곡류, 야채, 과일, 견과, 고기, 생선 등을 섭취한다.
② 당신의 기부금은 올해 암과 같은 질환과 싸우는 이들을 돕는데 사용될 것입니다.
③ 몇몇 독수리들이 이 산에 서식하고 있다.
④ 학생들은 중학교와 고등학교를 통해 광범위한 과목을 공부해야 한다.
⑤ 우리는 미라에 너무 흥미를 느낀 나머지 시간 가는 줄도 몰랐다.
⑥ 슈베르트는 평생 빈곤의 삶을 살았다.
⑦ 그녀는 그가 들어오면 꾸짖겠다고 스스로 계속 다짐했다.

정답: ② ⑦ ③ ⑥ ⑤ ④ ①

족집게 보카 Day 27

1076 **associate** **associated** ⓢ **ally, link, combine** **동료; 교제하다, 연상하다**
2/2 [əsóuʃièit] n, v
★★☆☆☆
출제확률 10.1%
Associating the objects with their names
사물과 그 이름을 연결하기 ('09)
» as(~에) + soci(결합하다, 협력하다) + ate(~하다) → 교제하다
관련된

1077 **convert** **converted** ⓢ **modify, remodel, customize** **바꾸다**
2/2 [kənvə́:rt] v
★★☆☆☆
출제확률 10.1%
To convert inaccurate drawings into accurate ones
부정확한 그림을 정확한 것으로 바꾸기 위해 ('09)
» con(완전히) + vert(돌다) → 완전히 돌다 → 바꾸다, 전환하다
전환된, 변환된

1078 **cuisine** ⓢ **recipe, cooking, dishes** **요리법, 요리**
2/2 [kwizí:n] n
★★☆☆☆
출제확률 10.1%
The cuisine constitute a deep reservoir of accumulated wisdom about diet and health. 그 요리법은 음식과 건강에 대한 깊은 지혜가 담겨져 있다. ('09)
» 부엌(kitchen)에서 유래되었다.

1079 **ingredient** ⓢ **element, component, unit** **성분, 재료**
2/2 [ingrí:diənt] n
★★☆☆☆
출제확률 10.1%
Ask her if you can borrow a cup of sugar or some equally non-threatening ingredients.
당신이 설탕 한 컵이나 설탕처럼 안전한 재료를 빌릴 수 있는지 그녀에게 물어보세요. ('09)
» in(안에) + gred(= go (들어)가는) + (i)ent(것) → 안에 있는 것 → 성분

1080 **stable** ⓢ **secure, lasting, established** **외양간; 안정된**
2/2 [stéibl] n, a
★★☆☆☆
출제확률 10.1%
It rewards insects with a stable environment that enhances their ability to eat.
그것은 보상으로 벌레들에게 안정적인 환경을 주어 먹이 확보 능력을 향상시켜준다. ('09)
» sta(서다) + able(가능한) → 가만히 서 있을 수 있으니 안정적이다

1081 **acknowledge** ⓢ **accept, admit, recognize** **인정하다**
2/2 [æknálidʒ] v
★★☆☆☆
출제확률 10.1%
You will acknowledge the high cost of night driving.
당신은 야간 운전의 비용이 비싸다는 것을 인정하게 될 것이다. ('08)
» ac(~에 대한) + knowledge(지식) → ~에 대한 지식이 있으니 → 인정하다

1082 **altitude** ⓢ **elevation, height** **고도, 높이**
2/2 [ǽltətjù:d] n
★★☆☆☆
출제확률 10.1%
If you climb up a mountain at an altitude of 5,000m, you'll have a difficulty of breathing.
만약 당신이 5천미터 높이의 산을 오르게 된다면, 당신은 호흡하는데 어려움이 있을 것이다.
» alti(높은) + tude(상태) → 고도

1083 **anthropology** **anthropologist** **인류학**

2/2 [ænθrəpálədʒi] n

★★☆☆☆

출제확률 10.1%

With the rise of anthropology, words like 'savage' and 'primitive' began to disappear.

인류학이 부상하면서 '야만적인'과 '원초적인'과 같은 단어들은 사라지기 시작했다. ('08)

» anthro(인류) + logy(학문) → 인류학

인류학자

1084 **barren** ⓢ **desolate, desert** **불모의, 메마른, 황량한**

2/2 [bǽrən] a

★★☆☆☆

출제확률 10.1%

The flowers won't grow in barren soil.

꽃들은 메마른 토양에서는 자라지 않을 것이다.

» Bahrein(바레인)은 메마르고 황량하다는 데서 유래됨.

1085 **adequate** ⓢ **acceptable, competent** **적당한, 충분한**

2/2 [ǽdikwət] n

★★☆☆☆

출제확률 10.1%

All travellers should ensure they have adequate travel insurance before they depart.

모든 여행자들은 출발하기 전에 적절한 여행 보험에 가입했는지 반드시 확인해야 한다. ('07)

» ad(~에) + equa(= equal 동등한) + te(~한) → 남과 비슷하니 적당하다

1086 **fossil** **화석(의)**

2/2 [fásəl] n

★★☆☆☆

출제확률 10.1%

We shall solve our dependence on fossil fuels by developing new technologies.

우리는 신 기술을 개발함으로써 화석연료 의존 문제를 해결할 수 있을 것이다. ('07)

» 파서 발견된 것(anything dug up)이라는 의미에서 유래되었다.

1087 **suck** ⓢ **draw, pull, extract** **suckling** **빨다**

2/2 [sʌ́k] v

★★☆☆☆

출제확률 10.1%

The leaf fish's large jaws enables it to suck in the unfortunate individual very easily.

리프피시(leaf fish)의 큰 턱은 불운한 먹이들을 매우 쉽게 빨아들일 수 있게 해 준다. ('07)

» suck in : 빨아들이다

젖먹이

1088 **combat** ⓢ **battle, conflict, warfare** **전투하다, 싸우다**

2/2 [kəmbǽt] v

★★☆☆☆

출제확률 10.1%

Simmons came across a pair of male giraffes locked in combat.

시몬스는 싸움에 몰두하고 있는 두 수컷 기린과 우연히 마주치게 되었다. ('06)

» com(함께) + bat(때리다) → 서로 때리며 싸우다 * come across : ~을 우연히 마주치다

1089 **fertile** **fertility** ⓢ **prolific, abundant, productive** **비옥한, 다산의**

2/2 [fə́:rtl] a

★★☆☆☆

출제확률 10.1%

The suburban areas have fertile and rich soil.

그 교외 지역에는 비옥하고 기름진 토양이 있다.

» fer(낳다, 나르다) + tile(기름진) → 기름져 많이 낳는 → 비옥한

비옥함

1090 **irrigation** **물을 댐, 관개**

2/2 [irəgéiʃən] n

★★☆☆☆

출제확률 10.1%

There needs to be enough rain, or in some cases, irrigation.

적당히 비가 오거나 어떤 경우엔 충분한 관개시설이 있어야 하다. ('06)

» ir(= in ~안에) + rig(= water 물) + ation(~하는 것) → ~안에 물을 댐 → 관개

1091 **obligate** **obligated** **oblige** **의무를 부여하다, 어쩔 수 없는**

2/2 [ábləgèit] v

★★☆☆☆

출제확률 10.1%

We must realize that no one is obligated to change just to meet our expectations.

그 누구도 우리의 기대에 부응하기 위해 변화되어야 할 의무가 없다는 것을 깨달아야만 한다. ('06)

» ob(~에) + lig(묶이다) → ~에 얽매이게 하다 → 의무를 부여하다

(법, 도덕적)~할 의무가 있는 | 의무적으로 ~하게 하다

1092 **script**

2/2 [skrípt] n, v

★★☆☆☆

출제확률 10.1%

ⓢ **writing, draft** **원문, 각본, 대본; 대본을 쓰다**

A related limitation was that few people ever learned to write this early script.

또 다른 한계는 이 고대문자를 배운 사람들이 거의 없었다는 점이다. ('06)

» 적힌 것이라는 의미에서 유래되었다. * early script : 고대문자

1093 **summit**

2/2 [sʌ́mit] n, a

★★☆☆☆

출제확률 10.1%

ⓢ **peak, zenith** **정상, 정상회담; 정상급의**

The mountain is steepest at the summit, but that's no reason to turn back.

산에서 가장 가파른 곳은 정상이지만, 그것 때문에 돌아와야 하는 것은 아니다. ('06)

» sum(= highest 가장 높은) + it(명접) → 최고, 정상 → 정상회담

1094 **archaeologist**

2/2 [àːrkiɑ́lədʒist] n

★★☆☆☆

출제확률 10.1%

고고학자

According to archaeologists, early man used them for fortunetelling, not for games.

고고학자들에 따르면, 초기의 인간은 그것들을 게임이 아닌 운세를 보는데 사용했다고 한다. ('05)

» arch(= old) + ology(학문) + ist(사람) → 오래된 것에 대해 공부하는 사람 * archaeology : 고고학

1095 **sculpture**

2/2 [skʌ́lptʃər] n

★★☆☆☆

출제확률 10.1%

ⓢ **statue, model, figure** **sculptor** **조각, 조각술**

The sculpture became so popular that it brought a lot of tourists to come.

그 조각품의 인기가 매우 좋아져서 많은 관광객들이 보러 오게 되었다. ('05)

» sculpt(조각하다) + ure(~것) → 조각한 것

조각가

1096 **rival**

2/2 [ráivəl] n, a

★★☆☆☆

출제확률 10.1%

ⓢ **opponent, adversary, competitor** **경쟁자, 라이벌; 경쟁하는**

Still, my rival looked calm.

여전히 나의 라이벌은 평온해 보였다. ('01)

» rive(강둑) + al → 강둑을 차지하기 위해서 서로 싸우는 사람들 → 경쟁자

1097 **faint**

2/2 [féint] a

★★☆☆☆

출제확률 10.1%

fainted **희미한, 어렴풋한**

When he discovered that he would be sitting right next to Jane, he nearly fainted with joy. 그가 Jane 옆에 앉게 된다는 것을 알게 되었을 때 그는 기뻐서 거의 기절할 뻔했다. ('00)

» ⓢ dim, unclear, vague * right next to : ~바로 옆에

(과거, 과거분사)

1098 **clever**

2/2 [klévər] a

★★☆☆☆

출제확률 10.1%

cleverness ⓢ **talented, gifted, intelligent** **영리한, 현명한**

Some clever fishermen in the village bought bigger and better equipped boats.

그 마을에 사는 몇몇 똑똑한 어부들이 더 크고 장비를 잘 갖춘 배를 구입했다. ('99)

영리함

1099 **slope**

2/2 [slóup] n, v, a

★★☆☆☆

출제확률 10.1%

ⓢ **inclination, tilt** **경사; 경사지다; 경사진**

You should watch out for yourself now that you're on a slippery slope.

당신은 지금 미끄러운 경사에 있기 때문에 조심해야 합니다.

» slip(미끄러지다)에서 유래되었다. 미끄러지는 곳이니 '경사'이다.

1100 **logic**

2/2 [lɑ́dʒik] n

★★☆☆☆

출제확률 10.1%

logical ⓢ **reason** **논리, 논리학**

Isn't that your logic?

저건 당신의 논리가 아닌가요? ('94)

» log(= speech 말하기) + ic(학문) → 말하는 학문 → 논리학

타당한, 논리적인

1101 **proceed**

2/2 [prəsí:d] v

★★☆☆☆

출제확률 10.1%

proceeded ⓢ **carry on, continue, progress** **나아가다, 가다**

Our collection letters proceed automatically in a series.

우리의 대금 청구서는 순서대로 자동 발송된다. ('94)

» pro(앞으로) + ceed(= go 가다) → 나아가다

(과거, 과거분사)

1102 **ongoing**

2/2 [ángòuiŋ] a

★★☆☆☆

출제확률 10.1%

ⓢ **progressing, evolving** **계속 진행 중인**

They will be totally satisfied with the ongoing event.

그들은 계속 진행 중인 행사에 완전히 만족할 것이다. ('10)

» on(~중인) + going(진행) → 진행 중인 * be satisfied with : ~에 만족하다

1103 **invariable**

2/2 [invέəriəbl] a

★★☆☆☆

출제확률 10.1%

invariably **변함 없는, 항상**

People who tried this little exercise would invariably report more frustration.

이 작은 실험을 시도한 사람들은 항상 더 화를 냈다. ('09)

» in(아니다) + variable(변함) → 변함 없는

변함없이

1104 **reluctant**

2/2 [rilʌ́ktənt] a

★★☆☆☆

출제확률 10.1%

ⓢ **hesitant, unwilling** **마음이 내키지 않는, 주저하는**

The two countries finally made a reluctant agreement.

그 두 국가는 결국 마지못해 합의안을 만들었다. ('09)

» make an agreement with : ~와 협약을 체결하다

1105 **adversity**

2/2 [ædvə́:rsəti] n

★★☆☆☆

출제확률 10.1%

ⓢ **hardship, disaster, affliction** **역경**

Some heroes shine in the face of great adversity.

일부 영웅들은 엄청난 역경 속에서 빛을 발한다. ('07)

» ad(~로) + vers(돌다) + ity(~것) → 돌아가게 만드는 것은 역경이다

1106 **dare**

2/2 [dέər] aux, v

★★☆☆☆

출제확률 10.1%

daring **감히 ~하다**

Brave individuals daring to step into the unknown darkness

미지의 어둠 속으로 용감하게 들어가는 용기있는 사람들 ('07)

» dare to : 감히 ~하다

대담한, 대담성

1107 **meantime**

2/2 [mí:ntàim] n

★★☆☆☆

출제확률 10.1%

그 동안, 그러는 동안

What are you going to do in the meantime?

그 동안 뭘 할 것인가요? ('07)

» me(= middle 중간에) + an(어미) + time(시간) → (일이 진행되는) 시간 동안

1108 **opponent**

2/2 [əpóunənt] n

★★☆☆☆

출제확률 10.1%

ⓢ **competitor, adversary, enemy** **적, 적수, 상대**

My opponent is strong.

나의 상대(적수)는 강하다. ('11)

» op(반대에) + pon(= put 놓인, 있는) + ent(것) → 적

1109 **accent**

2/2 [æksént] n, v

★★☆☆☆

출제확률 10.1%

accentuate **강조, 악센트, 말씨; ~을 강조하다**

Barking of a distant dog served to accentuate the solitary scene.

멀리서 개 짖는 소리가 그 고독한 장면을 더욱 두드러지게 했다. ('06)

» ac(만들다) + cent(= center 중앙) → 중앙으로 몰아가다 → 강조[하다]

강조하다

1110 **ecology** [ikálədʒi] n 2/2 ★★☆☆☆ 출제확률 10.1%

ecological ecologist — **생태, 생태학**

It is probably wrong, says Robert Simmons, a behavioral ecologist.
그것은 아마도 잘못되었다라고 행동 생태학자인 Robert Simmons가 말했다. ('06)
» eco(생태) + logy(학문) → 생태학

생태계의 | 생태학자

1111 **exaggerate** [igzǽdʒərèit] v 2/2 ★★☆☆☆ 출제확률 10.1%

exaggeration — **과장하다**

Other cases exaggerate such differences.
다른 경우들은 그러한 차이를 과장한다. ('06)
» ex(강조, 너무) + agger(쌓인) + ate(~하다) → 너무 쌓다 → 과장하다

과장

1112 **vacuum** [vǽkjuəm] n 2/2 ★★☆☆☆ 출제확률 10.1%

ⓢ void, space, absence — **진공, 공백**

He brought us a good looking vacuum cleaner.
그는 멋진 진공청소기를 우리에게 가져왔다.
» vac(u)(빈) + um(~것) → 빈 상태의 것

1113 **caution** [kɔ́:ʃən] n 2/2 ★★☆☆☆ 출제확률 10.1%

cautioning — **조심, 경고**

Parents first teach us essential ways of living by cautioning.
부모들은 경고를 통해 필수적인 생활 방식을 가르친다. ('04)
» ⓢ alertness, wariness, carefulness

(현재분사)

1114 **link** [líŋk] n, v 2/2 ★★☆☆☆ 출제확률 10.1%

ⓢ connection, association — **고리, 연결; ~을 연결하다**

Last class, we talked about the possible link between blood type and personality. 지난 시간에, 우리는 혈액형과 성격의 연관 가능성에 대해 이야기했다. ('11)
» between A and B : A와 B 사이에

1115 **strive** [stráiv] v 2/2 ★★☆☆☆ 출제확률 10.1%

striven — **노력하다, 분투하다**

These people have striven to conserve the wild plants growing in Korea.
이 사람들은 한국에서 자라는 야생 식물들을 보존하기 위해 노력했다. ('04)
» st(~에 서있는) + riv(물가) → 흐르는 물가에 서 있으려면 노력해야 한다

(과거분사)

1116 **reception** [risépʃən] n 2/2 ★★☆☆☆ 출제확률 10.1%

receptive — **환영회, 응접, 연회**

Unwanted signals, such as noise in the reception or recording of sound
연회에서 들리는 소음이나 녹음 중에 발생하는 잡음같이 원치 않는 신호들 ('03)
» re(다시) + cept(= take 받다) + ion(~것) → 다시 받아들이는 것 → 환영회, 연회

수용적인

1117 **structure** [strʌ́ktʃər] n 2/2 ★★☆☆☆ 출제확률 10.1%

structured — **구조, 건조물**

In short, you occupy several different positions in the complex structure of society. 요약하면, 당신은 복잡한 사회 구조 안에서 몇 개의 다른 지위(역할)를 맡고 있다. ('01)
» struct(짓다) + ure(~것) → 지은 것 → 구조물 * in short : 요컨대

구조[조직]가 있는

1118 **enrich** [inrítʃ] v 2/2 ★★☆☆☆ 출제확률 10.1%

enriching — **부유하게 하다, 풍성하게 하다**

Enriching life through meditation
명상을 통해 삶을 풍요롭게 하기 ('11)
» en(~하게 하다) + rich(부유한) → 부유하게 하다

(현재분사)

족집게 보카 TEST Day 27

1. 아래의 단어에 맞는 뜻을 골라 선으로 이어주세요.

1079 ingredient •	ⓐ 적당한, 충분한
1106 dare •	ⓑ 성분, 재료
1085 adequate •	ⓒ 나아가다, 가다
1102 ongoing •	ⓓ 고도, 높이
1101 proceed •	ⓔ 감히 ~하다
1097 faint •	ⓕ 정상, 정상회담; 정상급의
1092 script •	ⓖ 희미한, 어렴풋한
1103 invariable •	ⓗ 경사; 경사지다; 경사진
1099 slope •	ⓘ 원문, 각본, 대본; 대본을 쓰다
1082 altitude •	ⓙ 외양간; 안정된
1093 summit •	ⓚ 변함 없는, 항상
1080 stable •	ⓛ 조각, 조각술
1095 sculpture •	ⓜ 물을 댐, 관개
1090 irrigation •	ⓝ 계속 진행 중인

2. 아래 문장의 알맞은 뜻을 보기에서 고르세요.

a. All travellers should ensure they have adequate travel insurance before they depart. (　　)
b. A related limitation was that few people ever learned to write this early script. (　　)
c. They will be totally satisfied with the ongoing event. (　　)
d. According to archaeologists, early man used them for fortunetelling, not for games. (　　)
e. There needs to be enough rain, or in some cases, irrigation. (　　)
f. If you climb up a mountain at an altitude of 5,000m, you'll have a difficulty of breathing. (　　)
g. You will acknowledge the high cost of night driving. (　　)

보 기

① 적당히 비가 오거나 어떤 경우엔 충분한 관개시설이 있어야 하다.
② 당신은 야간 운전의 비용이 비싸다는 것을 인정하게 될 것이다.
③ 모든 여행자들은 출발하기 전에 적절한 여행 보험에 가입했는지 반드시 확인해야 한다.
④ 만약 당신이 5천미터 높이의 산을 오르게 된다면, 당신은 호흡하는데 어려움이 있을 것이다.
⑤ 또 다른 한계는 이 고대문자를 배운 사람들이 거의 없었다는 점이다.
⑥ 고고학자들에 따르면, 초기의 인간은 그것들을 게임이 아닌 운세를 보는데 사용했다고 한다.
⑦ 그들은 계속 진행 중인 행사에 완전히 만족할 것이다.

정답: ③ ⑤ ⑦ ⑥ ① ④ ②

19년간 수능 기출 영단어 10만개를 모조리 통계내어 만든

족집게 보카 Day 28

1119 **grasp**
2/2 [grǽsp] n, v
★★☆☆☆
출제확률 10.1%

grasped **붙잡음; 움켜쥐다, 붙잡다**

The president grasped my hand and shook it.
대통령은 나의 손을 잡고 악수했다. ('11)
» grab(움켜쥐다)에서 파생했다.
(과거, 과거분사)

1120 **spare**
2/2 [spέər] n, v, a
★★☆☆☆
출제확률 10.1%

sparing **예비품; 절약하다; 여분의**

You would thank nature for sparing you much labor.
자연덕분에 당신의 노동이 많이 절약되는 것에 대해 감사해야 할 것이다. ('11)
» sparing : spare(여분의) + ing(~하는) → (여분을 아끼니) 절약하는
인색한, 아끼는

1121 **wit**
2/2 [wít] n
★★☆☆☆
출제확률 10.1%

witty **지혜, 재치, 수완**

You could learn wit from your teacher because he's very wise.
당신의 선생님은 매우 현명하기 때문에 그로부터 지혜를 배울 수 있었을 것이다.
» ⓢ intellect, wisdom, cleverness
재치있는

1122 **decay**
2/2 [dikéi] n, v
★★☆☆☆
출제확률 10.1%

decayed **부식; 부패하다**

Bristlecone pines grow faster in richer conditions, but die earlier and soon decay.
브리슬콘 소나무는 더 좋은 환경에서 더 빨리 자라지만 일찍 죽고 곧 썩는다. ('11)
» de(아래로) + cay(떨어지다) → (썩어) 떨어지다 → 부식하다
부패한

1123 **exert**
2/2 [igzə́:rt] v
★★☆☆☆
출제확률 10.1%

exertion **쓰다, 행사하다**

Nature does not reward those who do not exert efforts.
자연은 노력하지 않는 이에게 보상을 주지 않는다. ('11)
» ex(= out 밖으로) + ert(= join 참가하다) → 밖으로 무언가를 참가시키다 → 쓰다, 행사하다
노력, (영향력) 행사

1124 **trim**
2/2 [trím] n, v, a
★★☆☆☆
출제확률 10.1%

trimly **정돈; 다듬다, 정돈하다; 산뜻한**

You need to get a haircut and trim your nails.
당신은 머리를 자르고 손톱을 손질할 필요가 있다.
» ⓢ neaten, cut, even up
정돈하여, 손질하여

1125 **acre**
2/2 [éikər] n
★★☆☆☆
출제확률 10.1%

acreage **에이커, 경지, 토지**

People destroyed the jungles of the world at a speed of 50 acres a minute.
사람들은 세계의 밀림을 1분당 50에이커의 속도로 파괴했다. ('96)
» 면적의 단위 1에이커 = 약 4,046.8 m^2, 약 1,224평.
에이커 수, 면적

1126 **lounge** ⓢ relax, take it easy — 어슬렁 거림, 휴게실; 느긋하게 서 있다

2/2 [láundʒ] n, v

★★☆☆☆

출제확률 10.1%

He may be at the drivers' lounge.
그는 기사 휴게실에 있을 것이다. ('11)
» ⓢ reception room, living room, sitting room

1127 **prevail** prevailed prevailing — 우세하다, 보급되다, 승리하다

2/2 [privéil] v

★★☆☆☆

출제확률 10.1%

A literary critic taking exception to a prevailing method of interpretation
보편적으로 이해하는 법칙을 따르지 않는 한 문학 비평가 ('11)
» pre(미리, ~전에) + vail(= strong 강한) → 이미 강하다

(과거, 과거분사) | 우세한, 지배적인

1128 **tile** tiled — 타일; 타일을 붙이다

2/2 [táil] n, v

★★☆☆☆

출제확률 10.1%

The tile I bought from the store was already broken before I opend it.
내가 그 상점에서 구입한 타일은 이미 열어보기도 전에 부서져 있었다.
» (타일을) 덮다라는 의미에서 유래되었다.

타일을 붙인

1129 **temporary** temporarily — 임시의; 임시 고용인

2/2 [témpərèri] n, a

★★☆☆☆

출제확률 10.1%

Many people didn't recommend me to have a temporary job.
많은 사람들이 나에게 임시직을 추천하지 않더군요.
» tempo(시간) + ary(~한) → 임시의, 일시적인

일시적으로

1130 **earnest** earnestly — 진지함; 진지한, 열심인

2/2 [ə́:rnist] n, a

★★☆☆☆

출제확률 10.1%

I know a father who devoted himself earnestly to photographing the birth of his child. 자기 아이의 출생을 진지하게 사진으로 담아내는 한 아버지를 나는 알고 있다. ('11)
» ⓢ sincere, solemn, dedicated

진지하게

1131 **harvest** harvesting — 수확, 추수; 수확하다

2/2 [há:rvist] n, v

★★☆☆☆

출제확률 10.1%

The harvest this year is worse than last year.
올해 수확량이 지난해보다 안 좋다.
» ⓢ gathering, picking, reaping

수확

1132 **resent** resented resentful — 분개하다, 분하게 여기다

2/2 [rizént] v

★★☆☆☆

출제확률 10.1%

Big words are resented by persons who don't understand them.
과장된 말을 이해하지 못하는 사람들은 그 말에 대해 분개한다. ('11)
» re(다시, ~에 반하여) + sent(= 느끼는) → ~에 반하여 느끼는 → 분개하다 * big words : 허풍, 자랑

(과거, 과거분사) | 분해하는, 분개하는

1133 **resume** ⓢ restart, begin again — 다시 시작하다

2/2 [rizú:m] v

★★☆☆☆

출제확률 10.1%

If our situation changes, we will call you to resume delivery.
만약 우리의 상황이 바뀐다면 배달을 다시 해달라고 전화 하겠다. ('11)
» re(다시) + sume(= take 취하다) → 다시 시작하다, 취하다

1134 **interfere** interference — 방해하다, 훼방하다

2/2 [ìntərfíər] v

★★☆☆☆

출제확률 10.1%

He wants to be free from interference.
그는 간섭으로부터 자유로워지고 싶어한다.
» inter(~사이에) + fere(화나게 함) → ~사이에 화나게 하다 → 훼방하다

방해, 간섭

1135 **shortcut** 지름길

2/2 [ʃɔ́:rtkʌt] n

★★☆☆☆

출제확률 10.1%

Is there a shortcut to Gyeongbokgung?

경복궁으로 가는 지름길이 있나요? ('11)

» short(짧게) + cut(끊다) → 짧게 끊다 → 지름길

1136 **till**

tilling ~까지; ~을 갈다

2/2 [tíl] prep, conj, v

★★☆☆☆

출제확률 10.1%

Your family will induce you to spend weary days in tilling the ground.

당신의 가족은 당신이 땅을 갈며 피곤한 날들을 보내도록 할 것이다. ('11)

» ⓢ cultivate, plough, dig

(현재분사)

1137 **bounce**

bounced (공이) 튀다, 바운드하다

2/2 [bàuns] v

★★☆☆☆

출제확률 10.1%

When the light from an object hits a person, only some of it bounces off.

한 물체에서 발생한 빛이 사람에게 부딪히면 극히 일부만이 반사된다. ('10)

» bound(튀다)와 동일한 의미이다.

(과거분사), 내쫓긴

1138 **mission**

ⓢ **duty, assignment, quest** 사명, 임무, 사절단

2/2 [míʃən] n

★★☆☆☆

출제확률 10.1%

Manned space missions are more costly than unmanned ones.

유인 우주비행이 무인 우주비행보다 더 비싸다. ('10)

» miss(= send 보내다) + ion(~것) → (~을 수행하라고) 보내는 것 → 임무

1139 **shift**

ⓢ **change, displacement** 변화; 옮기다, 변하다

2/2 [ʃift] n, v

★★☆☆☆

출제확률 10.1%

One of the most important shifts will be an increased recognition of patient individuality. 가장 큰 변화 중 하나는 개별 환자의 특성에 대한 높아진 인식일 것이다. ('10)

» shift off : (책임 등을) 미루다, 회피하다

1140 **superior**

ⓢ **excellent, exclusive, exceptional** 윗사람; 우위의, 우월한

2/2 [səpíəriər] n, a

★★☆☆☆

출제확률 10.1%

It is often the highly superior and imaginative child who invents these creatures.

종종 엄청 뛰어나고 풍부한 상상력을 가진 아이가 이런 작품을 발명해낸다. ('10)

» super(~보다 위에) + (i)or(사람) → 우월한

1141 **vertical**

ⓢ **erect, straight** 수직의

2/2 [və́:rtikəl] a

★★☆☆☆

출제확률 10.1%

Which type do you think is better, horizontal or vertical?

수직과 수평 중에 어떤 타입이 네 생각에 더 나은 것 같아? ('09)

» ver(돌리다) + tical(~한) → (반 바퀴) 돌려놓은 → 수직의

1142 **bump**

bumpy 충돌, 혹; 부딪치다

2/2 [bʌ́mp] n, v

★★☆☆☆

출제확률 10.1%

I saw a connection between those bumpy vegetables on our table and the quotation. 나는 테이블 위의 울퉁불퉁한 야채와 가격표 간의 연관성을 발견하였다. ('10)

» bumpy : 울퉁불퉁한. 놀이동산의 범퍼카가 바로 bumper car이다.

울퉁불퉁한

1143 **duration**

ⓢ **span, term, period** 지속, 계속 기간, 내구

2/2 [djuréiʃən] n

★★☆☆☆

출제확률 10.1%

He would have the duration of the flight all to himself.

그는 비행하는 동안 내내 혼자일 것이다. ('08)

» dur(= last 계속) + ation(~것) → 계속되는 것 * all to oneself : 자기 자신에게

1144 **multiply** 2/2 [mʌ́ltəplài] n, v ★★☆☆☆ 출제확률 10.1%	Ⓢ **expand, extend, spread** **곱셈; 늘리다, 증식하다** Get out there and start digging, and the benefits multiply. 거기서 나와서 파기 시작하면 이익이 곱절이 될 것입니다. ('08) » multi(다수) + ply(열성을 내다) → 늘리다, 증식하다
1145 **remodel** 2/2 [rì:mádl] v ★★☆☆☆ 출제확률 10.1%	**remodeled** **개조하다** Remodeled hospitals and nursing homes increasingly come equipped with healing gardens. 리모델링한 병원과 요양원에 치료정원을 갖춘 곳이 늘어났다. ('08) » re(다시) + model(고치다) → 개조하다 (과거, 과거분사)
1146 **vivid** 2/2 [vívid] n, a ★★☆☆☆ 출제확률 10.1%	Ⓢ **clear, colourful, brilliant** **생기; 생생한** One of the more amusing aspects of this age is the child's often vivid imagination. 아이들이 종종 그려내는 발랄한 상상력이 이 나이 때의 재미있는 모습 중 하나다. ('10) » viv(살다) + id(~한) → 살아 넘침
1147 **infect** 2/2 [infékt] v ★★☆☆☆ 출제확률 10.1%	**infected** **전염시키다** I'm afraid some computers in our office were infected with a virus. 우리 사무실 컴퓨터 중 일부가 바이러스에 걸린 것 같아. ('07) » in(안으로) + fect(= make (병균을 넣게) 만들다) → 병균을 체내로 들어가게 한다 감염된, 오염된
1148 **charm** 2/2 [tʃá:rm] n, v ★★☆☆☆ 출제확률 10.1%	**charming** **매력; 매혹하다, 마법을 걸다** The age of 3½ is not without its charm. 세 살 반의 나이가 매력이 없는 것은 아니다. ('10) » Ⓢ fascination, attraction, allure 매력 있는
1149 **remote** 2/2 [rimóut] a ★★☆☆☆ 출제확률 10.1%	Ⓢ **distant, far** **먼, 먼 곳의** It's in a place so remote it was extremely difficult to be a 'friend to man'. 그곳은 너무 멀리 떨어져 있어서 '사람과 친구되기' 정말 힘든 곳이다. ('10) » re(멀리) + mot(움직이다) → 멀리 움직여 감 → 먼
1150 **cliff** 2/2 [klíf] n ★★☆☆☆ 출제확률 10.1%	Ⓢ **bluff, rock face** **절벽, 낭떠러지** People began flooding into the city to explore its caves, rivers, and cliffs. 사람들이 그 도시의 동굴, 강, 절벽 등을 답사하기 위해 몰려들기 시작했다. ('10) » flood into : 물밀듯이 몰려들다
1151 **chop** 2/2 [tʃáp] v ★★☆☆☆ 출제확률 10.1%	**chopped** **자르다, 잘게 썰다** By 400 BC, food was chopped into small pieces so it could be cooked quickly. 기원전 400년 경에는 음식이 잘게 썰어져 있어서 빨리 요리할 수 있었다. ('02) » chop into small pieces : ~을 잘게 썰다 잘게 썬, 다진
1152 **overhear** 2/2 [òuvərhíər] v ★★☆☆☆ 출제확률 10.1%	**overheard** **우연히 듣다** A woman approached them and overheard my friend's wife say. 한 여자가 그들에게 다가가 내 친구의 부인이 하는 말을 우연히 들었다. ('10) » over(넘어) + hear(듣다) → 우연히 듣다 (과거, 과거분사)

1153 **biomechanical** ⓢ **ecological** **생태계적으로**
2/2 [bàioumәkǽnikәl] a
★★☆☆☆
출제확률 10.1%
It derives from the prevalent belief that all of us are similar bio-mechanical units.
그것은 우리 모두가 유사한 생태계적 존재라는 보편적 믿음에서 유래되었다. ('10)
» bio(생명의) + mechanical(기계적인) → 자동적인 생명의 움직임 * derive from : ~에서 유래하다

1154 **mode** ⓢ **method, manner** **방법, 양식**
2/2 [móud] n
★★☆☆☆
출제확률 10.1%
Art as a satisfying mode of expression
표현의 만족을 주는 방법으로서의 예술 ('10)
» mod(척도의, 양식의) + e(~것) → 양식

1155 **enforce** **enforceable enforced** **실시하다, 실행하다**
2/2 [infɔ́:rs] v
★★☆☆☆
출제확률 10.1%
This, in the simplest definition, is a promise enforceable by law.
가장 간단히 정의하면, 이것은 법적 구속력이 있는 약속이다. ('10)
» en(~하게 하다) + force(힘) → 힘을 주어 ~을 하게 하다 → 실행하다
시행할 수 있는 | 강제적인

1156 **await** **awaiting** **기다리다**
2/2 [әwéit] v
★★☆☆☆
출제확률 10.1%
When I went to the court, I had to await trial because it hadn't started yet.
내가 법원에 갔을 때 아직 재판이 시작되지 않아 기다려야 했다.
» a(강조) + wait(기다리다) → 기다리다
(현재분사)

1157 **dynamic** ⓢ **energetic, forceful, lively** **동력의, 역학의**
2/2 [dainǽmik] a
★★☆☆☆
출제확률 10.1%
It was dynamic and spectacular.
그것은 역동적이고 볼만했다. ('06)

1158 **bargain** ⓢ **agreement, contract** **싼 조건, 거래; 흥정하다**
2/2 [bá:rgәn] n, v
★★☆☆☆
출제확률 10.1%
I could convince people to feel lucky about the bargain.
나는 사람들이 그 할인판매에 운이 좋았다고 확신하도록 설득할 수 있었다. ('10)
» bar(막대) + gain(얻다) → 하나라도 더 얻는 → 싼 조건

1159 **defect** **defective** **결점, 단점**
2/2 [dí:fekt] n
★★☆☆☆
출제확률 10.1%
There was a major news coverage about a defect in its products.
그 제품의 결함에 대한 주요 뉴스 보도가 있었다. ('10)
» de(아닌, 반대) + fect(= make 만들다) → 반대되는 것을 만들어 낸 것 → 결점
결함이 있는

1160 **fist** **주먹**
2/2 [físt] n
★★☆☆☆
출제확률 10.1%
Playing with a toy or opening and closing your fists might be an answer.
장난감을 가지고 놀거나 주먹을 쥐었다 폈다하는 것도 답이 될 수 있다. ('10)
» 손가락 다섯개(five)에서 유래되었다.

1161 **rubber** **rubbery** **고무**
2/2 [rʌ́bәr] n
★★☆☆☆
출제확률 10.1%
A group of students were shown an unfamiliar rubbery.
한 그룹의 학생들에게 친숙하지 않은 고무같이 생긴 것을 보여주었다. ('09)
» rub(문지르다) + er(~것) → 문지르는 것 → 고무(지우개)
고무같은

족집게 보카 TEST Day 28

1. 아래의 단어에 맞는 뜻을 골라 선으로 이어주세요.

1139 shift	ⓐ 다시 시작하다
1136 till	ⓑ 변화; 옮기다, 변하다
1138 mission	ⓒ 타일; 타일을 붙이다
1141 vertical	ⓓ 지름길
1132 resent	ⓔ ~까지; ~을 갈다
1125 acre	ⓕ 붙잡음; 움켜쥐다, 붙잡다
1144 multiply	ⓖ 수직의
1147 infect	ⓗ 절벽, 낭떠러지
1150 cliff	ⓘ 곱셈; 늘리다, 증식하다
1135 shortcut	ⓙ 사명, 임무, 사절단
1119 grasp	ⓚ 전염시키다
1128 tile	ⓛ 수확, 추수; 수확하다
1131 harvest	ⓜ 에이커, 경지, 토지
1133 resume	ⓝ 분개하다, 분하게 여기다

2. 아래 문장의 알맞은 뜻을 보기에서 고르세요.

a. Is there a shortcut to Gyeongbokgung? (　　)
b. Many people didn't recommend me to have a temporary job. (　　)
c. Big words are resented by persons who don't understand them. (　　)
d. Get out there and start digging, and the benefits multiply. (　　)
e. It is often the highly superior and imaginative child who invents these creatures. (　　)
f. You would thank nature for sparing you much labor. (　　)
g. The age of 3½ is not without its charm. (　　)

보 기

① 거기서 나와서 파기 시작하면 이익이 곱절이 될 것입니다.
② 경복궁으로 가는 지름길이 있나요?
③ 과장된 말을 이해하지 못하는 사람들은 그 말에 대해 분개한다.
④ 자연덕분에 당신의 노동이 많이 절약되는 것에 대해 감사해야 할 것이다.
⑤ 종종 엄청 뛰어나고 풍부한 상상력을 가진 아이가 이런 작품을 발명해낸다.
⑥ 많은 사람들이 나에게 임시직을 추천하지 않더군요.
⑦ 세 살 반의 나이가 매력이 없는 것은 아니다.

정답: ② ⑥ ③ ① ⑤ ④ ⑦

You can do it!

Yes, I can.

출제확률
100%에
도전하는
족집게 보카

5 Week

수능 영단어 50일(7주) 스피드 완성

이것이 바로 우선순위 영단어 족보다!

19년간 수능 기출 영단어 10만개를 모조리 통계내어 만든

족집게 보카 Day 29

1162 **souvenir** [sù:vəníər] n 2/2 ★★☆☆☆ 출제확률 10.1%

ⓢ **reminder** — **기념품**

This is a nice souvenir shop.
이곳은 좋은 기념품 상점이다. ('08)
» sou(아래) + ven(오다) + ir(~것) → (여행을 갔더니 마음 속에) 떠 오르는 것

1163 **stuff** [stʌ́f] n, v 2/2 ★★☆☆☆ 출제확률 10.1%

stuffed — **재료, 물건; 쑤셔 넣다, 채워 넣다**

There is also the possibility of damaging your stuff, some of it valuable.
일부는 귀중품을 포함한 당신의 물건이 손상될 가능성이 있다. ('09)

포식을 한

1164 **awkward** [ɔ́:kwərd] a 2/2 ★★☆☆☆ 출제확률 10.1%

awkwardly — **어설픈, 귀찮은, 서투른**

When his kicking became awkward and noisy, Margo ordered him to stop.
그의 발차기 때문에 불편하고 시끄럽자 마고는 그에게 멈추라고 명령했다. ('07)
» aw(오, 저런) + ward(~를 향한) → 계속 한숨만 나오는 방향으로 가는 → 어설픈

어색하게

1165 **refund** [rifʌ́nd] n, v 2/2 ★★☆☆☆ 출제확률 10.1%

ⓢ **return, repayment, pay back** — **환불; 환불하다**

I'll go to the store and ask for a refund.
저는 그 상점에 가서 환불해 달라고 요구할 것입니다. ('09)
» re(다시) + fund(자금) → 돈을 돌려 준다

1166 **cupboard** [kʌ́bərd] n 2/2 ★★☆☆☆ 출제확률 10.1%

찬장, 벽장

Most people have a vase or two in a cupboard.
대부분의 사람들은 찬장에 꽃병 1, 2개씩 가지고 있다. ('09)
» cup(컵) + board(판) → 컵을 놓는 판 → 찬장

1167 **pharmacy** [fá:rməsi] n 2/2 ★★☆☆☆ 출제확률 10.1%

약국, 조제술

OK, I'll be back after stopping by the pharmacy.
알겠어요, 약국에 들렀다가 돌아오겠습니다. ('11)
» stop by : ~에 들리다

1168 **solid** [sɑ:lid] n, a 2/2 ★★☆☆☆ 출제확률 10.1%

solidness — **고체; 고체의, 견실한, 견고한**

It removes the caffeine along with all the soluble solids in the beans.
그것은 카페인과 더불어 원두 내의 용해 가능한 모든 고체물질을 제거한다. ('09)
» along with : ~와 함께 ~에 따라

굳음, 견실

1169 **temper**

2/2 [témpər] n, v

★★☆☆☆

출제확률 10.1%

temperament **기질, 성미; 완화하다**

Personality factors such as an aggressive behavior or a passive temperament
공격적인 행동 혹은 수동적인 기질과 같은 성격 요인 ('09)
» ⓢ nature, character, disposition

기질, 신경질적임

1170 **nectar**

2/2 [néktər] n

★★☆☆☆

출제확률 10.1%

음료, 과즙, 달콤한 음료

When you are exhausted, drinking nectar is a good idea.
당신이 지쳤을 때, 과즙 음료를 마시는 것은 좋은 생각이다. ('09)
» feed on : ~을 먹다, 먹고 살다

1171 **incident**

2/2 [ínsədənt] n, a

★★☆☆☆

출제확률 10.1%

incidental **사건; 일어나기 쉬운**

Grandparents shouldn't overlook the value of incidental learning experiences.
조부모들은 우연적으로 배우는 경험의 가치를 간과해서는 안된다. ('09)
» in(~에) + cid(떨어지다) + ent(~한) → ~에 떨어진 → (우발적인) 사고

부수적인

1172 **swallow**

2/2 [swálou] n, v

★★☆☆☆

출제확률 10.1%

swallowed **삼킴; 삼키다**

When I came back, I swallowed hard at what I saw.
내가 돌아왔을 때, 내가 목격한 것을 보고 침을 삼키기 어려웠다. ('08)
» ⓢ gulp, consume, drink

(과거, 과거분사)

1173 **thereafter**

2/2 [ðɛ̀ərǽftər] ad

★★☆☆☆

출제확률 10.1%

그 후에

Please connect a primitive digital camera to your PC.
기존 디지털 카메라를 당신의 PC에 연결하십시오. ('06)
» there(거기) + after(이후로) → 그 이후로

1174 **trap**

2/2 [træp] n

★★☆☆☆

출제확률 10.1%

ⓢ snare, bait, net **올가미, 함정**

Don't be caught in the trap.
함정에 걸리지 마세요. ('08)

1175 **antique**

2/2 [æntí:k] a

★★☆☆☆

출제확률 10.1%

ⓢ vintage, classic, olden **고대의**

Various systems of grading coins have been developed by antique coin specialists. 옛날 동전 전문가들에 의해 동전을 평가하는 다양한 시스템이 개발되었다. ('08)
» anti(= before 이전에) + que(접미사) → 옛날의

1176 **bilingual**

2/2 [bailíŋgwəl] a

★★☆☆☆

출제확률 10.1%

2개국어로 쓰여진, 2개 국어의

Consider bilingual speech communities.
2개 국어를 사용하는 사회를 생각해 보라. ('08)
» bi(둘) + lingu(= tongue 혀, 언어) + al(~한, ~의) → 2개 언어의

1177 **dig**

2/2 [díg] v

★★☆☆☆

출제확률 10.1%

digging **(땅을) 파다**

They're not going to stop digging before they find something they're looking for. 그들은 그들이 찾고 있는 무언가를 발견하기 전까지 파는 것을 멈추지 않을 것이다.
» stop -ing : ~하는 것을 멈추다 * stop to -v : ~를 하기 위해 멈추다

파기

1178 **behalf** — 위함, 이익

2/2 [bihǽf] n

★★☆☆☆

출제확률 10.1%

On behalf of all the executives, we hope you enjoy your well-earned retirement.
모든 경영진들을 대신해서, 당신이 소중히 얻은 은퇴를 즐기시길 바랍니다. ('05)
» on behalf of : ~를 대신하여, ~을 대표하여

1179 **creep** — 서행; 기다, 천천히 움직이다

2/2 [kríːp] n, v

★★☆☆☆

출제확률 10.1%

creeping crept

Creeping plants cover the polished silver gate.
덩굴 식물들이 광채나는 은색 대문을 덮고 있다. ('08)
» creeping plants : 덩굴 식물

서서히, 진행되는 | (과거, 과거분사)

1180 **glow** — 빛나다, 타다

2/2 [glóu] v

★★☆☆☆

출제확률 10.1%

glowing

It was made calm by the glow of the firelight.
벽난로 불빛이 빛나며 잔잔한 분위기가 흘렀다. ('05)

강렬한, 극찬하는

1181 **sew** — 꿰매다, 깁다

2/2 [sóu] v

★★☆☆☆

출제확률 10.1%

sewn

Why? Do you want to sew something?
왜요? 꿰메고 싶은 것이 있나요? ('04)
» sew up : 봉합하다

(과거분사)

1182 **workload** — 작업량, 업무량

2/2 [wə́ːrklòud] n

★★☆☆☆

출제확률 10.1%

As for women, 'workload and time' is preferred to 'sustainability' in their job seeking. 여성에게는 안정성보다는 업무량과 시간이 구직활동에 더 고려되는 사항이다. ('08)
» work(일) + load(싣다) → 해야 할 일들

1183 **whisper** — 속삭이다

2/2 [hwíspəːr] v

★★☆☆☆

출제확률 10.1%

whispering

He had no choice but to lean toward his partner and whisper, "Where are we?".
그는 하는 수 없이 그의 파트너에 기대어 "여기 어디지?"라고 묻는 수밖에 없었다. ('02)
» lean toward : 기울어지다, ~에 기울다

속삭이는 듯한

1184 **backward** — 뒤에, 거꾸로

2/2 [bǽkwərd] ad

★★☆☆☆

출제확률 10.1%

Ⓢ **subnormal, behind**

Now readers could easily move backward in the text to find a previously read passage. 이제 독자들은 이전에 읽은 구절을 찾기 위해 더 쉽게 되돌아갈 수 있다. ('08)
» back(뒤로) + ward(향하여) → 뒤로

1185 **stare** — 응시하다

2/2 [stέər] v

★★☆☆☆

출제확률 10.1%

stared staring

The only brightness in the room was in her dark old eyes that stared at me.
그 방에서 유일하게 빛나는 것은 나를 응시하는 그녀의 검고 늙은 눈이었다. ('08)
» stare at : ~을 응시하다

(과거, 과거분사) | 노려보는

1186 **colony** — 식민지

2/2 [kάləni] n

★★☆☆☆

출제확률 10.1%

colonist

We already sent our spaceship to start the first colony on Mars.
우리는 화성에 최초의 식민지를 건설하기 위해 이미 우주선을 보냈다. ('99)
» colon(= till 경작하다) + y → 경작하는 곳 → 식민지

식민지 사람

1187 **drown** **drowned** **익사하다, 익사시키다**

2/2 [dráun] v

★★☆☆☆

출제확률 10.1%

She was about to be drowned by the creature.

그녀는 그 녀석 때문에 익사하기 일보 직전이었다. ('99)

» drown out : 사라지게 하다, 잠식시키다

~에 빠진, 몰두한

1188 **inquire** **inquired** **묻다, 문의하다**

2/2 [inkwáiər] v

★★☆☆☆

출제확률 10.1%

"How much is a dish of plain ice cream?" he inquired.

"일반 아이스크림 한 접시에 얼마입니까?"라고 그가 물었다. ('08)

» in(안으로) + quire(= seek 찾다) → 안에 있는 내용에 대해 묻다 → 문의하다

(과거, 과거분사)

1189 **breeze** **ⓢ light wind** **산들바람, 미풍**

2/2 [bri:z] n

★★☆☆☆

출제확률 10.1%

The perfume of wild flowers fills the air as the grass dances upon a gentle breeze.

부드러운 산들바람에 풀들이 춤추면서 야생화 향기가 공중에 가득 찬다. ('08)

» '북동풍'이라는 말에서 유래되었다.

1190 **chairperson** **chairman** **의장, 회장**

2/2 [tʃέərpə̀:rsn] n

★★☆☆☆

출제확률 10.1%

I have an announcement from the chairperson of the Better Life Digital Camera Club. '더 좋은 삶 디지털 카메라 클럽' 회장님으로부터 말씀을 전해 드립니다. ('08)

» chair(의장, 사회자) + person(사람) → 의장

의장

1191 **marine** **ⓢ maritime, nautical** **해병대; 바다의**

2/2 [məríːn] n, a

★★☆☆☆

출제확률 10.1%

A flashlight will easily light your way and the creatures around you, revealing marine life.

손전등은 바다의 환경을 드러내며 당신의 길과 주변의 생물들을 쉽게 밝혀줄 것이다. ('08)

» mar(바다) + ine(~의) → 바다의

1192 **spell** **spelling spelt** **철자는 ~이다**

2/2 [spél] v

★★☆☆☆

출제확률 10.1%

The process of spelling words changed.

단어의 철자 순서가 바뀌었다. ('08)

» spelling : 철자법, 맞춤법

철자[법] | (과거, 과거분사)

1193 **stupid** **ⓢ silly, foolish, senseless** **어리석은**

2/2 [stjú:pid] a

★★☆☆☆

출제확률 10.1%

No. But I felt pretty stupid.

아니다. 하지만 나는 꽤 어리석은 것 같다는 느낌을 받았다. ('08)

1194 **subconscious** **잠재의식의**

2/2 [sʌbkánʃəs] a

★★☆☆☆

출제확률 10.1%

It works on the subconscious, creating or enhancing mood and unlocking deep memories.

그것은 무의식 속에 작용하여 분위기를 만들거나 고취시켜 옛 기억들을 풀어낸다. ('08)

» sub(아래에) + conscious(의식하는) → 잠재의식의

1195 **tremendous** **tremendously** **무서운, 굉장한**

2/2 [triméndəs] a

★★☆☆☆

출제확률 10.1%

Cultures sometimes vary tremendously in this regard.

때때로 문화는 이 점에 있어서 매우 다양하다. ('08)

» tremend(떨다) + ous(~한) → 떨릴 정도로 무서운 * in this regard : 이 점에 있어서는

엄청나게

1196 **wound** ⓢ cut, tear, scratch 부상, 상처
2/2 [wú:nd] n
★★☆☆☆
출제확률 10.1%
The soldier was severely wounded.
그 군인은 심각한 부상을 입었다.
» wind(굽이치다, 휘다)의 과거, 과거분사형이기도 하다.

1197 **hay** 건초
2/2 [héi] n
★★☆☆☆
출제확률 10.1%
They were stuffed with feathers or hay.
그것들은 깃털이나 건초로 채워졌다. ('08)
» stuff with : ~으로 채우다

1198 **exclude** exclusion 제외하다, 배척하다
2/2 [iksklú:d] v
★★☆☆☆
출제확률 10.1%
Remember to get closer to them to exclude unwanted objects.
원치 않던 사물을 제거하기 위해 가까이 다가가야 한다는 것을 기억하라. ('06)
» ex(밖으로) + clud(= shut (못 들어오게) 닫다) → 밖에서 못들어오게 막다
제외

1199 **misconception** 오해, 그릇된 생각
2/2 [mìskənsépʃən] n
★★☆☆☆
출제확률 10.1%
And not just plain folk hold these misconceptions.
그리고 평범한 사람들만이 이러한 오해를 하는 것은 아니다. ('06)
» mis(잘못) + concept(생각하다) + ion(~것) → 잘못 생각함 → 오해

1200 **silk** silky 비단
2/2 [sílk] n
★★☆☆☆
출제확률 10.1%
A caterpillar endures when she wraps herself in a silky cocoon.
애벌레는 누에 고치로 몸을 감싸고 있을 때 이를 견뎌낸다. ('06)
» silky cocoon : 누에고치
비단 같은

1201 **enthusiastic** over-enthusiastic 열광적인, 열중하는
2/2 [inθù:ziǽstik] a
★★☆☆☆
출제확률 10.1%
Some sports coaches occasionally become over-enthusiastic.
일부 스포츠 감독들은 가끔 과도하게 열성적이 된다. ('07)
» en(안에) + thu(s)(신) + iastic(~한) → 신들린 듯이
과도하게 열중한

1202 **tune** tuned tuning 곡, 곡조
2/2 [tjú:n] n
★★☆☆☆
출제확률 10.1%
Listeners all over the country are going to reach for the tuning dials on their radios. 전국 청취자들이 그들의 라디오 프로그램을 청취하려 할 것이다. ('07)
» reach for : ~을 추구하다
(과거, 과거분사) | 조율, 세부 조정

1203 **channel** ⓢ canal, waterway, strait 수로, 해협, 채널
2/2 [tʃǽnl] n
★★☆☆☆
출제확률 10.1%
It's on channel 2 at nine o'clock.
그것은 9시에 2번 채널에서 합니다. ('03)
» '수도관'이라는 의미에서 유래되었다.

1204 **trial** ⓢ evaluation, experiment, assessment 재판, 시험, 시련
2/2 [tràiəl] n
★★☆☆☆
출제확률 10.1%
Those explorers made unceasing trials and errors and paved the way for us to follow. 그 탐험가들은 끊임없는 도전과 실패를 거쳐 인류의 길을 개척해주었다. ('01)
» try(시도하다) + al(~것) → 시도하는 것 * trial and error : 시행착오

족집게 보카 TEST Day 29

1. 아래의 단어에 맞는 뜻을 골라 선으로 이어주세요.

1165 refund • ⓐ 2개국어로 쓰여진, 2개 국어의
1180 glow • ⓑ 환불; 환불하다
1192 spell • ⓒ 묻다, 문의하다
1184 backward • ⓓ 고체; 고체의, 견실한, 견고한
1175 antique • ⓔ 빛나다, 타다
1167 pharmacy • ⓕ 서행; 기다, 천천히 움직이다
1178 behalf • ⓖ 뒤에, 거꾸로
1189 breeze • ⓗ 응시하다
1185 stare • ⓘ 위함, 이익
1168 solid • ⓙ 철자는 ~이다
1179 creep • ⓚ 산들바람, 미풍
1188 inquire • ⓛ 어리석은
1193 stupid • ⓜ 약국, 조제술
1176 bilingual • ⓝ 고대의

2. 아래 문장의 알맞은 뜻을 보기에서 고르세요.

a. OK, I'll be back after stopping by the pharmacy. ( )
b. "How much is a dish of plain ice cream?" he inquired. ( )
c. Various systems of grading coins have been developed by antique coin specialists. ( )
d. As for women, 'workload and time' is preferred to 'sustainability' in their job seeking. ( )
e. He had no choice but to lean toward his partner and whisper, "Where are we?". ( )
f. When I came back, I swallowed hard at what I saw. ( )
g. She was about to be drowned by the creature. ( )

보 기

① 그녀는 그 녀석 때문에 익사하기 일보 직전이었다.
② 알겠어요, 약국에 들렀다가 돌아오겠습니다.
③ 옛날 동전 전문가들에 의해 동전을 평가하는 다양한 시스템이 개발되었다.
④ 내가 돌아왔을 때, 내가 목격한 것을 보고 침을 삼키기 어려웠다.
⑤ 그는 하는 수 없이 그의 파트너에 기대어 "여기 어디지?"라고 묻는 수밖에 없었다.
⑥ 여성에게는 안정성보다는 업무량과 시간이 구직활동에 더 고려되는 사항이다.
⑦ "일반 아이스크림 한 접시에 얼마입니까?"라고 그가 물었다.

정답: ② ⑦ ③ ⑥ ⑤ ④ ①

19년간 수능 기출 영단어 10만개를 모조리 통계내어 만든

족집게 보카 Day 30

1205 **wire** — **wireless** — **철사, 전선; 철사로 매다**

2/2 [wáiər] n, v

★★☆☆☆

출제확률 10.1%

Some of their artificial mothers were made of cold, hard wire.

일부 어미 인형은 차갑고 딱딱한 철사로 만들어졌다. ('01)

무선

1206 **semester** — **학기**

2/2 [siméstər] n

★★☆☆☆

출제확률 10.1%

Sorry to give you trouble in the middle of the semester.

학기 중간에 문제를 일으켜 죄송합니다. ('00)

» semi(두 번) + (s)ter(~것) → 1년에 2번인 것은 '학기' * in the middle of : ~의 도중에

1207 **jewel** — **jewelry** — **보석**

2/2 [dʒú:əl] n

★★☆☆☆

출제확률 10.1%

Most people recognize diamond as a jewel.

대부분의 사람들은 다이아몬드를 보석으로 인식한다. ('07)

» jewelry → jewel(보석) + ry(~류)

보석류

1208 **quarrel** — ⓢ **disagreement, argument, dispute** — **싸움, 말다툼**

2/2 [kwɔ́:rəl] n

★★☆☆☆

출제확률 10.1%

It takes two to make a quarrel.

손바닥도 마주쳐야 소리가 난다.

» 불평하다는 말에서 유래되었다. 주로 말싸움을 의미한다.

1209 **bitter** — ⓢ **severe, intense** — **쓴, 쓰라린, 지독한**

2/2 [bítər] a, ad

★★☆☆☆

출제확률 10.1%

I don't like the bitter taste and roughness of fruit peel.

나는 과일 껍질의 쓴 맛과 거친 것이 싫다. ('07)

» bite(물다)에서 파생되었다.

1210 **pave** — **paved pavement** — **포장길; (도로를) 포장하다**

2/2 [péiv] n, v

★★☆☆☆

출제확률 10.1%

It is those explorers who have paved the way for us to follow.

우리가 따라갈 수 있도록 길을 닦아준 사람들이 바로 그 탐험가들이다. ('07)

» path(길)를 덮는다(cover)는 의미이다. * pave the way for ~ : ~의 길을 열다(닦다)

(길 등이) 포장된 | 포장 지역, 인도, 보도

1211 **drift** — **drifting** — **흐름, 대세; 표류하다, 떠돌다**

2/2 [drift] n, v

★★☆☆☆

출제확률 10.1%

Leaf fish also imitates the movement of a drifting leaf underwater.

leaf fish는 물 속에서 나뭇잎이 표류하는 움직임을 흉내낸다. ('07)

» drive(몰아내다)에서 유래되었다.

(현재분사)

1212 **sacrifice** | **sacrificed** | **희생; 희생하다**

2/2 [sǽkrəfàis] n, v

★★☆☆☆

출제확률 10.1%

Their glory lies not in their achievements but in their sacrifices.
그들의 영광은 성취에 있는 것이 아니라 그들의 희생에 있다. ('07)
» sacre(바치다) + fice(접미사) → 희생, 희생하다

(과거, 과거분사)

1213 **worship** | **worshiper** | **예배, 숭배; 예배하다**

2/2 [wə́:rʃip] n, v

★★☆☆☆

출제확률 10.1%

The book name was "Gods and Their Worshipers".
그 책 이름이 "신들과 그 숭배자들"이었다. ('07)
» worth(가치) + ship(= spirit 정신) → 가치가 있는 것→ 예배

예배자, 숭배자

1214 **eternal** | **eternally** | **영원한**

2/2 [itə́:rnl] a

★★☆☆☆

출제확률 10.1%

They are the masters, the great, the eternally shining.
그들은 승리자들이며, 위대하며, 영원히 빛날 사람들이다. ('07)
» 긴 세월이라는 의미에서 유례되었다.

영원히

1215 **leak** | **leaking** | **누설; 새다, 새어 나오다**

2/2 [lí:k] n, v

★★☆☆☆

출제확률 10.1%

The sink is leaking and there's water all over the place.
싱크대에서 물이 새서 온통 물 난리다. ('06)
» ⓢ disclose, reveal, drip

(현재분사)

1216 **rectangular** | **rectangle** | **직사각형의**

2/2 [rektǽŋgjulər] a

★★☆☆☆

출제확률 10.1%

One particular Korean kite is rectangular.
한 특이한 한국 연은 직사각형으로 되어있다. ('06)
» rect(= straight 똑바른, 올바른) + angle(각도) + lar(~의) → 각이 동일한 → 사각형

직사각형

1217 **nourish** | **nourishing** | **자양분을 주다, 기르다, 품다**

2/2 [nə́:riʃ] v

★★☆☆☆

출제확률 10.1%

The dead bodies are turned into soil, which in turn nourishes other organisms.
그 사체들은 흙이 되어 다른 생물의 자양분이 된다. ('04)
» nour(먹이다) + ish → 기르다 * turn into : ~이 되다, ~으로 변하다

자양분이 많은

1218 **glance** | **ⓢ peek, glimpse** | **힐끗 봄; 힐끗 보다**

2/2 [glǽns] n, v

★★☆☆☆

출제확률 10.1%

Although now and again she would glance up at the clock, he didn't come.
그녀는 이따금 시계를 쳐다보곤 했지만, 그는 오지 않았다. ('06)
» now and again : 이따금, 때로는 * glance up : 힐끗 올려다 보다

1219 **chant** | **chanting** | **노래, 멜로디; (노래) 부르다**

2/2 [tʃǽnt] n, v

★★☆☆☆

출제확률 10.1%

Among the banners and signs, one would normally expect a lot of singing and chanting. 사람들은 보통 배너와 표지판들에서 많은 노래와 멜로디가 나오리라 기대한다. ('02)

(현재분사)

1220 **classify** | **classified** | **분류하다**

2/2 [klǽsəfài] v

★★☆☆☆

출제확률 10.1%

There are many everyday misunderstandings which are classified as "folk" understandings.
일상생활에서 "옛것"이라고 분류하여 알고 있는 것들 중에는 잘못 알려진 것들이 많다. ('06)
» class(급, 수준) + ify(상태) → 급을 나누다

분류된

1221 **wipe** — wiped wiping — **닦다, 지우다**

2/2 [wàip] v

★★☆☆☆

출제확률 10.1%

They should have wiped it up before they left.

그들은 떠나기 전에 그것을 닦아냈어야 했다. ('06)

» wipe up : ~을 닦다, ~을 섬멸하다

(과거, 과거분사) | (현재분사)

1222 **humble** — humbling — **겸손한, 하찮은**

2/2 [hʌ́mbl] a

★★☆☆☆

출제확률 10.1%

I've never seen any person more humble than him.

나는 지금까지 그이보다 더 겸손한 사람을 본적이 없다.

» hum(땅) + ble(~한) → 땅에 가까이 자신을 낮추는

겸손한, 비천한

1223 **punch** — punching — **펀치, 주먹질; 구멍을 뚫는 도구**

2/2 [pʌ́ntʃ] n, v

★★☆☆☆

출제확률 10.1%

You go to a vending machine, punch in your ID number and get your medicine.

자동판매기가 있는 곳으로 가서 당신의 ID 숫자를 입력하시면 약을 수령할 수 있습니다. ('06)

» punch(= point 찌르다) * punch in : 입력하다

구멍 뚫는 도구, 펀칭

1224 **subtle** — ⓢ slight, delicate, faint — **미묘한, 교묘한**

2/2 [sʌ́tl] a

★★☆☆☆

출제확률 10.1%

I decided to forgive him even though I was disappointed at his subtle excuses.

나는 그의 교묘한 변명에 실망했지만 그를 용서하기로 결정했다.

» sub(아래) + tle(~한) → 눈에 띄지 않는 → 미묘한

1225 **handicap** — handicapped — **신체장애; 불리하게 하다**

2/2 [hǽndikæ̀p] n, v

★★☆☆☆

출제확률 10.1%

Ignorance of other languages and cultures handicaps the United States.

다른 언어와 문화를 무시하는 것은 미국을 불리하게 한다. ('06)

» handy(유용한) + cap(모자, 머리를 감싸는 것) → 유용한 것을 감싸니 제대로 사용을 못함

(신체, 정신적) 장애가 있는, 장애인

1226 **astronomical** — astronomer — **천문학의, 천문학적인**

2/2 [æ̀strənɑ́mikəl] a

★★☆☆☆

출제확률 10.1%

If you missed this astronomical show, you're really out of luck.

만약 당신이 이 천체 쇼를 못보고 놓쳤다면, 당신은 정말 운이 없다. ('04)

» astro(별) + nom(학문) + (i)cal(~한) → 별을 연구하는 학문의 → 천문학적인

천문학자

1227 **workforce** — ⓢ labor, staff, worker — **노동력, 노동자**

2/2 [wə́:rkfɔ:rs] n

★★☆☆☆

출제확률 10.1%

The demand for the required workforce is expected to grow.

필요한 노동력에 대한 수요가 증가할 것으로 예상된다. ('03)

» work(일, 노동) + force(힘) → 노동력

1228 **geometry** — **기하학**

2/2 [dʒiɑ́mətri] n

★★☆☆☆

출제확률 10.1%

Renaissance artists achieved perspective using geometry.

르네상스 예술가들은 기하학을 이용하여 원근법을 배웠다. ('05)

» geo(땅) + metr(재다) + y(~것) → 공간의 성질을 재는 학문

1229 **recite** — ⓢ repeat, declaim, perform — **읊다, 암송하다**

2/2 [risáit] v

★★☆☆☆

출제확률 10.1%

I can recite the names of nearly every baseball player on the team.

나는 그 팀 야구 선수들의 이름을 거의 말할 수 있다. ('05)

» re(다시) + cite(= call 부르다) → 암송하다

1230 **doom** | **doomed** | **운명, 파멸; 운명짓다**

2/2 [dú:m] n, v

★★☆☆☆

출제확률 10.1%

Print-oriented novelists seem doomed to disappear.

인쇄 지향적 소설가들은 사라질 운명에 처한 것 같다. ('05)

» do(처벌하다)에서 파생되었다. * be doomed to : ~할 운명이다

불운한

1231 **extinct** | **extinction** | **멸종된**

2/2 [ikstíŋkt] a

★★☆☆☆

출제확률 10.1%

It became an old-fashioned genre to be preserved in a museum like an extinct species. 박물관에 보관되어 있는 멸종된 종처럼 그것은 구식 장르가 되었다. ('05)

» ex(강조) + tinct(찌르다, 끄다) → 강하게 찌르고 끄다 → 멸종된

멸종

1232 **profound** | **profoundly** | **깊이가 있는, 심오한**

2/2 [prəfáund] a

★★☆☆☆

출제확률 10.1%

Often what they seek is not so much profound knowledge as quick information.

흔히 그들이 찾는 것은 빠른 정보만큼이나 깊이있는 지식은 아니다. ('05)

» pro(= forward 앞으로) + found(밑 바닥) → 밑 바닥보다 더 아래(앞)에 있으니 매우 깊은

깊이, 간절히

1233 **beam** | **beamed beaming** | **빔, 광선; 밝게 미소 짓다**

2/2 [bí:m] n

★★☆☆☆

출제확률 10.1%

Tonight, the girl across from him was wearing the ring, beaming.

오늘 밤, 그의 건너편에 있는 소녀는 그 반지를 낀 채 밝게 미소 짓고 있었다. ('05)

» ⓢ glow, ray, fresh

빛나는 | 빛나는

1234 **mislead** | **misleading** | **오도하다, 잘못 인도하다**

2/2 [mislí:d] v

★★☆☆☆

출제확률 10.1%

The claim that we have recently entered the information age is misleading.

최근 우리가 정보 시대로 들어섰다는 주장은 잘못이다. ('05)

» mis(잘못) + lead(이끌다) → 잘못 인도하다

오도하는

1235 **satellite** | **(인공) 위성**

2/2 [sǽtəlàit] n

★★☆☆☆

출제확률 10.1%

Thanks to satellites, we can find out events that occur on the other side of the world. 인공위성 덕분에 우리는 지구 반대 쪽에서 일어나는 일을 알 수 있다. ('05)

» find out : 발견하다

1236 **overseas** | **ⓢ abroad** | **해외의, 해외로**

2/2 [óuvərsí:z] a

★★☆☆☆

출제확률 10.1%

The success of Korean firms overseas and growing interest in Korean culture.

해외에서의 한국 기업들의 성공과 한국 문화에 대해 커지는 관심. ('05)

» over(넘어) + sea(바다) → 바다 넘어 → 해외로

1237 **destiny** | **destined** | **운명, 숙명**

2/2 [déstəni] n

★★☆☆☆

출제확률 10.1%

One may wonder if literary fiction is destined to become an old-fashioned genre.

문학 소설이 결국 구식 장르가 되지 않을까 걱정할 수도 있다. ('05)

» de(아닌) + st(서다) + (i)ny(~것) → 거스를 수 없는 것 → 운명 * be destined to : ~할 운명이다

~할 운명인

1238 **elsewhere** | **ⓢ somewhere else, not here** | **다른 곳에서, 다른 경우에**

2/2 [élshwὲər] ad

★★☆☆☆

출제확률 10.1%

Many of us do the same when we are speaking to someone and our mind is elsewhere.

다른 사람과 이야기할 때 마음이 다른 곳에 가 있는 경우 대개 그렇게 행동한다. ('04)

» else(다른) + where(곳, 장소) → 다른 곳

1239 **dismiss**
2/2 [dismís] v
★★☆☆☆
출제확률 10.1%

dismissed **해고하다, 해산하다, 내쫓다**

We cannot dismiss Mr. Smith's opinion completely.
우리는 스미스 씨의 주장을 완전히 묵살할 수는 없다. ('04)
» dis(= away 멀리) + miss(= send 보내다) → 멀리 보내버리다 → 해고하다

잊혀진

1240 **merit**
2/2 [mérit] n
★★☆☆☆
출제확률 10.1%

ⓢ **quality, worth, value** **장점, 공적**

This infrasound, as a means of communication, has special merit.
이 초저주파는 통신 수단으로서 특별한 장점이 있다. ('04)

1241 **prosper**
2/2 [práspər] v
★★☆☆☆
출제확률 10.1%

ⓢ **thrive, succeed, advance** **번영하다, 성공하다**

However, in the end, the groups which encourage individual members will prosper. 그러나, 결국엔 구성원 개인들을 격려하는 집단이 성공할 것이다. ('04)
» pro(앞으로) + sper(= hope 희망이 있는) → 미래가 밝은 → 번영하다

1242 **noble**
2/2 [nóubl] n, a
★★☆☆☆
출제확률 10.1%

ⓢ **nobleman, patrician** **귀족; 고귀한, 귀족의**

Soon all the yangban nobles bought shares, and Kim Son-dal became rich.
곧 모든 양반 귀족들은 지분을 매입했고 김선달은 부자가 되었다. ('00)
» no(= know 알다) + ble(~한) → 알려진 → 귀족의

1243 **sidewalk**
2/2 [sáidwɔ̀:k] n
★★☆☆☆
출제확률 10.1%

ⓢ **pavement, footpath** **보도, 인도**

Whenever it snows, Brian always goes out and clears the snow off the sidewalks.
눈이 올 때면 Brian은 항상 밖에 나가 인도에 있는 눈을 치운다. ('03)
» side(~가에, 옆에) + walk(걷다, 길) → 옆길 → 인도

1244 **fancy**
2/2 [fǽnsi] n, v
★★☆☆☆
출제확률 10.1%

ⓢ **daydream, delusion** **팬시, 좋아함, 공상; 공상하다**

I poured out my fancies and my dreams onto the paper.
나는 내가 좋아하는 것들과 나의 꿈들을 종이 위에 쏟아 내었다. ('03)
» fantasy(환상)의 줄임말. * pour out : 쏟아져 나오다

1245 **host**
2/2 [hóust] n, v
★★☆☆☆
출제확률 10.1%

hosted **무리, 떼, 주인; 개최하다**

They just hosted the Asian Games.
그들이 막 아시안 게임을 개최했다. ('03)

(과거, 과거분사)

1246 **greed**
2/2 [grí:d] n
★★☆☆☆
출제확률 10.1%

ⓢ **longing, desire, craving** **탐욕**

Narrow-mindedness, religious impatience, greed, and fear have turned into crisis.
편협한 마음, 종교적 불안, 탐욕, 두려움이 위기로 바뀌었다. ('03)
» turn into : ~로 바뀌다

1247 **crosswalk**
2/2 [krɔ́:swɔ̀:k] n
★★☆☆☆
출제확률 10.1%

횡단보도

Why don't we take the crosswalk instead of underground?
지하도 대신 횡단보도로 건너가는게 어때?
» cross(가로지르다) + walk(걷다) → 가로질러 걸어가는 곳 → 횡단보도

족집게 보카 TEST Day 30

1. 아래의 단어에 맞는 뜻을 골라 선으로 이어주세요.

1208 quarrel	ⓐ 영원한
1235 satellite	ⓑ 싸움, 말다툼
1214 eternal	ⓒ 운명, 파멸; 운명짓다
1231 extinct	ⓓ 흐름, 대세; 표류하다, 떠돌다
1230 doom	ⓔ (인공) 위성
1226 astronomical	ⓕ 겸손한, 하찮은
1221 wipe	ⓖ 천문학의, 천문학적인
1232 profound	ⓗ 기하학
1228 geometry	ⓘ 닦다, 지우다
1211 drift	ⓙ 쓴, 쓰라린, 지독한
1222 humble	ⓚ 깊이가 있는, 심오한
1209 bitter	ⓛ 미묘한, 교묘한
1224 subtle	ⓜ 노래, 멜로디; (노래) 부르다
1219 chant	ⓝ 멸종된

2. 아래 문장의 알맞은 뜻을 보기에서 고르세요.

a. They are the masters, the great, the eternally shining. (　　)
b. They should have wiped it up before they left. (　　)
c. It became an old-fashioned genre to be preserved in a museum like an extinct species. (　　)
d. You go to a vending machine, punch in your ID number and get your medicine. (　　)
e. Among the banners and signs, one would normally expect a lot of singing and chanting. (　　)
f. Leaf fish also imitates the movement of a drifting leaf underwater. (　　)
g. It is those explorers who have paved the way for us to follow. (　　)

보 기

① 사람들은 보통 배너와 표지판들에서 많은 노래와 멜로디가 나오리라 기대한다.
② 우리가 따라갈 수 있도록 길을 닦아준 사람들이 바로 그 탐험가들이다.
③ 그들은 승리자들이며, 위대하며, 영원히 빛날 사람들이다.
④ leaf fish는 물 속에서 나뭇잎이 표류하는 움직임을 흉내낸다.
⑤ 그들은 떠나기 전에 그것을 닦아냈어야 했다.
⑥ 자동판매기가 있는 곳으로 가서 당신의 ID 숫자를 입력하시면 약을 수령할 수 있습니다.
⑦ 박물관에 보관되어 있는 멸종된 종처럼 그것은 구식 장르가 되었다.

정답: ③ ⑤ ⑦ ⑥ ① ④ ②

19년간 수능 기출 영단어 10만개를 모조리 통계내어 만든

족집게 보카 Day 31

1248 **triumph**
2/2 [tráiəmf] n
★★☆☆☆
출제확률 10.1%

triumphantly 의기양양하여
승리

He finally achieved a triumph over the severe cancer.
그는 결국 심각한 암을 이겨내었다.(승리를 얻었다)
» ⓢ success, conquest, victory

1249 **dim**
2/2 [dím] v, a
★★☆☆☆
출제확률 10.1%

dimmed (과거, 과거분사)
어둑해지다; 어둑한, 희미한

Suddenly, the lights in the room dimmed twice and then went out.
갑자기, 그 방의 불들이 두번 어둑어둑 해 지더니 꺼졌다. ('02)
» go out : 사라지다

1250 **enormous**
2/2 [inɔ́:rməs] a
★★☆☆☆
출제확률 10.1%

ⓢ vast, massive, tremendous
막대한, 거대한

One can sense an enormous tension.
엄청난 긴장감을 느낄 수 있다. ('02)
» e(밖으로) + norm(표준) + ous(형용사, ~한) → 표준을 넘을 만큼 거대한

1251 **fulfill**
2/2 [fulfíl] v
★★☆☆☆
출제확률 10.1%

이행하다, 실현(달성)하다

The ability to decide what to do in what order is an essential skill to fulfill multiple roles.
무엇을 먼저 할 지를 결정하는 능력은 다양한 역할을 수행하는데 필수적인 기술이다. ('01)
» ful(= full 완전히) + fil(= fill 채우다) → 다 채웠다 → 실현하다, 달성하다

1252 **legend**
2/2 [lédʒənd] n
★★☆☆☆
출제확률 10.1%

legendary 전설적인
전설

According to legend, a storm hit a large tree in northwestern England in the mid-1500s.
전설에 따르면, 1500년대 중반에 폭풍이 잉글랜드 북서쪽에 있는 큰 나무를 강타했다. ('01)
» leg(= send 보내다, 파견하다) + end(끝) → 끝까지 간 것은 전설이다

1253 **platform**
2/2 [plǽtfɔ:rm] n
★★☆☆☆
출제확률 10.1%

플랫폼, 승강장

Go to Platform 3, please.
3번 플랫폼으로 가세요. ('01)
» plat(땅) + form(형태) → 땅을 반듯하게 테를 둘러 만들어 놓은 곳 → 승강장

1254 **prison**
2/2 [prízn] n
★★☆☆☆
출제확률 10.1%

ⓢ jail, confinement
감옥

A pianist in China who had been in prison for seven years
감옥에 7년간 복역했던 중국인 피아니스트 ('00)
» pri(= sieze 잡다) + on(곳) → 잡아두는 곳

1255 **frankly**
2/2 [frǽŋkli] ad
★★☆☆☆
출제확률 10.1%

ⓢ **honestly, sincerely** **솔직히**

But if he does something wrong, he must accept his errors frankly.
그러나 만약 그가 무슨 잘못을 한다면, 그는 과실을 솔직하게 인정해야 한다. ('98)
» frank(솔직한) + ly(~게) → 솔직히, 솔직하게

1256 **buildup**
2/2 [bíldʌ̀p] n
★★☆☆☆
출제확률 10.0%

ⓢ **reinforcement, strengthen, tighten (up)** **증강, 강화**

Military build-up is costly, and often leads to greater destruction.
군대 증강은 많은 비용이 소요되며 종종 더 큰 파괴를 야기시킨다. ('99)
» build(짓다) + up(위로) → 강화

1257 **worsen**
2/2 [wə́:rsn] v
★★☆☆☆
출제확률 10.0%

worsening **악화되다, 악화시키다**

Poor conditions in the urban areas worsening sanitation and unemployment
위생상태와 실업률을 더욱 악화시키는 도시의 열악한 환경 ('96)
» worse(더 나쁜) + en(~하게 하다) → 악화시키다

악화되고 있는

1258 **counsel**
2/2 [káunsəl] n, v
★★☆☆☆
출제확률 10.0%

counseling **상담, 조언; 권고하다**

Mother's good counsel cannot work on her son and fathers often side with their sons. 어머니의 좋은 권고가 아들에게 먹히지 않고 아버지는 흔히 아들 편에 선다. ('97)
» counselor : 상담가

상담, 카운셀링

1259 **drastic**
2/2 [drǽstik] a
★★☆☆☆
출제확률 10.0%

drastically **격렬한, 전면적인**

I firmly believe drastic measures should be taken before it's too late.
나는 너무 늦기 전에 과감한 조치가 취해져야 한다고 확고히 믿는다. ('97)
» dramatic(극적인)과 의미가 비슷하다.

과감히게

1260 **afterward**
2/2 [ǽftərwərd] ad
★★☆☆☆
출제확률 10.0%

후에, 나중에

Afterwards he had difficulty in speech, yet his music was as brilliant as ever.
그 후로 말하는데 어려움은 있었지만 여전히 그의 음악성은 뛰어났다. ('94)
» after(~후에) + ward(~쪽에) → 나중에

1261 **glare**
2/2 [glέər] n, v
★★☆☆☆
출제확률 10.0%

glaringly **노려봄, 섬광, 번쩍이는 빛; 노려보다**

Hour after hour, the changeless glare of the hot sky shone upon the same object.
몇 시간이 지나도 변함없이 뜨거운 하늘의 눈부신 빛이 같은 물체를 비췄다. ('94)
» ⓢ flame, frown, blaze

확연하게, 눈부시게

1262 **permanent**
2/2 [pə́:rmənənt] a
★★☆☆☆
출제확률 10.0%

ⓢ **persistent, eternal, lasting** **영구적인**

Most of the loss will be in tropical forests in developing countries and will be permanent.
대부분의 손실은 개발 도상국들의 열대 우림에서 발생할 것이고 이는 지속될 것이다. ('94)
» per(~를 통하여) + man(= remain 남다) + ent(~한) → 세월이 지나도 남아있는 → 영구적인

1263 **cotton**
2/2 [kɑ́tn] n, a
★★☆☆☆
출제확률 10.0%

목화, 솜; 면의

Looking upward, I can see skies splashed with cotton white clouds
위를 보니, 솜처럼 하얀 구름들이 떠 있는 하늘을 볼 수 있다. ('96)

1264 **ray**

2/2 [réi] n, v

★★☆☆☆

출제확률 10.0%

ⓢ **beam, flash, gleam** — **광선; 번쩍이다, 빛나다**

Regular exposure to the ultraviolet rays of sunlight can be harmful to health.
정기적으로 태양의 자외선에 노출되면 건강에 해로울 수 있다. ('96)
» ultraviolet ray : 자외선

1265 **approve**

2/2 [əprú:v] v

★★☆☆☆

출제확률 10.0%

approved — **찬성하다, 승인하다**

No matter what list of courses would be offered, it would not be approved by all students. 어떤 종류의 수업이 도입되건 간에 모든 학생이 찬성하지는 않을 것이다. ('94)
» ap(~에) + prove(동의하다) → 승인하다

입증된

1266 **income**

2/2 [ínkʌm] n

★★☆☆☆

출제확률 10.0%

ⓢ **profit, revenue** — **수입, 소득**

Another group consists of retirees who also need to live on reduced incomes.
또 다른 집단은 삭감된 수입으로 살아가야 하는 퇴직자들로 구성되어 있다. ('94)
» in(안에) + come(들어오는) → 안으로 들어오는 것은 수입

1267 **prohibit**

2/2 [prouhíbit] v

★★☆☆☆

출제확률 10.0%

prohibited — **금하다, 금지하다**

In all cases, tricks and physical threats are prohibited.
속임수나 신체적인 위협은 어떤 경우에도 금지된다. ('95)
» pro(앞) + hibit(= hold 고정하다) → 앞에 무언가를 두어 막다

금지된

1268 **tolerate**

2/2 [tálərèit] v

★★☆☆☆

출제확률 10.0%

intolerable tolerated — **관대하게 다루다, 묵인하다, 참다, 견디다**

Discussion seldom changed his mind, and disagreement was not tolerated.
토론으로 그의 마음을 바꾼 적은 좀처럼 없었을 뿐더러 의견이 다르면 참지 못했다. ('94)
» tol(er)(= support 떠받치다) + ate(~하다) → 떠받치다 → 견디다, 참다

참을 수 없는 | (과거, 과거분사)

1269 **personnel**

2/2 [pə̀:rsənél] n, a

★★☆☆☆

출제확률 10.0%

ⓢ **workforce, staff, worker** — **인원, 인사과; 직원의**

Send your resume and salary requirements to director of personnel.
당신의 이력서와 희망 연봉을 인사 부장에게 보내세요. ('94)
» 사람, 인간을 의미하는 person과 'el'이 만났다.

1270 **peel**

10/1 [pí:l] n, v

★★☆☆☆

출제확률 5.1%

peeling — **껍질; 껍질을 벗기다**

Finally, I think people who eat fruit peel prefer organic food.
결론적으로, 과일 껍질을 먹는 사람들이 유기농 음식을 선호한다고 생각한다. ('07)
» ⓢ take off, remove, strip

껍질 벗기기

1271 **mole**

10/1 [móul] n

★★☆☆☆

출제확률 5.1%

두더지, 사마귀, 검은 점

According to ancient superstitions, moles reveal a person's character.
고대 미신에 따르면, 점이 그 사람의 성격을 드러낸다고 한다. ('05)
» mole(두더지)은 검기 때문에 검은 점인 사마귀로도 사용되었다.

1272 **dew**

9/1 [djú:] n

★★☆☆☆

출제확률 5.1%

이슬

When the mirror temperature is at dew point, dew drops cover the surface of the mirror. 거울 온도가 이슬점에 도달하게되면, 거울 표면이 이슬방울로 덮히게 된다. ('10)
» dew point : 이슬점

1273 **aggressive** **aggressively** **침략(공격)적인, 적극적인**

8/1 [əgrésiv] a

★★☆☆☆

출제확률 5.1%

I'm the youngest child and thus less aggressive than my older brothers.
내가 막내라서 형들보다 덜 적극적이다. ('09)
» ag(~로) + gress(= step 발을 힘차게 내딛는) + ive(~는) → 공격적인

적극적인

1274 **tickle** **tickling** **간지럼; 간지럽다**

8/1 [tíkl] n, v

★★☆☆☆

출제확률 5.1%

The fear of whether it will tickle or hurt
그것이 아플지 안 아플지에 대한 두려움 ('08)
» tick(살짝 만지기) + le → 간지럼

(현재분사)

1275 **asthma** **천식**

7/1 [ǽzmə] n

★★☆☆☆

출제확률 5.1%

The percentage of male children with asthma were higher in urban areas.
천식에 걸린 남자 어린이의 비율이 도시에서 더 높았다. ('11)

1276 **advocate** **advocacy ⓢ lawyer, attorney, counsel** **지지자, 변호사; 변호[옹호]하다**

6/1 [ǽdvəkèit] n, v

★★☆☆☆

출제확률 5.1%

An advocate who seeks to adopt a neutral position
중립적인 입장을 추구하려는 한 지지자 ('12)
» ad(= to ~에게) + voc(= call (돕기 위해) 부르다) + ate(~하다) → 변호하다

변호, 지지

1277 **outcome** **결과, 과정, 성과**

6/1 [áutkʌ̀m] n

★★☆☆☆

출제확률 5.1%

The amount of the bet will influence the outcome.
내기의 양은 결과에 영향을 미칠 것이다. ('12)
» out(밖으로) + come(나오다) → 밖으로 나오는 것 → 결과, 성과

1278 **renaissance** **ⓢ revival, restoration, rebirth** **르네상스, 문예 부흥기**

6/1 [rènəsɑ́:ns] n

★☆☆☆☆

출제확률 5.1%

Mathematics definitely influenced Renaissance art.
분명 수학은 르네상스 예술에 영향을 미쳤다. ('05)

1279 **infrasound** **초저주파, 불가청음**

6/1 [ínfrəsàund] n

★☆☆☆☆

출제확률 5.1%

Scientists have been able to discover the existence of infrasound.
과학자들은 초저주파의 존재를 발견할 수 있었다. ('04)
» infra(안에, 안쪽에) + sound(소리) → 안에 나는 소리

1280 **static** **잡음; 정적인, 고정된**

5/1 [stǽtik] n, a

★☆☆☆☆

출제확률 5.1%

He replaced the missing piece with a burst of static of the same duration.
그는 없어진 부분을 같은 길이의 잡음으로 대체하였다. ('10)
» sta(서다) + tic(~한) → 서 있는, 가만히 있는

1281 **symptom** **ⓢ sign, evidence, indication** **징후, 조짐**

5/1 [símptəm] n

★☆☆☆☆

출제확률 5.1%

These symptoms are caused when you're exposed to motions such as swinging or turning. 당신이 흔들거나 도는 것과 같은 동작을 취할 때 이러한 증상들이 발생한다. ('10)
» sym(함께) + pt(= fall 떨어) + om(~것) → ~가 함께 떨어짐(무언가 안좋은 징조) → 징후, 조짐

1282 **caffeine** | 카페인
5/1 [kæfí:n] n
★☆☆☆☆
출제확률 5.1%
The solvent comes into direct contact with them, carrying the caffeine with it.
그 용액은 그것들과 직접적으로 접촉하여 카페인을 나르게 된다. ('09)
» café(커피) + ine(원소명 어미) → 카페인

1283 **evoke** | 일깨우다, 불러내다
4/1 [ivóuk] v
★☆☆☆☆
출제확률 5.1%
ⓢ **awaken, cause, arouse**
Clothes can evoke both cherished and painful memories.
옷들은 소중하고 힘들었던 기억들이 생각나게 할 수 있다. ('12)
» e(= out 밖으로) + voke(= call 부르다) → 불러내다

1284 **attain** | 달성하다, 이루다, 얻다
4/1 [ətéin] v
★☆☆☆☆
출제확률 5.1%
ⓢ **obtain, acquire, achieve**
We have worked hard to attain them.
우리는 그것들을 얻기 위해 열심히 노력했다. ('11)
» at(목표) + tain(가지다) → 목표를 얻어내다 → 달성하다

1285 **optimal** | 최선의, 최상의
4/1 [áptəməl] a
★☆☆☆☆
출제확률 5.1%
ⓢ **ideal, supreme, outstanding**
Optimal experience is thus something that we make happen.
그러므로 최고의 경험은 우리가 해내는 그 무엇이다. ('11)
» optim(최적의) + al(형용사) → 최적의, 최상의 * make happen : 성취하다, 해내다

1286 **pop-up** | 갑자기 (그림이) 튀어나오는(책)
4/1 [pápʌ̀p] n, a
★☆☆☆☆
출제확률 5.1%
Pop-up ads are all over the Internet.
팝업 광고창은 인터넷 도처에 있다. ('11)
» all over : 곳곳에, 온 데

1287 **decaf** | 카페인을 제거한 커피
4/1 [dí:kæ̀f] n
★☆☆☆☆
출제확률 5.1%
decaffeinated decaffeination
Now many kinds of superior coffee beans are being decaffeinated.
오늘날 많은 종류의 우수한 커피 원두에서 카페인이 제거되고 있다. ('09)
» de(없는) + caf(카페인의 줄인말) → 카페인이 없는
카페인을 제거한 | 카페인을 뺌

1288 **outward** | 밖을 향한
4/1 [áutwərd] a
★☆☆☆☆
출제확률 5.1%
ⓢ **surface, apparent**
The two outward forces on a given piece sum to zero.
주어진 조각에 밖으로 작용하는 두 힘의 합은 0이다. ('09)
» out(밖) + ward(~를 향한) → 밖을 향한 * cf. forward(앞으로), toward(~쪽으로)

1289 **solvent** | 용액; 지불 능력이 있는
4/1 [sálvənt] n, a
★☆☆☆☆
출제확률 5.1%
The drained solvent is then mixed with water.
배출된 용액은 물과 혼합 되었다. ('09)
» solv(느슨하게 하다) + ent(것) → 느슨하게 한 것 → 용액

1290 **diffusion** | 방산, 발산, 확산
4/1 [difjú:ʒən] n
★☆☆☆☆
출제확률 5.1%
ⓢ **spread, proliferation**
Diffusion is a process by which one culture or society borrows from another.
확산이란 한 문화 혹은 사회가 다른 문화나 사회를 빌려오는 과정이다. ('07)
» dif(= away 멀리(흩어지게)) + fuse(쏟아버리다, 붓다) → 멀리(흩어지게) 쏟아버리다 → 방산

족집게 보카 TEST Day 31

1. 아래의 단어에 맞는 뜻을 골라 선으로 이어주세요.

1248 triumph	ⓐ 영구적인
1265 approve	ⓑ 관대하게 다루다, 묵인하다, 참다
1267 prohibit	ⓒ 악화되다, 악화시키다
1276 advocate	ⓓ 광선; 번쩍이다, 빛나다
1261 glare	ⓔ 찬성하다, 승인하다
1254 prison	ⓕ 승리
1273 aggressive	ⓖ 껍질; 껍질을 벗기다
1257 worsen	ⓗ 초저주파, 불가청음
1279 infrasound	ⓘ 침략(공격)적인, 적극적인
1264 ray	ⓙ 금하다, 금지하다
1270 peel	ⓚ 지지자, 변호사; 변호[옹호]하다
1268 tolerate	ⓛ 후에, 나중에
1260 afterward	ⓜ 감옥
1262 permanent	ⓝ 노려봄, 섬광, 번쩍이는 빛; 노려보다

2. 아래 문장의 알맞은 뜻을 보기에서 고르세요.

a. Send your resume and salary requirements to director of personnel. (　　)
b. Mother's good counsel cannot work on her son and fathers often side with their sons. (　　)
c. The amount of the bet will influence the outcome. (　　)
d. I'm the youngest child and thus less aggressive than my older brothers. (　　)
e. Hour after hour, the changeless glare of the hot sky shone upon the same object. (　　)
f. Suddenly, the lights in the room dimmed twice and then went out. (　　)
g. Regular exposure to the ultraviolet rays of sunlight can be harmful to health. (　　)

보 기

① 내가 막내라서 형들보다 덜 적극적이다.
② 정기적으로 태양의 자외선에 노출되면 건강에 해로울 수 있다.
③ 몇 시간이 지나도 변함없이 뜨거운 하늘의 눈부신 빛이 같은 물체를 비췄다.
④ 갑자기, 그 방의 불들이 두번 어둑어둑 해 지더니 꺼졌다.
⑤ 당신의 이력서와 희망 연봉을 인사 부장에게 보내세요.
⑥ 어머니의 좋은 권고가 아들에게 먹히지 않고 아버지는 흔히 아들 편에 선다.
⑦ 내기의 양은 결과에 영향을 미칠 것이다.

정답: ⑤ ⑥ ⑦ ① ③ ④ ②

19년간 수능 기출 영단어 10만개를 모조리 통계내어 만든

족집게 보카 Day 32

1291 **pesticide** 살충제, 구충제

4/1 [péstəsàid] n

★☆☆☆☆

출제확률 5.1%

Organic food, which encourages farmers to use less pesticide

농부들에게 농약을 덜 쓰도록 하여 만든 유기농 식품 ('07)

» pest(해충) + cide(= kill 죽이다) → 해충을 죽이는 것 → 살충제

1292 **aptitude** ⓢ **talent** 적성, 경향

4/1 [ǽptətjù:d] n

★☆☆☆☆

출제확률 5.1%

To this end, we should test our children's aptitudes in various subject areas.

이것 때문에, 우리는 아이들에 대한 적성검사를 다양한 분야에 걸쳐 실시해야 한다. ('06)

» apt(솜씨 있는) + tude(성질, 상태) → 솜씨 있는 상태 → 적성

1293 **gourd** 조롱박, 호리병박

4/1 [gɔ́:rd] n

★☆☆☆☆

출제확률 5.1%

Feeling thirsty, I took the gourd, dipped some water, and drank.

갈증이 나서 조롱박으로 물을 조금 떠서 마셨다. ('04)

1294 **breaststroke** 평영; 평영으로 헤엄치다

3/1 [bréststròuk] n, v

★☆☆☆☆

출제확률 5.1%

This new breaststroke was about 15% slower.

이 새로운 방식의 배영은 15% 더 느렸다. ('12)

» breast(가슴) + stroke(타격) → 가슴 치기 → 평영

1295 **empower** **empowering** ⓢ **authorize, certify, license** ~에게 권한을 부여하다

3/1 [impáuər] v

★☆☆☆☆

출제확률 5.1%

Empower people by allowing them to take action.

그들이 행동을 취할 수 있도록 허락함으로써 권한을 부여하라. ('12)

» em(~에) + power(권한) → ~에 권한을 부여하다

(현재분사)

1296 **illusion** ⓢ **delusion, deception, fallacy** 환각, 착각, 환영

3/1 [ilú:ʒən] n

★☆☆☆☆

출제확률 5.1%

In this case, control of the outcome is clearly an illusion.

이 경우, 결과에 대한 통제는 명백한 착각이다. ('12)

» il(= on ~위에) + lus(= play 놀다) + ion(~것) → ~위에서 놀고 있는 것 → 환영

1297 **negotiate** **negotiation** 협상하다, 협정하다

3/1 [nigóuʃièit] v

★☆☆☆☆

출제확률 5.1%

Unfortunately, the negotiation was broken off.

불행히도, 그 협상은 결렬되었다.

» 속칭 '네고하다(nego)'라고 많이 쓰인다.

협상, 교섭

1298 **physiology** **physiological** **생리, 생리학**

3/1 [fiziáləd3i] n
★☆☆☆☆
출제확률 5.1%

Most of the systems in animal and human physiology are controlled by homeostasis. 대부분의 동물과 인간의 생리 조직은 항상성에 의해 통제 된다. ('12)
» homeostasis : 항상성

생리적인, 생리학상의

1299 **prophecy** **prophetic** **예언**

3/1 [práfəsi] n
★☆☆☆☆
출제확률 5.1%

His prophecy that she would get a job did not come true.
그녀가 취업할 것이라는 그의 예언은 빗나갔다.
» pro(= before 먼저) + phes(= speak 말하다) + y(어미) → 먼저 말하다 → 예언하다

예언의, 예언적인

1300 **canal** **ⓢ channel, passage, waterway** **운하**

3/1 [kənǽl] n
★☆☆☆☆
출제확률 5.1%

The Erie Canal took four years to build.
이리 운하는 완공하는데 4년이 걸렸다. ('11)
» can(= cane (속이 빈)줄기) + al(~것) → (속이 빈)줄기 → 운하

1301 **intricate** **ⓢ complicated, complex** **복잡한, 복잡하게 하는**

3/1 [íntrikət] a
★☆☆☆☆
출제확률 5.1%

Mastering an intricate musical passage
복잡한 악절 마스터하기 ('11)
» in(안에) + tric(얽힌, 묶인) + ate(~하게 하는) → 안에 얽혀있는 → 복잡한

1302 **preview** **ⓢ sample, taster** **미리보기, 시연, 시사(회)**

3/1 [príːvjùː] n
★☆☆☆☆
출제확률 5.1%

After correcting the picture the painter arranged a second preview.
그 화가는 그림을 수정하여 두 번째 시사회를 개최했다. ('11)
» pre(미리) + view(봄) → 미리보기

1303 **password** **비밀번호**

3/1 [pǽswəːrd] n
★☆☆☆☆
출제확률 5.1%

What? I've been trying the wrong password until now! I totally lost my patience.
뭐라고요? 지금까지 틀린 비밀번호를 계속 입력했잖아요! 완전히 인내심에 한계가 왔어요. ('10)
» pass(통과) + word(단어) → 통과시키는 단어 → 비밀번호

1304 **artifact** **인공물, 가공품**

3/1 [áːrtəfæ̀kt] n
★☆☆☆☆
출제확률 5.1%

Natural objects do not come with labels, but these days, most physical artifacts do. 자연물에는 꼬리표가 없지만 요즘 대부분의 물리적 인공물들에는 있다. ('09)
» arti(예술적으로) + fact(= make 만든 것) → 진짜같이 예술적으로 만든 것 → 인공물

1305 **skeptical** **ⓢ pessimistic, negative, gloomy** **의심 많은, 비관적인**

3/1 [sképtikəl] a
★☆☆☆☆
출제확률 5.1%

The fans were very skeptical about winning the soccer game.
그 팬들은 축구 경기 승부에 있어 매우 비관적이었다.
» skeptical about : ~에 비관적인

1306 **draft** **ⓢ outline, blueprint** **설계도, 초안; 설계하다**

3/1 [drǽft] n
★☆☆☆☆
출제확률 5.1%

The first draft isn't your best writing.
초안은 당신이 제일 잘 쓴 글이 아니다. ('08)
» first draft : (원고의)초고

1307 **hangar** — 격납고, 차고; 격납고에 넣다

3/1 [hǽŋər] n, v

★☆☆☆☆

출제확률 5.1%

He told himself as he stepped out of the elevator car into the hangar.
그는 엘리베이터에서 나와 격납고로 들어가면서 혼잣말을 했다. ('08)
» hang(매달다) + ar(명접) → 무언가를 매달아 놓는 곳 → 격납고

1308 **savage** — ⓢ **fierce, brutal, cruel** — 야만인; 야만스러운, 잔인한

3/1 [sǽvidʒ] n, a

★☆☆☆☆

출제확률 5.1%

You should be aware of them because they're savages.
그들은 야만적이기 때문에 당신은 그들을 조심해야 한다.
» be aware of : ~을 알아 차리다, ~을 알다

1309 **flap** — ⓢ **flutter, wave** — (날개 등을) 퍼덕 거리다

3/1 [flǽp] v

★☆☆☆☆

출제확률 5.1%

There is a long back flap for the back of the neck.
목 뒤에 긴 뒷덮개가 있다. ('07)
» ear flap : 방한모의 귀덮개

1310 **contaminate** — **contaminating** — 오염시키다, 더럽히다

3/1 [kəntǽmənèit] v

★☆☆☆☆

출제확률 5.1%

The decayed food can contaminate the river.
썩은 음식은 강을 오염시킬 수 있다.
» con(함께) + tam(= touch 만지다) + ate(~하다) → 모두가 만져 더럽히다

(현재분사)

1311 **leopard** — 표범

3/1 [lépərd] n

★☆☆☆☆

출제확률 5.1%

A leopard, stretched full-length on a large tree branch, heard it, too.
큰 나뭇가지에서 길게 몸을 뻗고 있던 표범도 그것을 들었다. ('06)

1312 **vine** — **vineyard** — 덩굴, 포도나무

3/1 [váin] n

★☆☆☆☆

출제확률 5.1%

What happens in the vineyard is crucial.
포도원에서 일어난 일은 중대하다. ('06)

포도밭, 포도원

1313 **utility** — ⓢ **convenience, efficacy, usefulness** — 유용성, 실용품

3/1 [ju:tíləti] n

★☆☆☆☆

출제확률 5.1%

The percentage of CO_2 emissions is greater from power utilities than from transportation. 교통수단보다 전력시설에서 발생하는 CO_2 비율이 더 높다. ('05)
» ut(= use 사용하다) + il + ity(~것) → 사용하는 것 * power utilities : 전력 설비

1314 **aboard** — ⓢ **on board** — 배에, 배를 타고

3/1 [əbɔ́:rd] prep, ad

★☆☆☆☆

출제확률 5.1%

In Egypt I am aboard a houseboat on the Nile.
이집트에서 나는 나일강의 선상가옥에 승선했다. ('03)
» a(강조) + board(탑승하다) → ~에 탑승하다

1315 **e-business** — 인터넷 비즈니스, 전자 상거래

3/1 [í:bìznis] n

★☆☆☆☆

출제확률 5.1%

The e-business industry is faced with a labor shortage.
전자 상거래는 인력 부족 문제에 직면하고 있다. ('03)
» be faced with : ~에 직면하다

1316 **loaf** (빵) 한 덩어리

3/1 [lóuf] n

★☆☆☆☆

출제확률 5.1%

They had to guess which loaf contained the usual amount of salt, 10% less, or 20% less.
그들은 어떤 빵이 보통수준, 10% 적게, 20% 더 적게 소금을 함유하고 있는지 맞춰야 했다. ('02)
» a loaf of bread(빵 한조각)라는 표현으로 자주 사용된다.

1317 **symphony** 교향곡, 심포니

3/1 [símfəni] n

★☆☆☆☆

출제확률 5.1%

A symphony orchestra can fill a whole building and make it ring with music.
심포니 오케스트라는 건물 전체를 음악으로 가득 채워 울리게 할 수 있다. ('00)
» sym(함께) + phon(음성, 소리) + y(~것) → 함께 소리내는 것

1318 **wreck** ⓢ **break, destroy, smash** 난파; 난파하다

3/1 [rék] n, v

★☆☆☆☆

출제확률 5.1%

Sometimes they can spend days without locating the wreck, a sunken ship.
때때로 그들은 난파된 배를 찾지 못하여 몇일을 보낼 수도 있다. ('99)

1319 **descendant** 자손, 제자

3/1 [diséndənt] n

★☆☆☆☆

출제확률 5.1%

What we throw away now will harm ourselves and eventually our descendants as well.
오늘날 우리가 버리는 것들은 우리에게도 해를 주지만 결국 우리 자손들에게도 해를 끼친다. ('97)
» de(아래로) + scend(= climb 오르다) + ant(~사람, ~한) → 전해 내려지는 사람 → 자손

1320 **nigger** 깜둥이, 흑인

3/1 [nígər] n

★☆☆☆☆

출제확률 5.1%

We don't keep niggers, we don't want social equality.
우리는 깜둥이들은 받지 않습니다. 사회적 평등 같은 거 원치 않아요. ('97)
» 흑인을 비하하는 말이니 사용에 유의해야 한다. 적절한 표현은 African American 이다.

1321 **overcrowd** **overcrowded overcrowding** (사람을) 너무 많이 수용하다, 혼잡하게 하다

3/1 [òuvərkráud] v

★☆☆☆☆

출제확률 5.1%

In many countries, overcrowded cities face a major problem.
많은 국가들의 과밀 도시들은 큰 문제에 직면했다. ('96)
» over(~이상, 초과) + crowd(군중) → 군중의 숫자가 너무 많음 → 너무 혼잡하게 하다

너무 붐비는 | 초만원

1322 **wavelength** 파장, 사고방식

3/1 [wéivlèŋkθ] n

★☆☆☆☆

출제확률 5.1%

All other wavelengths of the light hitting them are absorbed.
그것들에 부딪히는 빛의 파장들은 모두 흡수되었다. ('96)
» wave(파동) + length(길이) → 파장

1323 **zeal** ⓢ **passion, enthusiasm, spirit** 열심, 열성, 열의

3/1 [zí:l] n

★☆☆☆☆

출제확률 5.1%

I always choose zeal over ability.
나는 항상 능력보다 열정을 택한다. ('96)
» choose A over B : B보다는 A를 택하다

1324 **time-lapse** 저속 촬영

3/1 [táim-læ̀ps] n

★☆☆☆☆

출제확률 5.1%

That problem has been solved by the use of the time-lapse camera.
그 문제는 저속 촬영 카메라를 사용함으로써 해결되었다. ('94)
» time(시간) + lapse(감소, 하락) → 저속 (촬영)

1325 **tradeoff** ⓢ deal, trade (타협을 위한) 거래, 교환 협정[조건]

3/1 [tréidɔ:f] n

★☆☆☆☆

출제확률 5.1%

Scarcity prohibits the purchase of both and imposes a tradeoff—a book or a date.
희소성은 둘다 구매하지는 못하게 하고 책과 데이트 중 하나만 거래 하도록 강요한다. ('94)
» trade(거래) + off(출발, 떨어진) → 거래를 시작할 때 교환 협정을 맺는다

1326 **ain't** am not / is not / have not

2/1 [éint] v

★☆☆☆☆

출제확률 5.1%

I ain't got no pencil.
전 연필이 전혀 없는데요. ('12)
» 속어이므로 사용에 유의한다.

1327 **checkered** 체크무늬의

2/1 [tʃékərd] a

★☆☆☆☆

출제확률 5.1%

We have two designs. One with stripes and the other in the checkered pattern.
두 가지 디자인이 있어요. 하나는 줄무늬이고 다른 하나는 체크무늬입니다. ('12)
» checker(체크무늬) + ed(~된) → 체크무늬로 된

1328 **credible** credibility ⓢ believable, reasonable, likely 신용할 수 있는

2/1 [krédəbl] a

★☆☆☆☆

출제확률 5.1%

A mediator who 'takes sides' is likely to lose all credibility.
한쪽 편을 드는 중재자는 신용을 모두 잃게 된다. ('12)
» credit(신용) + able(~할 수 있는) → 신용할 수 있는

신용, 진실성

1329 **dialect** 방언, 사투리

2/1 [dáiəlèkt] n

★☆☆☆☆

출제확률 5.1%

He brings some other nonstandard dialect into the classroom.
그는 수업시간에 표준어가 아닌 사투리를 사용한다. ('12)
» dia(= between 사이에) + lect(= talk 말) → (시골 사람들) 사이에 쓰는 말 → 사투리

1330 **discharge** ⓢ expel, discard, remove 발사하다, 배출하다; 발사, 퇴원

2/1 [distʃá:rdʒ] n, v

★☆☆☆☆

출제확률 5.1%

I have a few things you have to keep in mind on the day of discharge.
당신이 퇴원하는 날 잊지 말아야 하는 것들에 대해 알려드릴게요. ('12)
» dis(반대) + charge(싣다) → 싣지 않다 → 배출하다 * keep in mind : 잊지 않고 있다

1331 **emit** emitter emitting ⓢ send out, transmit, give off 내뿜다, 방사하다

2/1 [imít] v

★☆☆☆☆

출제확률 5.1%

United Kingdom has been emitting CO_2 for longer than most countries.
영국은 대부분의 국가들보다 더 오랜기간 CO_2를 발생시켰다. ('12)
» e(밖으로) + mit(= send 보내다) → 내뿜다

발포자, 방사체 | (현재분사)

1332 **empirical** ⓢ experimental, practical 경험적인

2/1 [impírikəl] a

★☆☆☆☆

출제확률 5.1%

They falsify them by using positive empirical evidence.
그들은 긍정적 경험에 의한 증거를 사용하여 그것들을 조작한다. ('12)

1333 **expedition** ⓢ journey, voyage, quest 원정, 탐험[대]

2/1 [èkspədíʃən] n

★☆☆☆☆

출제확률 5.1%

A member of the third British expedition reached an elevation of 28,126 feet.
세 번째 영국 탐험대 중 한 명은 해발 28,126피트에 도착했다. ('12)
» ex(밖으로) + ped(발) + (i)tion(~것) → 밖으로 발을 내딛는 것 → 탐험, 원정

족집게 보카 TEST Day 32

1. 아래의 단어에 맞는 뜻을 골라 선으로 이어주세요.

1294 breaststroke	ⓐ 의심 많은, 비관적인
1309 flap	ⓑ 평영; 평영으로 헤엄치다
1321 overcrowd	ⓒ 교향곡, 심포니
1313 utility	ⓓ 협상하다, 협정하다
1304 artifact	ⓔ (날개 등을) 퍼덕 거리다
1296 illusion	ⓕ 야만인; 야만스러운, 잔인한
1307 hangar	ⓖ 유용성, 실용품
1318 wreck	ⓗ 배에, 배를 타고
1314 aboard	ⓘ 격납고, 차고; 격납고에 넣다
1297 negotiate	ⓙ (사람을) 너무 많이 수용하다
1308 savage	ⓚ 난파; 난파하다
1317 symphony	ⓛ 파장, 사고방식
1322 wavelength	ⓜ 환각, 착각, 환영
1305 skeptical	ⓝ 인공물, 가공품

2. 아래 문장의 알맞은 뜻을 보기에서 고르세요.

a. In this case, control of the outcome is clearly an illusion. (　　)
b. A symphony orchestra can fill a whole building and make it ring with music. (　　)
c. Natural objects do not come with labels, but these days, most physical artifacts do. (　　)
d. A leopard, stretched full-length on a large tree branch, heard it, too. (　　)
e. What happens in the vineyard is crucial. (　　)
f. Mastering an intricate musical passage (　　)
g. They had to guess which loaf contained the usual amount of salt, 10% less, or 20% less. (　　)

보 기

① 그들은 어떤 빵이 보통수준, 10% 적게, 20% 더 적게 소금을 함유하고 있는지 맞춰야 했다.
② 이 경우, 결과에 대한 통제는 명백한 착각이다.
③ 자연물에는 꼬리표가 없지만 요즘 대부분의 물리적 인공물들에는 있다.
④ 복잡한 악절 마스터하기
⑤ 포도원에서 일어난 일은 중대하다.
⑥ 큰 나뭇가지에서 길게 몸을 뻗고 있던 표범도 그것을 들었다.
⑦ 심포니 오케스트라는 건물 전체를 음악으로 가득 채워 울리게 할 수 있다.

정답: ② ⑦ ③ ⑥ ⑤ ④ ①

족집게 보카 Day 33

1334 **hydro** — 수력 전기; 수력의

2/1 [háidrou] n, a ★☆☆☆☆ 출제확률 5.1%

In 1971, hydro was the second biggest source of electricity generation.
1971년에는 수력 발전이 두 번째로 가장 큰 발전원이었다. ('12)
» hydro는 물(water)을 의미한다.

1335 **parallel** — 평행선; 평행의

2/1 [pǽrəlèl] n, a ★☆☆☆☆ 출제확률 5.1%

It parallels advocacy in so far as it tends to involve a process of negotiation.
그것은 협상의 과정에 참여한다는 점에서 지지와 유사하다. ('12)
» para(= beside 옆에) + allel(= each other 서로) → 서로 옆에 있는 → 평행의

1336 **anatomy** — ⓢ **inquiry, examination, dissection** — 해부, 해부학, 분석

2/1 [ənǽtəmi] n ★☆☆☆☆ 출제확률 5.1%

The surgeon began to criticize the anatomy of one of the characters.
그 외과의사는 해부학의 특징 중 한 가지를 비판하기 시작했다.
» ana(강조) + tomy(자름, 절개) → 해부

1337 **diagnose** — **diagnosed** — 진단하다, 원인을 밝혀내다

2/1 [dáiəgnòus] v ★☆☆☆☆ 출제확률 5.1%

The above graph shows the percentage of children diagnosed with asthma.
위의 그래프는 천식에 걸린 아이들의 비율을 보여준다. ('11)
» dia(= apart 떨어져) + gno(= know 알다) + se → 부분으로 구분하여 알아내다 → 진단하다
(과거, 과거분사)

1338 **dissent** — ⓢ **opposition, objection** — 반대; 의견을 달리하다

2/1 [disént] n, v ★☆☆☆☆ 출제확률 5.1%

Dissent was far more frequent in the high-performing clubs.
반대 의견은 고성과 조직에서 훨씬 더 많이 발생한다. ('11)
» dis(아니다) + sent(보낸) → 보내지 않는다 → 반대하다

1339 **donor** — ⓢ **contributor, donator, giver** — 기증자, 기부자

2/1 [dóunər] n ★☆☆☆☆ 출제확률 5.1%

It is likely that the bat will itself eventually need help from some nest-mate.
그 박쥐 자신도 결국 다른 둥지 동료들로부터 도움을 받을 필요가 있을 것 같다. ('11)
» don(주다) + or(사람) → 무언가를 주는 사람

1340 **forage** — **forager foraging** — 마초, 꼴; 먹이를 찾아다니다

2/1 [fɔ́:ridʒ] n, v ★☆☆☆☆ 출제확률 5.1%

Blood donors are saving unsuccessful foragers that are close to starvation.
피를 나눠준 박쥐들은 먹이 사냥에 실패해 굶어 죽어가는 박쥐들을 구한다. ('11)
» 예문의 blood donors와 forage는 수능 기출 문맥상 박쥐를 뜻한다.
약탈자 | 수렵 채집

1341 **martial** — ⓢ **warlike, military** — **전쟁의**

2/1 [mɑ́:rʃəl] a
★☆☆☆☆
출제확률 5.1%

In martial arts, this sense of looking freshly at something is known as 'beginner's mind'.
무술에서는 무언가를 새롭게 느끼는 것을 '초보자의 마음가짐'이라고 알려져 있다. ('11)
» martial art : 무술

1342 **patch** — ⓢ **mend, repair, cover** — **헝겊 조각; 수선하다(헝겊을 대고)**

2/1 [pætʃ] n, v
★☆☆☆☆
출제확률 5.1%

Habitat doesn't completely disappear but is reduced gradually until small patches remain.
서식지는 완전히 사라지지 않고 작은 조각(지역)들이 남을 때까지 서서히 줄어든다. ('11)
» 한 조각이라는 의미에서 유래되었다.

1343 **phenomenon** — ⓢ **happening, occurrence** — **현상**

2/1 [finɑ́mənɑ̀n] n
★☆☆☆☆
출제확률 5.1%

Everything is a phenomenon of energy.
모든 것은 에너지 현상이다. ('11)
» phen(o)(보여주다) + menon(= ment ~것) → 보여주는 것 → 현상

1344 **saucer** — **받침, 접시**

2/1 [sɔ́:sər] n
★☆☆☆☆
출제확률 5.1%

She came back with the cups and saucers and put them down on a small side table. 그녀는 컵과 받침을 가져와서 작은 사이드테이블 위에 내려 놓았다. ('11)
» dish의 유의어

1345 **vampire** — **뱀파이어, 흡혈귀**

2/1 [vǽmpaiər] n
★☆☆☆☆
출제확률 5.1%

When vampire bats return to their communal nests from a successful night's foraging
흡혈 박쥐들이 성공적인 야간 먹이사냥을 마치고 그들의 집단 보금자리로 돌아왔을 때 ('11)

1346 **virtual** — **virtually** — **사실상의, 허상의, 가상의**

2/1 [və́:rtʃuəl] a
★☆☆☆☆
출제확률 5.1%

It virtually stops all pop-ups.
그것은 사실상 모든 팝업창들을 차단한다. ('11)
» virtue(힘) + al(~한) → 힘이 있는 → 실질적인 → 사실이라고 가정하는 → 가상의

사실상, 거의

1347 **auditory** — ⓢ **acoustic, hearing** — **귀의, 청각의**

2/1 [ɔ́:dətɔ̀:ri] a
★☆☆☆☆
출제확률 5.1%

The auditory system had filled in the missing speech information.
청각 체계가 놓친 연설 정보를 채워 넣었다. ('10)
» audi(= hear 듣다) + to(~로) + ry(~것) → 듣는 곳

1348 **compliment** — **complimentary** — **칭찬, 찬사; 경의를 표하다**

2/1 [kɑ́mpləmənt] n, v
★☆☆☆☆
출제확률 5.1%

I should have used some word like 'complimentary' instead.
나는 '칭찬하는'과 같은 단어를 대신 사용했어야 했다. ('10)
» com(강조, 함께) + pli(채우다) + ment(~것) → 상대방의 기분을 채움 → 칭찬

칭찬하는, 무료의

1349 **dizzy** — **dizziness** — **현기증 나는**

2/1 [dízi] a
★☆☆☆☆
출제확률 5.1%

This is taken when you have symptoms of dizziness, cold sweating, and headache. 어지러움, 식은땀, 두통 등의 증상이 생기면 이 약을 복용하게 된다. ('10)
» ⓢ faint, shaky, off balance

현기증, 어지러움

1350 **dorsal** (물고기) 등의, 등에 있는

2/1 [dɔ́:rsəl] a

★☆☆☆☆

출제확률 5.1%

The dorsal fin is one continuous fin.

등지느러미는 하나로 연속된 지느러미이다. ('10)

1351 **encyclopedia** 백과사전

2/1 [insàikləpí:diə] n

★☆☆☆☆

출제확률 5.1%

Why don't you find some information from the encyclopedia over there?

저기에 있는 백과사전에서 자료를 찾아보지 그러니? ('10)

» en(안에) + cycle(돌고도는) + pedia(사전) → 서로 돌고도는 세상 이야기에 대한 사전 → 백과사전

1352 **exotic** ⓢ **foreign, alien** 외국의, 이국풍의

2/1 [igzátik] a

★☆☆☆☆

출제확률 5.1%

Traveling to exotic places

해외로 여행하기 ('10)

» ex(밖으로) + tic(~한) → 국내가 아닌 외국풍의

1353 **fin** 지느러미

2/1 [fín] n

★☆☆☆☆

출제확률 5.1%

If you take a look at his fin, you can find that it's very similar to shark's one.

지느러미를 보게 되면, 상어의 지느러미와 매우 비슷함을 알 수 있다.

» 어원으로써 fin은 '끝나다'라는 의미를 가지고 있다.(finish) * similar to : ~과 유사한

1354 **interchange** **interchangeable** **interchanged** 교환하다, 주고받다

2/1 [ìntərtʃéindʒ] v

★☆☆☆☆

출제확률 5.1%

Physicists speak of photons of light as being interchangeable.

물리학자들은 빛의 광자가 상호 대체 가능하다고 말한다. ('10)

» inter(서로) + change(바꾸다) → 서로 무언가를 바꾸다(주고 받다)

교체[교환]할 수 있는 | (과거, 과거분사)

1355 **interdependent** **interdependence** 서로 돕는, 의지하는

2/1 [ìntərdipéndənt] a

★☆☆☆☆

출제확률 5.1%

Today, we are so interdependent that the concept of war has become outdated.

오늘날 우리들은 서로 매우 의존하는 관계이기에 전쟁이라는 개념은 옛날 얘기가 되어버렸다. ('10)

» inter(서로) + depend(의지하다) + ent(~하는) → 서로 의지하는

상호 의존

1356 **microwave** 전자레인지

2/1 [máikrouwèiv] n

★☆☆☆☆

출제확률 5.1%

So many people stand in front of their microwaves thinking "hurry up!".

그래서 많은 사람들이 전자레인지 앞에서 "빨리빨리!"라고 생각하며 서 있는다. ('10)

» micro(미세) + wave(파동) → 미세 파동(전자레인지는 미세파동을 이용해 열을 가하는 방식이다)

1357 **photon** 광자

2/1 [fóutɑn] n

★☆☆☆☆

출제확률 5.1%

The team finally invented the most efficient way to generate photon.

그 팀은 마침내 광자를 가장 효율적으로 발생시키는 방법을 고안했다.

» photo(빛) + on(알갱이) → 빛 알갱이

1358 **quotation** ⓢ **reference, passage, quote** 인용, 인용구

2/1 [kwoutéiʃən] n

★☆☆☆☆

출제확률 5.1%

On the wall of our dining room was a framed quotation.

우리 집 부엌 벽에는 한 인용구가 액자에 걸려있다. ('10)

» quote(인용하다) + tion(~것) → 인용

1359 **scatter** **scattered** **흩어뿌리다, 분산되다**

2/1 [skǽtər] v

★☆☆☆☆

출제확률 5.1%

When the transmitted light hits the dew drops, it becomes scattered.

전도된 빛이 이슬방울에 부딪히면 (빛이) 분산된다. ('10)

» scat(쉿 고양이(저리가)) + (t)er(~하다) → 쫓아버리다 → 흩어뿌리다

산발적인, 산재한

1360 **tribal** **부족의, 종족의**

2/1 [tráibəl] a

★☆☆☆☆

출제확률 5.1%

Interestingly, art in tribal societies is frequently abandoned.

흥미롭게도, 부족 사회에서는 예술행위가 자주 금지되었다. ('10)

» tri(= three 셋) + bal(~의) → 셋의 → 부족의

1361 **accommodation** **ⓢ shelter, housing** **숙박설비, 편의, 도움**

2/1 [əkɑ̀mədéiʃən] n

★☆☆☆☆

출제확률 5.1%

The registration fee is $150, which includes accommodations and meals.

등록비는 150불인데 여기에는 숙박과 식사가 포함되어 있다. ('09)

» com(함께) + mo(= serve 돌보는) + tion(~것) → 서로 돌보는 것 → 도움, 숙박설비

1362 **acoustic** **ⓢ auditory, hearing** **청각의, 음파의**

2/1 [əkú:stik] a

★☆☆☆☆

출제확률 5.1%

Television is fundamentally an acoustic medium.

텔레비전은 근본적으로 청각적 매체이다. ('09)

1363 **chore** **ⓢ burden, errand, task** **허드렛일, 잡일**

2/1 [tʃɔ́:r] n

★☆☆☆☆

출제확률 5.1%

One grandmother hires her grandchildren to help with gardening chores.

한 할머니는 손녀들에게 정원을 손질하는 잡일을 돕도록 했다. ('09)

1364 **deficient** **deficiency** **부족한**

2/1 [difíʃənt] a

★☆☆☆☆

출제확률 5.1%

Deer were its natural prey, but there weren't many left in this area.

사슴은 그의 천성적인 먹이였지만 이 지역에 얼마 남지 않았다. ('06)

» de(아닌) + efficient(효과적인) → 효과적이지 못한 → 부족한

결핍, 결함

1365 **hawk** **(조류) 매**

2/1 [hɔ́:k] n

★☆☆☆☆

출제확률 5.1%

Old Hawk gestured up at the tall, old cottonwood.

늙은 매는 오래 된 높은 미루나무에서 날개를 치켜 올렸다. ('09)

1366 **ivory** **상아, 상아색; 상아같은**

2/1 [áivəri] n, v

★☆☆☆☆

출제확률 5.1%

One doll was made of ivory and lay beside her owner.

상아로 만들어진 한 인형은 주인 옆에 누워 있었다. ('09)

1367 **magnitude** **ⓢ volume, immensity, enormity** **(엄청난) 규모, 크기, 양**

2/1 [mǽgnətjù:d] n

★☆☆☆☆

출제확률 5.1%

They have equal magnitudes and point in opposite directions.

그들은 동일한 세기로 서로 반대 방향을 향하고 있다. ('09)

» magni(큰) + tude(성질, 상태) → 큰 상태 → 규모

1368 **secondhand** Ⓢ **used** 중고의, 간접의; 고물로, 간접으로
2/1 [sékəndhǽnd] a, ad
★☆☆☆☆
출제확률 5.1%
I won't buy second-hand items again.
나는 중고 물품은 다신 사지 않을 것이다. ('09)
» second(두 번째) + hand(손, 손길) → 두 번째 손길 → (이미 한번 거친) 중고

1369 **bride** 신부
2/1 [bráid] n
★☆☆☆☆
출제확률 5.1%
She had a bride's flower in her hair, but her hair was white.
그녀는 신부의 꽃을 그녀의 머리에 달고 있었지만 그녀의 머리는 희었다. ('08)
» 신랑은 bridegroom이다.

1370 **browse** **browsing** 어린 잎; 둘러보다, 훑어보다
2/1 [bráuz] n, v
★☆☆☆☆
출제확률 5.1%
The latest devices are fun to use for many tasks like browsing cyber space.
최신 기기들은 사이버 공간을(인터넷) 둘러보는 등의 재미있는 일들을 할 수 있다. ('08)
» Ⓢ skim, scan, look through
(현재분사), 브라우징(인터넷)

1371 **bulb** 구근, 전구
2/1 [bʌlb] n
★☆☆☆☆
출제확률 5.1%
Hold the chair tightly while I'm changing this bulb.
내가 전구를 교체하는 동안에 의자를 꽉 잡고 있으세요. ('08)
» a light bulb : 전구

1372 **daylight** Ⓢ **sunshine, light of day** 일광, 낮; 낮 동안의
2/1 [déilàit] n, a
★☆☆☆☆
출제확률 5.1%
This allows daylight in but keeps out cold or stormy weather.
이것은 햇빛은 들어오게 하지만 냉기나 험악한 날씨는 차단한다. ('08)
» day(일) + light(광) → 낮 시간

1373 **conscience** Ⓢ **principle, moral sense** 양심
2/1 [kɑ́nʃəns] n
★☆☆☆☆
출제확률 5.1%
We want our children to develop a conscience a powerful inner voice.
우리는 우리 아이들이 강한 내부의 소리인 양심을 개발하길 원한다. ('07)
» con(서로, 함께) + science(아는 것) → 서로가 알고 있는 것

1374 **detergent** 세제
2/1 [ditə́:rdʒənt] a
★☆☆☆☆
출제확률 5.1%
The use of detergent to clean the fruit can also cause additional water pollution.
과일을 세척하는데 사용하는 세제는 추가적인 수질오염을 야기시킬 수 있다. ('07)
» de(제거하다) + ter(= earth 흙) + gent(접미사) → 먼지를 제거하는 것 → 세제

1375 **improvise** **improvisation** 즉흥연주; 즉흥적으로 하다
2/1 [ímprəvàiz] n, v
★☆☆☆☆
출제확률 5.1%
We all were very impressed because he's really good at improvising.
그가 즉흥연주를 정말 잘해서 우리 모두는 정말 감명받았다. ('07)
» im(아니다) + pro(미리) + vis(보다) → 미리 연습하지 않은 것
즉석에서 하기[한 것]

1376 **sash** 띠, 내리닫이 창
2/1 [sǽʃ] n
★☆☆☆☆
출제확률 5.1%
Silk sashes are attached to the ear flaps.
비단 띠가 귀덮개에 붙어 있다. ('07)

족집게 보카 TEST Day 33

1. 아래의 단어에 맞는 뜻을 골라 선으로 이어주세요.

1337 diagnose
1361 accommodation
1364 deficient
1360 tribal
1359 scatter
1355 interdependent
1350 dorsal
1348 compliment
1357 photon
1343 phenomenon
1351 encyclopedia
1338 dissent
1353 fin
1340 forage

ⓐ 현상
ⓑ 진단하다, 원인을 밝혀내다
ⓒ 흩어뿌리다, 분산되다
ⓓ 마초, 꼴; 먹이를 찾아다니다
ⓔ 부족한
ⓕ 백과사전
ⓖ 서로 돕는, 의지하는
ⓗ 광자
ⓘ (물고기) 등의, 등에 있는
ⓙ 반대; 의견을 달리하다
ⓚ 숙박설비, 편의, 도움
ⓛ 지느러미
ⓜ 칭찬, 찬사; 경의를 표하다
ⓝ 부족의, 종족의

2. 아래 문장의 알맞은 뜻을 보기에서 고르세요.

a. The above graph shows the percentage of children diagnosed with asthma. ( )
b. In 1971, hydro was the second biggest source of electricity generation. ( )
c. Television is fundamentally an acoustic medium. ( )
d. Today, we are so interdependent that the concept of war has become outdated. ( )
e. Old Hawk gestured up at the tall, old cottonwood. ( )
f. One doll was made of ivory and lay beside her owner. ( )
g. If you take a look at his fin, you can find that it's very similar to shark's one. ( )

보 기

① 늙은 매는 오래 된 높은 미루나무에서 날개를 치켜 올렸다.
② 1971년에는 수력 발전이 두 번째로 가장 큰 발전원이었다.
③ 위의 그래프는 천식에 걸린 아이들의 비율을 보여준다.
④ 상아로 만들어진 한 인형은 주인 옆에 누워 있었다.
⑤ 오늘날 우리들은 서로 매우 의존하는 관계이기에 전쟁이라는 개념은 옛날 얘기가 되어버렸다.
⑥ 텔레비전은 근본적으로 청각적 매체이다.
⑦ 지느러미를 보게 되면, 상어의 지느러미와 매우 비슷함을 알 수 있다.

정답: ③ ② ⑥ ⑤ ① ④ ⑦

19년간 수능 기출 영단어 10만개를 모조리 통계내어 만든

족집게 보카 Day 34

1377 **simulate** [símjulèit] v
2/1 ★☆☆☆☆ 출제확률 5.1%

simulation — 모의실험, 흉내 내기

흉내내다, 모의 실험하다

They are made to simulate the behavior of a human body in a motor-vehicle crash. 그것들은 교통 사고시 인체의 움직임을 모의 실험해보기 위해 만들어졌다. ('07)

» simul(비슷한) + ate(~하게 하다) → 흉내내다

1378 **surgeon** [sə́:rdʒən] n
2/1 ★☆☆☆☆ 출제확률 5.1%

ⓢ **physician**

외과 의사

He joined the Army of the North as a military surgeon.
그는 북부 육군 군의관으로 입대했다. ('07)

» ser(= hand 손) + urg(= work 일하다) + eon(명접) → 손으로 일하는 사람 → 외과 의사

1379 **theft** [θéft] n
2/1 ★☆☆☆☆ 출제확률 5.1%

thief — 도둑

도둑질, 절도

Alarms do nothing to stop theft.
경보기는 도둑을 막는데 아무 쓸모가 없다. ('07)

» thief : 도둑

1380 **cattle** [kǽtl] n
2/1 ★☆☆☆☆ 출제확률 5.1%

ⓢ **livestock, beast, cow**

소, 가축

So the leopard began to attack dogs and cattle in the village.
그래서 표범은 그 마을의 개와 소들을 공격하기 시작했다. ('06)

» catt(머리) + le → 머리를 잡힌 동물 * 불가산명사이기 때문에 's'가 붙지 않는다.

1381 **cuneiform** [kju:ní:ə-fɔ̀:rm] n, a
2/1 ★☆☆☆☆ 출제확률 5.1%

쐐기 문자; 쐐기 모양의

Thomas started learning cuneiform to discover ancient treasures.
토마스는 고대 유물을 찾기 위해 쐐기 문자를 배우기 시작했다.

1382 **dominate** [dάmənèit] v
2/1 ★☆☆☆☆ 출제확률 5.1%

dominated — (과거, 과거분사)

통치하다, 지배하다

The introduction of the new, bigger ball will cause first-class games to be dominated.
새롭고, 더 큰 공의 도입으로 최고 수준의 시합에 의해서 지배되는 결과를 가져올 것이다. ('06)

» domin(= master 지배) + ate(~하다) → 지배하다

1383 **embassy** [émbəsi] n
2/1 ★☆☆☆☆ 출제확률 5.1%

대사관

I think the embassy moved to a new place.
제 생각엔 그 대사관은 새로운 곳으로 이사한 것 같아요. ('06)

» 대사는 embassador이다.

1384 **endure** ⓢ **bear, last, stand** **견디다**

2/1 [indjúər] v

★☆☆☆☆

출제확률 5.1%

They endure day after day.
그들은 하루 하루를 견뎌낸다. ('06)
» en(강조) + dur(= last 계속하다) → ~을 강하게 계속하다 → 견디다

1385 **humid** **humidity** **습한, 습기가 있는**

2/1 [hjú:mid] a

★☆☆☆☆

출제확률 5.1%

This humidity can cause the coffee to quickly spoil.
이러한 습도는 커피를 빨리 상하게 만들 수 있다. ('06)
» hum(흙) + id → 흙에 있는 것 → 습기

습도, 습기

1386 **immigrant** ⓢ **newcomer, migrant, settler** **이주자; 이주하는**

2/1 [ímigrənt] n, a

★☆☆☆☆

출제확률 5.1%

Immigrants are importing their mother tongues at record rates.
이민자들이 기록적인 속도로 모국어를 들여오고 있다. ('06)
» im(안으로) + migr(움직이는) + ant(사람) → 안으로 이동하는 사람 → 이주자

1387 **impulse** **impulsive** **충동**

2/1 [ímpʌls] n

★☆☆☆☆

출제확률 5.1%

Following your instincts could lead you to make impulsive decisions.
당신의 직감에 따른 행동은 충동적인 의사결정으로 이어질 수 있다. ('06)
» im(안에서) + pulse(심장박동, 뛰다) → 가슴이 쿵쾅쿵쾅 뛰다 → 충동

충동적인

1388 **monolingual** **1개 언어를 구사하는**

2/1 [mɑ̀nəlíŋgwəl] a

★☆☆☆☆

출제확률 5.1%

US makes efforts to teach “foreign” languages to monolingual Americans.
미국은 1개 언어를 구사하는 미국인들에게 "외국어"를 가르치려는 노력을 하고 있다. ('06)
» mono(하나) + lingual(언어의) → 1개 국어를 사용하는

1389 **prose** **산문**

2/1 [próuz] n

★☆☆☆☆

출제확률 5.1%

The old Sumerian cuneiform could not be used to write normal prose.
옛 수메르 쐐기문자는 평범한 산문을 쓰는데 사용될 수 없었다. ('06)
» prose(풀어 쓴) → 풀어쓴 것은 '산문'

1390 **rhyme** ⓢ **poem, verse** **운, 시**

2/1 [ráim] n

★☆☆☆☆

출제확률 5.1%

The most popular nursery rhymes for two-year-olds
두살 배기 아이들에게 가장 인기 있는 동요 ('06)
» nursery rhyme : 동요

1391 **secondary** ⓢ **inferior, minor, subordinate** **대리자, 2차적인 것; 제 2위의, 중등 교육의**

2/1 [sékəndèri] n, a

★☆☆☆☆

출제확률 5.1%

Secondary school should be a time for expanding horizons—not limiting them.
중, 고등학교는 시야를 제한할 시기가 아니라 확대할 시기여야 한다. ('06)
» second(두 번째) + ary(것) → 대리자 * secondary school : 중·고등학교

1392 **shield** ⓢ **protection, screen, guard** **방패; 보호하다**

2/1 [ʃí:ld] n, v

★☆☆☆☆

출제확률 5.1%

“shield kite,” which has a unique hole at its center
중앙에 특유의 구멍이 있는 "방패연" ('06)
» shell(껍질)에서 유래했다. 공격을 막는 것.

1393 **barber**
2/1 [bá:rbər] n
★☆☆☆☆
출제확률 5.1%

barbershop 이발사

He helped customers read books by opening a library inside his barbershop in 199(
그는 1990년에 그의 이발소 안에 도서관을 개장하면서 손님들이 책을 볼 수 있도록 하였다. ('0
» barb(= beard 수염) + er(사람) → 수염을 깍아주는 사람 → 이발사

이발소

1394 **mercy**
2/1 [mə́:rsi] n
★☆☆☆☆
출제확률 5.1%

merciful mercifully 자비(심), 연민, 은혜

You should behave as mercifully as God.
당신은 하나님처럼 자비롭게 행동해야 한다. ('05)
» merc(판매하다, 거래하다) + y(~것) → 물건을 팔아주다 → 자비를 베풂

자비로운 | 다행히도

1395 **pumpkin**
2/1 [pʌ́mpkin] n
★☆☆☆☆
출제확률 5.1%

호박

Do you want some pumpkins for Holloween?
할로윈용 호박을 원해요?
» 큰 멜론이라는 의미에서 유래되었다.

1396 **shelter**
2/1 [ʃéltər] n, v
★☆☆☆☆
출제확률 5.1%

ⓢ refuge, retreat, sanctuary 피난(처); 피난하다, 보호하다

We could take some clothes to a shelter.
우리는 피난처에 옷을 좀 가져올 수 있었다. ('05)
» shiel(= shell 껍데기) + d → 보호물 → 피난처, 피난하다

1397 **superstition**
2/1 [sù:pərstíʃən] n
★☆☆☆☆
출제확률 5.1%

미신

Many people in Japan traditionally have believed in their own superstitions.
많은 일본인들은 전통적으로 그들만의 미신을 믿어왔다.
» super(~보다 위에) + st(= stand 서 있는) + tion(~것) → 위에 있다고 믿는 것 → 미신

1398 **timekeeping**
2/1 [táimkì:piŋ] n
★☆☆☆☆
출제확률 5.1%

시간 엄수, 시간 기록

Its timekeeping was less impressive than their looks, wandering up to 15 minutes a day. 하루에 15분이나 틀리는 등, 시간을 정확히 지키는 기능은 보기보다 별로였다. ('05)
» time(시간) + keeping(지키기) → 시간엄수

1399 **earthquake**
2/1 [ə́:rθkwèik] n
★☆☆☆☆
출제확률 5.1%

ⓢ quake, seismic tremor 지진

The city was recovered from the effects of the earthquake.
그 도시는 지진의 피해로부터 회복되었다.
» earth(지구, 땅) + quake(흔들림) → 지진

1400 **paw**
2/1 [pɔ́:] n
★☆☆☆☆
출제확률 5.1%

(개, 고양이) 발, (사람의) 손

Yes, my puppy's got something wrong with his paw.
맞어, 우리 강아지 발에 뭔가 이상한게 있어. ('04)

1401 **spicy**
2/1 [spáisi] a
★☆☆☆☆
출제확률 5.1%

ⓢ hot, seasoned 매운

Don't worry. I'll make something spicy.
걱정하지 마세요. 제가 매운 것 좀 만들어 드릴께요. ('04)
» spice(양념, 향신료) + y → 매운

1402 **option** ⓢ **alternative, choice** **선택, 선택권**

2/1 [ápʃən] n

★☆☆☆☆

출제확률 5.1%

These two possibilities are presented to us as options.
이 두 가지 가능성이 우리에게 선택권으로 주어졌다. ('02)
» opt(= choose 선택하다) + ion(~것) → 선택권

1403 **tag** ⓢ **label, note, tab** **태그, 꼬리표; 표지를 달다**

2/1 [tǽg] n, v

★☆☆☆☆

출제확률 5.1%

Clothes have a price tag on them.
옷들은 가격표를 달고 있다. ('02)
» stick(붙이다)에서 유래되었다.

1404 **workday** ⓢ **business day** **근무일, 작업일**

2/1 [wə́:rkdèi] n

★☆☆☆☆

출제확률 5.1%

Take time out to do things you enjoy in order to reduce stress during your workday.
근무를 하면서 생긴 스트레스를 해소할 겸 잠시 좋아하는 것을 즐기며 휴식을 취하세요. ('02)
» work(일) + day(날) → 일하는 날

1405 **sow** **sowed** **(씨를) 뿌리다, 심다**

2/1 [sóu] v

★☆☆☆☆

출제확률 5.1%

The farmer sowed seeds and reaped what he sowed.
그 농부는 씨를 뿌렸고 그가 뿌린 것들을 거둬들였다. ('01)
» ⓢ scatter, implant, plant

(과거, 과거분사)

1406 **seashell** **바다 조개**

2/1 [sí:ʃèl] n

★☆☆☆☆

출제확률 5.1%

For years, Munira lived on the seashells she gathered on the beach during the day. 수년 동안 무니라는 낮에 해변에서 조개껍데기를 모아 먹고 살았다. ('00)
» sea(바다) + shell(껍데기, 조개) → 바다 조개

1407 **bud** ⓢ **shoot, sprout** **(식물) 눈; 자라기 시작하다**

2/1 [bʌ́d] n, v

★☆☆☆☆

출제확률 5.1%

The deeper icy snow helps the animals to reach more buds.
더 깊어진 얼음이 덮인 눈은 토끼가 더 많은 식물 싹에 닿을 수 있도록 도와준다. ('99)
» buddy(친구)의 줄임말이기도 하다.

1408 **rod** ⓢ **staff, stick, wand** **막대, 회초리**

2/1 [rád] n

★☆☆☆☆

출제확률 5.1%

A little girl suddenly felt something and saw the fishing rod bowing like a question mark.
어린 소녀는 갑자기 무언가를 느껴 그 낚시대를 보니 물음표처럼 구부러져 있었다. ('99)

1409 **activate** **activation** **활성화하다, 작동시키다**

2/1 [ǽktəvèit] v

★☆☆☆☆

출제확률 5.1%

The researchers also found that these growth changes resulted from gene activation.
연구원들은 유전자 활성화로 인해 이러한 성장의 변화가 발생했음을 발견했다. ('98)
» act(활동하다) + ate(~하게하다) → 움직이게 하다, 활성화하다

활성화

1410 **barter** ⓢ **trade, exchange** **물물교환; 교환하다**

2/1 [bá:rtər] n, v

★☆☆☆☆

출제확률 5.1%

Before its invention, mankind used the barter system of trading objects for other objects.
그것을 발명하기 전까지 인류는 다른 물건을 얻기 위해 물물교환 방식을 사용했다. ('98)
» bar(막대기) + er(~것) → 막대기로 만든 것을 바꿈 → 물물교환

1411 **equation** ⓢ **parallel, correspondence** **동등함, 방정식**
2/1 [ikwéiʒən] n
★☆☆☆☆
출제확률 5.1%
An equation with two unknown quantities, for instance, is written x+y=20.
예를 들어 2개의 미지수로 이루어진 방정식을 써보면 x+y=20이 된다. ('98)
» equa(동등한) + tion(~것) → 동등함

1412 **onlooker** ⓢ **observer, spectator, viewer** **방관자, 구경꾼**
2/1 [ɑ́nlùkər] n
★☆☆☆☆
출제확률 5.1%
Onlookers just walk by a work of art, letting their eyes record it.
관람객들은 작품 옆을 지나치며 눈으로 그것들을 기억시킨다. ('98)
» on(위) + look(보다) + er(사람) → 위에서 보고있는 사람 → 방관자

1413 **priest** ⓢ **pastor, minister, clergyman** **성직자, 목사, 신부**
2/1 [príːst] n
★☆☆☆☆
출제확률 5.1%
The priest smiled. "But, Miss Smith," he reminded her, "it's dry in the church."
목사님은 웃으며 "하지만, 스미스양, 교회에는 (비가 안와) 건조해요."라고 상기시켜 주었다.('98)
» pri(첫 번째) + est(사람) → 가장 중요한 사람

1414 **sunspot** **태양흑점, 주근깨**
2/1 [sʌ́nspɑ̀t] n
★☆☆☆☆
출제확률 5.1%
Sunspots are almost as much of a mystery now as in Galileo's time.
태양흑점은 갈릴레오의 시대만큼이나 지금도 미스터리다. ('98)
» sun(태양) + spot(점) → 태양의 점 → 태양흑점

1415 **warehouse** ⓢ **depot, storehouse** **창고; 창고에 넣다**
2/1 [wɛ́ərhàus] n, v
★☆☆☆☆
출제확률 5.1%
Steve had supervised one of his company's warehouses for four years.
스티브는 4년 동안 그의 회사 창고 중 하나를 관리했었다. ('98)
» ware(제품) + house(집) → 제품을 쌓아 놓는 곳

1416 **candidate** ⓢ **applicant, nominee, competitor** **후보자, 지원자, 응시자**
2/1 [kǽndidèit] n
★☆☆☆☆
출제확률 5.1%
Candidates were required to know thousands of logographs merely to read the classics. 응시자들은 단지 고전을 읽기 위해서 수천 개의 특수글자을 알아야 했다. ('98)
» cand(흰) + ate(하다) → 로마시대에 관직 지원자들이 흰 의복을 입고 다닌 것에서 유래됐다.

1417 **congestion** ⓢ **crowding, jam, clogging** **밀집, 혼잡, 폭주**
2/1 [kəndʒéstʃən] n
★☆☆☆☆
출제확률 5.1%
Unless we take action now, traffic congestion will get worse and worse.
우리가 당장 조치를 취하지 않는 한, 교통 혼잡은 더욱 더 악화될 것이다. ('97)
» con(함께) + gest(= carry 나르다) + tion(~것) → 모두 함께 나르니 혼잡함

1418 **criteria** ⓢ **standard, average, norm** **표준, 기준**
2/1 [kraitíəriə] n
★☆☆☆☆
출제확률 5.1%
These essays were then evaluated according to the criteria of purity and truthfulness. 이 수필들은 당시 순수성과 진실성의 기준에 따라 평가되었다. ('98)
» cri(t)(= separate 나뉜) + eria → 나눈 것 → 기준

1419 **pedestrian** ⓢ **walker, foot-traveller** **보행자; 도보의, 보행의**
2/1 [pədéstriən] n, a
★☆☆☆☆
출제확률 5.1%
One day a truck hit a pedestrian on the street.
어느 날, 트럭이 길거리에서 사람을 쳤다. ('97)
» ped(발) + st(= stand 서다) + (r)ian(~것, 사람) → 두 발로 서 있는 사람 → 보행자

족집게 보카 TEST Day 34

1. 아래의 단어에 맞는 뜻을 골라 선으로 이어주세요.

1379 theft	ⓐ (식물) 눈; 자라기 시작하다
1404 workday	ⓑ 도둑질, 절도
1407 bud	ⓒ 대사관
1383 embassy	ⓓ 태그, 꼬리표; 표지를 달다
1395 pumpkin	ⓔ 호박
1390 rhyme	ⓕ 막대, 회초리
1402 option	ⓖ 운, 시
1393 barber	ⓗ 피난(처); 피난하다, 보호하다
1396 shelter	ⓘ 활성화하다, 작동시키다
1403 tag	ⓙ 시간 엄수, 시간 기록
1408 rod	ⓚ 근무일, 작업일
1398 timekeeping	ⓛ 이발사
1409 activate	ⓜ 대리자, 2차적인 것; 제 2위의
1391 secondary	ⓝ 선택, 선택권

2. 아래 문장의 알맞은 뜻을 보기에서 고르세요.

a. US makes efforts to teach “foreign” languages to monolingual Americans. (　　)
b. They endure day after day. (　　)
c. Thomas started learning cuneiform to discover ancient treasures. (　　)
d. Yes, my puppy's got something wrong with his paw. (　　)
e. These two possibilities are presented to us as options. (　　)
f. He helped customers read books by opening a library inside his barbershop in 1990. (　　)
g. The introduction of the new, bigger ball will cause first-class games to be dominated. (　　)

보기

① 맞어, 우리 강아지 발에 뭔가 이상한게 있어.
② 토마스는 고대 유물을 찾기 위해 쐐기 문자를 배우기 시작했다.
③ 미국은 1개 언어를 구사하는 미국인들에게 "외국어"를 가르치려는 노력을 하고 있다.
④ 그는 1990년에 그의 이발소 안에 도서관을 개장하면서 손님들이 책을 볼 수 있도록 하였다.
⑤ 그들은 하루 하루를 견뎌낸다.
⑥ 새롭고, 더 큰 공의 도입으로 최고 수준의 시합에 의해서 지배되는 결과를 가져올 것이다.
⑦ 이 두 가지 가능성이 우리에게 선택권으로 주어졌다.

정답: ③ ⑤ ② ① ⑦ ④ ⑥

19년간 수능 기출 영단어 10만개를 모조리 통계내어 만든

족집게 보카 Day 35

1420 **preschooler** ⓢ **kindergartener** **취학전 아동, 유치원 아동**

2/1 [príːskúːlər] n

★☆☆☆☆

출제확률 5.1%

Researchers said playing with a computer won't increase a preschooler's reading scores.

연구원들은 취학전 아동이 컴퓨터를 가지고 논다고 읽기 점수가 향상되진 않는다고 말했다. ('97)

» pre(앞, 전) + schooler(학생) → 학생이 되기 전 → 취학전 아동

1421 **thigh** **넓적다리, 허벅지**

2/1 [θái] n

★☆☆☆☆

출제확률 5.1%

Both men and women are least concerned with their thighs.

남녀 모두 그들의 허벅지에는 거의 관심이 없다. ('97)

1422 **commit** **commitment committed** **범하다, 위탁하다, 맡기다**

2/1 [kəmít] v

★☆☆☆☆

출제확률 5.1%

I made a serious commitment to myself to give it my best every time I competed.

나는 매 경기에서 최선을 다하겠다고 스스로 진지하게 다짐했다. ('96)

» com(함께) + mit(보내다) → (~을 처리하라고) 함께 보내다 → 맡기다

위탁, 연루 | 전념하는

1423 **cottage** ⓢ **cabin, shack, hut** **시골집, 작은집**

2/1 [kátidʒ] n

★☆☆☆☆

출제확률 5.1%

Brigid Gill was alone in her cottage waiting for her little son to come from school.

브리짓 길 씨는 그녀의 작은 집에서 아들이 학교에서 돌아오길 홀로 기다리고 있었다. ('96)

» cot(시골집) + (t)age(~것) → 시골집, 작은집

1424 **tan** **tanning** **황갈색; 햇볕에 태우다, 타다**

2/1 [tǽn] n, v

★☆☆☆☆

출제확률 5.1%

Many make a point of getting to the beach to get a tan.

많은 이들이 살을 태우기 위해 애써 해변에 간다. ('96)

» make a point of -ing : 반드시[애써] ~을 한다

햇볕에 탐

1425 **osteoporosis** **골다공증**

2/1 [àstioupəróusis] n

★☆☆☆☆

출제확률 5.1%

If done regularly and over a long period of time, exercise can help prevent osteoporosis.

장기간 규칙적으로 실시한다면 운동은 골다공증을 예방하는데 도움이 될 수 있다. ('95)

» osteo(골, 뼈) + por(구멍) + sis(과정, 활동) → 뼈에 구멍이난 상태 → 골다공증

1426 **row** ⓢ **line, column** **열, 좌석 줄, 소동; 노를 젓다**

2/1 [róu] n, v

★☆☆☆☆

출제확률 5.1%

Three rows of benches on each side and six rows in front of him were occupied.

양 옆에는 3열로 된 의자들이 있었고 그의 앞 6열에는 사람들이 앉아 있었다. ('95)

» row(→ rouse 깨우다) → 소동, 소란으로 변형됨.

1427 **tin** — 주석, 양철; 주석을 입히다; 주석의

2/1 [tín] n, v, a

★☆☆☆☆

출제확률 5.1%

Norman's tin legs were his only supports.
노르먼을 지탱해주는 것은 오직 그의 양철 다리 뿐이었다. ('95)

1428 **barrier** — ⓢ **fence, barricade, obstacle** — 장애, 장벽; 울타리를 둘러싸다

2/1 [bǽriər] n, v

★☆☆☆☆

출제확률 5.1%

I firmly believe that there's a hidden barrier among us.
나는 우리 사이에 보이지 않는 벽이 있다고 확신한다.
» bar(막대, 봉) + (i)er(물건) → 막대나 봉으로 만들어진 물건 → 장벽

1429 **thrift** — ⓢ **saving, prudence, economy** — 절약, 검약

2/1 [θríft] n

★☆☆☆☆

출제확률 5.1%

It depends chiefly on two words, diligence and thrift.
그것은 대개 두 단어에 달려있는데, 바로 근면과 절약이다. ('94)
» thrive(번창하다)에서 유래되어 '절약, 검약'으로 의미가 변형되었다.

1430 **bury** — **buried** — 매장하다, 묻다

2/1 [béri] v

★☆☆☆☆

출제확률 5.1%

I could also be called "buried gold" because of many valuable uses of mine.
저는 또 저만의 여러가지 유용성 때문에 "매장된 금"이라고도 불린답니다. ('94)
» bur(= dig 파다) + y(어미) → 파묻다

파묻힌

1431 **imprint** — ⓢ **stamp, engrave** — 흔적, 인장 자국; 누르다, 찍다

2/1 [ímprint] n, a

★☆☆☆☆

출제확률 5.1%

It bore a stamped imprint : "Insufficient Funds"
"잔고 부족"이라는 글이 찍혀있었다. ('94)
» im(강조, 안에) + print(찍다, 인쇄하다) → 강하게 찍다 → 흔적, 자국

1432 **scarcity** — ⓢ **rarity, shortage, deficiency** — 부족, 결핍, 희소

2/1 [skέərsəti] n

★☆☆☆☆

출제확률 5.1%

If scarcity exists, the choices must be made by individuals and societies.
만약 '부족'이라는 것이 존재한다면, 개인과 사회는 선택을 해야만 한다. ('94)
» scarce(부족한)의 명사형태

1433 **accelerate** — ⓢ **go faster, speed up, spur** — 가속하다, 촉진하다

1/1 [æksélərèit] v

★☆☆☆☆

출제확률 5.1%

When you are starting from a gas station, please accelerate slowly.
주유소에서 출발을 할 때, 천천히 출발하십시오.
» 자동차의 가속 페달을 accelerator라고 한다.

1434 **adrift** — ⓢ **drifting, afloat** — 표류하여, 정처 없는

1/1 [ədríft] a

★☆☆☆☆

출제확률 5.1%

Ducks, frogs, and turtles were set adrift in the middle of the Pacific Ocean.
태평양 한가운데에 오리, 개구리, 거북이들이 표류하고 있었다. ('12)
» a(~에, 강조) + drift(표류, 흐름) → 표류하는

1435 **affirm** — ⓢ **verify, confirm, prove** — 단언하다, 확언하다

1/1 [əfə́:rm] v

★☆☆☆☆

출제확률 5.1%

Evidence is used only to affirm a particular theory.
증거물은 특정 이론을 검증하는 용도로만 사용되었다. ('12)
» a(강조) + firm(확실한) → 확실하다

1436 **allocate**
1/1 [ǽləkèit] v
★☆☆☆☆
출제확률 5.1%

ⓢ **allot, assign, distribute** — **배분하다, 할당하다**

We should use those figures to allocate emissions cuts.
우리는 배출 억제를 할당하기 위해 그 수치들을 사용해야 한다. ('12)
» al(= to ~에게) + locate(놓다) → ~에게 할당하다

1437 **anecdote**
1/1 [ǽnikdòut] n
★☆☆☆☆
출제확률 5.1%

ⓢ **story, narrative, tale** — **일화**

He combined biographical anecdotes with critical comment.
그는 전기적인 일화와 비평을 함께 실었다. ('12)
» 아직 밝혀지지 않은 일이라는 뜻에서 유래되었다.

1438 **appetite**
1/1 [ǽpətàit] n
★☆☆☆☆
출제확률 5.1%

ⓢ **taste, longing, desire** — **식욕, 욕망; 좋아함**

They seem to have little appetite for French cuisine.
그들은 프랑스 요리를 별로 먹고 싶지 않은 것처럼 보인다.
» ap(~에) + pet(= seek 찾다) + ite → ~을 찾다 → 식욕, 욕구

1439 **astound**
1/1 [əstáund] v
★☆☆☆☆
출제확률 5.1%

astounding ⓢ **astonish** — **몹시 놀라게 하다**

It was an astounding achievement that was not surpassed for 28 years.
그것은 엄청난 성과였고 28년간 (그 누구도) 능가하지 못했다. ('12)
» astoun(= astonish 놀라게 하다) + d(어미) → 몹시 놀라게 하다

경악스러운

1440 **backstroke**
1/1 [bǽkstròuk] n
★☆☆☆☆
출제확률 5.1%

배영; 되치기, 반격

There were three swimming strokes — freestyle, backstroke, and breaststroke.
자유형, 배영, 평영의 세 가지 수영 기법이 있었다. ('12)
» back(뒤로) + stroke(타격) → 뒤로 치기 → 배영, 되치기, 반격

1441 **bin**
1/1 [bín] n
★☆☆☆☆
출제확률 5.1%

ⓢ **box, container, can** — **큰 상자, 쓰레기통**

Waste from the toilet had to go into the bin.
화장실에서 나온 쓰레기는 쓰레기통에 버려져야 한다.
» (미) trash can

1442 **blunt**
1/1 [blʌ́nt] n, a
★☆☆☆☆
출제확률 5.1%

ⓢ **dull, rounded** — **둔하게 하다; 무딘, 퉁명스러운**

It's a less objectionable way of saying something for a blunt or more direct way.
그것은 퉁명스럽거나 직설적으로 말하는 것보다 덜 기분 나쁘게 말하는 방법이다. ('12)
» objectionable : 무례한, 불쾌한

1443 **blur**
1/1 [blə́:r] v
★☆☆☆☆
출제확률 5.1%

blurred ⓢ **confusion, fog** — **흐리게 하다**

If you take your glasses off, everything will be a blur.
만약 안경을 벗게 되면, 모든 것이 흐릿하게 보일 것이다.

흐릿한

1444 **calculate**
1/1 [kǽlkjulèit] v
★☆☆☆☆
출제확률 5.1%

ⓢ **estimate, work out** — **계산하다, 추정하다**

We should calculate how much greenhouse gases each country has emitted.
우리는 각 국가들이 온실 가스를 얼마나 배출했는지 추정해야 한다. ('12)
» calc(돌) + ul(작은) + ate(~하다) → 작은 돌로 셈을 하다 → 계산하다

1445 **calve** | Ⓢ **bear, breed, lay (eggs)** | **새끼를 낳다**

1/1 [kæv] v

★☆☆☆☆

출제확률 5.1%

Sperm whales may even share suckling of calves.

향유 고래들은 심지어 새끼의 젖을 먹이는 것도 함께 공유한다. ('12)

» calf(송아지)에서 유래되었다.

1446 **cargo** | Ⓢ **load, haul, freight** | **화물, 뱃짐; 짐을 싣다**

1/1 [ká:rgou] n, v

★☆☆☆☆

출제확률 5.1%

A ship traveling through rough seas lost 12 cargo containers.

거친 바다를 항해하던 한 배는 화물 컨테이너 12개를 잃어버렸다. ('12)

» car(= load 싣다) + go(어미) → 화물; 짐을 싣다

1447 **chef** | **요리사, 주방장**

1/1 [ʃéf] n

★☆☆☆☆

출제확률 5.1%

When speaking to a group of French chefs, you might speak differently.

만약 프랑스 주방장들에게 말할 경우엔, 당신은 다르게 말하게 될 것이다. ('12)

» chief(우두머리)에서 유래되었다.

1448 **chill** | Ⓢ **coldness, sharpness** | **냉기, 한기; 냉랭한**

1/1 [tʃíl] n, a

★☆☆☆☆

출제확률 5.1%

I felt a sudden chill in the air followed by an uncomfortable stillness.

나는 기분이 이상한 적막감과 함께 뜻밖의 한기를 느꼈다. ('12)

» chilly(형용사형)

1449 **coincident** | **coincidental** | **일치하는**

1/1 [kouínsidənt] a

★☆☆☆☆

출제확률 5.1%

I knew that it was totally coincidental.

그것이 완전히 우연의 일치임을 알았다.

» co(함께) + in(= on ~위에) + cid(e)(= fall 떨어지다) + ent(~한) → ~위에 함께 떨어진, 우연히 일치하는 우연의

1450 **couch** | Ⓢ **sofa** | **소파, 긴 의자**

1/1 [káutʃ] n

★☆☆☆☆

출제확률 5.1%

You end up on the couch with a bowl of chips.

당신은 결국 과자 한 사발을 들고 소파에 누워있게 된다. ('12)

» end up : 결국 ~으로 되다

1451 **council** | Ⓢ **board, committee, assembly** | **회의, 협의, 평의회**

1/1 [káunsəl] n

★☆☆☆☆

출제확률 5.1%

The student council elections are right around the corner.

학생회장 선거가 코 앞으로 다가왔습니다. ('12)

» right around the corner : 코 앞으로 다가오다, 모퉁이에

1452 **deforestation** | **삼림 벌채**

1/1 [di:fɔ́:ristéiʃən] n

★☆☆☆☆

출제확률 5.1%

Unfortunately, deforestation left the soil exposed to harsh weather.

불행하게도, 삼림 벌채로 인해 토양이 거친 날씨에 노출된 채로 남겨졌다. ('12)

» de(아닌, 부정) + forestation(조림, 식림) → 삼림 벌채

1453 **defy** | **defied** Ⓢ **disregard, confront, resist** | **무시하다, 반항하다**

1/1 [difái] v

★☆☆☆☆

출제확률 5.1%

a mysterious illness which had defied the doctors and their medicines

의사와 약을 외면한 원인 모를 병 ('12)

» de(아닌, 부정) + fy(~하다) → 부정하다, 무시하다

(과거, 과거분사)

1454 **deteriorate** deterioration ⓢ decline, worsen, slump 악화시키다, 나쁘게 하다

1/1 [ditíəriərèit] v

★☆☆☆☆

출제확률 5.1%

Overgrazing of livestock resulted in further deterioration of the soil.

과도한 가축의 방목은 토양의 추가적 악화를 초래했다. ('12)

» deter(단념시키다) + ate(~하다) → 단념시키게 하다 → 악화시키다

악화, 저하

1455 **dilemma** ⓢ difficulty, problem, puzzle 진퇴양난, 딜레마

1/1 [dilémə] n

★☆☆☆☆

출제확률 5.1%

These are easy to find and lead to the familiar dilemma in the social sciences.

이러한 것들은 발견하기 쉽고 사회과학의 친숙한 딜레마로 인도한다. ('12)

» 이중의 가정에서 유래

1456 **disrupt** ⓢ disturb, spoil, upset 붕괴시키다; 분열한

1/1 [disrʌ́pt] v, a

★☆☆☆☆

출제확률 5.1%

Do you fear that crime, war, or terrorist attacks will disrupt the economy?

당신은 범죄나 전쟁 혹은 테러의 공격으로 인해 경제가 해를 입을까 걱정하는가? ('12)

» dis(= apart 떨어져, 산산이) + rupt(= break 부수다) → 붕괴시키다

1457 **dwindle** dwindling ⓢ decline, decrease, diminish 점차 감소하다, 줄어들다

1/1 [dwíndl] v

★☆☆☆☆

출제확률 5.1%

Once again, they discussed the company's expenses and dwindling revenue.

다시 한번, 그들은 회사의 지출과 줄어드는 수익에 대해 이야기 했다. ('12)

» de(= down 아래로) + wind(바람) → 바람이 잦아들다 → 줄어들다

줄어드는

1458 **eminent** ⓢ distinguished, prominent, well-known 저명한, 뛰어난

1/1 [émənənt] a

★☆☆☆☆

출제확률 5.1%

Lives of the most eminent painters, sculptors and architects

가장 저명한 화가, 조각가, 건축가들의 삶 ('12)

» e(밖으로) + min(= project 돌출) + ent(~한) → 밖으로 나온 → 저명한, 뛰어난

1459 **empire** ⓢ kingdom, realm, domain 제국

1/1 [émpaiər] n

★☆☆☆☆

출제확률 5.1%

There are numerous explanations for the fall of the Roman empire.

로마 제국의 멸망에 대한 많은 의견이 있었다. ('12)

» emper(= command 명령하다)에서 유래되었다.

1460 **engrave** engraved ⓢ carve, inscribe, mark 새기다, 조각하다

1/1 [ingréiv] v

★☆☆☆☆

출제확률 5.1%

It was a book with the word 'Record' neatly engraved in gold on the cover.

그것은 표지에 금색으로 '기록'이라고 깔끔하게 새겨진 책이었다. ('12)

» en(~안에) + grave(조각하다) → 새겨넣다, 조각하다

(과거, 과거분사)

1461 **enterprise** ⓢ company, firm, business 기획, 기업, 회사

1/1 [éntərpràiz] n

★☆☆☆☆

출제확률 5.1%

Use their individual talents toward thegoals of the enterprise.

회사의 목표를 달성하는데 개인들의 재능을 활용하라. ('12)

» enter(= among ~사이에) + prise(= seize 잡다) → (여러 기획안 중에) 잡아서 실행하는 것 → 사업

1462 **extract** extracted ⓢ draw, pull out 추출물; 추출하다

1/1 [ikstrǽkt] n, v

★☆☆☆☆

출제확률 5.1%

The DNA extracted from these bits of whale skin will be used.

이러한 고래 가죽 조각에서 추출한 DNA가 사용될 것이다. ('12)

» ex(밖으로) + tract(끌어내다) → 추출하다

추출한

족집게 보카 TEST Day 35

1. 아래의 단어에 맞는 뜻을 골라 선으로 이어주세요.

1429 thrift	ⓐ 요리사, 주방장
1438 appetite	ⓑ 절약, 검약
1447 chef	ⓒ 회의, 협의, 평의회
1423 cottage	ⓓ 둔하게 하다; 무딘, 퉁명스러운
1430 bury	ⓔ 식욕, 욕망, 좋아함
1439 astound	ⓕ 몹시 놀라게 하다
1441 bin	ⓖ 가속하다, 촉진하다
1450 couch	ⓗ 매장하다, 묻다
1433 accelerate	ⓘ 큰 상자, 쓰레기통
1442 blunt	ⓙ 시골집, 작은집
1451 council	ⓚ 소파, 긴 의자
1443 blur	ⓛ 흐리게 하다
1420 preschooler	ⓜ 배분하다, 할당하다
1436 allocate	ⓝ 취학전 아동, 유치원 아동

2. 아래 문장의 알맞은 뜻을 보기에서 고르세요.

a. It bore a stamped imprint : "Insufficient Funds" ( )
b. Norman's tin legs were his only supports. ( )
c. Three rows of benches on each side and six rows in front of him were occupied. ( )
d. If you take your glasses off, everything will be a blur. ( )
e. Unfortunately, deforestation left the soil exposed to harsh weather. ( )
f. You end up on the couch with a bowl of chips. ( )
g. When you are starting from a gas station, please accelerate slowly. ( )

보 기

① 만약 안경을 벗게 되면, 모든 것이 흐리게 보일 것이다.
② 노르먼을 지탱해주는 것은 오직 그의 양철 다리 뿐이었다.
③ "잔고 부족"이라는 글이 찍혀있었다.
④ 불행하게도, 삼림 벌채로 인해 토양이 거친 날씨에 노출된 채로 남겨졌다.
⑤ 당신은 결국 과자 한 사발을 들고 소파에 누워있게 된다.
⑥ 양 옆에는 3열로 된 의자들이 있었고 그의 앞 6열에는 사람들이 앉아 있었다.
⑦ 만약 주유소에서 출발을 하시게 되시면, 천천히 출발하십시오.

정답: ③ ② ⑥ ① ④ ⑤ ⑦

You can do it!

Yes, I can.

출제확률
100%에
도전하는
족집게 보카

6 Week

수능 영단어 50일(7주) 스피드 완성

이것이 바로 우선순위 영단어 족보다!

19년간 수능 기출 영단어 10만개를 모조리 통계내어 만든

족집게 보카 Day 36

1463 **fade**

1/1 [féid] v

★☆☆☆☆

출제확률 5.1%

faded ⓢ vanish, disappear, dwindle **사라지다, 희미해지다**

Long after the name of the rock band once written across it has faded

(티 셔츠에) 한때 적혀있었던 락밴드의 이름이 희미해진지 오래된 후에 ('12)

» 농구에서 사용하는 fade away는 '사라지다'라는 뜻이다.

쇠퇴한, 빛깔이 바랜

1464 **formidable**

1/1 [fɔ́:rmidəbl] a

★☆☆☆☆

출제확률 5.1%

ⓢ tremendous, mighty, impressive **무서운, 강력한**

According to all reports, staff and pupils, she was formidable.

모든 보고서, 직원, 그리고 학생들은 그녀가 무서웠다고 한다.

» formid(공포) + able → 공포를 일으키는

1465 **fragment**

1/1 [frǽgmənt] n, v

★☆☆☆☆

출제확률 5.1%

ⓢ bit, piece, scrap **조각, 파편; 산산이 부수다**

When he dropped his cell phone, it was crushed to fragments.

그가 핸드폰을 떨어뜨리자 산산조각이 났다.

» frag(= break 부서지다) + ment(~것) → 부서진 것 → 조각, 파편

1466 **freshman**

1/1 [fréʃmən] n, a

★☆☆☆☆

출제확률 5.1%

신입생; 1학년생의

When I was a freshman in high school, I won second prize in the essay contest.

내가 고등학교 1학년이었을 때, 그 수필 대회에서 2등을 했다. ('12)

» fresh(새로운) + man(사람) → 신입생

1467 **gleam**

1/1 [glí:m] n, v

★☆☆☆☆

출제확률 5.1%

gleaming ⓢ flash, shine, glitter **흐릿한 빛; 어슴푸레 빛나다**

The light was gleaming and the atmosphere was peaceful.

빛이 아른거렸고 평온한 분위기였다.

빛나는

1468 **guideline**

1/1 [gáidlàin] n

★☆☆☆☆

출제확률 5.1%

ⓢ direction, regulation, rule **지침, 안내**

The guideline you suggested will be sufficient.

당신이 추천해 준 안내서만으로 충분합니다.

» guide(안내하다) + line(선) → 안내, 지침

1469 **hormone**

1/1 [hɔ́:rmoun] n

★☆☆☆☆

출제확률 5.1%

호르몬

Laughing reduces hormones associated with stress response.

웃음은 스트레스 반응과 관련된 호르몬을 감소시킨다. ('12)

1470 **immune** 면역; 면역의, 면제된

1/1 [imjú:n] n, a

★☆☆☆☆

출제확률 5.1%

Laughing prevents numerous diseases by strengthening the immune system.

웃음은 면역 체계를 강화시켜 다양한 질병을 예방해 준다. ('12)

» im(아닌) + mun(의무) → 의무가 아닌 → 면제된

1471 **imperium** 절대권, 주권

1/1 [impíəriəm] n

★☆☆☆☆

출제확률 5.1%

By the end of the Roman Imperium, Italy had been stripped of forest cover.

로마 통치 말엽에, 이탈리아는 숲을 벌채하였다. ('12)

» im(강조) + peri(= command 명령) + um(~것) → 강하게 명령하는 것 → 절대권, 주권

1472 **inevitable** ⓢ **unpreventable, destined, unavoidable** 피할 수 없는 일; 피할 수 없는

1/1 [inévətəbl] n, a

★☆☆☆☆

출제확률 5.1%

It was inevitable that the country faced a severe economic crisis.

그 나라는 심각한 경제 위기에 직면하는 것을 피할 수 없었다.

» in(아닌) + evitable(피할 수 있는) → 피할 수 없는

1473 **infrastructure** 기반 시설

1/1 [ínfrəstrʌktʃər] n

★☆☆☆☆

출제확률 5.1%

The system couldn't provide sufficient energy to maintain its infrastructure.

그 시스템은 자체 기반 시설을 유지하는데 필요한 충분한 에너지를 생산하지 못했다. ('12)

» infra(아래에, 하부의) + structure(구조물) → 하부에 있는 구조물 → 기반시설

1474 **intervene** ⓢ **interrupt, interfere** 방해하다, 사이에 일어나다

1/1 [intərví:n] v

★☆☆☆☆

출제확률 5.1%

The teacher didn't decide when to intervene.

그 선생님은 언제 개입할지 아직 결정하지 못했다.

» inter(~사이에) + vene(= come 들어오다) → 사이에 들어와 방해히다

1475 **landfall** ⓢ **landing, reach, touch down** 상륙, 착륙

1/1 [lǽndfɔ:l] n

★☆☆☆☆

출제확률 5.1%

The first toys made landfall on beaches near Sitka, Alaska.

첫번째 장난감들이 알래스카의 시트카 주변 해변에 최초로 도착했다. ('12)

» land(땅) + fall(떨어짐) → 땅에 도착함 → 상륙, 착륙

1476 **latitude** ⓢ **scope, range** 위도; 허용 범위, 자유

1/1 [lǽtətjù:d] n

★☆☆☆☆

출제확률 5.1%

Giving people the latitude and flexibility to use their judgment

사람들에게 허용범위와 유연성을 부여하여 판단하도록 하는 것 ('12)

» lati(폭, 넓이) + tude(상태) → 폭과 넓이의 상태

1477 **legitimate** ⓢ **lawful, approved, legal** 합법적인, 적당한

1/1 [lidʒítəmət] a

★☆☆☆☆

출제확률 5.1%

These are legitimate concerns that many people share.

이것들은 많은 사람들이 함께 걱정하기에 합당한 것들이다. ('12)

» legit(정직한, 합법적인) + ate → 합법적인

1478 **likelihood** ⓢ **probability, chance, possibility** 가능성, 있음직함

1/1 [láiklihùd] n

★☆☆☆☆

출제확률 5.1%

The greater the likelihood that we will shrink as human beings rather than grow.

우리는 인간의 존재로써 성장하기 보다는 더 움츠려들 가능성이 크다. ('12)

» likely(~할 것 같은) + hood(~의 상태) → ~할 것 같은 상태 → 가능성

1479 **linger** ⓢ **stay, wait, remain** **(오래) 남다[계속되다], 머물다**

1/1 [líŋgər] v
★☆☆☆☆
출제확률 5.1%

I don't think he will linger long, for that reason.
그 이유 때문에 그가 오래 남아있으리라 생각하지 않는다. ('12)
» ling(= long 긴) + er(접미사) → 오래 계속되다

1480 **loom** ⓢ **emerge, appear** **어렴풋이 나타나다**

1/1 [lú:m] v
★☆☆☆☆
출제확률 5.1%

Everest looms as a three-sided pyramid of gleaming ice and dark rock.
에베레스트는 마치 흰 얼음과 흑암으로 이루어진 삼면의 피라미드인양 어렴풋이 나타난다. ('12
» three-sided : 3면으로 된

1481 **manifest** ⓢ **appear, expose, exhibit** **나타내다; 명백한**

1/1 [mǽnəfèst] v, a
★☆☆☆☆
출제확률 5.1%

Emotional eaters manifest their problem in lots of different ways.
정서적인 식욕가들은 그들의 문제를 다양한 방법으로 나타낸다. ('12)

1482 **mechanism** ⓢ **machine, instrument, device** **기계 장치, 절차, 방법**

1/1 [mékənìzm] n
★☆☆☆☆
출제확률 5.1%

Inner mechanisms to enhance the quality of life
삶의 질을 향상시키는 내부적인 방법들 ('12)
» mechan(기계) + (i)sm(주의, 특성) → 기계 장치, 절차

1483 **metabolism** **신진대사**

1/1 [mətǽbəlìzm] n
★☆☆☆☆
출제확률 5.1%

What you do after eating your dinner sends signals to your metabolism.
당신은 저녁식사 후 신진대사에 어떤 신호를 보낸다. ('12)
» meta(밖으로 배출) + bolism(행위) → 신진대사

1484 **naive** **순진한 사람; 순진한**

1/1 [nɑ:í:v] n, a
★☆☆☆☆
출제확률 5.1%

Most of us are also naive realists.
대다수 우리들도 순진한 현실주의자들이다. ('12)
» native(자연의)에서 유래되었다.

1485 **open-ended** **제약을 두지 않은**

1/1 [óupən-èndid] a
★☆☆☆☆
출제확률 5.1%

It also created an open-ended conversation among its engineers.
그것은 또한 기술자들 간에 격의없는 대화를 만들어 냈다. ('12)
» open(열어둔) + ended(끝) → 끝까지 열어둔 → 제약 없는

1486 **overshadow** **overshadowed** **그늘지게 하다, 무색하게 하다**

1/1 [òuvərʃǽdou] v
★☆☆☆☆
출제확률 5.1%

The revised edition overshadowed Vasari's own achievements as a painter.
그 개정판은 화가로서 바사리 자신의 업적을 무색하게 했다. ('12)
» over(~위에, 넘어) + shadow(그림자) → 그늘지게 하다
(과거, 과거분사)

1487 **pale** ⓢ **white, colorless, bleached** **창백해지다; 창백한**

1/1 [péil] v, a
★☆☆☆☆
출제확률 5.1%

He looks awfully pale and is sweating all over.
그는 매우 창백해 보였고 온몸이 땀에 젖어있었다. ('12)

1488 **partial** **partiality** **일부분의, 불공평한**

1/1 [pá:rʃəl] a

★☆☆☆☆

출제확률 5.1%

A mediator needs to maintain neutrality and an advocate partiality.

중재인은 중립을, 지지자는 편파성을 유지할 필요가 있다. ('12)

» part(부분) + (i)al(~한) → 일부분의

편애, 편파

1489 **pastureland** **목초지**

1/1 [pǽstʃərlæ̀nd] n

★☆☆☆☆

출제확률 5.1%

The soil converted to crops and pastureland.

그 토지는 농작물과 목장으로 바뀌었다. ('12)

» pasture(목장) + land(땅) → 목초지

1490 **plateau** **고원**

1/1 [plætóu] n

★☆☆☆☆

출제확률 5.1%

They walked across the Tibetan plateau to reach the foot of the mountain.

그들은 산기슭에 도달하기 위해 티베트 고원을 가로 질러 걸어갔다. ('12)

» flat(평평한)에서 유래되었다. * foot of the mountain : 산기슭

1491 **plot** **ⓢ intrigue, conspiracy** **음모, 작은 땅; 음모를 꾸미다**

1/1 [plát] n, v

★☆☆☆☆

출제확률 5.1%

Finally, they decided to plot against the organization.

마침내, 그들은 그 조직에 대항해 음모를 꾸미기로 결정했다.

1492 **privilege** **underprivileged** **특권[전], 영광; 특혜를 주다**

1/1 [prívəlidʒ] n, v

★☆☆☆☆

출제확률 5.1%

Thank you for inviting me and it was a great privilege to meet you.

초대해 주셔서 감사하고요 당신을 만나뵙게 되어 영광입니다.

» priv(i)(= private 개인만을 위한) + leg(= law 법) → 특권[전]

혜택을 못 받는

1493 **promptly** **ⓢ immediately, instantly** **지체없이, 제 시간에**

1/1 [prámptli] ad

★☆☆☆☆

출제확률 5.1%

But I put the notebook away and promptly forgot about it.

그러나 나는 그 노트를 치워버렸고 그 즉시 그것에 대해 잊어버렸다. ('12)

» pro(= before 먼저) + emp(= take 잡다) + (t)ly(~하게) → 먼저 잡아 → 신속히, 지체없이

1494 **rag** **ⓢ patch, cloth** **헝겊, 조각, 걸레**

1/1 [rǽg] n

★☆☆☆☆

출제확률 5.1%

My mom wanted me to get a wet rag and wipe off the sink.

우리 엄마는 내가 젖은 걸레로 싱크대를 닦기 원했다.

» ragged : 낡아빠진

1495 **revenue** **ⓢ income, profit, return** **수익; 세입**

1/1 [révənjù:] n

★☆☆☆☆

출제확률 5.1%

The company's revenue increased 8 percent this year.

그 회사의 수익이 올해 8퍼센트 증가했다.

» re(= back 다시) + ven(= come 오다) + ue(~것) → (투자한 뒤) 되돌아오는 것 → 수익

1496 **rip** **ripped** **찢음; 찢다**

1/1 [ríp] n, v

★☆☆☆☆

출제확률 5.1%

A ripped T-shirt might be rescued from the dust rag bin.

한 찢어진 T셔츠는 헝겊 쓰레기통에서 구출될 수도 있다. ('12)

(과거, 과거분사)

1497 **scrutiny** ⓢ **examine, investigate, research** **정밀한 조사, 감시**

1/1 [skrú:təni] n
★☆☆☆☆
출제확률 5.1%

Perhaps because you expected a different critical scrutiny in the two groups.
아마도 당신은 그 두 집단간의 서로 다른 비평을 예상했기 때문일 것이다. ('12)
» scrut(= examine 조사하다) + in + y(~것) → 정밀한 조사

1498 **shovel** **삽으로 파다; 삽**

1/1 [ʃʌ́vəl] n, v
★☆☆☆☆
출제확률 5.1%

Excuse me. How much is this shovel?
실례합니다. 이 삽은 얼마인가요? ('12)
» spade(가래, 삽)

1499 **slum** **빈민가, 슬럼가**

1/1 [slʌ́m] n
★☆☆☆☆
출제확률 5.1%

They describe rotting slums as 'substandard housing'.
그들은 빈민가를 '표준 이하 주택'이라고 표현한다. ('12)

1500 **statement** ⓢ **declaration, testimony** **진술, 성명서, 말함**

1/1 [stéitmənt] n
★☆☆☆☆
출제확률 5.1%

One of his statements was 'somewhat at variance with the truth'.
그의 말 중에 하나는 '진실과는 다소 상충될 수 있는 것'이었다. ('12)
» state(진술하다) + ment(명접) → 진술

1501 **stationery** **문방구**

1/1 [stéiʃənèri] n
★☆☆☆☆
출제확률 5.1%

A little notebook in the stationery department caught my eye.
문방류에 있던 작은 노트북 하나가 내 눈을 사로 잡았다. ('12)
» station(사업소) + ery(~것) → 점포 → 문방구

1502 **strip** **stripped** **벗기다, 제거하다**

1/1 [stríp] v
★☆☆☆☆
출제확률 5.1%

The police was trying to strip them and searched their body.
경찰은 그들의 옷을 벗겨 몸을 수색하려고 했다. ('12)

손상된, 마멸된

1503 **submerge** **re-submerge** **물에 잠그다, 잠수하다**

1/1 [səbmə́:rdʒ] v
★☆☆☆☆
출제확률 5.1%

Bits of skin that the whales leave behind on the surface when they re-submerge
고래가 다시 잠수할 때 표면에 남은 고래 가죽 조각들 ('12)
» sub((물)아래) + merge(가라앉다) → 잠수하다

다시 잠수하다

1504 **substantial** ⓢ **considerable, significant, ample** **상당한, 튼튼한**

1/1 [səbstǽnʃəl] a
★☆☆☆☆
출제확률 5.1%

The soil was rich in minerals and provided substantial production yields.
그 토양은 미네랄이 풍부했고 상당한 양의 농작물을 생산했다. ('12)
» sub(아래) + stant(= stand 서다) + (i)al(~하는) → 아래에 서 있는 → 튼튼한

1505 **sunscreen** ⓢ **sunblock** **자외선 차단제**

1/1 [sʌ́nskri:n] n
★☆☆☆☆
출제확률 5.1%

I don't even know what this is! It looks like sunscreen.
저는 심지어 이것이 무엇인지도 모르겠어요! 자외선 차단제처럼 생겼네요. ('12)
» sun(태양) + screen(보호막) → 자외선 차단제

족집게 보카 TEST Day 36

1. 아래의 단어에 맞는 뜻을 골라 선으로 이어주세요.

1463 fade	ⓐ 합법적인, 적당한
1480 loom	ⓑ 신진대사
1482 mechanism	ⓒ 피할 수 없는 일; 피할 수 없는
1491 plot	ⓓ (오래) 남다[계속되다], 머물다
1476 latitude	ⓔ 어렴풋이 나타나다
1469 hormone	ⓕ 사라지다, 희미해지다
1488 partial	ⓖ 제약을 두지 않은
1472 inevitable	ⓗ 헝겊, 조각, 걸레
1494 rag	ⓘ 일부분의, 불공평한
1479 linger	ⓙ 기계 장치, 절차, 방법
1485 open-ended	ⓚ 음모, 작은 땅; 음모를 꾸미다
1483 metabolism	ⓛ 상륙, 착륙
1475 landfall	ⓜ 호르몬
1477 legitimate	ⓝ 위도, 허용 범위, 자유

2. 아래 문장의 알맞은 뜻을 보기에서 고르세요.

a. Most of us are also naive realists. (　　)
b. The system couldn't provide sufficient energy to maintain its infrastructure. (　　)
c. Thank you for inviting me and it was a great privilege to meet you. (　　)
d. A mediator needs to maintain neutrality and an advocate partiality. (　　)
e. Giving people the latitude and flexibility to use their judgment (　　)
f. According to all reports, staff and pupils, she was formidable. (　　)
g. I don't think he will linger long, for that reason. (　　)

보 기

① 중재인은 중립을, 지지자는 편파성을 유지할 필요가 있다.
② 그 이유 때문에 그가 오래 남아있으리라 생각하지 않는다.
③ 사람들에게 허용범위와 유연성을 부여하여 판단하도록 하는 것
④ 모든 보고서, 직원, 그리고 학생들은 그녀가 무서웠다고 한다.
⑤ 대다수 우리들도 순진한 현실주의자들이다.
⑥ 그 시스템은 자체 기반 시설을 유지하는데 필요한 충분한 에너지를 생산하지 못했다.
⑦ 초대해 주셔서 감사하고요 당신을 만나뵙게 되어 영광입니다.

정답: ⑤ ⑥ ⑦ ① ③ ④ ②

19년간 수능 기출 영단어 10만개를 모조리 통계내어 만든

족집게 보카 Day 37

1506 **swollen** 부푼, 팽창한

1/1 [swóulən] a

★☆☆☆☆

출제확률 5.1%

The muscles of your right wrist are a bit swollen, but the bone is okay.

당신의 오른쪽 손목 근육은 조금 부었지만, 뼈는 괜찮습니다. ('12)

» swell(부풀다)의 과거분사형이다.

1507 **tail** 꼬리, 끝

1/1 [téil] n

★☆☆☆☆

출제확률 5.1%

People are asked to bet on whether a coin toss is heads or tails.

사람들은 던진 동전이 앞면인지 뒷면인지에 대해 베팅하라고 요구를 받는다. ('12)

1508 **territory** ⓢ **domain** 영토, 영역, 구역

1/1 [térətɔ̀:ri] n

★☆☆☆☆

출제확률 5.1%

Different departments protected their territory.

서로 다른 부서들은 자신들의 영역을 방어했다. ('12)

» terra(땅, 흙)의 뜻에서 유래되었다.

1509 **timber** 재목, 목재, 삼림

1/1 [tímbər] n

★☆☆☆☆

출제확률 5.1%

The timber was sold on the open market.

목재는 공개 시장에서 매매되었다. ('12)

» 건물의 뜻에서 유래되었다.

1510 **trauma** **traumatic** 외상, 정신적 외상

1/1 [tráumə] n

★☆☆☆☆

출제확률 5.1%

Individuals who are concerned about atraumatic event

충격적인 일을 염려하는 사람들 ('12)

» 충격적인 경험을 뜻하기도 한다.

가히 충격적인

1511 **trek** 오지 여행, 오래 걷기

1/1 [trék] n

★☆☆☆☆

출제확률 5.1%

The first Everesters were obliged to trek 400 miles.

최초의 에베레스트 등반자들은 400마일을 걸어가야만 했다. ('12)

» obliged to : 어쩔 수 없이 ~하다, 의무를 지우다

1512 **undertake** ⓢ **take on, embark on, attempt** **undertaking** 착수하다, 맡다, 보증하다

1/1 [ʌ̀ndərtéik] v

★☆☆☆☆

출제확률 5.1%

It is therefore important to maintain a clear focus in undertaking advocacy.

그러므로, 지지를 약속할 때는 확실한 중심을 유지하는 것이 중요하다. ('12)

» under(아래) + take(맡다) → ~을 맡다

(중요한) 일, 약속

1513 **uphold** ⓢ **support, back up, sustain** **지지하다, 받치다**

1/1 [ʌphóuld] v

★☆☆☆☆

출제확률 5.1%

To search for the positive instances that uphold it

그것을 지지하는 긍정적인 사례를 찾기 위해 ('12)

» up(위로) + hold(들다) → 지지하다

1514 **vigor** ⓢ **energy, vitality** **정력, 활기, 활력**

1/1 [vígər] n

★☆☆☆☆

출제확률 5.1%

You'll set the stage for more vigor throughout the evening hours.

당신은 저녁시간 내내 더 큰 활력을 위한 무대를 만들게 될 것이다. ('12)

» vig(= lively 생기 있는) + or(~것) → 활기

1515 **vulnerable** ⓢ **weak, unsafe, unprotected** **취약한, 연약한**

1/1 [vʌ́lnərəbl] a

★☆☆☆☆

출제확률 5.1%

Thus they become more vulnerable.

그래서 그들은 더 취약해진다. ('12)

» vulner(= pull 당기다) + able(~할 수 있는) → 잡아 당길 수 있는 → 취약한, 연약한

1516 **web** **거미줄, 웹, 망**

1/1 [wéb] n

★☆☆☆☆

출제확률 5.1%

I'm looking at water coolers on the web. I think we need to rent one.

웹에서 냉수기를 보고 있어요. 제 생각엔 하나 렌트해야 할 것 같네요. ('12)

» world wide web의 약자

1517 **advent** ⓢ **appear, emerge** **출현, 도래**

1/1 [ǽdvent] n

★☆☆☆☆

출제확률 5.1%

The radio also suffered from the advent of television.

텔레비전의 출현으로 인해 라디오도 어려움을 겪었다.

» ad(~에) + vent(= come 나오다) → 출현

1518 **affair** ⓢ **matter, incident** **사건, 일**

1/1 [əfέər] n

★☆☆☆☆

출제확률 5.1%

Another way of pursuing relativeness in human affairs

인간사에서 관계를 추구하는 또 다른 방법 ('11)

» a(강조) + fair(행사) → 행사가 많음 → 일, 사건

1519 **angler** ⓢ **fisherman** **낚시꾼**

1/1 [ǽŋglər] n

★☆☆☆☆

출제확률 5.1%

An angler fish that dangles a worm-like bit of skin in front of a small fish.

한 낚시꾼은 작은 물고기 앞에 벌레같이 생긴 외피를 매달아 낚시를 한다. ('11)

» angle(각도) + er(사람) → 낚시를 할 때 낚시대가 기울어짐 * dangle : 매달다

1520 **arrogant** **arrogance** **거만한, 오만한**

1/1 [ǽrəgənt] a

★☆☆☆☆

출제확률 5.1%

It is the arrogance of the individual who misuses the tools of communication.

그것은 의사소통의 도구들을 오용하는 개인들의 무례함이다. ('11)

» ar(~에) + rog(묻다) → ~에게 막 묻다 → 거만한

거만

1521 **blend** **blended** **섞다, 혼합하다**

1/1 [blénd] v

★☆☆☆☆

출제확률 5.1%

The sounds blended sufficiently for the students to recognize their commonality.

그 소리들은 학생들이 공통점을 인식할 수 있도록 충분히 혼합되었다. ('11)

» commonality : 보통, 평범, 공통점

혼합된, 섞인

1522 **breakthrough** ⓢ **advance, discovery, development** **돌파, 타개(책)**

1/1 [bréikθrù:] n

★☆☆☆☆

출제확률 5.1%

Every victory one person makes is a breakthrough for all.
한 개인이 만들어내는 모든 승리는 모두에게 획기적인 진전이 된다. ('11)
» break(부수다) + through(~을 통과하여) → ~을 부수고 통과하기 → 돌파, 타개책

1523 **bulletin** ⓢ **account, statement, announcement** **고시, 게시; 게시하다**

1/1 [búlətin] n, v

★☆☆☆☆

출제확률 5.1%

Take a look at the bulletin board.
게시판을 보세오. ('11)
» bulletin board : 게시판

1524 **clarify** ⓢ **interpret, illuminate, elucidate** **뚜렷하게(명확하게) 하다**

1/1 [klǽrəfài] v

★☆☆☆☆

출제확률 5.1%

The committee will soon have an opportunity to clarify the matters.
위원회는 곧 그 사안에 대해 명확히 할 기회를 가질 것이다.
» clar(깨끗한) + (i)fy(~하게 하다) → 깨끗하게 하다 → 명확하게 하다

1525 **cohesion** ⓢ **unity** **결합, 단결, 결속**

1/1 [kouhí:ʒən] n

★☆☆☆☆

출제확률 5.1%

The voters were trying to build social cohesion.
유권자들은 사회적 결속을 구축하려고 하였다. ('11)
» co(함께) + he(= stick 들러붙는) + ion(~것) → 결합

1526 **combustion** ⓢ **burn** **연소, 산화**

1/1 [kəmbʌ́stʃən] n

★☆☆☆☆

출제확률 5.1%

The companies focused on increasing the efficiency of the internal combustion engine. 그 회사들은 내부 연소 엔진의 효율성을 높이는데 중점을 두었다. ('11)
» com(함께) + bust(부수다, 타다) + (t)ion(~것) → 함께 부수어 지는 것(상태)

1527 **conducive** **도움이 되는, 이바지 하는, ~에 좋은**

1/1 [kəndjú:siv] a

★☆☆☆☆

출제확률 5.1%

Few places are more conducive to internal conversations than a moving plane or train.
내적인 대화를 하는데 비행기나 열차로 이동할 때보다 더 도움이 되는 장소는 거의 없다. ('11)
» con(함께) + duc(인도하다) +ive(~한) → 함께 이끌어낸

1528 **contempt** ⓢ **disrespect, scorn, disdain** **경멸, 멸시**

1/1 [kəntémpt] n

★☆☆☆☆

출제확률 5.1%

The soccer player looked at the audience with contempt.
그 축구 선수는 관중들을 경멸스럽다는 듯이 쳐다보았다.
» con(함께) + tempt(유혹하다, 끌리다) → 모두를 유혹하는 것 → 이를 경멸함

1529 **cope** ⓢ **manage, carry on** **잘 처리하다, 조정하다**

1/1 [kóup] v

★☆☆☆☆

출제확률 5.1%

Ways to cope with nervousness
긴장에 대처하는 방법들 ('11)
» cope with : ~을 처리하다, 대처하다

1530 **correlation** ⓢ **interrelation, mutual relation** **상호 관련, 상관(관계)**

1/1 [kɔ:rəléiʃən] n

★☆☆☆☆

출제확률 5.1%

There is an almost peculiar correlation.
거의 특이하다고까지 볼 수 있는 상관관계가 있다. ('11)
» cor(상호, 함께) + relation(관계) → 상관관계 * peculiar : 특이한

1531 **crave** **craving** **간청하다**

1/1 [kréiv] v

★☆☆☆☆

출제확률 5.1%

The physical cravings that the product satisfies

그 제품이 만족시키는 신체적인 욕구 ('11)

» ⓢ desire, seek, plead for

갈망, 열망

1532 **crunchy** **ⓢ crisp(y)** **바삭바삭한, 우두둑 깨무는**

1/1 [krʌ́ntʃi] a

★☆☆☆☆

출제확률 5.1%

To distinguish them from the more typical crunchy varieties

전형적으로 더 바삭바삭한 종류들로부터 그것들을 구분하기 위해 ('11)

» crush(부수다)에서 유래되었다.

1533 **cultivate** **cultivation** **경작하다, 재배하다**

1/1 [kʌ́ltəvèit] v

★☆☆☆☆

출제확률 5.1%

The land here will be cultivated for years.

여기에 있는 땅은 오랫동안 경작될 것이다.

» cult(경작하다) + (i)vate(~하다) → 경작하다

경작

1534 **curl** **ⓢ wave, perm** **곱슬머리; (곱슬곱슬하게) 말다**

1/1 [kə́:rl] n, v

★☆☆☆☆

출제확률 5.1%

For example, if you like to curl up on to your side, you're often shy and sensitive.

예를 들어, (잘 때) 웅크리는 것을 좋아한다면, 당신은 흔히 부끄러워하고 민감한 사람이다. ('11)

» cur(= flow 흐르다) + l → 흐르는 것 같은 머리 → 곱슬머리 * curl up : 웅크리다

1535 **dangle** **ⓢ swing, hang** **매달리다**

1/1 [dǽŋgl] v

★☆☆☆☆

출제확률 5.1%

A little monkey is dangling from the tree.

한 작은 원숭이가 나무에 매달려 있다.

» dangle from : ~에 매달리다

1536 **debate** **ⓢ dispute, discussion, argument** **논쟁; 토론하다**

1/1 [dibéit] n, v

★☆☆☆☆

출제확률 5.1%

The low performers usually voted unanimously, with little open debate.

낮은 성과를 내는 사람들은 보통 공개 토론을 잠깐하고 만장일치로 결정한다. ('11)

» de(강조) + bate(= beat (말로) 때리다) → 강하게 말로 공격함 → 논쟁

1537 **debt** **ⓢ liability, obligation** **빚, 채무**

1/1 [dét] n

★☆☆☆☆

출제확률 5.1%

His debt to culture will vary with the nature of his education.

그의 문화에 대한 의존은 그가 받은 교육의 성질에 따라 다를 것이다. ('11)

» deb은 '신세진(owed)'라는 의미를 가지고 있다. * vary with : ~에 따라 달라지다

1538 **detach** **detached** **떼다, 떼어내다**

1/1 [ditǽtʃ] v

★☆☆☆☆

출제확률 5.1%

Looking through the camera lens made him detached from the scene.

카메라 렌즈로 보느라고(사진 촬영하느라) 실제 광경은 볼 수 없었다. ('11)

» de(아닌) + tach(닿다) → 닿지 않다 → 떼다

무심한, 거리를 두는

1539 **detract** **(주의를) 다른데로 돌리다, 떨어지다, 감하다**

1/1 [ditrǽkt] v

★☆☆☆☆

출제확률 5.1%

The role of photographer may actually detract from their delight in the present moment. 사진을 찍는 사람은 사진찍느라 현재의 즐거움을 누리지 못하게 될 수 있다. ('11)

» de(떼다, 강조) + tract(끌어내다) → (주의를) 다른데로 돌리다 * detract from : ~을 손상시키다

1540 **devour**
1/1 [diváuər] v
★☆☆☆☆
출제확률 5.1%

devouring **게걸스레 먹다**

Devouring those melt-in-your-mouth cookies that were delivered by mom
엄마가 만든 입에 넣으면 살살 녹는 쿠키를 게걸스레 먹기 ('11)
» de(강조) + vour(먹다) → 심하게 먹다 → 게걸스레 먹다 * ⓢ eat up, swallow up
게걸스레 먹는, 강렬한

1541 **distract**
1/1 [distrǽkt] v
★☆☆☆☆
출제확률 5.1%

distracted **(마음, 주의를) 흐트러뜨리다**

You can be distracted from what is before your eyes.
당신은 눈 앞에 보이는 것으로부터 주의를 딴 데로 돌릴 수 있게 된다. ('11)
» dis(아닌, 반대) + tract(끌어내다) → 반대로 (주의를) 끌어내다 → 떼어놓다, 딴 데로 돌리다
(마음이) 산만해진, 산란한

1542 **downfall**
1/1 [dáunfɔ̀:l] n
★☆☆☆☆
출제확률 5.1%

ⓢ **collapse, destruction** **낙하, 몰락**

The advent of the railroad would assure the canal's instant downfall.
철도의 출현은 운하의 즉각적인 몰락을 초래할 것이다. ('11)
» down(아래로) + fall(떨어짐) → 몰락

1543 **easygoing**
1/1 [í:zigóuiŋ] a
★☆☆☆☆
출제확률 5.1%

ⓢ **lazy, idle** **태평스러운, 게으른**

If you lie straight on your side like a log, that means you're generally easygoing and social.
통나무처럼 반듯이 누워서 잔다면, 당신은 통상 태평하고 사교적임을 의미한다. ('11)
» easy(쉬운) + going(가는) → 모든 것이 쉽다

1544 **embed**
1/1 [imbéd] v
★☆☆☆☆
출제확률 5.1%

embedded **깊이 박다, 파묻다**

Their writing is usually embedded in a context of others' ideas and opinions.
그들이 쓴 것은 보통 다른 사람들의 생각과 의견 속에 깊이 새겨지게 된다. ('11)
» em(안에) + bed(굴을 파다) → 안에 깊숙히 파묻다
(과거, 과거분사)

1545 **embrace**
1/1 [imbréis] n, v
★☆☆☆☆
출제확률 5.1%

ⓢ **hug, hold, seize** **포옹; 포옹하다, 껴안다**

The water seemed to welcome and embrace her.
그 물은 마치 그녀를 반기고 껴안는 것처럼 보였다. ('11)
» em(안에) + brace(팔) → 팔 안에 놓다 → 껴안다

1546 **enact**
1/1 [inǽkt] v
★☆☆☆☆
출제확률 5.1%

enacted **제정하다, 규정하다**

Its way of life is enacted before the eyes of all.
그것의 삶의 방식은 모두가 보는 앞에서 규정된다. ('11)
» en(~을 강화하다) + act(행동, 실제) → 행동을 하게하다(바꾸게하다) → (~게 하라고) 규정하다
(과거, 과거분사)

1547 **endanger**
1/1 [indéindʒər] v
★☆☆☆☆
출제확률 5.1%

endangered **위험에 빠뜨리다**

Ways to preserve natural habitats for endangered species
멸종 위기에 처한 종들을 위한 자연 서식지 보존 방법 ('11)
» en(~하게하다) + danger(위험) → 위험에 빠뜨리다
위험에 처한

1548 **equilibrate**
1/1 [ikwíləbrèit] v
★☆☆☆☆
출제확률 5.1%

equilibrating **평형시키다, 균형을 유지하다**

The equilibrating process, which is energy, can take place.
평형을 이루는 과정(에너지)이 발생할 수 있다. ('11)
» equi(같은) + libr(= balance 균형) + ate(~하다) → 균형을 맞추다
(현재분사)

족집게 보카 TEST Day 37

1. 아래의 단어에 맞는 뜻을 골라 선으로 이어주세요.

1509 timber	ⓐ 거만한, 오만한
1524 clarify	ⓑ 재목, 목재, 삼림
1536 debate	ⓒ 바삭바삭한, 우두둑 깨무는
1528 contempt	ⓓ 착수하다, 맡다, 보증하다
1519 angler	ⓔ 뚜렷하게(명확하게) 하다
1511 trek	ⓕ 고시, 게시; 게시하다
1522 breakthrough	ⓖ 경멸, 멸시
1533 cultivate	ⓗ 잘 처리하다, 조정하다
1529 cope	ⓘ 돌파, 타개(책)
1512 undertake	ⓙ 논쟁; 토론하다
1523 bulletin	ⓚ 경작하다, 재배하다
1532 crunchy	ⓛ 빚, 채무
1537 debt	ⓜ 오지 여행, 오래 걷기
1520 arrogant	ⓝ 낚시꾼

2. 아래 문장의 알맞은 뜻을 보기에서 고르세요.

a. The first Everesters were obliged to trek 400 miles. (　　)
b. To distinguish them from the more typical crunchy varieties (　　)
c. An angler fish that dangles a worm-like bit of skin in front of a small fish. (　　)
d. The companies focused on increasing the efficiency of the internal combustion engine. (　　)
e. Few places are more conducive to internal conversations than a moving plane or train. (　　)
f. I'm looking at water coolers on the web. I think we need to rent one. (　　)
g. The physical cravings that the product satisfies (　　)

보 기

① 그 제품이 만족시키는 신체적인 욕구
② 최초의 에베레스트 등반자들은 400마일을 걸어가야만 했다.
③ 한 낚시꾼은 작은 물고기 앞에 벌레같이 생긴 외피를 매달아 낚시를 한다.
④ 웹에서 냉수기를 보고 있어요. 제 생각엔 하나 렌트해야 할 것 같네요.
⑤ 내적인 대화를 하는데 비행기나 열차로 이동할 때보다 더 도움이 되는 장소는 거의 없다.
⑥ 그 회사들은 내부 연소 엔진의 효율성을 높이는데 중점을 두었다.
⑦ 전형적으로 더 바삭바삭한 종류들로부터 그것들을 구분하기 위해

정답: ② ⑦ ③ ⑥ ⑤ ④ ①

19년간 수능 기출 영단어 10만개를 모조리 통계내어 만든

족집게 보카 Day 38

1549 **evergreen** 상록수; 항상 신선한

1/1 [évərgrì:n] n, a

★☆☆☆☆

출제확률 5.1%

These evergreens often live for thousands of years.

이 상록수들은 종종 수 천 년간 산다. ('11)

» ever(항상, 늘) + green(푸른, 녹색) → 항상 푸른

1550 **fatal** 치명적인 결과; 치명적인

1/1 [féitl] n, a

★☆☆☆☆

출제확률 5.1%

Ⓢ **deadly, disastrous**

The result is a fatal loss.

그 결과는 치명적인 손실이다. ('11)

» fate(운명) + al(~것) → 운명적인 것 → 치명적인 결과

1551 **fuss** 야단법석

1/1 [fʌ́s] n

★☆☆☆☆

출제확률 5.1%

Ⓢ **stir, excitement**

Why all the fuss over their introduction?

왜 그들을 소개하는데 이렇게 야단법석인가요? ('11)

» fus(= pour 붓다) + s → (여기저기 부어대니) 정신 없음 → 야단법석

1552 **futile** 헛된, 효과 없는

1/1 [fjú:tl] a

★☆☆☆☆

출제확률 5.1%

Ⓢ **vain, useless, fruitless**

After several futile attempts to teach the role of theme, the teacher was at his wit's end.

주제의 역할에 대해 가르치려고 몇 가지 쓸데없는 시도를 한 뒤, 그 교사는 어찌 할 바를 몰라했다. ('11)

» fut(붓다) + ile(~하기 쉬운) → 쏟아지기 쉬운 → 효과없는 * at ~ wit's end : 어찌할 바를 모르다

1553 **heritage** 상속(세습) 재산

1/1 [héritidʒ] n

★☆☆☆☆

출제확률 5.1%

Ⓢ **inheritance, endowment**

Instead, the child acquires the heritage of his culture by observing and imitating adults. 대신에, 그 아이는 어른들을 관찰하고 따라함으로써 문화 유산을 받는다. ('11)

» herit(상속) + age(~것) → 상속 받는 것 → 유산

1554 **hierarchy** 계층제, 세습제

1/1 [háiərὰ:rki] n

★☆☆☆☆

출제확률 5.1%

Ⓢ **social order, grading**

This happens due to a complex social hierarchy.

이것은 복잡한 사회 계층구조로 인해 발생한다. ('11)

1555 **horn** 뿔, 경적

1/1 [hɔ́:rn] n

★☆☆☆☆

출제확률 5.1%

It's great, but do you have the same model with a horn?

훌륭해요. 하지만 같은 모델로 뿔이 달린 것이 있나요? ('11)

1556 **illustrate** | **illustrated** | **설명하다**

1/1 [íləstrèit] v

★☆☆☆☆

출제확률 5.1%

As illustrated in the study, the high performers placed more importance on social bonds. 그 연구가 보여주듯이, 고성과자들은 사회적 유대관계에 더 중점을 둔다. ('11)

» il(~에) + lustr(빛) + ate(~하다) → 빛을 밝힘 → 무언가를 '조명'하다 → 설명하다

삽화(사진)를 넣은

1557 **imbricate** | **겹치다; (잎, 비늘 등이)겹쳐진**

1/1 [ímbrikət] v, a

★☆☆☆☆

출제확률 5.1%

For example, if you don't know, or use, the word 'imbricate'

예를 들어, 만약 당신이 '겹쳐진'이란 단어의 뜻을 모르거나 사용하지 않는다면 ('11)

1558 **impaired** | **ⓢ worsen, weaken** | **약화(악화)된, 건강이 나빠진**

1/1 [impɛ́ərd] a

★☆☆☆☆

출제확률 5.1%

The performance of groups and institutions will be impaired.

그 단체와 기관의 성과는 악화될 것이다. ('11)

» im(아닌) + pair(짝) → 짝을 하나 잃은 → 약화된

1559 **implicate** | **implication** | **포함; 함축하다**

1/1 [ímplikèit] n, v

★☆☆☆☆

출제확률 5.1%

Consider the following implication involving the role of social bonds.

다음의 사회적 유대의 역할과 관련된 암시를 고려해보세요. ('11)

» im(안에) + plic(= fold 겹쳐진) + ate(동사, ~이다) → 안에 함축되다 → 포함하다

암시, 함축

1560 **imprudent** | **ⓢ unwise** | **경솔한, 무모한**

1/1 [imprú:dnt] a

★☆☆☆☆

출제확률 5.1%

So imprudent are we that we wander about in times that are not ours.

우리는 너무 경솔한 나머지 때때로 우리 것이 아닌 것을 찾아 배회한다. ('11)

» im(아닌) + prudent(신중한) → 경솔한

1561 **incorporate** | **ⓢ compound, combine** | **법인으로 만들다, 통합하다**

1/1 [inkɔ́:rpərət] v

★☆☆☆☆

출제확률 5.1%

You must truly own this idea and incorporate it into your daily life.

당신은 이 생각을 진정으로 받아들이고 삶에 결합시켜야만 한다. ('11)

» in(안으로) + corp(육체) + ate(~하게하다) → 안으로 육체를 넣다 → 통합하다

1562 **indubitable** | **ⓢ undoubted, obvious, clear** | **의심할 나위 없는**

1/1 [indjú:bətəbl] a

★☆☆☆☆

출제확률 5.1%

It is a question of rejecting universally accepted and indubitable values.

보편적으로 인정되고 의심할 나위 없는 가치를 거부하는 것에 관한 질문이다. ('11)

» in(아닌) + dubt(=doubt 의심하는) + able(~할 수 있는) → 의심할 수 없는

1563 **induce** | **ⓢ persuade, encourage** | **권유하다**

1/1 [indjú:s] v

★☆☆☆☆

출제확률 5.1%

We made every effort to induce him to give up the strategy.

우리는 그가 그 전략을 포기하도록 권유하는데 모든 노력을 다했다.

» in(안에) + duce(이끌다) → 안으로 들어오라고 이끌다 → 권유하다

1564 **innovate** | **innovation** | **혁신하다, 쇄신하다**

1/1 [ínəvèit] v

★☆☆☆☆

출제확률 5.1%

Innovation requires noticing signals outside the company itself.

혁신은 회사 자체 밖의 신호에 주의를 기울이는 것을 필요로 한다. ('11)

» in(안에) + nov(= new 새로운) + ate(~하다) → 안에서 새롭게 한다

혁신

1565 **introspective** ⓢ **introverted, withdrawn** **내성적인**

1/1 [intrəspéktiv] a

★☆☆☆☆

출제확률 5.1%

Introspective reflections which are liable to stall

멈추기 쉬운 자기 성찰 ('11)

» into(안으로) + spect(바라보는) + ive(~는) → 내적으로 바라보는 → 내성적인

1566 **invade** **invasion** **침략하다, 침입하다**

1/1 [invéid] v

★☆☆☆☆

출제확률 5.1%

After the invasion, people started to rethink about the importance of peace.

그 침략이 있은 후, 사람들은 평화의 중요성에 대해 다시 생각하기 시작했다.

» in(안으로) + vade(= go 가다) → 침입하다

침략, 침입

1567 **lament** **lamented** **비탄; 슬퍼하다, 비탄하다**

1/1 [ləmént] n, v

★☆☆☆☆

출제확률 5.1%

He lamented afterward.

그는 후에 슬퍼했다. ('11)

» ⓢ weep over, mourn, deplore

몹시 애석한

1568 **liable** ⓢ **responsible, accountable** **책임져야 할, 책임있는, ~하기 쉬운**

1/1 [láiəbl] a

★☆☆☆☆

출제확률 5.1%

You should be liable for the car accident.

당신은 그 차 사고에 대한 책임을 져야한다.

» be liable to : ~하기 쉽다, ~에게 갚아야 하는

1569 **mandatory** ⓢ **obligatory, requisite, compulsory** **수임자; 의무의, 명령의**

1/1 [mǽndətɔ:ri] n, a

★☆☆☆☆

출제확률 5.1%

While this may seem preferable, it is far from mandatory.

이것이 바람직해 보이지만, 의무적인 것과는 거리가 멀다. ('11)

» mand(명령) + ate(~하다) + ry(~것) → 의무의

1570 **meditate** **meditation** **명상하다, 묵상하다**

1/1 [médətèit] v

★☆☆☆☆

출제확률 5.1%

Sometimes you need to have time for meditation.

때때로 당신은 명상의 시간을 가질 필요가 있다.

» media(중간 매체) + ate(~하다) → 중재하다

명상

1571 **merge** ⓢ **combine, fuse, unite** **합병하다, 합치다**

1/1 [mə́:rdʒ] v

★☆☆☆☆

출제확률 5.1%

I've seen couples from different ethnic groups merge into harmonious relationships.

서로 다른 인종 집단으로 이뤄진 커플이 조화로운 관계로 어우러지는 것을 보아왔다. ('11)

» M&A(인수합병) : Merge & Acquisition

1572 **mimic** ⓢ **imitate, parody, caricature** **흉내내다, 모방하다; 흉내내는 사람**

1/1 [mímik] n, v

★☆☆☆☆

출제확률 5.1%

The task can be as paralyzing as having to tell a joke or mimic an accent on demand.

그 일은 요구에 응해 농담을 해야 하거나 말투를 흉내내야 하는 것만큼이나 당황스런 것이다. ('11)

1573 **misuse** ⓢ **abuse, misapplication** **오용하다, 학대하다**

1/1 [misjú:s] v

★☆☆☆☆

출제확률 5.1%

The police worried about misuse or abuse of drugs.

경찰은 약물 오남용을 걱정했다.

» mis(잘못) + use(사용하다) → 오용하다

1574 **molecule** ⓢ **jot, speck, particle** **분자**

1/1 [máləkjù:l] n

★☆☆☆☆

출제확률 5.1%

Whenever a geneticist unlocks new secrets of the DNA molecule
유전학자들이 DNA분자의 새로운 비밀을 밝힐 때마다 ('11)
» mol(e)(= grind 갈다) + cule → 갈은 것 → 미립자, 분자

1575 **negligent** **negligence** **부주의한, 무관심한**

1/1 [néglidʒənt] a

★☆☆☆☆

출제확률 5.1%

Kate felt guilty for her negligence.
Kate는 그녀의 무관심에 죄책감을 느꼈다. ('11)
» neg(= not 아닌) + lig(선택하는) + ent(형용사) → 선택에 관심이 없음

부주의, 태만

1576 **niche** **틈새 시장, 분야; (적소에) 앉히다**

1/1 [nítʃ] n, v

★☆☆☆☆

출제확률 5.1%

Is it time to create a new niche?
새로운 틈새 시장을 만들 때인가? ('11)
» 니치 마켓(niche market : 틈새 시장)으로 많이 쓰인다.

1577 **offspring** ⓢ **child, successor, infant** **자식, 자손**

1/1 [ɔ́:fsprìŋ] n

★☆☆☆☆

출제확률 5.1%

The contemporary child must travel much further than the offspring of primitive man. 현대의 어린이는 원시 시대의 자손보다 훨씬 더 멀리 여행하게 될 것이다. ('11)

1578 **paradox** ⓢ **contradiction, oddity** **역설, 패러독스**

1/1 [pǽrədɑ̀ks] n

★☆☆☆☆

출제확률 5.1%

The paradoxes is that the more difficult the word, the shorter the explanation.
더 어려운 단어일수록 설명이 더 적은 것은 역설이다. ('11)
» para(~반하는) + dox(의견) → 역설

1579 **parasitic** ⓢ **live off, sponge off** **기생적인**

1/1 [pæ̀rəsítik] a

★☆☆☆☆

출제확률 5.1%

A parasitic relationship between vampire bats and its victims
흡혈 박쥐와 희생자 간의 기생 관계
» para(~반하는) + si(서다) + tic(형용사) → 떨어지라고 하는데도 끝까지 기생하며 서 있음

1580 **pea** **peanut** **완두, 완두콩; 비슷한**

1/1 [pí:] n, a

★☆☆☆☆

출제확률 5.1%

You can donate any canned foods such as corn, peas, or soup.
당신은 옥수수, 완두콩, 수프와 같은 통조림 식품을 아무거나 기부할 수 있다. ('11)
» pease(완두콩)을 복수로 오해하여 반대로 생긴 말이다.

땅콩

1581 **peculiar** ⓢ **odd, bizarre, unusual** **특이한, 이상한**

1/1 [pikjú:ljər] a

★☆☆☆☆

출제확률 5.1%

There is an almost peculiar correlation between what we see and think.
우리가 보는 것과 생각하는 것 사이에는 거의 특이하다고 할 만한 상관관계가 있다. ('11)
» peculiar to : ~에 특별한

1582 **pest** ⓢ **plague, insect, bug** **해충**

1/1 [pést] n

★☆☆☆☆

출제확률 5.1%

The densely structured wood is resistant to invasion by insects and other potential pests. 그 chacha하게 짜여진 나무는 다른 벌레들과 잠재적 해충들의 침입을 잘 견뎌낸다.('11)
» pesticide = pest(해충) + cide(죽이다) → 살충제

1583 **philosophy** ⓢ **thought, wisdom, thinking** 철학

1/1 [filásəfi] n

★☆☆☆☆

출제확률 5.1%

We can strive to understand what in Eastern philosophy is called 'the way of things.'.

우리는 동양 철학에서 '사물의 이치'라고 부르는 것이 무엇인지 이해하려 노력할 수 있다. ('11)

» philo(~를 좋아하는) + sophy(지혜로움) → 무언가를 좋아하는 지혜 → 철학

1584 **precipitation** 촉진, 투하, 낙하, 강수, 강수량

1/1 [prisìpətéiʃən] n

★☆☆☆☆

출제확률 5.1%

The habitat of these trees, such as rocky areas where precipitation is slight

이 나무들의 서식지인 강수량이 적고 바위 투성이인 지역 ('11)

» pre(미리) + cip(= take (생각을)취하다) + tation(명접) → 미리(빨리) 하려고 함 → 촉진

1585 **probe** ⓢ **examination, investigation** 조사; 조사하다, 탐사하다

1/1 [próub] n, v

★☆☆☆☆

출제확률 5.1%

Some sport scientists are using technology to probe the body.

일부 스포츠 과학자들은 몸을 조사하는데 첨단 기술을 사용한다. ('11)

» prob는 '실험하다'라는 의미를 가지고 있다.

1586 **prominent** ⓢ **noticeable, obvious, outstanding** 현저한, 두드러진, 중요한

1/1 [prámənənt] a

★☆☆☆☆

출제확률 5.1%

I love to hear the prominent repeated melody, in classical music.

나는 고전 음악에서 두드러지게 반복되는 멜로디를 듣는 것을 좋아한다. ('11)

» pro(앞으로) + min(= project 튀어나온) + ent(형용사) → 현저한, 중요한

1587 **provoke** ⓢ **annoy, irritate, enrage** 화나게 하다, 유발하다

1/1 [prəvóuk] v

★☆☆☆☆

출제확률 5.1%

One may provoke disapproval, hostility, or contempt.

누군가는 거절, 적개심, 혹은 경멸 등을 유발할 수 있다. ('11)

» pro(앞으로, 먼저) + voke(말하다) → 상대방이 말하려고 하는데 내가 먼저 말해 화가 나게 함

1588 **pursuit** ⓢ **chase, pursuing, trailing** 추적, 추격

1/1 [pərsú:t] n

★☆☆☆☆

출제확률 5.1%

Life becomes fruitful with our endless pursuit of dreams.

우리의 끝없는 꿈에 대한 추구와 더불어 삶은 풍요로워진다. ('11)

» pur(= pro 앞으로) + suit(소송) → 소송을 하려니 앞에 있었던 일들을 추적함

1589 **rapport** ⓢ **contact, relationship** 관계, 접촉

1/1 [ræpɔ́:r] n

★☆☆☆☆

출제확률 5.1%

Many good friends have little in common except a warm loving feeling of rapport.

관계 속에 있는 따뜻한 사랑의 느낌을 제외하곤 많은 좋은 친구들은 공통점이 거의 없다. ('11)

» little in common : 공통점이 거의 없는

1590 **recess** ⓢ **interval, intermission, break** 쉼, 휴식, 휴회

1/1 [risés] n

★☆☆☆☆

출제확률 5.1%

The boys earn Nature Trail tickets for running the quarter-mile track during lunch recess.

그 소년들은 점심 휴식 시간에 0.25마일을 달리는 네이쳐 트레일(자연 길) 티켓을 얻었다. ('11)

» re(다시, ~반하여) + cess(= going 가기) → 가는 것의 반대는 휴식

1591 **recur** ⓢ **repeat** 되풀이하다, 반복하다

1/1 [rikə́:r] v

★☆☆☆☆

출제확률 5.1%

Themes recur throughout a piece.

주제는 작품 전체에 걸쳐 반복해서 나온다. ('11)

» re(다시) + cur(발생, 떠오름) → 되풀이하다

족집게 보카 TEST Day38

1. 아래의 단어에 맞는 뜻을 골라 선으로 이어주세요.

1552 futile	ⓐ 약화(악화)된, 건강이 나빠진
1576 niche	ⓑ 헛된, 효과 없는
1579 parasitic	ⓒ 분자
1575 negligent	ⓓ 뿔, 경적
1574 molecule	ⓔ 기생적인
1570 meditate	ⓕ 침략하다, 침입하다
1565 introspective	ⓖ 명상하다, 묵상하다
1563 induce	ⓗ 흉내내다, 모방하다; 흉내내는 사람
1572 mimic	ⓘ 내성적인
1558 impaired	ⓙ 상속(세습) 재산
1566 invade	ⓚ 틈새 시장, 분야; (적소에) 앉히다
1553 heritage	ⓛ 책임져야 할, 책임있는, ~하기 쉬운
1568 liable	ⓜ 권유하다
1555 horn	ⓝ 부주의한, 무관심한

2. 아래 문장의 알맞은 뜻을 보기에서 고르세요.

a. After several futile attempts to teach the role of theme, the teacher was at wit's end. (   )
b. These evergreens often live for thousands of years. (   )
c. The contemporary child must travel much further than the offspring of primitive man. (   )
d. Sometimes you need to have a time for meditation. (   )
e. You can also bring in dried foods such as rice, cereal, or pasta. (   )
f. There is an almost peculiar correlation between what we see and think. (   )
g. You should be liable for the car accident. (   )

보 기

① 당신은 쌀, 씨리얼, 혹은 파스타와 같은 건식품을 가져올 수 있다.
② 이 상록수들은 종종 수 천 년간 산다.
③ 주제의 역할에 대해 가르치려고 몇 가지 쓸데없는 시도를 한 뒤, 그 교사는 어찌 할 바를 몰라했다.
④ 우리가 보는 것과 생각하는 것 사이에는 거의 특이하다고 할 만한 상관관계가 있다.
⑤ 때때로 당신은 명상의 시간을 가질 필요가 있다.
⑥ 현대의 어린이는 원시 시대의 자손보다 훨씬 더 멀리 여행하게 될 것이다.
⑦ 당신은 그 차 사고에 대한 책임을 져야한다.

정답: ③ ② ⑥ ⑤ ① ④ ⑦

19년간 수능 기출 영단어 10만개를 모조리 통계내어 만든

족집게 보카 Day 39

1592 **reed** 갈대

1/1 [ríːd] n

★☆☆☆☆

출제확률 5.1%

There could be reeds, or other dangers she didn't know about.
거기에는 갈대가 있을 수도 있고 그녀가 모르는 다른 위험이 있을 수도 있다. ('11)

1593 **rehabilitate** ⓢ **reinstate, restore, back into** 복귀시키다, (명예를) 회복시키다

1/1 [rìːhəbílətèit] v

★☆☆☆☆

출제확률 5.1%

Some sport scientists are using technology to rehabilitate the body.
일부 스포츠 과학자들은 몸을 회복시키는데 최신 기술을 사용한다. ('11)
» re(다시) + habilitate(자격을 얻다) → 복귀시키다

1594 **rehearsal** ⓢ **run-through, practice, drill** 리허설, 총연습, 시연

1/1 [rihə́ːrsəl] n

★☆☆☆☆

출제확률 5.1%

But the final rehearsal is in two days.
그러나 그 마지막 리허설은 이틀밖에 남지 않았다. ('11)
» re(다시) + hear(듣다) + (s)al(~것) → 다시 들어보는 것 → 시연

1595 **remedy** ⓢ **treatment, medicine, cure** 치료, 요법; 치료하다

1/1 [rémədi] n, v

★☆☆☆☆

출제확률 5.1%

That's a smart thing to do, but that's only a temporary remedy.
그것은 현명한 방법이지만 임시방편일 뿐이다. ('11)
» re(접두사) + medic(의사) + y(~것) → 의사가 하는 일은 '치료'

1596 **restrain** ⓢ **restrict, control, hinder** 억제하다, 누르다

1/1 [ristréin] v

★☆☆☆☆

출제확률 5.1%

Apelles was unable to restrain himself.
에펠은 스스로를 억누를 수 없었다. ('11)
» re(다시, 뒤로) + strain(잡아당기다) → 감정을 표현하지 않고 누르다

1597 **segment** ⓢ **section, division, portion** 구획, 단편

1/1 [ségmənt] n

★☆☆☆☆

출제확률 5.1%

He showed them three line segments, and asked which line was the longest.
그는 그들에게 세 개의 선분을 보여주며 어떤 선이 가장 긴지 물었다. ('11)
» seg(= cut 자르다) + ment(~것) → 자른 것 → 구획 * line segment : (수학) 선분

1598 **sepal** 꽃받침

1/1 [síːpəl] n

★☆☆☆☆

출제확률 5.1%

A regular arrangement like tiles on a roof, scales on a fish, or sepals on a plant
지붕 위의 기와, 물고기의 비늘, 꽃 받침 등과 같은 규칙적인 배치 ('11)

1599 **shed** (피, 눈물 등) 흘리다, 내뿜게 하다

1/1 [ʃéd] v

★☆☆☆☆

출제확률 5.1%

It is only to shed light on our plans for the future.

그것은 우리의 미래에 대한 계획에 빛을 밝히기 위한 것일 뿐이다. ('11)

» shed light on : ~에 해결의 빛을 주다

1600 **spectrum** 스펙트럼, 분광, 범위, 영역

1/1 [spéktrəm] n

★☆☆☆☆

출제확률 5.1%

I saw people from opposite ends of the spectrum ended up in happy, lasting marriages.

나는 영역 반대쪽 끝에 있는 사람들이 결국 행복하고 오랜 결혼생활을 지속하는 것을 보았다. ('11)

» spect(= look 보는) + rum(것) → 보는 것 → 범위

1601 **sprint** 단거리 경주, 스프린트

1/1 [sprínt] n

★☆☆☆☆

출제확률 5.1%

sprinter

For a sprinter, it could be trying to beat his own record.

단거리 달리기 선수에게는 그것은 그의 기록을 경신하려는 노력이 될 수도 있다. ('11)

» spring(튀어오르다)에서 유래되었다.

단거리 주자

1602 **stall** 마구간, 외양간; 멈추다

1/1 [stɔ́:l] n, v

★☆☆☆☆

출제확률 5.1%

ⓢ stop dead, jam

The engine was stalled and we didn't know what we should do.

엔진은 멈췄고 우리는 무엇을 해야 할지 몰랐다.

» sta는 stand(서다, 세우다)를 뜻한다.

1603 **stiffen** 딱딱해지다, 뻣뻣해지다

1/1 [stífən] v

★☆☆☆☆

출제확률 5.1%

Her legs started to shake and she felt her body stiffen.

그녀의 다리는 떨리기 시작했고 그녀는 몸이 뻣뻣해짐을 느꼈다. ('11)

» stiff(뻣뻣한) + en(~하다) → 뻣뻣해지다

1604 **sturdy** 억센, 튼튼한

1/1 [stə́:rdi] a

★☆☆☆☆

출제확률 5.1%

ⓢ robust, hardy, durable

Although the castle was very sturdy, it had fallen to the enemy's hands in 1764.

비록 그 성은 견고했지만 1764년에 함락되어 적의 수중에 넘어갔다.

1605 **surplus** 나머지, 잔여, 잉여

1/1 [sə́:rplʌs] n

★☆☆☆☆

출제확률 5.1%

ⓢ spare, remaining, excess

The blood donors are typically sharing their surpluses.

그 헌혈자들은 전형적으로 그들의 잉여분을 나눠준다. ('11)

» sur(= over 이상으로) + plus(더 많은 것, 추가) → 추가로 남은 것 → 나머지, 잉여

1606 **terse** 간결한, 간명한

1/1 [tə́:rs] a

★☆☆☆☆

출제확률 5.1%

tersely

A genuinely educated person can express himself tersely and trimly.

진짜 교육을 받은 사람은 자신을 짧고 간결하게 표현할 수 있다. ('11)

간결하게

1607 **transact** 거래하다

1/1 [trænsǽkt] v

★☆☆☆☆

출제확률 5.1%

transaction

An executed purpose, in short, is a transaction.

간단히 말해, 실행된 목적은 거래에 있다. ('11)

» trans(~를 넘어) + act(활동하다) → 거래하다

거래, 매매

1608 **tremble**

1/1 [trémbl] n, v

★☆☆☆☆

출제확률 5.1%

trembling **떨림; 떨다, 떨리다**

For a child, it could be placing with trembling fingers the last block on a tower she's built.

아이에게는, 떨리는 손가락으로 그녀가 지은 탑에 마지막 블록을 올려놓는 것일 수도 있다. ('11)

» trem(= shake 떨다) + ble(접미사) → 떨다

떨림; 떨리는

1609 **voluntary**

1/1 [vɑ́ləntèri] n, a

★☆☆☆☆

출제확률 5.1%

Ⓢ **willing** **원조, 기부; 자발적인**

This organization operates on a voluntary basis.

이 조직은 자원봉사를 기반으로 운영하고 있다.

» vol(= will (스스로의) 의지) + ary(~로) → 스스로 하는 →자발적인

1610 **vomit**

1/1 [vɑ́mit] v

★☆☆☆☆

출제확률 5.1%

Ⓢ **throw up** **토하다, 내뱉다**

They frequently vomit blood and share it with other nest-mates.

그들은(흡혈 박쥐) 자주 피를 토해 둥지 친구들과 이를 나눠 먹는다. ('11)

» vo(입의) + mit(= send 내보내다) → 입에서 나오다

1611 **weary**

1/1 [wíəri] v, a

★☆☆☆☆

출제확률 5.1%

Ⓢ **exhausted, tired** **지치게 하다; 피곤한**

Actually, she was weary of playing computer games.

사실, 그녀는 컴퓨터 게임을 하는 것에 지쳐 있었다.

» wear(지치게하다) + ry → 피곤한

1612 **withdraw**

1/1 [wiðdrɔ́:] v

★☆☆☆☆

출제확률 5.1%

withdrawal **빼다, 퇴각하다, 철수하다**

I'd like to make a cash withdrawal.

저는 현금을 인출하고 싶습니다. ('11)

» with(뒤로) + draw(빼다) → 뒤로 빼다 → 철수하다

철회, 철수, 탈퇴

1613 **alter**

1/1 [ɔ́:ltər] v

★☆☆☆☆

출제확률 5.1%

altered **바꾸다, 변하다**

Nearly everyone who heard the altered recording could report that they heard both. 바뀐 녹음을 들은 거의 대부분의 사람들이 둘 다 들을 수 있었다고 진술했다. ('10)

» other(다른)에서 파생되어 다른 것으로 바꾸다라는 의미를 갖는다.

(과거, 과거분사)

1614 **alternate**

1/1 [ɔ́ltərnèit, ǽl-] v, a

★☆☆☆☆

출제확률 5.1%

alternately **교대하다; 번갈아 하는**

How to present alternatives.

대안을 어떻게 제시할 것인가. ('02)

» alter(다르게) + (n)ate(하다) → 다르게 하다, 교대하다

번갈아가며

1615 **aquarium**

1/1 [əkwέəriəm] n

★☆☆☆☆

출제확률 5.1%

유리 수조, 수족관, 아쿠아리움

The newly remodeled aquarium plays a big role in the comeback of Chattanooga. 최근 리모델링한 수족관은 Chattanooga의 재기에 큰 역할을 하고 있다. ('10)

» aqau(물) + rium(생물 사육장) → 유리 수조

1616 **astronaut**

1/1 [ǽstrənɔ:t] n

★☆☆☆☆

출제확률 5.1%

우주 비행사

Robots and astronauts use much of the same equipment in space.

로봇과 우주비행사는 우주에서 거의 동일한 장비를 사용한다. ('10)

» astro(별) + naut(= sailor 선원) → 우주 비행사

1617 **bass**

1/1 [béis] n

★☆☆☆☆

출제확률 5.1%

ⓢ **deep-toned, low-pitched** — **베이스, 낮은 음, 베스(물고기 종류)**

There were not many bass left in this river due to recent water pollution.
최근 수질 오염으로 인해 이 강에는 베스가 많이 살고 있지 않다.

1618 **batter**

1/1 [bǽtər] n, v

★☆☆☆☆

출제확률 5.1%

난타하다; 반죽, 타자

She split the batter for one cake into three parts.
그녀는 케익 하나 분량의 반죽을 세 부분으로 나누었다. ('10)
» bat(두드리다) + er(~것) → 두드려서 만든 것 → 반죽 * split A into B : A를 B로 나누다

1619 **bush**

1/1 [búʃ] n

★☆☆☆☆

출제확률 5.1%

덤불, 관목 숲

A bird in the hand is worth two in the bush.
숲 속의 두 마리 새보다 수중의 새 한 마리가 실속이 있다. ('10)

1620 **compost**

1/1 [kámpoust] n

★☆☆☆☆

출제확률 5.1%

ⓢ **mixture** — **혼합물, 배합, 퇴비**

The compost heap is going to be distributed equally to all members.
모든 구성원에게 동일한 양만큼의 퇴비가 분배될 것이다.
» com(함께) + post(놓는 것) → 아무렇게나 모여있는 것 → 퇴비

1621 **cone**

1/1 [kóun] n

★☆☆☆☆

출제확률 5.1%

원뿔, 원뿔형

Outside, snow continued to fall quietly in the cones of light cast by the streetlights.
밖엔 가로등에서 나오는 원뿔형 불빛 아래에서 눈이 조용히 계속 내리고 있었다. ('10)
» 원뿔형 → 아이스크림콘 모양

1622 **crook**

1/1 [krúk] n

★☆☆☆☆

출제확률 5.1%

crooked — **굽은 것, 갈고리, 사기꾼**

Crooked carrots and odd-looking tomatoes were not valuable to the grocery store. 굽은 당근과 이상하게 생긴 토마토는 식료품점에서 가치가 없었다. ('10)
» curve(휘어진) + hook(갈고리) → 굽은 것, 갈고리

비뚤어진, 구부러진

1623 **drainage**

1/1 [dréinidʒ] n

★☆☆☆☆

출제확률 5.1%

배수, 배수장치, 배수구, 유역

The smallmouth bass is a native of the Mississippi drainage.
낙연어는 미시시피 강 유역의 토종 물고기이다. ('10)
» drain(배수하다) + -age(~것) → 배수하는 것

1624 **elaborate**

1/1 [ilǽbərət] v, a

★☆☆☆☆

출제확률 5.1%

ⓢ **complex, intricate, complicated** — **공들여 만들다, 자세히 말하다; 정교한**

The person will automatically start to elaborate.
그 사람은 자동적으로 자세히 말하기 시작할 것이다. ('10)
» e(완전히) + labor(일) + ate(하다) → 공들여 만들다

1625 **epic**

1/1 [épik] n

★☆☆☆☆

출제확률 5.1%

서사시, 대작

Bertolt Brecht with his 'epic theater' used alienation as a strategy.
브레히트는 그의 '서사 연극'에서 (관객과 무대를) 멀리 하는 전략을 사용하였다. ('10)
» epic theater : 서사 연극

1626 **furnish** 1/1 [fə́:rniʃ] v ★☆☆☆☆ 출제확률 5.1%

ⓢ **provide, hand out, offer** **공급하다, 비치하다**

While awaiting the birth of a new baby, North American parents typically furnish a room. 새 아기의 출산을 기다리는 동안 북미 부모들은 보통 (아이를 위한) 방을 준비한다. ('10)

» furnish A with B : A에 B를 비치하다

1627 **gaze** 1/1 [géiz] n ★☆☆☆☆ 출제확률 5.1%

gazing **응시하다, 바라보다**

He was gazing at the warm fire.
그는 따뜻한 불을 응시하고 있었다. ('10)

» gaze at : ~를 응시하다

(현재분사)

1628 **goggle** 1/1 [gágl] n, v ★☆☆☆☆ 출제확률 5.1%

고글(보안경), 눈알을 굴리다

Look at those goggles on top of the tree.
나무 꼭대기에 있는 보안경을 보세요. ('10)

1629 **grab** 1/1 [grǽb] v ★☆☆☆☆ 출제확률 5.1%

grabbed **움켜잡다**

Rob grabbed the encyclopedia.
Rob은 백과사전을 움켜쥐었다. ('10)

» ⓢ grasp, seize, capture

(과거, 과거분사)

1630 **heap** 1/1 [hí:p] n ★☆☆☆☆ 출제확률 5.1%

ⓢ **pile, mass, accumulation** **쌓아 올린 것, 더미, 덩어리**

It was often tossed on the compost heap or left in the ground.
그것은 종종 퇴비 더미로 던져지거나 땅에 버려졌다. ('10)

1631 **hygrometer** 1/1 [haigrámətər] n ★☆☆☆☆ 출제확률 5.1%

습도계

Figures A and B demonstrate how dew point is measured by a dew point hygrometer. 그림 A와 B는 습도계로 이슬점이 어떻게 측정되는지를 보여준다. ('10)

» hygro(= wet 습기) + meter(= measure 측정) → 습기를 측정하는 것 → 습도계

1632 **integral** 1/1 [íntigrəl] a ★☆☆☆☆ 출제확률 5.1%

ⓢ **fundamental, essential, indispensable** **완전한, 필수적인**

Yes, light is an integral element of all life.
그렇다, 빛은 모든 생명에게 필수적인 요소이다. ('10)

» integral calculus : (수학) 적분

1633 **itch** 1/1 [itʃ] n, v ★☆☆☆☆ 출제확률 5.1%

ⓢ **tickle, prickle** **가려움; 가렵다**

If the itches, however, do not disappear, stop scratching and take the medicine.
만약 가려움증이 사라지지 않는다면 그만 긁고 약을 바르세요. ('10)

1634 **magnificent** 1/1 [mægnífəsnt] a ★☆☆☆☆ 출제확률 5.1%

ⓢ **majestic, gorgeous, splendid** **웅대한, 장엄한**

Hardly I am able to believe how magnificent the sight was.
그 광경이 얼마나 웅장했는지 믿기 어려웠다. ('10)

» magni(큰) + fic(만들다) + ent(형용사) → 크게 만든 → 장엄한

족집게 보카 TEST Day 39

1. 아래의 단어에 맞는 뜻을 골라 선으로 이어주세요.

1594 rehearsal	ⓐ 굽은 것, 갈고리, 사기꾼
1619 bush	ⓑ 리허설, 총연습, 시연
1622 crook	ⓒ 꽃받침
1598 sepal	ⓓ 난타하다; 반죽, 타자
1610 vomit	ⓔ 토하다, 내뱉다
1605 surplus	ⓕ 배수, 배수장치, 배수구, 유역
1617 bass	ⓖ 나머지, 잔여, 잉여
1608 tremble	ⓗ 지치게 하다; 피곤한
1611 weary	ⓘ 공들여 만들다, 자세히 말하다; 정교한
1618 batter	ⓙ 바꾸다, 변하다
1623 drainage	ⓚ 덤불, 관목 숲
1613 alter	ⓛ 떨림; 떨다, 떨리다
1624 elaborate	ⓜ 간결한, 간명한
1606 terse	ⓝ 베이스, 낮은 음, 베스(물고기 종류)

2. 아래 문장의 알맞은 뜻을 보기에서 고르세요.

a. Her legs started to shake and she felt her body stiffen. (　　)
b. It is only to shed light on our plans for the future. (　　)
c. Apelles was unable to restrain himself. (　　)
d. The newly remodeled aquarium plays a big role in the comeback of Chattanooga. (　　)
e. There were not many bass left in this river due to recent water pollution. (　　)
f. For a child, it could be placing with trembling fingers the last block on a tower she's built. (　　)
g. He showed them three line segments, and asked which line was the longest. (　　)

보 기

① 최근 리모델링한 수족관은 Chattanooga의 재기에 큰 역할을 하고 있다.
② 에펠은 스스로를 억누를 수 없었다.
③ 그녀의 다리는 떨리기 시작했고 그녀는 몸이 뻣뻣해짐을 느꼈다.
④ 아이에게는, 떨리는 손가락으로 그녀가 지은 탑에 마지막 블록을 올려놓는 것일 수도 있다.
⑤ 그것은 우리의 미래에 대한 계획에 빛을 밝히기 위한 것일 뿐이다.
⑥ 그는 그들에게 세 개의 선분을 보여주며 어떤 선이 가장 긴지 물었다.
⑦ 최근 수질 오염으로 인해 이 강에는 베스가 많이 살고 있지 않다.

정답: ③ ⑤ ② ① ⑦ ④ ⑥

19년간 수능 기출 영단어 10만개를 모조리 통계내어 만든

족집게 보카 Day 40

1635 **narration** ⓢ **depiction, description** 이야기를 진행하기, 서술하기, 내레이션

1/1 [næréiʃən] n

★☆☆☆☆

출제확률 5.1%

Through scattered narration and commentary throughout the play

연극 중간중간에 분산된 나레이션과 해설을 통해 ('10)

» narr(= 말하다) + ate(~하다) + tion(명접) → 이야기하기

1636 **norm** ⓢ **standard, average** 표준, 보통

1/1 [nɔ́:rm] n

★☆☆☆☆

출제확률 5.1%

'co-sleeping' is the norm.

부모와 아기가 함께 자는 것이 일반적이다. ('10)

» normal(표준의)은 norm + al(접미사)이다.

1637 **outdated** ⓢ **old-fashioned, out of date** 구식인, 구식의

1/1 [àutdéitid] a

★☆☆☆☆

출제확률 5.1%

Today we are so interdependent that the concept of war has become outdated.

오늘날 우리들은 서로 너무 의존하는 관계여서 전쟁이라는 개념은 옛날 얘기가 되어버렸다. ('10)

» out(밖에) + dated(날짜가된) : 날짜 다 지난 → 구식의

1638 **reconciliation** ⓢ **reunion, conciliation** 화해, 조정

1/1 [rèkənsiliéiʃən] n

★☆☆☆☆

출제확률 5.1%

We must work to resolve conflicts in a spirit of reconciliation.

우리는 갈등을 화해의 정신으로 해결해야만 한다. ('10)

» reconcile(화해하다) + -tion(~것) → 화해

1639 **spectacular** ⓢ **grand, magnificent, impressive** 장관의, 구경거리의

1/1 [spektǽkjulər] a

★☆☆☆☆

출제확률 5.1%

The woman was walking away from the spectacular display.

그 여성은 화려한 장관으로부터 멀어져갔다. ('10)

» spect(a)(= look 보는) + (cu)lar(의) → 볼 만한 것

1640 **statistic** 통계, 통계학

1/1 [stətístik] n

★☆☆☆☆

출제확률 5.1%

You can use a word processing program while using a statistics program.

당신은 워드 프로그램을 사용하면서 통계 프로그램을 동시에 사용할 수 있다. ('10)

» state(국가, 주) + ist(~하는 사람) + ics(학문) → 국가나 주를 이끄는 사람들이 쓰는 학문

1641 **upright** ⓢ **straight, vertical, erect** 똑바로, 수직으로 세워 둔

1/1 [ʌ́pràit] a

★☆☆☆☆

출제확률 5.1%

Children's toys with a short wooden post held upright on the floor.

아이들의 짧은 나무 막대 장난감들이 수직으로 바닥에 세워져 있었다. ('10)

» up(~위에) + right(똑바른, 직립한) → 위로 직립한 → 똑바로

1642 **virtue** ⓢ **advantage, merit, benefit** **미덕, 장점**

1/1 [vəːrtʃuː] n
★☆☆☆☆
출제확률 5.1%

It is an important virtue.
그것은 중요한 미덕이다. ('10)
» vir(t)(= man 남성) + ue(~것) → 남성다움 → 미덕, 장점

1643 **accumulate** **accumulated** **모으다, 축적하다**

1/1 [əkjúːmjulèit] v
★☆☆☆☆
출제확률 5.1%

A deep reservoir of accumulated wisdom about diet and health and place
식단과 건강과 장소에 대해 깊이 축적된 지혜의 보고 ('09)
» ac(~에) + cumulate(쌓다) → ~에 쌓아 올리다 → 모으다, 축적하다

모아진

1644 **amino acid** **아미노산**

1/1 [əmíːnou ǽsid] n
★☆☆☆☆
출제확률 5.1%

Each plant is deficient in an essential amino acid.
각각의 식물에는 필수 아미노산이 부족하다. ('09)
» acid : 산(신, 신맛의)

1645 **arcade** **(지붕이 있는 통로의) 상점가, 아케이드**

1/1 [ɑːrkéid] n
★☆☆☆☆
출제확률 5.1%

Cafes under the wide arcades that run around the Plaza have every table crowded.
그 프라자 주변에 넓게 펼쳐진 아케이드 아래 카페 테이블은 사람들로 북적였다. ('09)
» arc(= arch 아치, 활) + ade → 지붕이 있는 아치형 통로

1646 **armrest** **팔걸이**

1/1 [ɑ́ːrmrèst] n
★☆☆☆☆
출제확률 5.1%

'What's happening?' he wondered as he gripped the armrests.
"무슨 일입니까?"그는 팔걸이를 움켜쥐며 궁금해했다. ('09)
» arm(팔) + rest(쉬다) → 팔을 쉬게하는 것 → 팔걸이

1647 **aroma** ⓢ **scent, fragrance** **방향, 향기**

1/1 [əróumə] n
★☆☆☆☆
출제확률 5.1%

The heat releases an aroma.
그 열은 향기를 방출한다. ('09)

1648 **circulate** ⓢ **flow, rotate, radiate** **돌다, 유통하다, 순환하다**

1/1 [səːrkjulèit] v
★☆☆☆☆
출제확률 5.1%

In the chemical process, a solvent circulates through the beans.
화학적 과정 중에 용액이 콩 사이를 순환한다. ('09)
» circul(원, 둘레에, 돌다) + late(~하다) → 돌다

1649 **clip** **clipping** **클립; 자르다, 베다**

1/1 [klíp] n, v
★☆☆☆☆
출제확률 5.1%

The scrapbooks I made of basketball stars, with magazine clippings of great players. 내가 잡지에서 오려낸 위대한 선수들의 사진으로 만든 농구스타 스크랩북. ('09)
» '꽉 쥐다'라는 의미에서 유래되었다.

깍는, 잘라낸 것

1650 **comb** ⓢ **arrange, untangle, search** **빗; 빗질하다, 찾다, 검색하다**

1/1 [kóum] n, v
★☆☆☆☆
출제확률 5.1%

Next to the doll was a small box containing tiny combs and a silver mirror.
인형 옆에는 작은 빗과 은 거울이 담긴 작은 상자가 있었다. ('09)

1651 **compact**
1/1 [kəmpǽkt] n, a
★☆☆☆☆
출제확률 5.1%

ⓢ **dense, condensed, solid** **계약, 협정; 조밀한**

Other policies have produced relatively compact cities.
다른 정책들은 비교적 작은 도시들을 양산했다. ('09)
» com(함께) + pact(= fasten 묶다) → 함께 묶다 → 조밀한 → 계약, 협정

1652 **compel**
1/1 [kəmpél] v
★☆☆☆☆
출제확률 5.1%

ⓢ **force, dragoon, make** **억지로 ~을 시키다**

They usually feel this way because their behavior compels others to lie to them.
그들의 행동은 남들이 그들에게 거짓말을 하도록 하기 때문에 보통 이런 식으로 느낀다. ('09)
» com(강조, 함께) + pel(= drive ~하도록 몰다) → ~하도록 강하게 시키다 → 억지로 시키다

1653 **crude**
1/1 [krú:d] a
★☆☆☆☆
출제확률 5.1%

ⓢ **rough, primitive, basic** **천연 그대로의, 거친**

In fact, each day nearly a billion gallons of crude oil are refined and used in the US.
사실, 하루에 원유 약 10억 갤론이 미국에서 정제되어 소비되고 있다. ('10)

1654 **deaf**
1/1 [déf] a
★☆☆☆☆
출제확률 5.1%

ⓢ **indifferent, hard of hearing, unhearing** **귀가 먼, 의식하지 못하는**

TV as efficient equipment for the deaf
청각 장애인에게 효율적인 장비로서의 TV ('09)
» ⓢ indifferent, hard of hearing, unhearing

1655 **deposit**
1/1 [dipázit] n, v
★☆☆☆☆
출제확률 5.1%

depositing **예금, 맡긴 것; 맡기다**

Egyptian civilization was built on the banks of the Nile River depositing soil on its banks. 이집트 문명은 흙을 쌓아 올린 나일강 둑 위에 건설되었다. ('09)
» de(아래에) + posit(놓다) → 안보이게 놓는 것 → 맡긴 것, 예금

(현재분사)

1656 **dispute**
1/1 [dispjú:t] n, v
★☆☆☆☆
출제확률 5.1%

ⓢ **controversy, argument** **논쟁; 논쟁하다**

The car company is trying to settle a dispute out of court.
그 회사는 법정 밖에서 분쟁을 해결하고자 노력하고 있다. ('09)
» dis(= apart 아니다, 따로 떼다) + put(= 합계, 생각하다) → 달리 생각하니 논쟁을 한다

1657 **distort**
1/1 [distɔ́:rt] v
★☆☆☆☆
출제확률 5.1%

ⓢ **bend, deform, contort** **왜곡하다**

They may distort the truth.
그들은 진실을 왜곡할 수 있다. ('09)
» dis(= apart 따로 떼다) + tort(비틀다) → 왜곡하다

1658 **dot**
1/1 [dát] n
★☆☆☆☆
출제확률 5.1%

ⓢ **mark, speck, point** **점**

How about the line graph with dots?
점으로 된 선 그래프는 어떤가? ('09)

1659 **errand**
1/1 [érənd] n
★☆☆☆☆
출제확률 5.1%

ⓢ **task, job, commission** **심부름, 사명, 임무**

Every day, opportunities exist in the form of errands, meal preparation, and chores. 매일 심부름, 식사준비, 그리고 잡일 등의 형태로 기회는 존재한다. ('09)

1660 **flip** | **flipped** | **뒤집다, 톡 치다**

1/1 [flíp] v

★☆☆☆☆

출제확률 5.1%

She effortlessly flipped the ball up in the air.

그녀는 힘들이지 않고 공을 공중에 톡 쳐 올렸다. ('09)

» ⓢ turn, spin, flick

(과거, 과거분사)

1661 **format** | **ⓢ form, type** | **형식, 형태, 포맷**

1/1 [fɔ́:rmæt] n

★☆☆☆☆

출제확률 5.1%

Students process and store information in a much more flexible format.

학생들은 훨씬 더 유연한 방식으로 정보를 처리하고 저장한다. ('09)

» form(형태) + at(명접) → 형태, 형식

1662 **geology** | **지질학**

1/1 [dʒiálədʒi] n

★☆☆☆☆

출제확률 5.1%

We're going to learn about the differences between geography and geology.

우리는 지리학과 지질학의 차이에 대해 배울 것이다. ('09)

» geo(토양, 지구) + logy(학문) → 토양을 연구하는 학문 → 지질학

1663 **grip** | **gripped** | **쥠; 쥐다, (마음을) 사로잡다**

1/1 [gríp] n, v

★☆☆☆☆

출제확률 5.1%

"What's happening?" he wondered as he gripped the armrests.

"무슨 일입니까?"그는 팔걸이를 움켜쥐며 궁금해 했다. ('09)

» ⓢ grasp, hold, seize

(과거, 과거분사)

1664 **handout** | **ⓢ printed materials, printout** | **인쇄물, 나눠주는 것**

1/1 [hǽndàut] n

★☆☆☆☆

출제확률 5.1%

I need to photocopy the handouts.

저는 그 유인물을 복사해야 해요. ('09)

» hand(손으로) + out(나눠주다) → 나눠주는 것 → 인쇄물

1665 **headquarters** | **ⓢ head office** | **본부, 본사**

1/1 [hédkwɔ̀:rtərz] n

★☆☆☆☆

출제확률 5.1%

It has its headquarters in Chicago, and major branches in Washington, D.C..

시카고에 본사가 있고 주요 지사는 워싱턴 D.C.에 있다. ('09)

» head(머리, 중요) + quarters(부서들) → 회사 및 기관의 핵심 부서들이 모인 곳

1666 **ideology** | **ideological** | **이데올로기, 이념, 관념학**

1/1 [àidiálədʒi] n

★☆☆☆☆

출제확률 5.1%

Ideological influences also factored in.

이데올로기적인 영향 또한 요인으로 작용했다. ('09)

» idea(관념) + logy(학문) → 관념학

사상적인, 이데올로기적

1667 **inaudible** | **ⓢ earless, deaf** | **들을 수 없는, 들리지 않는**

1/1 [inɔ́:dəbl] a

★☆☆☆☆

출제확률 5.1%

The picture was visible but the sound was inaudible.

화면은 보였지만 소리는 들리지 않았다. ('09)

» in(없다) + audio(듣는) + able(할수 있는) → 들을 수 없는

1668 **intern** | **인턴**

1/1 [íntə:rn] n

★☆☆☆☆

출제확률 5.1%

Hi! You must be Mr. Smith, one of the new interns, right?

안녕! 네가 신규 인턴 중 한 명인 Smith겠네, 맞니? ('09)

» 정규직 근무와 비정규직 근무 사이에(inter) 있는 사람.

1669 **laptop** — 노트북
1/1 [lǽptɑ̀p] n
★☆☆☆☆
출제확률 5.1%

I'm going to sell it on a website and buy a new laptop computer.
저는 그것을 웹사이트에서 팔아 새 노트북을 살 것입니다. ('09)
» lap(무릎) + top(위) → 무릎 위에 놓고 쓸 수 있는 것 → 노트북

1670 **launder** — 세탁하다, 빨래하다
1/1 [lɔ́:ndər] v
★☆☆☆☆
출제확률 5.1%

launderer 세탁소, 세탁업자

My mother was the house accountant, the launderer, and, of course, the cook.
우리 어머니는 우리집 회계사이자, 빨래하는 사람이면서, (당연히) 요리사였다. ('09)
» laund는 '세탁'이라는 의미를 가지고 있다.

1671 **layup** — 쉼, 휴식, (농구의) 레이업
1/1 [léiʌ̀p] n
★☆☆☆☆
출제확률 5.1%

The ball fell to my father, who took a few not graceful dribbles and missed an easy layup.
아버지에게 공이 떨어졌고, 그는 어설픈 드리블을 몇 번 하고 쉬운 레이업 슛을 놓쳤다. ('09)
» lay(놓다) + up(위에) → (농구 골대) 위에 올려 놓는 것

1672 **lid** — 뚜껑, 눈꺼풀
1/1 [líd] n
★☆☆☆☆
출제확률 5.1%

ⓢ **cover, cap, top**

We need to screw down the lid.
우리는 그 뚜껑의 나사를 조일 필요가 있다.

1673 **limestone** — 석회석, 석회암
1/1 [láimstòun] n
★☆☆☆☆
출제확률 5.1%

ⓢ **lime**

Similarly, corn in Latin America is traditionally ground or soaked with limestone.
비슷하게도, 라틴 아메리카에서는 옥수수를 전통적으로 가루를 내거나 석회암과 함께 담가둔다. ('09)
» lime(석회) + stone(석) → 석회석

1674 **loose** — 느슨한, 풀린
1/1 [lú:s] a
★☆☆☆☆
출제확률 5.1%

loosen 느슨하게 하다

It starts with steaming the green beans to loosen the bonds of caffeine.
녹색 원두에 증기를 가해 카페인의 결속력을 헐거워지게 함으로써 시작한다. ('09)

1675 **lotus** — 연(연꽃)
1/1 [lóutəs] n
★☆☆☆☆
출제확률 5.1%

The people are proud of their temples and lotus ponds.
그 사람들은 그들의 사원과 연꽃 연못을 자랑스러워 한다.

1676 **magnify** — 확대하다, 크게 보이게 하다
1/1 [mǽgnəfài] v
★☆☆☆☆
출제확률 5.1%

magnifying (현재분사)

Please use the microphone and magnify the sounds.
마이크를 써서 소리를 크게 키우세요.
» magni(큰) + fy(만들다) → 확대하다

1677 **morse** — 모스 부호; 모스식의
1/1 [mɔ́:rs] n, a
★☆☆☆☆
출제확률 5.1%

They just sent me a Morse code message saying, 'Good night, Dad.'.
그들은 내게 막 모스 부호 메시지로 '안녕히 주무세요, 아빠'라고 보냈다. ('09)

족집게 보카 TEST Day 40

1. 아래의 단어에 맞는 뜻을 골라 선으로 이어주세요.

1644 amino acid	ⓐ 지질학
1653 crude	ⓑ 아미노산
1662 geology	ⓒ 이데올로기, 이념, 관념학
1638 reconciliation	ⓓ 왜곡하다
1645 arcade	ⓔ 천연 그대로의, 거친
1654 deaf	ⓕ 귀가 먼, 의식하지 못하는
1656 dispute	ⓖ 돌다, 유통하다, 순환하다
1665 headquarters	ⓗ (지붕이 있는 통로의) 상점가, 아케이드
1648 circulate	ⓘ 논쟁; 논쟁하다
1657 distort	ⓙ 화해, 조정
1666 ideology	ⓚ 본부, 본사
1658 dot	ⓛ 점
1635 narration	ⓜ 계약, 협정; 조밀한
1651 compact	ⓝ 이야기를 진행하기, 서술하기, 내레이션

2. 아래 문장의 알맞은 뜻을 보기에서 고르세요.

a. 'What's happening?' he wondered as he gripped the armrests. ( )
b. It is an important virtue. ( )
c. Children's toys with a short wooden post held upright on the floor. ( )
d. How about the line graph with dots? ( )
e. The picture was visible but the sound was inaudible. ( )
f. It has its headquarters in Chicago, and major branches in Washington, D.C.. ( )
g. In the chemical process, a solvent circulates through the beans. ( )

보 기

① 점으로 된 선 그래프는 어떤가?
② 그것은 중요한 미덕이다.
③ "무슨 일입니까?"그는 팔걸이를 움켜쥐며 궁금해했다.
④ 화면은 보였지만 소리는 들리지 않았다.
⑤ 시카고에 본사가 있고 주요 지사는 워싱턴 D.C.에 있다.
⑥ 아이들의 짧은 나무 막대 장난감들이 수직으로 바닥에 세워져 있었다.
⑦ 화학적 과정 중에 용액이 콩 사이를 순환한다.

정답: ③ ② ⑥ ① ④ ⑤ ⑦

19년간 수능 기출 영단어 10만개를 모조리 통계내어 만든

족집게 보카 Day 41

1678 **overbear** | **overbearing** | **위압하다, 압박하다, 열매가 너무 많이 열리다**

1/1 [òuvərbέər] v

★☆☆☆☆

출제확률 5.1%

I'm the eldest of three sisters, so I can't help that I'm so overbearing.

저는 세 자매 중 맏이라서 거만할 수밖에 없다. ('09)

» over(넘어) + bear(낳다) → 너무 많이 낳다 → (경쟁자를) 압박하다

고압적인, 건방진

1679 **persist** | **persistence** | **고집하다, 주장하다**

1/1 [pə:rsíst] v

★☆☆☆☆

출제확률 5.1%

Activities like these also enhance the value of hard work and persistence.

이와 같은 활동들은 또한 노력과 인내심의 가치를 높여준다. ('09)

» per(확고히) + sist(서다) + ence(~것) → 고집, 인내

고집, 지속성

1680 **petal** | **꽃잎**

1/1 [pétl] n

★☆☆☆☆

출제확률 5.1%

Goldfish bowls look stunning filled with flower heads or petals, magnifying their contents.

금붕어 어항은 어항 안에 있는 꽃송이나 꽃잎과 같은 내용물을 확대시켜 근사해 보인다. ('09)

» pet(구하다, 원하는) + al → 갖고 싶어하는 것 → 꽃잎

1681 **pollen** | **꽃가루**

1/1 [pálən] n

★☆☆☆☆

출제확률 5.1%

The insects fly into the flower to feed on nectar and pollen.

그 벌레들은 꿀과 꽃가루를 먹기위해 꽃 안으로 날아든다. ('09)

1682 **receipt** | ⓢ **proof of purchase** | **영수증**

1/1 [risí:t] n

★☆☆☆☆

출제확률 5.1%

Here's the receipt. My dad said he bought it here last week.

영수증 여기 있어요. 우리 아빠가 지난 주에 그것을 여기에서 샀다고 말했어요. ('09)

» re(다시) + ceipt(= take 받다) → 돈을 내고 다시 받는 것

1683 **regulate** | **규정하다, 통제하다**

1/1 [régjulèit] v

★☆☆☆☆

출제확률 5.1%

The school attempts to regulate their students.

그 학교는 학생들을 통제하려고 한다.

» reg(= rule 규칙) + ate(~하다) → 규정하다 * attempt to : ~을 시도하다

1684 **resemble** | ⓢ **look like, mirror** | **~을 닮다**

1/1 [rizémbl] v

★☆☆☆☆

출제확률 5.1%

Our heads do not resemble steam kettles.

우리의 머리는 스팀 주전자와 닮지 않았다. ('09)

» re(강조, 매우) + semble(닮다) → ~을 닮다

1685 **reservoir** ⓢ **pond, basin, lake** **저수지, 저장소**
1/1 [rézərvwɑ̀:r] n
★☆☆☆☆
출제확률 5.1%

There's a reservior good for fishing.
저기에는 낚시하기에 좋은 저수지가 있다.
» reserve(비축하다, 대비하다) + ior(것) → 가뭄에 대비해 만든 것이 저수지

1686 **runway** ⓢ **airstrip, landing strip** **주로, 활주로**
1/1 [rʌ́nwèi] n
★☆☆☆☆
출제확률 5.1%

They're communicating with pilots and telling them which runways to use.
그들은 파일럿들과 의사소통을 하며 그들에게 어떤 활주로를 사용해야 하는지 알려준다. ('09)
» run(달리는) + way(길) → 활주로

1687 **sacred** ⓢ **holy, blessed, hallowed** **신성한, 바친**
1/1 [séikrid] a
★☆☆☆☆
출제확률 5.1%

A water plant called the sacred lotus regulates its temperature.
sacred lotus(성스러운 연꽃)라고 불리는 수생식물은 자신의 온도를 조절한다. ('09)
» sacre(신성하게 하다, 바치다)에서 파생되었다.

1688 **spectator** ⓢ **observer, watcher, onlooker** **구경꾼**
1/1 [spékteitər] n
★☆☆☆☆
출제확률 5.1%

Your spectator experience will have been a fun one.
구경꾼으로서 당신의 경험은 재미있을 것이다. ('09)
» spect(= look 보다) + (a)tor(사람) → 무언가를 보고있는 사람 → 구경꾼

1689 **stake** ⓢ **share, involvement, investment** **말뚝, 지분, 이해관계**
1/1 [stéik] n
★☆☆☆☆
출제확률 5.1%

The issue of how to manage urban growth poses the highest stakes
도시의 성장을 어떻게 하면 최고로 높일 수 있을 것인가에 대한 주제 ('09)
» 말뚝, 막대기의 의미에서 '지분'의 의미로까지 사용되었다.

1690 **stiff** **stiffly** **굳은, 뻣뻣한**
1/1 [stíf] a
★☆☆☆☆
출제확률 5.1%

The ball curved cleanly into the basket, stiffly popping the chain-link net.
그 공은 깨끗하게 바스켓으로 휘어 들어가 뻣뻣한 그물망을 출렁거렸다. ('09)
» ⓢ rigid, inflexible, firm
완고하게, 딱딱하게

1691 **stun** **stunning** **기절시키다, 큰 감동을 주다**
1/1 [stʌ́n] v
★☆☆☆☆
출제확률 5.1%

I can say this picture drawn by him is stunning.
그가 그린 이 그림은 정말 멋지다고 말할 수 있다.
» s(= ex 밖으로) + tun(= thunder 천둥) → 천둥소리를 내다 → (깜짝놀라) 기절시키다
굉장히 멋진, 충격적인

1692 **suburb** ⓢ **suburban, outskirts** **교외, 근교**
1/1 [sʌ́bə:rb] n
★☆☆☆☆
출제확률 5.1%

Cities in Western Europe tend to be economically healthy compared with their suburbs. 서유럽 도시들이 지방에 비해 더 경제적으로 부유한 경향이 있다. ('09)
» sub(아래) + urb(시가지, 도시) → 시가지 아래에 있는 '교외'

1693 **teapot** **찻 주전자**
1/1 [tí:pɑ̀t] n
★☆☆☆☆
출제확률 5.1%

An old teapot which has lost its lid becomes an ideal container for a bunch of roses. 낡고 뚜껑이 없는 차 주전자는 장미 꽃다발을 담기에 알맞은 용기가 되었다. ('09)
» tea(차) + pot(주전자) → 찻 주전자

1694 **aboriginal** ⓢ **native, indigenous** **최초의, 원시의, 토착의**

1/1 [æbərídʒənl] a

★☆☆☆☆

출제확률 5.1%

Ekman studied the facial reactions of students to aboriginal ritual ceremony.

Ekman은 원시적 종교 행사에 대한 학생들의 얼굴 반응을 연구했다. ('08)

» ab(멀리) + origin(기원) + al(~한, ~의) → 옛날 옛적의

1695 **abuse** **abusing** **남용; 남용하다, 학대하다**

1/1 [əbjú:s] n, v

★☆☆☆☆

출제확률 5.1%

The process of abusing technology changed.

기술 남용의 방식이 바뀌었다. ('08)

» ab(멀리) + use(사용하다) → 잘못 사용함

남용

1696 **addict** **addictive** **~에 빠지다, 중독되다**

1/1 [ədíkt] v

★☆☆☆☆

출제확률 5.1%

Modern technology is addictive.

현대 첨단기술은 중독성이 있다. ('08)

» a(~에 대해) + dict(말하다) → ~를 계속 말하며 찾다 → 중독되다

습관성의

1697 **ankle** **ankle-high** **발목**

1/1 [ǽŋkl] n

★☆☆☆☆

출제확률 5.1%

When you play soccer, you should be careful because your ankle can be sprained. 축구를 할 때는 발목을 삐지 않도록 조심해야 한다.

» angle(각도)에서 파생되었다. * sprain : 삐다(접지르다)

발목 높이

1698 **aspiration** ⓢ **desire, longing for, crave** **열망, 포부, 염원**

1/1 [æ̀spəréiʃən] n

★☆☆☆☆

출제확률 5.1%

Coins reflect both a country's history and its aspirations.

동전은 그 나라의 역사와 염원을 보여준다. ('08)

» a(~에) + spire(숨쉬다) + (a)tion(~것) → 무언가를 하고 싶어 가슴 벅차게 숨을 내쉬는 것

1699 **bang** **banging** **쾅(강타하는 소리); 쾅하고 치다**

1/1 [bǽŋ] n, v

★☆☆☆☆

출제확률 5.1%

Everyone was surprised because the tire suddenly went bang.

타이어가 갑자기 펑하고 터져서 모두가 놀랐다.

(현재분사)

1700 **beloved** ⓢ **admired, dear, loved** **아주 사랑하는 (사람)**

1/1 [bilʌ́vd] a

★☆☆☆☆

출제확률 5.1%

All of a sudden, he had an irresistible urge to go to see his beloved wife and his two sons. 갑자기 그는 사랑하는 아내와 두 아들이 견딜 수 없을 만큼 보고 싶어졌다. ('08)

» be(이다, 되다) + loved(사랑하게 된) → 아주 사랑하게 된

1701 **boom** **boomed** **쾅~!(소리)**

1/1 [bú:m] n

★☆☆☆☆

출제확률 5.1%

The storm boomed and roared outside.

폭풍은 밖에서 요동치며 굉음을 내고 있었다. ('08)

» ⓢ blast, bang, explosion

(과거, 과거분사)

1702 **clatter** **clattering** **덜걱덜걱(소리나다)**

1/1 [klǽtər] n, v

★☆☆☆☆

출제확률 5.1%

As it fought for altitude, the banging and clattering was getting worse with every moment.

고도를 유지하려고 하자, 굉음과 덜거덕 거리는 소리가 시간이 지날 수록 더 심해졌다. ('08)

» 의성어

덜커덕덜커덕

1703 **commute** **commuting** **통근(거리), 통학하다**

1/1 [kəmjú:t] n, v

★☆☆☆☆

출제확률 5.1%

'commuting' is the least considered factor for both among the top five.
'통근'은 최상위 다섯 개 요인 중에서 양자가 가장 덜 고려하는 요인이다. ('08)
» com(강조) + mut(e)(= change 바꾸다) → (지불 방식을)완전히 바꾸다 → (정기권으로) 통근하다

통근, 출퇴근

1704 **deck** **갑판**

1/1 [dék] n

★☆☆☆☆

출제확률 5.1%

It lifted a half-meter or so off the deck of the hangar.
그것은 0.5미터 가량 들려져 격납고 갑판 위를 날아 올랐다. ('08)
» clear the decks : 갑판을 치우다; 전투 준비를 하다

1705 **deluxe** **ⓢ luxurious, posh, lavish** **호화로운**

1/1 [dəlúks] a

★☆☆☆☆

출제확률 5.1%

Constructed in the 12th century, now a deluxe hotel, Palazzo Sasso is all about the view. 12세기에 건축된 Sasso 궁전은 현재 호화 호텔로서 최고의 경치를 자랑한다. ('08)
» de(강조) + lux(e)(사치스러운, 호화로운) → 호화스러운

1706 **depict** **ⓢ describe, portray** **묘사하다, 그리다**

1/1 [dipíkt] v

★☆☆☆☆

출제확률 5.1%

Any bump or line will be sufficient to depict a feature.
어떠한 돌기나 선을 사용해도 특징을 묘사하기에 충분할 것이다. ('08)
» de(강조) + pict(그리다) → 묘사하다, 그리다

1707 **electromagnetic** **전자기의, 전자석의**

1/1 [ilèktroumægnétik] a

★☆☆☆☆

출제확률 5.1%

So be sure to plan days away from its electromagnetic fields.
그러므로 전자기장에서 며칠 벗어나는 계획을 세워야 한다는 것을 명심하세요. ('08)
» electro(전기의) + magnetic(전자석의) * electromagnetic field : 전자기장

1708 **enlarge** **enlargement** **크게 하다, 넓히다**

1/1 [inlá:rdʒ] v

★☆☆☆☆

출제확률 5.1%

This enables us to seek through literature an enlargement of our experience.
이것은 우리로 하여금 문학을 통해 경험을 넓히게 해준다. ('08)
» en(강화하다, ~하게하다) + large(큰) → 크게 하다

확장, 확대

1709 **feather** **ⓢ plumage** **깃털**

1/1 [féðər] n

★☆☆☆☆

출제확률 5.1%

The feather peacock looks awesome.
공작의 깃털은 정말 멋져 보인다.
» stuff : 물건, ~으로 채워넣다

1710 **filament** **가는 실, 필라멘트**

1/1 [fíləmənt] n

★☆☆☆☆

출제확률 5.1%

Keep out the oxygen that would cause their hot filaments to burn up.
뜨거운 필라멘트를 태워버릴 수 있는 산소를 멀리하세요. ('08)
» fil(e)(= thread 실) + ment(~것) → 실

1711 **harness** **ⓢ equipment, gear** **마구, 갑옷, 장비**

1/1 [há:rnis] n

★☆☆☆☆

출제확률 5.1%

How to climb trees safely using a rope and a harness.
로프와 장비를 이용하여 나무에 안전하게 오르는 방법. ('08)
» 패러글라이딩에서 앉아서 탈 수 있도록 만든 멜빵 의자를 뜻하기도 한다.

1712 **herb** **허브, 풀잎**
1/1 [hə́:rb] n
★☆☆☆☆
출제확률 5.1%

A large basket of herbs rests against the fence to the west.
풀잎으로 가득 찬 큰 바구니가 서쪽을 향해 울타리에 기대어 놓여 있다. ('08)

1713 **imprison** **ⓢ confine, jail, detain** **교도소에 넣다, 투옥하다**
1/1 [imprízn] v
★☆☆☆☆
출제확률 5.1%

You can no longer see a life beyond the invisible walls that imprison you.
당신은 당신을 가두고 있는 보이지 않는 벽 너머의 삶을 더 이상 볼 수 없다. ('08)
» im(= into 넣다) + prison(감옥) → 투옥하다

1714 **index** **지수(지표), 집게손가락, 색인**
1/1 [índeks] n
★☆☆☆☆
출제확률 5.1%

Page numbers became a possibility, as did indexes.
색인이 가능해진 것처럼 페이지 수를 매기는 것이 가능해졌다. ('08)
» in(안에) + dex(말하다, 가리키다) → 내막에 대해 가리키다 → 지수, 지표

1715 **notion** **ⓢ belief, concept, idea** **생각, 개념**
1/1 [nóuʃən] n
★☆☆☆☆
출제확률 5.1%

The notion that the people represented a biologically less evolved form of humanity. 그 사람들이 생물학적으로 덜 진화된 형태의 인류를 대표한다는 생각. ('08)
» not(= know 알다) + ion(~것) → 아는 것

1716 **orbit** **궤도**
1/1 [ɔ́:rbit] n
★☆☆☆☆
출제확률 5.1%

China successfully put its satelite into orbit.
중국은 성공적으로 그들의 위성을 궤도에 올려놓았다.
» orb(원, 구) + it(= go 길, 가다) → 원을 그리며 가는 길 → 궤도

1717 **orphanage** **ⓢ orphan** **고아, 고아원**
1/1 [ɔ́:rfənidʒ] n
★☆☆☆☆
출제확률 5.1%

To pay a visit to an orphanage
고아원에 방문하는 것 ('08)
» pay a visit : ~을 방문하다, 심방하다

1718 **outer** **ⓢ exterior, external ⓢ external, outside, exterior** **과녁 밖의 부분; 밖의**
1/1 [áutər] n, a
★☆☆☆☆
출제확률 5.1%

The outer doors opened, and the aircar slowly eased out into the driving rain.
바깥 문이 열리고 항공기는 천천히 휘몰아치는 빗속으로 천천히 나아갔다. ('08)
» out(밖) + er(~것) → 밖에 있는 것

1719 **overtake** **overtaking** **뒤따라 잡다[빼앗다], 덮치다**
1/1 [òuvərtéik] v
★☆☆☆☆
출제확률 5.1%

Some music is capable of overtaking the mind until it forgets all else.
어떤 노래는 다른 모든 것들을 잊어버릴 때까지 정신을 빼앗을 수 있다. ('08)
» over(넘어) + take(잡다) → 따라잡다

추월, 앞지르기

1720 **perfume** **ⓢ fragrance, scent** **향수, 향기**
1/1 [pə́:rfju:m] n
★☆☆☆☆
출제확률 5.1%

I think we need to put some perfume here because it smells very bad.
제 생각엔 여기 냄새가 너무 역해서 향수를 뿌려야 될 것 같아요.
» per(= through 통과하다) + fume(향, 연기) → 향이 곳곳에 나게함 → 향수

족집게 보카 TEST Day 41

1. 아래의 단어에 맞는 뜻을 골라 선으로 이어주세요.

1678 overbear	ⓐ 교외, 근교
1695 abuse	ⓑ ~을 닮다
1697 ankle	ⓒ 신성한, 바친
1706 depict	ⓓ 최초의, 원시의, 토착의
1691 stun	ⓔ 깃털
1684 resemble	ⓕ 위압하다, 압박하다
1703 commute	ⓖ 아주 사랑하는 (사람)
1687 sacred	ⓗ 기절시키다, 큰 감동을 주다
1709 feather	ⓘ 통근(거리), 통학하다
1694 aboriginal	ⓙ 발목
1700 beloved	ⓚ 묘사하다, 그리다
1698 aspiration	ⓛ 열망, 포부, 염원
1690 stiff	ⓜ 남용; 남용하다, 학대하다
1692 suburb	ⓝ 굳은, 뻣뻣한

2. 아래 문장의 알맞은 뜻을 보기에서 고르세요.

a. Activities like these also enhance the value of hard work and persistence. (　　)
b. Ekman studied the facial reactions of students to aboriginal ritual ceremony. (　　)
c. So be sure to plan days away from its electromagnetic fields. (　　)
d. Your spectator experience will have been a fun one. (　　)
e. I can say this picture drawn by him is stunning. (　　)
f. Everyone was surprised because the tire suddenly went bang. (　　)
g. 'commuting' is the least considered factor for both among the top five. (　　)

보 기

① '통근'은 최상위 다섯 개 요인 중에서 양자가 가장 덜 고려하는 요인이다.
② Ekman은 원시적 종교 행사에 대한 학생들의 얼굴 반응을 연구했다.
③ 그가 그린 이 그림은 정말 멋지다고 말할 수 있다.
④ 이와 같은 활동들은 또한 노력과 인내심의 가치를 높여준다.
⑤ 타이어가 갑자기 펑하고 터져서 모두가 놀랐다.
⑥ 구경꾼으로서 당신의 경험은 재미있을 것이다.
⑦ 그러므로 전자기장에서 며칠 벗어나는 계획을 세워야 한다는 것을 명심하세요.

정답: ④ ② ⑦ ⑥ ③ ⑤ ①

19년간 수능 기출 영단어 10만개를 모조리 통계내어 만든

족집게 보카 Day 42

1721 **plankton** 플랑크톤
1/1 [plǽŋktən] n
★☆☆☆☆
출제확률 5.1%
Plankton will leave beautiful glowing wakes trailing behind you.
플랑크톤은 당신 뒤에 아름답게 빛나는 자국을 남겨 놓을 것이다. ('08)

1722 **prefix** 접두사
1/1 [príːfiks] n
★☆☆☆☆
출제확률 5.1%
What is the most prevalent and perhaps most important prefix of our times?
우리 시대에 가장 보편적이고 가장 중요하다고 할 수 있는 접두사는 무엇인가? ('08)
» pre(앞에) + fix(고정된) → 단어 앞에 고정되어 나오는 것

1723 **pulse** ⓢ **beat, rhythm, vibration** 맥박, 약동; 맥박이 뛰다
1/1 [pʌ́ls] n, v
★☆☆☆☆
출제확률 5.1%
You will cause plankton to release tiny pulses of light.
당신은 플랑크톤이 미세한 빛을 발산할 수 있게끔 할 것이다. ('08)
» puls(치다, 누르다)에서 파생되었다.

1724 **realm** ⓢ **empire, kingdom, domain** 영지, 왕국
1/1 [rélm] n
★☆☆☆☆
출제확률 5.1%
The top rewards go to those who can operate with equal confidence in different realms.
최고의 상은 다양한 영역에서 동일한 자신감을 가지고 일할 수 있는 사람들에게 돌아간다. ('08)
» regal(제왕의) + dom(나라) → 왕국

1725 **roar** **roared** 으르렁거리다
1/1 [rɔ́:r] v
★☆☆☆☆
출제확률 5.1%
Even though it's about 1km away from the forest, we could hear the lion roar.
심지어 1km나 숲에서 떨어져 있었는데도 우리는 사자의 포효를 들을 수 있었다.
» lion roars : 사자가 으르렁거리다
(과거, 과거분사)

1726 **servant** ⓢ **attendant, slave** 고용인, 하인
1/1 [sə́:rvənt] n
★☆☆☆☆
출제확률 5.1%
Colonists necessarily observed that yesterday's 'savage' might be today's servant.
식민지 주민들은 필연적으로 어제의 야만인이 오늘의 종업원이 되는 것을 목격하게 되었다. ('08)
» serve(봉사하다) + ant(사람) → 봉사하는 사람 → 하인

1727 **sundae** 아이스크림선디
1/1 [sʌ́ndei] n
★☆☆☆☆
출제확률 5.1%
He sat at a table and asked me how much an ice cream sundae was.
그는 테이블에 앉아 나에게 아이스크림 선디가 얼마인지 물었다. ('08)
» 유리잔에 아이스크림, 견과류, 시리얼, 시럽 등을 얹힌 것

1728 **tray** 쟁반, 트레이

1/1 [tréi] n

★☆☆☆☆

출제확률 5.1%

How about these tea trays?

이 찻쟁반들은 어떠세요? ('08)

» tree(나무)에서 유래되었다. 초기 쟁반(tray)은 나무로 만들어졌다.

1729 **unambiguous** **unambiguously** 모호하지 않은, 명백한

1/1 [ʌ̀næmbígjuəs] a

★☆☆☆☆

출제확률 5.1%

Identify facial features unambiguously when presented in isolation.

따로 제시되었을 때 얼굴의 이목구비를 명확히 확인하세요. ('08)

» un(아닌) + ambiguous(애매한) → 애매하지 않은, 명백한

분명하게

1730 **workable** Ⓢ **practical** 운용 가능한, 실행 가능한

1/1 [wə́:rkəbl] a

★☆☆☆☆

출제확률 5.1%

Before you begin your business, you need to make a workable plan.

당신은 사업을 시작하기 전에 실행 가능한 계획을 먼저 세울 필요가 있다.

» work(일) + able(~할 수 있는) → 일할 수 있는, 실행 가능한

1731 **awesome** Ⓢ **astonishing, impressive** 멋진, 근사한

1/1 [ɔ́:səm] a

★☆☆☆☆

출제확률 5.0%

I still remember the awesome feeling I had on that day.

나는 그 날에 받은 멋진 느낌을 아직도 기억하고 있다. ('07)

» awe(경외) + some(다소) → 다소 놀랄만한 → 멋진

1732 **barrel** 통, 배럴; 통에 가득 채워넣다

1/1 [bǽrəl] n, v

★☆☆☆☆

출제확률 5.0%

Around them were lots of wooden barrels and boards.

그들 주위에는 많은 목재통과 판자들이 널려 있었다. ('07)

» bar(막대기) + el → 막대기로 만든 것(통)

1733 **broomstick** 빗자루

1/1 [brú:mstìk] n

★☆☆☆☆

출제확률 5.0%

In the game, the players use a broomstick to throw an old bicycle tire.

이 게임에서 선수들은 낡은 자전거 바퀴를 던지기 위해 빗자루를 사용한다. ('07)

» broom(비) + stick(막대기) → 빗자루

1734 **cholesterol** 콜레스테롤

1/1 [kəléstəròul] n

★☆☆☆☆

출제확률 5.0%

Dietary fiber helps to lower the level of cholesterol blood sugar.

식이섬유는 콜레스테롤과 혈당 수치를 낮추는데 도움을 준다. ('07)

» chol(e)(= bile 담즙) + ster(= solid 고체의) + ol(= oil 기름) → 답즙에 있는 고체 지방

1735 **crush** **crushed** 압착; 눌러 부수다, 찌그러뜨리다

1/1 [krʌ́ʃ] n, v

★☆☆☆☆

출제확률 5.0%

Finally, the airplane crushed into the wall and it was broken into pieces.

결국, 그 비행기는 벽에 부딪혀 산산조각났다.

» crash(박살나다)에서 파생되었다.

(과거, 과거분사)

1736 **episode** Ⓢ **incident, experience, occasion** 에피소드, 삽화, 편(방송)

1/1 [épəsòud] n

★☆☆☆☆

출제확률 5.0%

This is the latest episode of the popular soap opera, Forever Love.

이것은 인기있는 드라마인 Forever Love(영원한 사랑)의 최신 편이다. ('07)

» epi(~사이, 위, 뒤, 옆에) + sode(끼워넣는(그림)) → 삽화 → 편

1737 **essence** ⓢ **core, spirit, heart** **본질, 진수, 에센스**

1/1 [ésns] n ★☆☆☆☆ 출제확률 5.0%

Children will fully accept our messages they will become the essence of their character. 인격의 본질이 될 우리의 메시지를 아이들은 완전히 받아들일 것이다. ('07)

» ess는 '존재하다(be)'를 의미한다.

1738 **extracurricular** **정규과정 이외의, 과외의**

1/1 [èkstrəkəríkjələr] a ★☆☆☆☆ 출제확률 5.0%

If you happen to know about the celebrity's 'extracurricular' interest.
만약 당신이 그 유명인사의 '과외' 흥미에 대해 알게 된다면. ('07)

» extra(이 외에) + essential(본질적인) → 본질적인 것 외의 → 과외의

1739 **faucet** ⓢ **tap, cock** **수도 꼭지**

1/1 [fɔ́:sit] n ★☆☆☆☆ 출제확률 5.0%

The company reduced its water use by installing automatic faucets.
그 회사는 자동 수도꼭지를 설치하여 물 소비를 줄였다. ('07)

1740 **forehead** ⓢ **brow** **이마**

1/1 [fɔ́:rid] n ★☆☆☆☆ 출제확률 5.0%

The hat protects the head and forehead from freezing winds.
그 모자는 찬 바람으로부터 이마와 머리를 보호해 준다. ('07)

» fore(앞의) + head(머리) → 머리의 앞부분 → 이마

1741 **fur** **부드러운 털, 모피**

1/1 [fə́:r] n ★☆☆☆☆ 출제확률 5.0%

The bottom of the Nambawi is bordered with fur.
남바위의 끝부분은 부드러운 털로 테를 두르고 있다. ('07)

1742 **grandstand** **특별 관람석, 지붕이 있는 관람석**

1/1 [grǽndstæ̀nd] n ★☆☆☆☆ 출제확률 5.0%

My little feet carried me up the stairs into the grandstands at the car racing stadium.
내 작은 발에 이끌려 자동차 경주장의 특별 관람석으로 가는 계단에 오게 되었다. ('07)

» grand(좋은, 굉장한) + stand(관람석) → 특별 관람석

1743 **greasy** ⓢ **fatty, oily** **기름이 묻은**

1/1 [grí:si] a ★☆☆☆☆ 출제확률 5.0%

No, it's too greasy.
아니요, 그건 너무 기름지네요. ('07)

» grease(기름) + y(~한) → 기름기 있는

1744 **grind** **grinding** **(맷돌 등으로) 갈다**

1/1 [gráind] v ★☆☆☆☆ 출제확률 5.0%

Industrial diamonds are crushed and powdered, and then used in many grinding.
산업용 다이아몬드는 부서지고 가루가 되어 그라인딩(깍기, 갈기)에 사용된다. ('07)

» ⓢ crush, mill, grate

빻기, 빻는

1745 **hydrogen** **수소**

1/1 [hàidrədʒən] n ★☆☆☆☆ 출제확률 5.0%

Developing new technologies for hydrogen engines, wind energy, or solar energy 수소 엔진, 풍력 에너지, 혹은 태양열 에너지 등의 신기술 개발하기 ('07)

» hydro(물) + gen(탄생) → 수소는 물에서 탄생하였다

1746 **intake** Ⓢ **ingestion, ingest, take (in)** **섭취(물), 흡입구**

1/1 [íntèik] n

★☆☆☆☆

출제확률 5.0%

Fiber also helps to lessen calorie intake.

또한 섬유는 칼로리 섭취를 줄이는 데 도움을 준다. ('07)

» in(안으로) + take(취하다) → 섭취

1747 **interrelate** **interrelated** **상호 관계를 갖다 (갖게 하다)**

1/1 [intərriléit] v

★☆☆☆☆

출제확률 5.0%

While design and styling are interrelated, they are completely distinct fields.

디자인과 스타일링은 서로 연관되었지만 이 둘은 완전히 별개의 영역이다. ('07)

» inter(서로) + relate(관련 시키다) → 상호 관계를 갖다

서로 관계가 있는

1748 **liberal** Ⓢ **tolerant, open-minded** **자유주의자, 자유주의의**

1/1 [líbərəl] n, a

★☆☆☆☆

출제확률 5.0%

He has a liberal mind.

그는 자유로운 사고 방식을 가지고 있다.

» liber(수평) + al(~의) → 한쪽에 치우치치 않고 공평한 → 자유

1749 **lifestyle** **생활양식**

1/1 [láifstàil] n

★☆☆☆☆

출제확률 5.0%

Of course. In years to come, this building will have exhibitions about our lifestyles.

물론이죠. 앞으로 몇 년간 이 건물에서 우리의 생활양식과 관련된 전시회가 있을 예정입니다. ('07)

» life(인생, 삶) + style(양식) → 생활양식

1750 **mattress** **매트리스, 침상**

1/1 [mǽtris] n

★☆☆☆☆

출제확률 5.0%

I'm looking for a blanket to go with my mattress covers.

나는 내 매트리스 커버와 어울리는 담요를 찾고 있어요. ('07)

» mat(매트) + ress(명사형 접미사) → 매트리스

1751 **mushroom** **버섯**

1/1 [mʌ́ʃru:m] n

★☆☆☆☆

출제확률 5.0%

Researchers have found a treatment for cancer using wild mushrooms.

연구원들은 야생 버섯을 이용하여 암을 치료하는 방법을 찾아냈다. ('07)

1752 **outlet** Ⓢ **release, medium, channel** **출구, 배출구, 판매 대리점**

1/1 [áutlèt] n

★☆☆☆☆

출제확률 5.0%

The brand has many retail outlets in this country.

그 브랜드는 이 나라에서 많은 유통 판매 대리점을 보유하고 있다.

» out(밖으로) + let(~시키다) → 밖으로 내보내는 곳 → 출구 → 판매 대리점

1753 **pastime** Ⓢ **entertainment, recreation** **오락, 기분전환**

1/1 [pǽstàim] n

★☆☆☆☆

출제확률 5.0%

She will speak to you about it much more freely than about her pastime activities. 그녀는 당신에게 그녀의 여가 활동에 대해 훨씬 더 자유롭게 이야기할 것이다. ('07)

» pass(보내는) + time(시간) → 기분전환

1754 **pioneer** Ⓢ **founder, developer, innovator** **개척자, 선구자**

1/1 [pàiəníər] n

★☆☆☆☆

출제확률 5.0%

Pioneers in human understanding

인간 이해의 선구자들 ('07)

» pion(= pawn 보병) + eer(~사람) → 보병 → 개척자, 선구자

1755 **saint** 성인

1/1 [séint] n

★☆☆☆☆

출제확률 5.0%

Even if this neighbor were a saint, you would be likely to interpret them in different ways.
비록 이 이웃이 성인이라 할지라도 당신은 그들을 다른 방식으로 이해하려고 할 것이다. ('07)
» '신성한'이라는 의미에서 유래되었다.

1756 **seize** ⓢ **grab, capture, apprehend** 붙잡다, 점령하다, 엄습하다

1/1 [sí:z] v

★☆☆☆☆

출제확률 5.0%

It seizes the unsuspecting prey with a lightning-fast snap of the jaws, and swallows.
그것은 낌새를 전혀 알아차리지 못한 먹이를 턱을 이용하여 빛의 속도로 덥석 낚아챈 뒤 삼킨다. ('07)

1757 **sled** 썰매

1/1 [sléd] n

★☆☆☆☆

출제확률 5.0%

Marshall's sled disappeared slowly in the distance.
Marshall의 썰매가 서서히 멀리서 사라져갔다. ('07)
» slide(미끄러지다)에서 유래되었다.

1758 **snowstorm** ⓢ **blizzard** 눈보라

1/1 [snóustɔ:rm] n

★☆☆☆☆

출제확률 5.0%

After the snowstorm, there's a thick fog.
눈보라가 걷힌 후, 짙은 안개가 끼었다. ('07)
» snow(눈) + storm(폭풍) → 눈보라

1759 **solitude** ⓢ **privacy, loneliness** 고독, 외로움

1/1 [sάlətjù:d] n

★☆☆☆☆

출제확률 5.0%

What is so special about walking in the woods or resting in bed? Solitude and relaxation.
숲에서 산책하거나 침대에 누워 쉬는 것의 특별한 점이 무엇인가? 바로 고독과 휴식이다. ('07)
» soli(외로운, 홀로) + tude(상태) → 고독

1760 **warranty** ⓢ **guarantee, assurance, promise** 보증, 보증서

1/1 [wɔ́:rənti] n

★☆☆☆☆

출제확률 5.0%

And how about the warranty period?
그러면 보증 기간은 어떻게 되나요? ('07)
» war(= protect 보호하다) + anty(명접) → 보호하는 것 → 보증서

1761 **amateur** ⓢ **outsider, nonprofessional** 아마추어, 비숙련자

1/1 [ǽmətʃùər] n

★☆☆☆☆

출제확률 5.0%

The most common mistake made by amateur photographers is this.
아마추어 사진작가들이 가장 흔히 저지르는 실수가 이것이다. ('06)
» am(= love ~을 사랑하는) + ate(~하다) + ur(사람) → 무언가를 사랑하는 사람(비전문가)

1762 **assimilation** 동화, 흡수

1/1 [əsìməléiʃən] n

★☆☆☆☆

출제확률 5.0%

This assimilation of Jews into German life caused wide acceptance of the Nazis' racism.
유대인이 독일인의 삶에 동화되면서 나치의 인종차별주의를 폭넓게 수용하게 되었다.
» a(~에) + simil(비슷한) + (a)tion(~것) → ~에 비슷해 지는 것 → 동화

1763 **cocoon** 고치, 보호막

1/1 [kəkú:n] n

★☆☆☆☆

출제확률 5.0%

She wraps herself in a silky cocoon and begins the long transformation to butterfly.
그것(애벌레)은 부드러운 고치로 자신을 감은 뒤 나비가 되기 위한 오랜 변태기간에 돌입한다. ('06)

족집게 보카 TEST Day 42

1. 아래의 단어에 맞는 뜻을 골라 선으로 이어주세요.

1724 realm •	ⓐ 자유주의자, 자유주의의
1739 faucet •	ⓑ 영지, 왕국
1751 mushroom •	ⓒ 본질, 진수, 에센스
1743 greasy •	ⓓ 아이스크림선디
1734 cholesterol •	ⓔ 수도 꼭지
1726 servant •	ⓕ 기름이 묻은
1737 essence •	ⓖ 고용인, 하인
1748 liberal •	ⓗ (맷돌 등으로) 갈다
1744 grind •	ⓘ 정규과정 이외의, 과외의
1727 sundae •	ⓙ 버섯
1738 extracurricular •	ⓚ 상호 관계를 갖다 (갖게 하다)
1747 interrelate •	ⓛ 출구, 배출구, 판매 대리점
1752 outlet •	ⓜ 압착; 눌러 부수다, 찌그러뜨리다
1735 crush •	ⓝ 콜레스테롤

2. 아래 문장의 알맞은 뜻을 보기에서 고르세요.

a. Colonists necessarily observed that yesterday's 'savage' might be today's servant. ( )
b. Dietary fiber helps to lower the level of cholesterol blood sugar. ( )
c. While design and styling are interrelated, they are completely distinct fields. ( )
d. I still remember the awesome feeling I had on that day. ( )
e. The bottom of the Nambawi is bordered with fur. ( )
f. My little feet carried me up the stairs into the grandstands at the car racing stadium. ( )
g. Fiber also helps to lessen calorie intake. ( )

보 기

① 또한 섬유는 칼로리 섭취를 줄이는 데 도움을 준다.
② 식민지 주민들은 필연적으로 어제의 야만인이 오늘의 종업원이 되는 것을 목격하게 되었다.
③ 식이섬유는 콜레스테롤과 혈당 수치를 낮추는데 도움을 준다.
④ 나는 그 날에 받은 멋진 느낌을 아직도 기억하고 있다.
⑤ 내 작은 발에 이끌려 자동차 경주장의 특별 관람석으로 가는 계단에 오게 되었다.
⑥ 남바위의 끝부분은 부드러운 털로 테를 두르고 있다.
⑦ 디자인과 스타일링은 서로 연관되었지만 이 둘은 완전히 별개의 영역이다.

정답: ② ③ ⑦ ④ ⑥ ⑤ ①

You can do it!

Yes, I can.

족집게 보카 Day 43

1764 **component** ⓢ **element, part, ingredient** 구성요소

1/1 [kəmpóunənt] n

★☆☆☆☆

출제확률 5.0%

Meeting these conditions requires making highly efficient electrical components.

이러한 조건을 충족시키려면 고효율의 전기 부품을 만들어야 한다. ('06)

» com(함께) + pon(= put 놓인, 있는) + ent(~것) → 함께 놓인 것 → 구성요소

1765 **confine** **confined** 경계, 한도; 가두다

1/1 [kənfáin] n, v

★☆☆☆☆

출제확률 5.0%

Knowledge of writing was confined to professionals who worked for the king or temple. 글 쓰는 지식은 궁이나 사원에서 일하는 전문가들에게만 주어졌다. ('06)

» con(함께) + fine(끝내다) → 모두에게 주어진 경계 → 경계, 한도

사방이 막힌, 좁은(공간)

1766 **dawn** ⓢ **origin, beginning, genesis** 새벽; 시작되다

1/1 [dɔ́:n] n, v

★☆☆☆☆

출제확률 5.0%

It was near the hour of dawn.

새벽녘이 가까워졌다. ('06)

» day(날)에서 파생되었다.

1767 **drag** ⓢ **draw, trail, haul** 질질 끌다

1/1 [drǽg] v

★☆☆☆☆

출제확률 5.0%

Sometimes they discover parts that seem to drag.

그들은 때때로 질질 끄는 부분을 찾아낸다. ('06)

» draw(끌다)에서 파생되었다.

1768 **enlighten** **enlightened** 계몽하다, 무지에서 벗어나게 하다

1/1 [inláitn] v

★☆☆☆☆

출제확률 5.0%

There are only a few enlightened people with a clear mind.

맑은 정신으로 깨어있는 사람은 소수에 불과하다. ('06)

» en(~하게하다, 만들다) + lighten(밝게하다) → 무언가를 밝힘 → 계몽시키다

계몽된

1769 **federal** 동맹의, 연방의

1/1 [fédərəl] a

★☆☆☆☆

출제확률 5.0%

The craft's design is from the Swiss Federal Institute of Technology.

그 비행기는 스위스 연방 과학 기술 협회에서 설계되었다. ('06)

» fed(믿다) + al(~한) → 믿는 → 동맹의

1770 **forearm** 팔뚝

1/1 [fɔ́:rὰ:rm] n

★☆☆☆☆

출제확률 5.0%

Next, make bigger circles with your forearms.

다음은, 당신의 팔뚝을 이용해 더 큰 원을 만드세요. ('06)

» fore(앞에) + arm(팔) → 팔의 앞부분 → 팔뚝

1771 **lever**

1/1 [lévər] n

★☆☆☆☆

출제확률 5.0%

레버, 지레

You have to open the doors yourself by depressing a lever or sliding them.
레버를 누르거나 밀어서 네 스스로 문을 열어야 한다. ('06)
» leve(~을 올리다) + er(~것) → 올려주는 것 → 지레

1772 **ligament**

1/1 [lígəmənt] n

★☆☆☆☆

출제확률 5.0%

줄, 끈, 인대

Players may suffer arm and ligament injuries as they swing harder.
선수들이 스윙을 더욱 세게할 때 팔과 인대에 부상을 입을 수 있다. ('06)

1773 **load**

1/1 [lóud] n, v

★☆☆☆☆

출제확률 5.0%

loaded **짐; 짐을 싣다**

He always has the newest model loaded with the latest features and services.
그는 항상 최신 사양과 서비스를 갖춘 최신 모델을 가지고 있다. ('06)
» reload는 re(다시) + load(싣다)로, 총알이 떨어졌을 때 '재장전 하다'라는 의미로 사용된다.
(짐을) 실은, 가득한

1774 **misplace**

1/1 [mispléis] v

★☆☆☆☆

출제확률 5.0%

misplaced **잘못 두다**

Out of misplaced fears of diversity or haste to force their assimilation
다양성에 대한 잘못된 두려움이나 그들을 강제로 동화시키려는 서두름으로 인해 ('06)
» mis(잘못) + place(두다, 위치하다) → 잘못 두다
잘못된

1775 **monotonous**

1/1 [mənátənəs] a

★☆☆☆☆

출제확률 5.0%

ⓢ **repetitious, dull** **단조로운**

What a person thinks on his own is at best insignificant and monotonous.
사람이 자기 혼자 생각하는 것은 기껏해야 하찮거나 단조로운 것들 뿐이다. ('06)
» mono(하나의) + tone(색, 톤) + ous(~운) → 단색의 → 단조로운

1776 **nonsense**

1/1 [nánsens] n

★☆☆☆☆

출제확률 5.0%

ⓢ **rubbish, crap, garbage** **무의미, 터무니없는 생각**

Today's physicists say, "This is nonsense".
오늘날의 물리학자들은 "이것은 말도 안됩니다"라고 말한다. ('06)
» non(없는) + sense(감각,분별) → 터무니 없는

1777 **oval**

1/1 [óuvəl] a

★☆☆☆☆

출제확률 5.0%

ⓢ **egg-shaped** **타원형(의)**

The breadfruit is an oval fruit that grows on the tropical islands in the Pacific Ocean. 빵나무 열매는 태평양 열대 섬에서 자라는 타원형 열매이다. ('06)
» ov(= egg 달걀) + al(~의) → 달걀 모양의 → 타원형의

1778 **panel**

1/1 [pǽnl] n

★☆☆☆☆

출제확률 5.0%

패널, 판, 금속판

In order to generate enough electricity from solar electric panels on the tops of its wings 날개 위에 달린 태양열 판에서 충분한 전기를 생산하기 위해 ('06)

1779 **plumber**

1/1 [plʌ́mər] n

★☆☆☆☆

출제확률 5.0%

배관공

Really? Did you call a plumber?
정말요? 배관공을 불렀나요? ('06)
» plumb(파헤치다) + er(사람) → 땅을 파헤치는 사람 → 배관공

1780 **pulp**

1/1 [pʌ́lp] n

★☆☆☆☆

출제확률 5.0%

ⓢ **meat** **과육, 연한 덩어리, 펄프**

The pulp of breadfruit looks and feels much like new bread.

빵열매 과육의 모양과 촉감은 신선한 빵과 정말 비슷하다. ('06)

1781 **punctual**

1/1 [pʌ́ŋktʃuəl] a

★☆☆☆☆

출제확률 5.0%

punctually **시간을 지키는**

Punctually as always, she heard the car approach and stepped outside.

여느 때처럼 정시에, 그녀는 밖에서 차가 다가와 멈추는 소리를 듣고 밖에 나가보았다. ('06)

» punct(= point 찌르는) + al(~한) → ~을 날카롭게 찌르는 → 시간을 칼 같이 지킴

정각에

1782 **recipe**

1/1 [résəpi] n

★☆☆☆☆

출제확률 5.0%

요리(조리)법, 처방전

To give her a recipe

그녀에게 요리법을 알려주기 위해 ('06)

» re(강조) + cip(= take) → (의사로부터) 받은 것 → 처방전 → 요리법

1783 **redo**

1/1 [rì:dú:] v

★☆☆☆☆

출제확률 5.0%

redid **다시 하다**

You redid your office. I like your new desk.

사무실을 다시 꾸몄군요. 전 당신의 새 책상이 마음에 들어요. ('06)

» re(다시) + do(하다) → 다시하다

(과거형)

1784 **sideboard**

1/1 [sáidbɔ̀:rd] n

★☆☆☆☆

출제확률 5.0%

식기대, 찬장, 측면부

On the sideboard behind her, two tall glasses, soda water, champagne.

그녀 뒤에있는 식기에는 큰 글래스 2잔에 소다수와 샴페인이 담겨져 있었다. ('06)

» side(옆) + board(판자) → 측면에 있는 판자 → 식기대, 찬장

1785 **spill**

1/1 [spíl] v

★☆☆☆☆

출제확률 5.0%

spilled **엎지르다, 흩뜨리다**

Somebody spilled juice all over the bench.

누가 벤치에 온통 쥬스를 흘려놨다. ('06)

» spoil(망치다)에서 유래되었다.

(과거, 과거분사)

1786 **spoil**

1/1 [spɔ́il] v

★☆☆☆☆

출제확률 5.0%

ⓢ **decay, go off, rot** **망치다, 상하게 하다**

Spare the rod and spoil the child.

매를 아끼면 아이를 망친다. (귀한 자식 매 한 대 더 때린다.)

» spoil the sport : 흥을 깨뜨리다, 분위기를 망치다

1787 **stubborn**

1/1 [stʌ́bərn] a

★☆☆☆☆

출제확률 5.0%

stubbornly **완고한, 고집 센**

Yet the vast majority of Americans remain stubbornly monolingual.

아직도 대다수의 미국인이 고집스럽게 1개 국어를 사용하고 있다. ('06)

» stub(그루터기) + orn(~한) → 그루터기처럼 움직이지 않는 → 고집 센

완강하게

1788 **submit**

1/1 [səbmít] v

★☆☆☆☆

출제확률 5.0%

ⓢ **hand in, present** **제출하다, 복종시키다**

I want to submit my new application tomorrow.

저는 신규 신청서를 내일 제출하고 싶습니다. ('06)

» sub(= under 아래로) + mit(= send 보내다) → 내 아래가 되니, 복종시키는 것이다

1789 **telegraphic** 전신의, 전신기의

1/1 [tèligrǽfik] a

★☆☆☆☆

출제확률 5.0%

It was a mere telegraphic shorthand.

그것은 단순한 전신 속기였다. ('06)

» tele(멀리) + graph(쓰다) + ic(~의, ~한) → 멀리 써 보내는

1790 **temple** Ⓢ **church, sanctuary, shrine** 신전, 성당

1/1 [témpl] n

★☆☆☆☆

출제확률 5.0%

The temple we're going to visit today was built about 600 years ago.

오늘 우리가 방문할 사찰은 600년 전에 지어진 것입니다. ('06)

» temp(= moderate 절제하다) + le(~것) → 절제하는 곳

1791 **terminate** Ⓢ **complete, conclude, discontinue** 끝내다, 종결시키다

1/1 [tə́:rmənèit] v

★☆☆☆☆

출제확률 5.0%

The subjects had the ability to terminate the noise with a "panic button".

피실험자들은 "비상버튼"을 눌러 그 소음을 중단시킬 수 있었다. ('06)

» termin(끝, 한계) + ate(하다) → 끝내다, 종결시키다

1792 **torso** 몸통, 토르소

1/1 [tɔ́:rsou] n

★☆☆☆☆

출제확률 5.0%

Your hand is connected to your whole arm, the arm to the torso.

당신의 손은 팔 전체와 연결되어 있고 팔은 몸통에 연결되어 있다. ('06)

» 토르소란 머리, 손, 발이 없이 몸통만 있는 나체 조상을 의미한다

1793 **tuition** 수업, 수업료

1/1 [tju:íʃən] n

★☆☆☆☆

출제확률 5.0%

You don't need to pay your tuition.

당신은 수업료를 지불할 필요가 없다. ('06)

» tuit(= look after 돌보다) + ion(~것) → 돌봄 → 지도 → 학비

1794 **tumble** Ⓢ **fall, plunge, slump** 엎드러지다, 넘어지다, 구르다

1/1 [tʌ́mbl] v

★☆☆☆☆

출제확률 5.0%

He slips, falls down, has trouble getting up, gets his skis crossed, tumbles.

그는 미끄러지고 넘어져서 못 일어나는데, 스키가 겹치면서 넘어진다. ('06)

» 어렸을 때 타던 '텀블링'이 tumbling이다. 공중제비라는 뜻.

1795 **undergo** Ⓢ **endure, bear, sustain** (특이한, 안 좋은 일을) 겪다, 받다

1/1 [ʌ̀ndərgóu] v

★☆☆☆☆

출제확률 5.0%

Learning to ski is one of the most humbling experiences an adult can undergo.

어른들이 겪는 경험 중에 가장 겸손하게 만드는 것 중 하나가 스키를 배우는 것이다. ('06)

» under(아래로, 이하로) + go(가다, 겪다) → (기대)이하의 일을 겪음

1796 **veil** **veiling** 베일, 면사포, 덮개; 베일에 씌우다

1/1 [véil] n, v

★☆☆☆☆

출제확률 5.0%

A light mist lay along the earth, partly veiling the lower features of the landscape.

지면에 깔려있는 옅은 안개는 저지대의 풍경을 부분적으로 가리고 있다. ('06)

» Ⓢ cover, film, curtain

베일, 베일로 덮기

1797 **ancestor** Ⓢ **forefather, predecessor, forerunner** 선조, 조상

1/1 [ǽnsestər] n

★☆☆☆☆

출제확률 5.0%

Our ancestors inhabited an innocent world where news didn't travel far beyond the village.

우리의 조상들은 마을너머 멀리까지 소식이 전해지지 않는, 때 묻지 않은 세계에 살았다. ('05)

» an(먼저) + cest(= go 가다) + or(사람) → 먼저 간 사람 → 조상

1798 **annual** 1/1 [ǽnjuəl] a ★☆☆☆☆ 출제확률 5.0%

ⓢ **yearly, once a year** 1년의, 해마다

Welcome to the 10th annual "Hand-in-Hand Show". My name is Bill Richards.
제 10주년 "손에 손잡고 쇼"에 오신 여러분을 환영합니다. 제 이름은 Bill Richards입니다. ('05)
» ann(= year 해) + ual(의) → 해의, 1년의

1799 **bacteria** 1/1 [bæktíəriə] n ★☆☆☆☆ 출제확률 5.0%

ⓢ **viruses, germs, microbes** 박테리아

Our bodies have the natural ability to fight off bacteria when they enter our bodies.
우리의 몸에는 박테리아가 침투하면 스스로 싸울 수 있는 자연적인 능력이 있다. ('05)
» bac(ter)(= stick 막대기) + ia(~것) → 막대기를 닮은 것(생물) → 박테리아

1800 **ballpark** 1/1 [bɔ́:lpὰ:rk] n, a ★☆☆☆☆ 출제확률 5.0%

ⓢ **baseball park, baseball field** 야구장; 대략적인(양, 액수)

And then he walked out of the ballpark into the night.
그리고 나서 그는 야구장을 빠져나가 어둠 속으로 사라졌다. ('05)
» ball(공) + park(공원) → 공을 가지고 노는 공원 → 야구장

1801 **basin** 1/1 [béisn] n ★☆☆☆☆ 출제확률 5.0%

대야, 웅덩이, 유역, 분지

Kathmandu sits almost in the middle of a basin.
카트만두는 분지 거의 중앙에 위치해 있다. ('05)
» base(밑, 기반)에 있는 부분 및 지역

1802 **beep** 1/1 [bí:p] n ★☆☆☆☆ 출제확률 5.0%

ⓢ **peep, toot** 삑(소리음)

Just hold down the 'alarm set' button for three seconds until you hear a beep.
그냥 삑 소리가 들릴 때까지 '알람 셋' 버튼을 3초간 누르세요. ('05)
» hold down : ~를 누르다, 억제하다

1803 **coherent** 1/1 [kouhíərənt] a ★☆☆☆☆ 출제확률 5.0%

ⓢ **consistent, logical, systematic** 일관성 있는, 논리 정연한

Our goal is to make it a visually coherent work of art.
우리의 목표는 그것을 시각적으로 일관성 있는 예술 작품으로 만드는 것이다. ('05)
» co(함께) + here(= stick 들러붙는) + nt(~한) → 함께 들러붙는 → (말이 서로 맞아) 논리 정연한

1804 **contract** 1/1 [kάntrækt] n ★☆☆☆☆ 출제확률 5.0%

contractor 계약

When the roof leaks, only the parent worries about what contractor to employ.
지붕에 물이 새면, 부모만이 어떤 업자를 고용해서 고칠지 고민한다. ('05)
» con(함께) + tract(끌어내다) → 계약

계약자

1805 **cube** 1/1 [kjú:b] n ★☆☆☆☆ 출제확률 5.0%

ⓢ **dice** 정육면체, 입방체

They are small cubes and each side has a different number of spots on it.
그것들은 작은 정육면체이며 각 면에 각기 다른 점으로 된 숫자들이 있다. ('05)

1806 **curry** 1/1 [kə́:ri] n ★☆☆☆☆ 출제확률 5.0%

카레

I was going to make curry chicken for dinner.
오늘 저녁식사를 위해 카레 치킨을 만들려고 했다. ('05)

족집게 보카 TEST Day 43

1. 아래의 단어에 맞는 뜻을 골라 선으로 이어주세요.

1767 drag	ⓐ 짐; 짐을 싣다
1791 terminate	ⓑ 신전, 성당
1794 tumble	ⓒ 전신의, 전신기의
1790 temple	ⓓ 팔뚝
1789 telegraphic	ⓔ 엎드러지다, 넘어지다, 구르다
1785 spill	ⓕ 시간을 지키는
1780 pulp	ⓖ 엎지르다, 흩뜨리다
1778 panel	ⓗ 완고한, 고집 센
1787 stubborn	ⓘ 패널, 판, 금속판
1773 load	ⓙ 끝내다, 종결시키다
1781 punctual	ⓚ 다시 하다
1768 enlighten	ⓛ 질질 끌다
1783 redo	ⓜ 계몽하다, 무지에서 벗어나게 하다
1770 forearm	ⓝ 과육, 연한 덩어리, 펄프

2. 아래 문장의 알맞은 뜻을 보기에서 고르세요.

a. A light mist lay along the earth, partly veiling the lower features of the landscape. (　　)
b. On the sideboard behind her, two tall glasses, soda water, champagne. (　　)
c. Punctually as always, she heard the car approach and stop outside. (　　)
d. Today's physicists say, "This is nonsense". (　　)
e. It was a mere telegraphic shorthand. (　　)
f. Your hand is connected to your whole arm, the arm to the torso. (　　)
g. He always has the newest model loaded with the latest features and services. (　　)

보 기

① 그녀 뒤에있는 식기에는 큰 글래스 2잔에 소다수와 샴페인이 담겨져 있었다.
② 여느 때처럼 정시에, 그녀는 밖에서 차가 다가와 멈추는 소리를 들었다.
③ 그는 항상 최신 사양과 서비스를 갖춘 최신 모델을 가지고 있다.
④ 당신의 손은 팔 전체와 연결되어 있고 팔은 몸통에 연결되어 있다.
⑤ 오늘날의 물리학자들은 "이것은 말도 안됩니다"라고 말한다.
⑥ 그것은 단순한 전신 속기였다.
⑦ 지면에 깔려있는 옅은 안개는 저지대의 풍경을 부분적으로 가리고 있다.

정답: ⑦ ① ② ⑤ ⑥ ④ ③

19년간 수능 기출 영단어 10만개를 모조리 통계내어 만든

족집게 보카 Day 44

1807 **dimension** **dimensional** **차원**

1/1 [diménʃən] n

★☆☆☆☆

출제확률 5.0%

Recently, three-dimensional TVs are getting more popular and popular.

3차원 TV가 최근 인기가 더해지고 있다.

» three-dimensional : 3차원의

~차원의

1808 **edible** **식용의, 식용에 적합한**

1/1 [édəbl] a

★☆☆☆☆

출제확률 5.0%

With his edible produce sculptures, Elffers hopes to share that joy.

Elffers는 그가 만든 식용 조각들과 함께 즐거움을 나누길 희망한다. ('05)

» eat(먹다) + able(~할 수 있는) → 먹을 수 있는

1809 **firelight** Ⓢ **glow, light, flash** **(벽)난로 불빛**

1/1 [fáiərlàit] n

★☆☆☆☆

출제확률 5.0%

We gathered our group members and sit by the firelight.

우리는 그룹 구성원들을 모아 난로 옆에 앉았다.

» fire(불) + light(빛) → 불빛

1810 **gamble** **gambling** **노름; 도박을 하다**

1/1 [gǽmbl] n, v

★☆☆☆☆

출제확률 5.0%

Today they are used in gambling and other games of chance.

오늘날 그것들은 도박이나 운을 이용하는 오락에 사용된다. ('05)

» game(게임, 함께)에서 파생되었다.

도박

1811 **lifelong** Ⓢ **persistent, long-lasting** **일생의**

1/1 [láifló:ŋ] a

★☆☆☆☆

출제확률 5.0%

Fueled by a lifelong love of literature, Gonzales has written many literature books.

일생에 걸쳐 문학에 대한 사랑으로 가득 찼던 곤잘레스는 다수의 문학 서적을 집필했다. ('05)

» life(인생, 삶) + long(~동안, 기간) → 일생 동안

1812 **marble** **대리석**

1/1 [má:rbl] n

★☆☆☆☆

출제확률 5.0%

Michelangelo looked at a block of marble and saw a man.

미켈란젤로는 대리석 한 덩어리와 한 남자를 보았다. ('05)

» mar(놀라다) + ble → 사람을 놀랠 정도로 훌륭한 돌

1813 **navigate** **navigator** **항해하다, 조종하다**

1/1 [nǽvəgèit] v

★☆☆☆☆

출제확률 5.0%

A clock that worked at sea and put accurate time in a navigator's pocket

바다에서도 작동하고, 항해사에게 정확한 시간을 알려주는 시계 ('05)

» nav(배) + ate(~하다) → 배를 움직이다 → 항해하다

항해사

1814 **pendulum** 진자, 시계추

1/1 [péndʒuləm] n

★☆☆☆☆

출제확률 5.0%

The pendulum in the hall is moving back and forth.

그 홀에 있는 시계추는 앞뒤로 움직이고 있다.

» pend(매달리다, 늘어뜨리다) + lum(~것) → 매달아 놓은 것

1815 **peninsula** 반도

1/1 [pənínsjulə] n

★☆☆☆☆

출제확률 5.0%

People speaking Korean have long been limited mostly to those from the peninsula.

한국어를 구사하는 사람들은 오랫동안 주로 한반도 사람들로 한정되어왔다. ('05)

» pen(= almost 거의) + insul(a)(= island 섬) → 거의 섬(섬 처럼 바다로 둘러싸인 곳) → 반도

1816 **reform** **reformed** 개혁; 개혁하다, 개정하다

1/1 [ri:fɔ́:rm] n, v

★☆☆☆☆

출제확률 5.0%

Artists during the Renaissance reformed painting.

르네상스 시대의 예술가들은 그림을 개혁했다. ('05)

» re(다시) + form(형태) → 형태를 다시 함

개량된, 개선된

1817 **rumor** 소문; 소문을 내다

1/1 [rú:mər] n, v

★☆☆☆☆

출제확률 5.0%

Ever since the coming of television, there has been a rumor that the novel is dying. 텔레비젼이 등장하면서 소설이 죽어간다는 소문이 있었다. ('05)

» ever since : ~이후로 줄곧

1818 **saddle** 안장

1/1 [sǽdl] n

★☆☆☆☆

출제확률 5.0%

A dissatisfied horse asked the gods for a saddle that would grow upon the horse. 만족하지 못하는 한 말이 신들에게 자신과 함께 크는 안장을 달라고 요청했다. ('05)

» sad(= sit 앉다) + le(~것) → 앉는 것

1819 **scout** ⓢ **watch, observe, probe** 정찰병, 스카우트

1/1 [skáut] n

★☆☆☆☆

출제확률 5.0%

They are our scouts, going secretly over the border to bring back priceless information.

그들은 우리의 정찰병인데 매우 귀중한 정보를 얻어오기 위해 비밀리에 국경을 넘어간다. ('05)

» bring back : ~을 가지고 돌아오다

1820 **shrug** **shrugged** 어깨를 으쓱하다

1/1 [ʃrʌ́g] v

★☆☆☆☆

출제확률 5.0%

He just shrugged and said, "sorry, kid."

그는 어깨를 으쓱하며 "얘야, 미안하다 라고" 말했다. ('05)

» 불쾌, 의심, 놀람, 냉소 등의 표현을 할 때 사용한다.

(과거, 과거분사)

1821 **sparkle** **sparkling** 불꽃, 불똥, 섬광; 불꽃을 튀기다

1/1 [spá:rkl] n, v

★☆☆☆☆

출제확률 5.0%

The city of Kathmandu, which looks out on the sparkling Himalayas

반짝거리는 히말라야 산맥이 바라 보이는 카트만두 시 ('05)

» spark(불꽃) + le(동접) → 불꽃(을 튀기다)

반짝거리는

1822 **straw** 짚, 밀짚, 빨대

1/1 [strɔ́:] n

★☆☆☆☆

출제확률 5.0%

Do you sell straw hats, too?

밀짚 모자도 파세요? ('05)

» straw hat : 밀짚모자

1823 **sundial** 해시계

1/1 [sʌ́ndàiəl] n

★☆☆☆☆

출제확률 5.0%

For centuries, sundials inaccurately told us all we needed to know about time.

수 세기 동안 해시계는 우리가 알고자 하는 시간에 대해 부정확한 정보를 주었다. ('05)

» sun(해) + dial(숫자판) → 해를 이용한 시계

1824 **supreme** ⓢ **greatest, ultimate** 최고의

1/1 [səprí:m] a

★☆☆☆☆

출제확률 5.0%

You are in a state of supreme delight.

당신은 최고로 기쁜 상태에 도달해 있다. ('05)

» supr(= super ~위의, 최고의) + (e)me(~의, ~한)

1825 **take-out** 꺼내다, 데리고 나가다

1/1 [téik-àut] v

★☆☆☆☆

출제확률 5.0%

I know how much you love Chinese food, so I'm thinking about picking up some take-out.

저도 당신이 중국음식을 얼마나 좋아하는지 알기 때문에 음식을 좀 포장해 가려고 합니다. ('05)

» take(가지고) + out(밖으로) → 밖으로 가지고 나가다

1826 **tease** **teased** 놀리다, 못살게 굴다

1/1 [tí:z] v

★☆☆☆☆

출제확률 5.0%

He teased me saying, "Wow, you look like you're 11."

그는 나를 놀리며, "와 너 11살짜리 아이같아 보여."라고 말했다. ('05)

» ⓢ provoke, ridicule, mock

(과거, 과거분사)

1827 **timepiece** ⓢ **clock, watch** 시계

1/1 [táimpì:s] n

★☆☆☆☆

출제확률 5.0%

Galileo and Pascal, had theorized about, but failed to build, better timepieces.

갈릴레오와 파스칼은 이론적으로 더 나은 시계를 고안했지만 실제 완성하지는 못했다. ('05)

» time(시간) + piece(조각, 한 개) → 시계

1828 **twofold** ⓢ **double, twice** 2배의, 이중의; 2배로

1/1 [tú:fòuld] a, ad

★☆☆☆☆

출제확률 5.0%

The cost of a dozen roses rose twofold or more as a result of high demand.

수요 증가로 인해 장미 12송이 값이 2배 이상 올랐다. ('05)

» two(둘) + fold(접다) → 두 번 접으니 (굵기가) 2배가 되었다.

1829 **widespread** ⓢ **extensive, universal, broad** 널리 알려진, 광범위한

1/1 [wáidspréd] a

★☆☆☆☆

출제확률 5.0%

He noticed a widespread hunger for reading in the community.

그는 독서에 대한 갈망이 그 지역 사회에 널리 퍼진 것을 알게 되었다. ('05)

» wide(널리) + spread(퍼진) → 널리 알려진

1830 **year-round** 1년 내내(의)

1/1 [jíər-ráund] a, ad

★☆☆☆☆

출제확률 5.0%

She works hard to increase donations all-year-round.

그녀는 1년 내내 기부금을 늘리려고 열심히 노력했다. ('05)

» year(년) + round(처음부터 끝까지) → 1년 내내

1831 **boil** **boiled** 끓다

1/1 [bɔ́il] v

★☆☆☆☆

출제확률 5.0%

They are steamed, boiled, and then washed.

그것들은 쪄지고, 삶아지고, 씻겨졌다. ('04)

끓은

1832 **clinic** 진료소, 개인(전문) 병원

1/1 [klínik] n ★☆☆☆☆ 출제확률 5.0%

Yesterday, James dropped by an animal clinic.
어제 James는 동물병원에 들렀다.
» drop by : ~에 들리다

1833 **confront** ⓢ **challenge, tackle, face** 직면하다

1/1 [kənfrʌ́nt] v ★☆☆☆☆ 출제확률 5.0%

Destruction of natural habitats caused some wild plants confront to an uncertain future. 자연서식지의 파괴는 일부 야생 식물들의 미래를 불투명하게 만들었다. ('04)
» con(서로, 함께) + front(마주치다) → 직면하다

1834 **diaper** 기저귀, 마름모꼴 무늬

1/1 [dáiəpər] n ★☆☆☆☆ 출제확률 5.0%

We noticed our friend talking on the phone while changing her baby's diaper.
우리는 친구가 전화통화를 하면서 아이의 기저귀를 갈아 주고 있다는 것을 알게 되었다. ('04)
» dia(강조) + ap(= alp 하얀) → 하얀 것 → 기저귀

1835 **fascinate** **fascinated** 매혹시키다, 주의를 끌다

1/1 [fǽsənèit] v ★☆☆☆☆ 출제확률 5.0%

They are fascinated by the beauty of these plants and have been motivated to conserve. 그들은 이 식물들의 아름다움에 매료되어 보존하고자 하는 동기를 갖게 되었다. ('04
» fasc(in)(= speak) + ate(~하다) → 말하다 → (말함으로써) 매혹시키다
매혹된, 매료된

1836 **indivisible** 나눌 수 없는

1/1 [ìndəvízəbl] a ★☆☆☆☆ 출제확률 5.0%

We find that they and we are indivisible.
그들과 우리는 뗄레야 뗄 수 없는 관계임을 알게되었다. ('04)
» in(없다) + divisible(나눌 수 있는) → 나눌 수 없는

1837 **launch** **launched** 발사; 진수하다, 발사하다

1/1 [lɔ́:ntʃ] n, v ★☆☆☆☆ 출제확률 5.0%

They have launched efforts to preserve wild plants for generations to come.
그들은 다음 세대들을 위해 야생 식물을 보존하려는 노력을 시작했다. ('04)
» generation to come : 다가올 세대
(과거, 과거분사)

1838 **lick** **licking** 핥아먹기; 핥다, 쉽게 이기다

1/1 [lík] n, v ★☆☆☆☆ 출제확률 5.0%

I can see it hurts. The dog is licking it.
아파 보이네요. 강아지가 거기를 핥고 있어요. ('04)
» ⓢ taste, tongue
(현재분사)

1839 **limp** **limping** 절뚝거리다

1/1 [límp] v ★☆☆☆☆ 출제확률 5.0%

He's been limping for two days.
그는 이틀간 절뚝거렸다. ('04)
» ⓢ stagger, stumble, hobble
절름발이

1840 **majestic** ⓢ **grand, superb, magnificent** 장엄한, 웅장한, 위엄 있는

1/1 [mədʒéstik] a ★☆☆☆☆ 출제확률 5.0%

All the grace and beauty had gone out of the majestic river.
그 웅장했던 강의 모든 영광과 아름다움은 사라져버렸다. ('04)
» major(주요한)에서 파생되었다. * go out of : ~에서 없어지다

1841 **minimize** ⓢ **reduce, diminish, curtail** **최소화 하다, 축소하다**

1/1 [mínəmàiz] v
★☆☆☆☆
출제확률 5.0%

They have made their stores bigger to minimize time spent shopping.
그들은 쇼핑시간을 최소화하기 위해 점포를 더 크게 만들었다. ('04)
» mini(작은) + ize(~화하다) → 최대한 작게하다

1842 **mop** ⓢ **wipe, sponge, clean** **마포 걸레; 닦다**

1/1 [máp] n, v
★☆☆☆☆
출제확률 5.0%

After feeding my brother and me breakfast, she would scrub, mop, and dust everything.
나와 내 동생(혹은 형)에게 아침을 해준 뒤, 그녀는 모든 걸 문지르고, 닦고, 턴다. ('04)

1843 **needle** ⓢ **annoy, provoke, irritate** **바늘; 신경을 건드리다**

1/1 [ní:dl] n, v
★☆☆☆☆
출제확률 5.0%

Can I borrow a needle?
바늘을 빌릴 수 있을까요? ('04)

1844 **psycho-social** **정신 사회적인**

1/1 [sàikou-sóuʃəl] a
★☆☆☆☆
출제확률 5.0%

Erik Erikson, well-known for his psycho-social development theory
정신 사회적 발달 이론으로 유명한 Erik Erikson 씨 ('04)
» psycho(정신의) + social(사회적인) → 정신 사회적인

1845 **roam** ⓢ **travel, wander, rove** **돌아다니다, 거닐다**

1/1 [róum] v
★☆☆☆☆
출제확률 5.0%

Such long-distance communication is a must for animals that roam over wide areas. 이러한 장거리 의사소통은 넓은 영역을 돌아다니는 동물들에게는 필수 조건이다. ('04)

1846 **scrub** ⓢ **rub, polish, cleanse** **문지르다, 청소하다**

1/1 [skrʌ́b] v
★☆☆☆☆
출제확률 5.0%

If you have a chance to see the log, please scrub it with this.
만약 그 통나무를 보게되면 이걸로 문질러 주세요.
» sc(= scratch 긁다) + rub(문지르다) → 문지르다, 청소하다

1847 **stationary** ⓢ **static** **문구류; 움직이지 않는**

1/1 [stéiʃənèri] n, a
★☆☆☆☆
출제확률 5.0%

No, she's on the stationary bike.
아니오, 그녀는 헬스용 자전거(고정된 자전거)를 타고 있어요. ('04)
» sta(서다) + tionary(것) → 가만히 서 있는 것들

1848 **anniversary** **기념일**

1/1 [ænəvə́:rsəri] n
★☆☆☆☆
출제확률 5.0%

Today is Susan's 30th wedding anniversary as well.
오늘은 수잔의 30번 째 결혼 기념일이기도 합니다. ('03)
» anni(= year 해) + vers(= turn 돌아오는) + ary(~것) → 해마다 돌아오는 것

1849 **applause** ⓢ **praise, cheers, big hand** **박수(갈채), 칭찬**

1/1 [əplɔ́:z] n
★☆☆☆☆
출제확률 5.0%

Show your appreciation by giving the speaker a big round of applause.
감사의 의미로 연설자에게 큰 박수 부탁드립니다. ('03)
» round of applause : 큰 박수 갈채

족집게 보카 TEST Day 44

1. 아래의 단어에 맞는 뜻을 골라 선으로 이어주세요.

1811 lifelong	ⓐ 진료소, 개인(전문) 병원
1817 rumor	ⓑ 일생의
1825 take-out	ⓒ 직면하다
1833 confront	ⓓ 핥아먹기; 핥다, 쉽게 이기다
1809 firelight	ⓔ 꺼내다, 데리고 나가다
1820 shrug	ⓕ 나눌 수 없는
1832 clinic	ⓖ 어깨를 으쓱하다
1823 sundial	ⓗ 차원
1807 dimension	ⓘ (벽)난로 불빛
1828 twofold	ⓙ 1년 내내(의)
1836 indivisible	ⓚ 소문; 소문을 내다
1830 year-round	ⓛ 해시계
1838 lick	ⓜ 절뚝거리다
1839 limp	ⓝ 2배의, 이중의; 2배로

2. 아래 문장의 알맞은 뜻을 보기에서 고르세요.

a. A dissatisfied horse asked the gods for a saddle that would grow upon the horse. (　　)
b. Michelangelo looked at a block of marble and saw a man. (　　)
c. Fueled by a lifelong love of literature, Gonzales has written many literature books. (　　)
d. Yesterday, James dropped by an animal clinic. (　　)
e. For centuries, sundials inaccurately told us all we needed to know about time. (　　)
f. The pendulum in the hall is moving back and forth. (　　)
g. She works hard to increase donations all-year-round. (　　)

보 기

① 그녀는 1년 내내 기부금을 늘리려고 열심히 노력했다.
② 일생에 걸쳐 문학에 대한 사랑으로 가득 찼던 곤잘레스는 다수의 문학 서적을 집필했다.
③ 만족하지 못하는 한 말이 신들에게 자신과 함께 크는 안장을 달라고 요청했다.
④ 수 세기 동안 해시계는 우리가 알고자 하는 시간에 대해 부정확한 정보를 주었다.
⑤ 그 홀에 있는 시계추는 앞뒤로 움직이고 있다.
⑥ 미켈란젤로는 대리석 한 덩어리와 한 남자를 보았다.
⑦ 어제 James는 동물병원에 들렀다.

정답: ③ ⑥ ② ⑦ ④ ⑤ ①

19년간 수능 기출 영단어 10만개를 모조리 통계내어 만든

족집게 보카 Day 45

1850 **astonish** [əstániʃ] v
1/1 ★☆☆☆☆ 출제확률 5.0%

astonished 놀라게 하다

I said "Merry Christmas!" and handed some astonished child a beautifully wrapped gift.
나는 "메리크리스마스"라고 말하며, 놀란 아이에게 예쁘게 포장된 선물을 건네 주었다. ('03)
» as(~에) + ton(= to thunder 천둥치다) + ish(접미사) → 천둥 치듯 놀라게 하다 ⓢ amaze, stun

놀란

1851 **bless** [blés] v
1/1 ★☆☆☆☆ 출제확률 5.0%

blessed 축복하다

I am truly blessed, and I wish you all the happiness.
저는 정말 축복받았고 여러분 모두에게 행복이 가득하길 소망합니다. ('03)
» bless(→ blood 피로 정화하다) → 축복하다

축복받은

1852 **blond** [blánd] a
1/1 ★☆☆☆☆ 출제확률 5.0%

금발의

You mean the tall lady with blond hair?
금발 머리에 키가 큰 그 여성을 말씀하시는 것인가요? ('03)
» '노란'이라는 뜻에서 유래되었다.

1853 **gratitude** [grǽtətjù:d] n
1/1 ★☆☆☆☆ 출제확률 5.0%

ⓢ **appreciation, thankfulness** 감사

To express love and gratitude
사랑과 감사를 표현하기 위해 ('03)
» grat(감사, 기뻐하는) + tude(상태) → 감사하는 상태 → 감사

1854 **handbook** [hǽndbùk] n
1/1 ★☆☆☆☆ 출제확률 5.0%

ⓢ **guidebook, manual** 안내서, 지침서

She hopes to learn to read so that she can study a handbook on raising children. 그녀는 육아 지침서를 공부하기 위해 글 읽는 법을 배우고자 한다. ('03)
» hand(손) + book(책) → 손에 들고다니는 안내서

1855 **hardware** [há:rdwὲər] n
1/1 ★☆☆☆☆ 출제확률 5.0%

ⓢ **ironware, metal goods** 철물, 하드웨어

The e-business industry is faced with a hardware problem.
인터넷 산업이 하드웨어 문제에 직면하고 있다. ('03)
» hard(딱딱한) + ware(제품, 기물) → 딱딱한 제품

1856 **porch** [pɔ́:rtʃ] n
1/1 ★☆☆☆☆ 출제확률 5.0%

ⓢ **entrance, entry** 현관, 입구

Children make too much noise or throw a ball on her porch.
아이들은 몹시 시끄럽게 떠들거나 그녀의 현관에 공을 던진다. ('03)

1857 **seafood** 해물 음식, 해산물

1/1 [sí:fù:d] n
★☆☆☆☆
출제확률 5.0%

Sure. Busan has beautiful beaches and lots of great seafood restaurants.
물론이다. 부산에는 아름다운 해변과 훌륭한 해산물 음식점이 많이 있다. ('03)
» sea(바다) + food(음식) → 해산물

1858 **translate** **translator** 번역하다

1/1 [trænsléit] v
★☆☆☆☆
출제확률 5.0%

If you can speak another language, please serve as a translator.
만약 당신이 다른 언어를 구사할 수 있다면 통역사로 봉사를 부탁드립니다. ('03)
» transl(변경) + ate(하다, 동사) → 번역하다

번역가, 통역사

1859 **whereby** 무엇에 의하여, ~하는

1/1 [hwɛərbái] ad
★☆☆☆☆
출제확률 5.0%

Whereby the person receiving your letter may decide to do the same thing.
당신의 편지를 받는 그 사람도 동일한 행동을 결심할 것이다. ('03)

1860 **banner** 슬로건, 베너, 기치, 현수막

1/1 [bǽnər] n
★☆☆☆☆
출제확률 5.0%

You should bring the banner back to us.
당신은 그 현수막을 우리에게 돌려줘야 합니다.
» bring something back : ~을 돌려주다, ~을 기억나게 하다

1861 **frost** 서리, 추운 날씨

1/1 [frɔ́:st] n
★☆☆☆☆
출제확률 5.0%

I used to think that the North Pole was the seat of frost and snow.
나는 종종 북극이 서리와 눈으로 뒤덮인 곳이라 생각했었다. ('02)
» 콘푸로스트는 시리얼에 설탕을 서리처럼 입혔다는 의미다.

1862 **fuzzy** ⓢ **vague, unclear, blurred** 희미한, 취한

1/1 [fʌ́zi] a
★☆☆☆☆
출제확률 5.0%

As a result, we are often confused by fuzzy edges.
그 결과, 우리는 종종 애매한 경계에 혼란스러워 한다. ('02)
» as a result : 그 결과

1863 **loyal** ⓢ **faithful, devoted** 충성스러운, 성실한

1/1 [lɔ́iəl] a
★☆☆☆☆
출제확률 5.0%

Their passion assures that these fans remain loyal.
팬들의 열정은 그들이 계속 충성스러울 것임을 확실히 보여준다. ('02)
» legal(법률의)에서 유래되었다.

1864 **paperwork** 서류 작업, 문서 업무,

1/1 [péipərwə:rk] n
★☆☆☆☆
출제확률 5.0%

I think it's time to take care of the paperwork.
내 생각에는 이제 그 서류작업을 처리해야 할 때인 것 같다. ('02)
» paper(종이, 서류) + work(작업) → 서류 작업

1865 **pill** ⓢ **capsule, tablet** 알약, 괴로운 일; 벗기다

1/1 [píl] n, v
★☆☆☆☆
출제확률 5.0%

When should I take these pills?
제가 이 약들을 언제 복용해야 하죠? ('02)
» pil(= ball) + le → 작은 공 → 알약

1866 **trait**
1/1 [tréit] n
★☆☆☆☆
출제확률 5.0%

ⓢ **attribute, feature, quality** **특징, 특색, 특성**

It is a human trait to try to judge and name the things we find in the world.
세상에서 발견한 것들에 대해 판단하고 이름붙이려 하는 것이 인간의 특성이다. ('02)
» trai(끌다) + t → 특정 사물을 자세히 끌어내니 특징, 특색 등이 나타남

1867 **basement**
1/1 [béismənt] n
★☆☆☆☆
출제확률 5.0%

지하실

The tornado watch had kept her in her basement for five hours.
그 토네이도 경보로 인해 그녀는 지하실에 5시간 동안 갇혀 있었다. ('01)
» base(밑, 기반) + ment(~것) → 밑에 있는 것

1868 **clay**
1/1 [kléi] n
★☆☆☆☆
출제확률 5.0%

ⓢ **dirt, mud, earth** **점토, (진)흙**

It did not feel like stone, clay, or dirt.
그것은 돌이나 점토나 진흙 같지 않았다. ('01)
» glei-(to stick together 점성)에서 유래되었다. 점성이 있는 흙이라는 의미이다.

1869 **coworker**
1/1 [kóuwə:rkər] n
★☆☆☆☆
출제확률 5.0%

ⓢ **comrade, colleague, associate** **협력자, 회사 동료**

Most foreign workers are being taught by Korean coworkers.
대부분의 외국 노동자들은 한국인 동료들에게 배운다. ('01)
» co(함께) + worker(일하는 사람) → 함께 일하는 사람 → 동료

1870 **evil**
1/1 [í:vəl] n, a
★☆☆☆☆
출제확률 5.0%

ⓢ **vice, wickedness** **악마; 나쁜**

She played one of Cinderella's evil sisters.
그녀는 신데렐라의 나쁜 언니 중 한 명으로 연기했다. ('01)
» (d)ev(신) + il(= ill 나쁜) → 악마, 나쁜

1871 **expressway**
1/1 [ikspréswèi] n
★☆☆☆☆
출제확률 5.0%

고속도로

You can often find these on the streets, expressways, and country roads.
당신은 이것들을 종종 길가에서, 고속도로에서, 그리고 시골길에서 발견 할 수 있다. ('01)
» express(빠른) + way(길) → 빠른 길 → 고속도로

1872 **intersection**
1/1 [ìntərsékʃən] n
★☆☆☆☆
출제확률 5.0%

ⓢ **crossing, crossroad, crossway** **교차(로)**

As we approached an intersection, we stopped at a red light.
우리는 교차로에 접근하여 빨간불에 멈춰섰다. ('01)
» inter(~사이에) + section(구분) → ~사이에 나뉜 곳 → 교차로

1873 **overflow**
1/1 [òuvərflóu] n, v
★☆☆☆☆
출제확률 5.0%

overflowing **넘쳐 흐름; 넘치다, 범람하다**

Work, too, is an effective means of working off anger and using overflowing energy.
일도 분노를 해소시켜주고 넘치는 에너지를 쓸 수 있게 해주는 효과적인 수단이다. ('01)
» over(넘쳐) + flow(흐르다) → 넘쳐 흐르다 * work off : 해소하다

넘쳐 흐르는

1874 **reap**
1/1 [rí:p] v
★☆☆☆☆
출제확률 5.0%

reaped **베다, 수확하다**

You must reap what you have sown.
뿌린대로 거둔다.
» ⓢ harvest, gain, collect

(과거, 과거분사)

1875 **ropewalk** 밧줄 제조 공장, 새끼 공장

1/1 [róupwɔ:k] n

★☆☆☆☆

출제확률 5.0%

They were called ropewalks because workers had to slowly walk the length of the building.
그것들이 밧줄 걷기라고 불리는 이유는 일꾼들이 건물 길이만큼 천천히 걸어야 했기 때문이다. ('01)
» rope(밧줄) + walk(걷기) → 밧줄 걷기 → 밧줄 제조 공장

1876 **royal** Ⓢ **imperial, sovereign, regal** 왕족의 사람; 왕의, 위엄있는

1/1 [rɔ́iəl] n, a

★☆☆☆☆

출제확률 5.0%

Kings found it so enjoyable that it was known as "the royal game".
왕들이 그것을 매우 재미있어 해서 "왕실게임"이라고 알려졌다. ('01)
» roy(= rule 통치하다) + al(~것, ~한) → 통치자(의) * be known as : ~로 알려진

1877 **shepherd** Ⓢ **stockman, drover** 양치는 사람, 양치기

1/1 [ʃépərd] n

★☆☆☆☆

출제확률 5.0%

The shepherds were curious about its softness.
그 양치기들은 그것의 부드러움에 호기심이 생겼다. ('01)
» sheep(양) + herd(기르는 사람) → 양을 기르는 사람 → 양치기

1878 **summarize** Ⓢ **sum up, condense** 요약하다

1/1 [sʌ́məràiz] v

★☆☆☆☆

출제확률 5.0%

The magazines summarize the major world and national news stories.
그 잡지들은 주요 국제 뉴스와 국내 뉴스를 요약한다. ('01)
» summary(요약) + ize(~화하다) → 요약하다

1879 **workplace** Ⓢ **office, place of work** 일터, 직장

1/1 [wə́:rkplèis] n

★☆☆☆☆

출제확률 5.0%

It may even determine your ability to move to a higher position in your workplace.
그것은 심지어 당신이 직장에서 더 높은 위치로 승진할 수 있는 능력을 결정지을 수도 있다. ('01)
» work(일) + place(장소) → 일하는 곳

1880 **fellow** Ⓢ **peer, companion, colleague** 사나이, 동료

1/1 [félou] n

★☆☆☆☆

출제확률 5.0%

Most of my fellow students had the idea that we Asian students are all smart.
대다수의 학교 친구들은 우리 아시아 학생들이 모두 똑똑하다고 생각했다. ('00)

1881 **heartache** 심장의 고통, 마음의 고통

1/1 [há:rtèik] n

★☆☆☆☆

출제확률 5.0%

Nawal was a joy to her mother, but also a terrible heartache.
Nawal은 그녀의 어머니의 기쁨인 동시에 매우 가슴 아프게 하는 아이였다. ('00)
» heart(심장, 가슴) + ache(아픔) → 심장의 고통, 마음의 고통

1882 **ladder** 사다리

1/1 [lǽdər] n

★☆☆☆☆

출제확률 5.0%

The clerk got a ladder and climbed halfway up.
그 점원이 사다리를 가져와 반쯤 올라갔다. ('00)

1883 **raw** Ⓢ **crude, unrefined, rough** 날 것; 가공하지 않은

1/1 [rɔ́:] n, a

★☆☆☆☆

출제확률 5.0%

In short, our raw materials can have considerable effects on the environment.
요약하면, 우리의 원료는 환경에 상당한 영향을 미칠 수 있다. ('00)
» raw material : 원료

1884 **strict**
1/1 [stríkt] a
★☆☆☆☆
출제확률 5.0%

ⓢ **harsh, stern, firm** — **엄한, 엄밀한**

Successful people are willing to work hard, but within strict limits.
성공하는 사람들은 열심히 일하고자 하지만 엄격한 제한 범위 내에서만 그렇게 한다. ('00)
» be willing to : 기꺼이 ~하다

1885 **altogether**
1/1 [ɔ:ltəgéðər] n, ad
★☆☆☆☆
출제확률 5.0%

ⓢ **wholly, in every respect, entirely** — **전체, 모든; 전적으로, 다 합하여**

In the end, the fishery stopped altogether, bringing economic destruction to the village. 결국, 모든 어업은 멈추어버렸고 그 마을에 경제적 파괴를 가져왔다. ('99)
» al(= all 모두) + together(함께) → 모든

1886 **blueprint**
1/1 [blú:prìnt] n, v
★☆☆☆☆
출제확률 5.0%

ⓢ **scheme, draft, outline** — **청사진; 계획을 세우다**

Our self-image is the blueprint which determines how we see the world.
우리의 자아상은 우리가 세상을 어떻게 바라보는지를 결정하는 청사진이다. ('99)
» blue(푸른, 청) + print(사진, 인쇄물) → 건물 건축 계획 시 도면을 청사진이라고 불러 유래됨

1887 **goodwill**
1/1 [gúdwíl] n
★☆☆☆☆
출제확률 5.0%

ⓢ **friendship** — **호의, 친선, 영업권**

These little coins are picked up by goodwill organizations.
이 소액 동전들은 자선단체들에 의해 주워 모아진다. ('99)
» good(좋은) + will(의도, 뜻) → 좋은 의도 → 호의

1888 **leather**
1/1 [léðər] n, a
★☆☆☆☆
출제확률 5.0%

가죽; 가죽의

The men and women walking down the main street were wearing leather jackets.
중심가를 걷고 있는 남성과 여성들은 가죽 자켓을 입고 있었다. ('99)

1889 **refresh**
1/1 [rifréʃ] v
★☆☆☆☆
출제확률 5.0%

refreshing — **상쾌하게 하다, 새롭게 하다**

With her is as beautiful as a colorful rainbow or a cool shower on a hot day—refreshing.
그녀와 함께하는 것은 화려한 무지개처럼 아름답거나 더운 날의 소나기같이 상쾌하다. ('99)
» re(다시) + fresh(상쾌한) → 상쾌하게 하다

신선한

1890 **spank**
1/1 [spæŋk] n, v
★☆☆☆☆
출제확률 5.0%

spanking — **찰싹 때리기; 찰싹 때리다**

Some parents believe that spanking children is the best way to punish.
일부 부모들은 아이들에게 엉덩이 때리기가 체벌 중 가장 좋은 방법이라 믿는다. ('99)

엉덩이 때리기(체벌)

1891 **supplement**
1/1 [sʌ́pləmənt] n, v
★☆☆☆☆
출제확률 5.0%

ⓢ **addition, extra** — **추가, 보충; 보충하다**

To supplement: He accompanied his advice with a warning.
추가사항으로 : 그는 조언에 경고를 덧붙였다. ('99)
» supply(제공하다) + ment(~것) → 추가로 제공하는 것

1892 **tender**
1/1 [téndər] v, a
★☆☆☆☆
출제확률 5.0%

ⓢ **mild, gentle, smooth** — **부드럽게 하다; 부드러운**

This means tree's tender tops are easier to reach for the rabbit.
이것은 토끼가 나무의 부드러운 가지 끝에 더 쉽게 닿을 수 있다는 것을 의미한다. ('99)
» tend(펴다) + er(~것) → 펴는 것 → (펴서) 부드럽게 된

족집게 보카 TEST Day45

1. 아래의 단어에 맞는 뜻을 골라 선으로 이어주세요.

1859 whereby	ⓐ 특징, 특색, 특성
1868 clay	ⓑ 무엇에 의하여, ~하는
1877 shepherd	ⓒ 심장의 고통, 마음의 고통
1853 gratitude	ⓓ 교차(로)
1860 banner	ⓔ 점토, (진)흙
1869 coworker	ⓕ 협력자, 회사 동료
1871 expressway	ⓖ 충성스러운, 성실한
1880 fellow	ⓗ 고속도로
1863 loyal	ⓘ 넘쳐 흐름; 넘치다, 범람하다
1872 intersection	ⓙ 감사
1881 heartache	ⓚ 사나이, 동료
1873 overflow	ⓛ 양치는 사람, 양치기
1850 astonish	ⓜ 슬로건, 베너, 기치, 현수막
1866 trait	ⓝ 놀라게 하다

2. 아래 문장의 알맞은 뜻을 보기에서 고르세요.

a. You can often find these on the streets, expressways, and country roads. (　　)
b. I used to think that the North Pole was the seat of frost and snow. (　　)
c. Work, too, is an effective means of working off anger and using overflowing energy. (　　)
d. I am truly blessed, and I wish you all the happiness. (　　)
e. I think it's time to take care of the paperwork. (　　)
f. Nawal was a joy to her mother, but also a terrible heartache. (　　)
g. It is a human trait to try to judge and name the things we find in the world. (　　)

보기

① Nawal은 그녀의 어머니의 기쁨인 동시에 매우 가슴 아프게 하는 아이였다.
② 나는 종종 북극이 서리와 눈으로 뒤덮인 곳이라 생각했었다.
③ 저는 정말 축복받았고 여러분 모두에게 행복이 가득하길 소망합니다.
④ 내 생각에는 이제 그 서류작업을 처리해야 할 때인 것 같다.
⑤ 일도 분노를 해소시켜주고 넘치는 에너지를 쓸 수 있게 해주는 효과적인 수단이다.
⑥ 당신은 이것들을 종종 길가에서, 고속도로에서, 그리고 시골길에서 발견 할 수 있다.
⑦ 세상에서 발견한 것들에 대해 판단하고 이름붙이려 하는 것이 인간의 특성이다.

정답: ⑥ ② ⑤ ③ ④ ① ⑦

19년간 수능 기출 영단어 10만개를 모조리 통계내어 만든

족집게 보카 Day 46

1893 **absurd** ⓢ **ridiculous, foolish, ludicrous** 불합리한, 어리석은

1/1 [æbsə́:rd] a

★☆☆☆☆ 출제확률 5.0%

You can point out what is humorous or absurd about a situation.
당신은 즐겁거나 터무니 없는 상황을 분별할 수 있다. ('98)
» ab(강조) + surd(= deaf 귀먹어리) → 못들어 본 → 불합리한

1894 **algebraic** 대수의, 대수학적인

1/1 [ӕldʒəbréiik] a

★☆☆☆☆ 출제확률 5.0%

Mathematics includes many different kinds of algebraic expressions to solve problems. 수학 문제를 풀기 위해서 수학은 다양한 종류의 대수학적 표현을 담고 있다. ('98)
» algebra는 '대수'라는 의미이다. (수학 교과과정)

1895 **applaud** **applauded** ~에게 박수치다

1/1 [əplɔ́:d] v

★☆☆☆☆ 출제확률 5.0%

She applauded his passionate performance and clapped for a long time.
그녀는 그의 열정적인 연주에 대해 오랫동안 박수와 갈채를 보냈다. ('98)
» ap(~에) + plaud(박수를 치다) → ~에게 박수를 치다

박수쳤다

1896 **blunder** ⓢ **fault, mistake, oversight** 큰 실수; 큰 실수를 하다

1/1 [blʌ́ndər] n, v

★☆☆☆☆ 출제확률 5.0%

The quiet streets of the neighborhood witnessed the blunders of yet another new driver. 조용한 동네길에서 새로 이사온 초보 운전자는 실수를 연빌했다. ('98)
» blind(장님) + er(~것) → 앞이 안보이니 큰 실수를 한다라는 의미

1897 **bough** ⓢ **branch, twig** 큰 가지

1/1 [báu] n

★☆☆☆☆ 출제확률 5.0%

The wind stirs broken boughs and dust, threatening to blow away everything.
그 바람은 부러진 큰 나뭇 가지와 먼지를 흩날리고 모든 것을 날려버릴 듯이 위협했다. ('98)
» bough는 '어깨; 팔'에서 유래되었다.

1898 **compile** **compiling** 수집하다, 편집하다

1/1 [kəmpáil] v

★☆☆☆☆ 출제확률 5.0%

We must protect citizens against the compiling of personal data and the unrestricted use.
우리는 개인 정보 수집과 무분별한 사용에 맞서 시민들을 보호해야 한다. ('98)
» com(함께) + pile(쌓다) → 모아 쌓다 → 수집하다

편집하기

1899 **comprehensive** ⓢ **broad, thorough, inclusive** 종합 시험; 포괄적인, 종합적인

1/1 [kɑ̀mprihénsiv] n, a

★☆☆☆☆ 출제확률 5.0%

All these projects and many more must be combined in a comprehensive program.
이 모든 프로젝트들과 더 많은 것들이 하나의 포괄적인 프로그램으로 결합되어야 한다. ('98)
» com(함께) + prehend(= take 붙들다) + sive(~한) → 모든 것을 붙잡는 → 포괄적인, 종합적인

1900 **decent** — ⓢ **generous, friendly, good** — **알맞는, 남부럽지 않은**

1/1 [dí:snt] a

★☆☆☆☆

출제확률 5.0%

You know in your heart that you are a good and decent person.
당신은 마음 속으로 자신이 좋은 사람이고 남부럽지 않다는 것을 알고 있다. ('98)

1901 **deprived** — ⓢ **needy, disadvantaged** — **가난한, 불우한**

1/1 [dipráivd] a

★☆☆☆☆

출제확률 5.0%

No matter how deprived his background may be, he can play a constructive role here.
그의 배경이 얼마나 불우했든지 간에, 그는 여기서 건설적인 역할을 해낼 수 있다. ('98)
» de(아래) + pri(가치) + ed(~한) → 재산이 거의 없는 → 가난한

1902 **discard** — **discarded** — **버리다**

1/1 [diská:rd] v

★☆☆☆☆

출제확률 5.0%

They've even invented items that are meant to be used once and discarded.
그들은 심지어 한번 쓰고 버리는 물건을 발명해냈다. ('98)
» dis(= apart 떨어지다) + card(= cord 심장) → 마음이 멀어지다 → 버리다

(과거, 과거분사)

1903 **disposable** — ⓢ **nonreturnable, throwaway** — **일회용 용품; 처분할 수 있는**

1/1 [dispóuzəbl] n, a

★☆☆☆☆

출제확률 5.0%

There are not only paper plates and napkins, but even disposable razors and cameras.
종이 접시나 냅킨 뿐만이 아니라 일회용 면도기나 카메라도 있다. ('98)
» dis(= apart 떨어지다) + pos(위치하다) + able(~할 수 있는) → 한번 쓰고 버리는, 버릴 수 있는

1904 **ease** — ⓢ **comfort, leisure, rest** — **편함, 용이함; 진정시키다**

1/1 [í:z] n, v

★☆☆☆☆

출제확률 5.0%

You can ease the tension by getting the other party to share your feelings.
당신이 느끼는 감정을 상대방과 나눔으로써 긴장을 완화시킬 수 있다. ('98)
» easy(쉬운, 편한)에서 파생되었다.

1905 **famine** — ⓢ **hunger, starvation, deprivation** — **기근, 굶주림**

1/1 [fǽmin] n

★☆☆☆☆

출제확률 5.0%

Peasants no longer suffer from the famines that in the past have swept over the land.
농부들은 과거 전국을 휩쓸었던 기근에 더 이상 고통받지 않는다. ('98)

1906 **gust** — ⓢ **rush, blast, flurry** — **돌풍; 돌풍이 불다**

1/1 [gʌ́st] n, v

★☆☆☆☆

출제확률 5.0%

Many people in the village were severely injured by the sudden gust.
그 마을의 많은 사람들은 갑작스런 돌풍에 심각한 부상을 입었다.

1907 **lease** — ⓢ **rent, loan** — **임대차 계약; 임대하다**

1/1 [lí:s] n, v

★☆☆☆☆

출제확률 5.0%

I have lived in this apartment for ten years and the lease has been renewed three times.
나는 이 아파트에 10년간 살아왔고 그 동안 3번 임차 계약이 갱신되었다. ('98)
» loose(풀린)에서 유래되었다. 땅을 '풀어 놓다'라는 의미에서 '임대하다'라는 의미가 생겼다.

1908 **meadow** — ⓢ **pasture, grassland** — **목초지**

1/1 [médou] n

★☆☆☆☆

출제확률 5.0%

There's a meadow that you can feed your cattle.
저기에 당신의 소를 먹일 수 있는 초원이 있다.
» mea(d)(= mow 베다) + ow(~곳) → 풀을 베는 곳 → 목초지

1909 **minister** ⓢ **priest, pastor, preacher** **성직자, 장관; 섬기다, 봉사하다**

1/1 [mínəstər] n, v

★☆☆☆☆

출제확률 5.0%

The minister told some funny stories at the party.

그 성직자는 파티에서 좀 웃긴 이야기를 했다. ('98)

» mini(작은) + st(서다) + er(사람) → 낮은 위치에 있는 사람들을 섬기는 사람

1910 **ministry** ⓢ **administration, council** **(정부) 부처, 목사의 직[임기]**

1/1 [mínəstri] n

★☆☆☆☆

출제확률 5.0%

The Ministry of Education announced that all schools will be closed until further notice.

교육부는 추가 공지가 있기 전까지 모든 학교가 휴교할 것이라고 발표했다. ('98)

» mini(작은) + st(서다) + ry(~것) → 낮은 위치에 있는 사람들을 섬기 것

1911 **moisture** ⓢ **dew, damp, wetness** **습기, 수분**

1/1 [mɔ́istʃər] n

★☆☆☆☆

출제확률 5.0%

They fall down into warmer air, where another icy coat is made due to the moisture there.

그것들은 습기로 인해 또 다른 얼음막이 생기는 더 따뜻한 공기속으로 떨어진다. ('98)

» moist(축축한) + ure(~것) → 습기, 수분

1912 **obstacle** ⓢ **barrier, hindrance, difficulty** **장애물**

1/1 [ábstəkl] n

★☆☆☆☆

출제확률 5.0%

My love for books was so strong that I overcame even this obstacle.

나의 책에 대한 사랑이 너무 커서 이 장애물 마저도 극복해냈다. ('98)

» ob(~에 반대하여) + st(서 있는) + cle(~것) → 장애물

1913 **ozone** **오존, 신선한 공기**

1/1 [óuzoun] n

★☆☆☆☆

출제확률 5.0%

Sunspots can change the weather, too, by increasing the amount of ozone.

흑점도 오존의 양을 증가시켜 날씨에 영향을 줄 수 있다. ('98)

» O(산소) + zone(지대) → 산소지역(오존)

1914 **peasant** ⓢ **countryman, rustic** **농부, 소작농**

1/1 [péznt] n

★☆☆☆☆

출제확률 5.0%

My friend Terry was born in a poor peasant family.

나의 친구 테리는 가난한 농부의 가정에서 태어났다.

» peas(콩) + ant(~사람) → 콩을 재배하는 사람 → 농부

1915 **razor** **면도칼; 면도칼로 베다**

1/1 [réizər] n, v

★☆☆☆☆

출제확률 5.0%

You may need a new razor because yours is pretty old.

네 면도기가 꽤 낡아서 새 면도기가 필요할 것 같다.

1916 **renown** **renowned** **명성, 유명**

1/1 [rináun] n

★☆☆☆☆

출제확률 5.0%

The state-of-the-art, legendary recordings feature world-renowned artists and orchestras.

전설적인 최첨단 녹음기술이 세계적으로 유명한 예술가와 오케스트라를 더욱 빛나게 할 것이다. ('98)

» re(다시) + nown(= name 이름) → 이름이 다시 알려짐 → 명성

유명한

1917 **selfimage** **자아상**

1/1 [sélfímidʒ] n

★☆☆☆☆

출제확률 5.0%

His selfimage was strongly based on the frequent scoldings his father gave him.

그의 자아상은 아버지가 그에게 자주 했던 질책에 큰 영향을 받아 형성되었다. ('98)

» self(자신의) + image(상, 모습) → 자신의 모습 → 자아상

1918 **sermon** ⓢ **adress, preach** **설교, 교훈**

1/1 [sə́:rmən] n

★☆☆☆☆

출제확률 5.0%

"Too true, it's been dry," replied Miss Smith, "especially the sermons!"

"정말 그래요, 무미건조했어요."라고 스미스 양이 말했다. "특히 설교가요!" ('98)

» ser(= speak 말하다) + mon(~것) → 말하는 것 → 설교

1919 **state-of-the-art** **첨단 기술; 최첨단의**

1/1 [stéit-ʌ́v-ði-á:rt] n, a

★☆☆☆☆

출제확률 5.0%

The computer program was state of the art.

그 컴퓨터 프로그램은 최첨단이었다.

» state(상태) + art(예술, 기술) → 예술의 경지에 이른 상태 → 최첨단

1920 **tenant** ⓢ **resident, inhabitant, leaseholder** **거주자; 임차하다, 거주하다**

1/1 [ténənt] n, v

★☆☆☆☆

출제확률 5.0%

It is wrong to ask the tenants to pay a large increase.

세입자에게 많이 인상된 월세를 내라고 하는 것은 잘못이다. ('98)

» ten(= hold 차지하다) + ant(명접) → 점유하고 있는 사람 → 세입자, 거주자

1921 **therein** **그 가운데에, 거기에**

1/1 [ðɛərín] ad

★☆☆☆☆

출제확률 5.0%

My answer to that would be, "No". Therein lies the difficulty.

그것에 대한 나의 대답은 "아니오"일 것이다. 거기에 어려움이 있는 것이다. ('98)

» there(거기) + in(~안에) → 거기 안에

1922 **triple** **tripled** **3배의 수; 3배로 하다; 3중의**

1/1 [trípl] n, v, a

★☆☆☆☆

출제확률 5.0%

India has almost tripled its food production in the last 30 years.

인도는 지난 30년 동안 식량 생산량을 거의 3배 늘렸다. ('98)

» tri(셋) + ple(접다) → 3번 접다 → 3배

(과거, 과거분사)

1923 **unthinkable** ⓢ **impossible, incredible, absurd** **상상도 할수 없는 일; 상상도 할 수 없는**

1/1 [ʌnθíŋkəbl] n, a

★☆☆☆☆

출제확률 5.0%

Not wanting to work at all was unthinkable.

일을 전혀 하기 싫다는 것은 상상조차 할 수 없다. ('98)

» un(아닌) + think(생각, 상상) + able(~할 수 있는) → 상상도 할 수 없는

1924 **whizz** ⓢ **buzz, whir** **윙; 윙[씽]소리 나다**

1/1 [hwíz] n, v

★☆☆☆☆

출제확률 5.0%

On a curve a second car whizzes by.

커브길에서 두 번째 차가 휙 지나간다. ('98)

» whiz와 동일한 단어다.

1925 **abrupt** **abruptly** **갑작스러운, 뜻밖의, 퉁명스러운**

1/1 [əbrʌ́pt] a

★☆☆☆☆

출제확률 5.0%

Betty replied rather abruptly, "Fifty pounds or so. I'm not sure exactly how much."

베티는 다소 퉁명스럽게 "50파운드 정도 되겠네. 정확히는 잘 모르겠어."라고 대답했다. ('97)

» ab(~에, 이탈) + rupt(= break 부수다) → 무언가를 부숴 갑작스러운

갑자기

1926 **ally** ⓢ **associate, colleague, partner** **동맹(국); 동맹을 맺다**

1/1 [əlái] n, v

★☆☆☆☆

출제확률 5.0%

Friends should be allies of our better nature.

친구들은 우리의 선한 천성의 편에 있어야 한다. ('97)

» al(= to ~에) + ly(= bind 유대) → ~에 유대가 있다 → 동맹을 맺다

1927 **barbarism** 야만, 포학

1/1 [bá:rbərìzm] n

★☆☆☆☆

출제확률 5.0%

I consider it barbarism, I said, and I think I'll walk.

'제 생각엔 그것은 야만적이에요, 저는 걸어 가야할 것 같군요'라고 말했다. ('97)

» barbar(바바) + (i)sm(특성) → '바바'소리(이상한 소리)를 내는 것 → 야만, 포학

1928 **chase** **chasing** 추적; 뒤쫓다, 추구하다

1/1 [tʃéis] n, v

★☆☆☆☆

출제확률 5.0%

Lisa never tires of chasing and punching her classmates.

리사는 학교 친구들을 쫓아가서 때리는 데 절대 지칠 줄 모릅니다. ('97)

» give chase to : ~을 뒤쫓다

조금

1929 **conquer** **ⓢ overcome, overthrow, defeat** 정복하다

1/1 [káŋkər] v

★☆☆☆☆

출제확률 5.0%

The country finally conquered all countires in Europe but the UK.

그 나라는 영국을 제외한 유럽의 모든 국가를 정복했다.

» con(함께) + quer(= seek 찾다) → 함께 구하여 얻다 → 정복하다

1930 **copper** 구리, 동전; 구리의

1/1 [kápər] n, a

★☆☆☆☆

출제확률 5.0%

Scientific study has proved him to be from the Copper Age.

과학적 조사 결과 그는 청동기 시대의 인물로 밝혀졌다. ('97)

» Copper Age : 청동기 시대

1931 **curriculum** 교과과정

1/1 [kəríkjuləm] n

★☆☆☆☆

출제확률 5.0%

They adopted a curriculum consisting of running, climbing, swimming and flying.

그들은 달리기, 등산, 수영, 비행기 조종 등으로 구성된 교과 과정을 채택했다. ('97)

» cur(ri)(= run 흐르다) + culum → 흘러가는 것 → 과정

1932 **dormitory** **ⓢ dorm** 기숙사

1/1 [dɔ́:rmətɔ:ri] n

★☆☆☆☆

출제확률 5.0%

Students are allowed to use the newly built school dormitory.

학생들은 최근 건립된 학교 기숙사를 사용할 수 있다.

» dorm(= sleep 자다) + (it)ory(~곳) → 자는 곳 → 기숙사

1933 **era** **ⓢ time, generation** 연대, 시기

1/1 [érə] n

★☆☆☆☆

출제확률 5.0%

Reading habits in the television era

텔레비전 시대의 읽는 습관들 ('97)

» e(밖으로) + ra(= root 뿌리) → 밖으로 뿌리가 나옴 → 기원 → 연대, 시대

1934 **fluid** **ⓢ liquid, solution, watery** 유동체, 물; 유동성의

1/1 [flú:id] n, a

★☆☆☆☆

출제확률 5.0%

Eat fruit high in vitamin C and drink a lot of fluids.

비타민C가 많은 과일을 먹고 물을 많이 섭취하세요. ('97)

» flu(흐르다) + id(~것) → 유동체

1935 **frown** **frowned** 눈살을 찌푸리다

1/1 [fráun] v

★☆☆☆☆

출제확률 5.0%

The day's work done, I sought a hotel. The clerk frowned.

하루 일이 끝나고 나는 호텔을 찾았다. 그 직원은 눈살을 찌푸렸다. ('97)

» ⓢ glower, scowl, glare

(과거, 과거분사)

족집게 보카 TEST Day46

1. 아래의 단어에 맞는 뜻을 골라 선으로 이어주세요.

1893 absurd	ⓐ 임대차 계약; 임대하다
1910 ministry	ⓑ 오존, 신선한 공기
1912 obstacle	ⓒ 버리다
1921 therein	ⓓ 성직자, 장관; 섬기다, 봉사하다
1906 gust	ⓔ (정부) 부처, 목사의 직[임기]
1899 comprehensive	ⓕ 불합리한, 어리석은
1918 sermon	ⓖ 면도칼; 면도칼로 베다
1902 discard	ⓗ 윙; 윙[씽]소리 나다
1924 whizz	ⓘ 설교, 교훈
1909 minister	ⓙ 장애물
1915 razor	ⓚ 그 가운데에, 거기에
1913 ozone	ⓛ 기근, 굶주림
1905 famine	ⓜ 종합 시험; 포괄적인, 종합적인
1907 lease	ⓝ 돌풍; 돌풍이 불다

2. 아래 문장의 알맞은 뜻을 보기에서 고르세요.

a. My friend Terry was born in a poor peasant family. ( )
b. There are not only paper plates and napkins, but even disposable razors and cameras. ( )
c. India has almost tripled its food production in the last 30 years. ( )
d. “Too true, it’s been dry,” replied Miss Smith, “especially the sermons!” ( )
e. Many people in the village were severely injured by the sudden gust. ( )
f. Mathematics includes many different kinds of algebraic expressions to solve problem. ( )
g. The minister told some funny stories at the party. ( )

보기

① "정말 그래요, 무미건조했어요."라고 스미스 양이 말했다. "특히 설교가요!"
② 그 성직자는 파티에서 좀 웃긴 이야기를 했다.
③ 그 마을의 많은 사람들은 갑작스런 돌풍에 심각한 부상을 입었다.
④ 수학 문제를 풀기 위해서 수학은 다양한 종류의 대수학적 표현을 담고 있다.
⑤ 나의 친구 테리는 가난한 농부의 가정에서 태어났다.
⑥ 종이 접시나 냅킨 뿐만이 아니라 일회용 면도기나 카메라도 있다.
⑦ 인도는 지난 30년 동안 식량 생산량을 거의 3배 늘렸다.

정답: ⑤ ⑥ ⑦ ① ③ ④ ②

19년간 수능 기출 영단어 10만개를 모조리 통계내어 만든

족집게 보카 Day 47

1936 **haul**

1/1 [hɔ́:l] n, v

★☆☆☆☆

출제확률 5.0%

ⓢ **pull, drag, draw** 잡아당김; 세게 잡아당기다, 운반하다

One gallon of diesel fuel will haul about four times as much by rail as by truck.

1갤론의 디젤 연료로 기차는 트럭보다 4배나 더 많은 양을 수송할 것이다. ('97)

» as ~ as ... : ...만큼 ~하다

1937 **identity**

1/1 [aidéntəti] n

★☆☆☆☆

출제확률 5.0%

ⓢ **individuality, personality** 동일함, 일치, 신원, 독자성

The republics of Latvia and Lithuania emphasize their ethnic identities.

라트비아 공화국과 리투아니아는 그들의 민족적 동일성을 강조한다. ('97)

» in(안에) + dent(치아) + (i)ty(~것) → 입 안의 치아처럼 고르다(동일하다) → 동일함 → 신원

1938 **intact**

1/1 [intǽkt] a

★☆☆☆☆

출제확률 5.0%

ⓢ **complete, undamaged** 손대지 않은, 완전한

The intact mummy was found sticking out of the ice by a German couple.

얼음위로 툭 튀어나온 그 완전한 미라는 한 독일인 부부에 의해 발견되었다. ('97)

» in(아닌) + tact(손) → 손대지 않은

1939 **intermission**

1/1 [intərmíʃən] n

★☆☆☆☆

출제확률 5.0%

ⓢ **break time** 휴식 시간

Latecomers will be admitted only during intermission.

늦게 오신 분들은 중간 휴식 시간에만 입장 가능하십니다. ('97)

» inter(~사이에) + mis(만나다) + -ion(~것) → 일하는 중간에 누군가를 만나는 시간 → 휴식시간

1940 **ironic**

1/1 [airɑ́nik] a

★☆☆☆☆

출제확률 5.0%

ⓢ **contradictory, paradoxical, puzzling** 반어의, 빈정대는

His speech was kind of ironic and humorous.

그의 연설은 좀 반어적이면서도 재미있었다. ('97)

1941 **literacy**

1/1 [lítərəsi] n

★☆☆☆☆

출제확률 5.0%

ⓢ **knowledge, education** 읽고 쓸줄 앎, 지식

Don't be surprised if you start hearing the term "information literacy" a lot.

"정보 지식"이라는 용어에 대해 많이 듣기 시작하셨다고 놀라지 마세요. ('97)

» literal(문자의, 글자대로의) + cy(~것) → 글자, 문자 → 읽고 쓰는 능력 → 지식

1942 **logograph**

1/1 [lóugougræ̀f] n

★☆☆☆☆

출제확률 5.0%

표어문자, 속기용 약자

The researchers argue that a logograph can represent an idea.

연구원들은 표어문자가 생각을 나타낼 수 있다고 주장한다.

» logo(표어) + graph(도식, 그림) → 표어문자

1943 **lore**

1/1 [lɔ́:r] n

★☆☆☆☆

출제확률 5.0%

ⓢ **knowledge, wisdom, education** **지식, 학문**

According to ancient lore, every man is born into the world with two bags.
고대 설화에 따르면, 모든 사람은 2개의 가방을 지니고 이 세상에 태어난다고 한다. ('97)

1944 **midday**

1/1 [míddèi] n

★☆☆☆☆

출제확률 5.0%

ⓢ **noon** **정오**

At midday, cats' eyes were a narrow line and gradually became rounder until sunset. 낮에는 고양이의 눈이 가늘었고 해가 진 후에는 점점 둥글게 되었다. ('97)

» mid(중간) + day(날) → 정오

1945 **moderate**

1/1 [mɑ́dərət] n, v, a

★☆☆☆☆

출제확률 5.0%

moderation **온건한 사람; 절제하다; 적당한**

"All things in moderation," said the Greeks, and that is the rule for feeling good and bad.
그리스인들은 "모든 것에 중용을"이라고 말하며 이를 기분이 좋고 나쁨의 척도로 삼는다. ('97)

» mode(방식, 태도) + ate(~하다) → 태도를 적절히 하는 → 적당한

적당함, 알맞음

1946 **obedience**

1/1 [oubí:diəns] n

★☆☆☆☆

출제확률 5.0%

복종

Computers have a special quality that very young kids find irresistible : infinite obedience.
컴퓨터는 매우 어린 아이들의 거부할 수 없는 특성, 즉 무한한 복종성을 가지고 있다. ('97)

» obey(복종하다) + ience(~것) → 복종

1947 **overpopulation**

1/1 [òuvərpɑpjuléiʃən] n

★☆☆☆☆

출제확률 5.0%

인구과잉

Overpopulation causes traffic congestion.
인구과잉은 교통 체증을 유발한다. ('97)

» over(~이상, 초과) + population(인구) → 인구과잉

1948 **penalize**

1/1 [pí:nəlàiz] v

★☆☆☆☆

출제확률 5.0%

penalized **유죄를 선고하다, 벌주다**

The province of Quebec, Canada, penalized individuals for speaking English.
캐나다의 퀘벡 주에서는 영어를 사용하는 사람들을 처벌했다. ('97)

» penal(형벌의) + (i)ze(~화하다) → 형벌을 주다

(과거, 과거분사)

1949 **practicable**

1/1 [prǽktikəbl] a

★☆☆☆☆

출제확률 5.0%

ⓢ **workable, feasible** **실행 가능한, 실행성 있는, 실제적인**

But, at least, we have to work out a practicable solution.
하지만 적어도 우리는 실행 가능한 해결책을 찾아내야 한다. ('97)

» practice(실행, 실천) + able(~할 수 있는) * work out a solution : 해결책을 찾아내다

1950 **preposition**

1/1 [prèpəzíʃən] n

★☆☆☆☆

출제확률 5.0%

prep. **전치사**

If you want, I can give you a list of English prepositions.
당신이 원한다면 영어 전치사 리스트를 줄 수 있어요.

» pre(앞) + position(위치) → 전치사는 앞에서 꾸며주는 것

(= preposition) 전치사

1951 **render**

1/1 [réndər] n, v

★☆☆☆☆

출제확률 5.0%

ⓢ **provide, supply, present** **정제유; ~을 ~하게하다, 주다**

The presidency of the United States renders life burdensome.
미국 대통령직은 삶을 고되게 한다. ('97)

» re(다시) + der(주다) → (되돌려) 주다

1952 **revenge** [rivénd3] n, v 1/1 ★☆☆☆☆ 출제확률 5.0%

revengeful 복수심에 불타는

복수; 복수하다

Even though you're angry and want to take revenge, you should forgive him.
비록 당신이 화가 나고 복수를 하고 싶을지라도 그를 용서해야 한다.
» re(다시) + venge(복수) → 복수하다

1953 **slam** [slǽm] n, v 1/1 ★☆☆☆☆ 출제확률 5.0%

slamming (현재분사)

쾅; 쾅 닫다, 세차게 때리다

I recall flying over the handlebars and slamming into the road head first.
제 기억으로는 제가 (자전거)핸들 위로 날아올라 도로에 머리를 먼저 세게 부딪혔어요. ('97)
» slam dunk : 매우 강한 덩크 슛

1954 **solemn** [sάləm] a 1/1 ★☆☆☆☆ 출제확률 5.0%

ⓢ **serious, earnest**

엄숙한, 진지한

The people at the ceremony were very regretful and solemn.
그 의식에 참석한 사람들은 매우 애석해 했고 엄숙했다.
» sole(하나의)에서 파생되었다.

1955 **stopover** [stάpòuvər] n 1/1 ★☆☆☆☆ 출제확률 5.0%

잠깐 들르는 곳, 단기 체류지

The plane makes a stopover at Chicago.
그 비행기는 시카고에 기항할 것이다. ('97)
» stop(멈추다) + over(~하는 중, ~하는 사이) → 잠깐 ~하는 사이에 멈추다

1956 **strain** [stréin] n, v 1/1 ★☆☆☆☆ 출제확률 5.0%

ⓢ **tension, tenseness**

팽팽함, 긴장; 잡아당기다, 긴장시키다

The strain is hard to bear. It grows harder as time passes.
긴장은 참기 어렵다. 시간이 지날 수록 긴장은 더욱 심해진다. ('97)
» s + train(끌다) → 팽팽함, 잡아당기다 * 라틴어 stringere(잡아당기다)에서 유래되었다.

1957 **wayfarer** [wéifὲərər] n 1/1 ★☆☆☆☆ 출제확률 5.0%

여행자, 나그네

I met another wayfarer. He immediately walked to the other side of the road.
나는 또 다른 나그네를 만났다. 그는 갑자기 길 반대편으로 걸어갔나. ('97)
» way(길) + farer(여행자) → 나그네

1958 **accuse** [əkjú:z] v 1/1 ★☆☆☆☆ 출제확률 5.0%

accused 고발당한

고발하다, 비난하다

If someone is accused of a crime, he is considered innocent until the court proves him guilty. 만약 누군가가 범죄로 고소되면, 그는 법정에서 유죄가 입증되기 전까지는 무죄로 간주된다. ('96)
» ac(~에) + cuse(= cause 원인) → ~에 해명을 요구하다 → 고발하다

1959 **barely** [bέərli] ad 1/1 ★☆☆☆☆ 출제확률 5.0%

ⓢ **hardly, scarcely**

간신히, 겨우

I can barely remember life without television.
난 텔레비젼이 없었던 생활을 거의 기억할 수없다. ('96)
» bare(가까스로의) + ly(~게) → 간신히

1960 **bliss** [blís] n 1/1 ★☆☆☆☆ 출제확률 5.0%

ⓢ **nirvana, joy, ecstasy**

더 없는 기쁨, 행복

Ignorance is bliss.
모르는 것이 축복이다. ('96)
» bless(축복)에서 유래되었다. 축복을 받으니 기쁘다.

1961 **currency**
1/1 [kə́:rənsi] n
★☆☆☆☆
출제확률 5.0%

ⓢ **coin, note** **통화, 화폐**

When we think of money, we usually think of currency, or coins and bills.
우리는 돈이라고 하면 보통 화폐 혹은 동전이나 지폐를 떠올린다. ('96)
» current(현재) + cy(~것) → 화폐란 현재 사용할 수 있는 것이다.

1962 **dismay**
1/1 [disméi] n, v
★☆☆☆☆
출제확률 5.0%

ⓢ **fear, anxiety, dread** **당황, 놀람; 놀라다**

To my dismay, the other team scored three runs.
낙담스럽게도, 상대팀은 3점을 얻었다. ('96)
» dis(아닌) + may(= power 힘) → 힘이 빠짐 → 놀람, 당황

1963 **doubly**
1/1 [dʌ́bli] ad
★☆☆☆☆
출제확률 5.0%

두 배로, 이중으로

The improvement of rural lives is doubly important.
도시 삶의 개선은 배로 더 중요하다. ('96)
» double(두 배) + ly(~게) → 두 배로

1964 **farewell**
1/1 [fɛ̀ərwél] n, a
★☆☆☆☆
출제확률 5.0%

ⓢ **adieu, sendoff, parting** **작별, 헤어짐; 송별의**

Really? Then, we should have a farewell dinner before you leave.
정말요? 그렇다면 당신이 떠나기 전에 송별회를 해야겠군요. ('96)
» fare(가다) + well(잘) → 잘가

1965 **fierce**
1/1 [fíərs] a
★☆☆☆☆
출제확률 5.0%

ⓢ **ferocious, brutal, aggressive** **사나운, 격렬한, 지독한**

The two schools had been fierce rivals for a long time.
그 두 학교는 오랫동안 지독한 라이벌 관계였다.
» fier(= wild 야생의) + ce → 야생의, 사나운

1966 **flutter**
1/1 [flʌ́tər] n, v
★☆☆☆☆
출제확률 5.0%

ⓢ **wave, flap** **펄럭임; 펄럭이다, 날개치다**

A white butterfly flutters across the yard.
흰 나비 한마리가 팔랑이며 마당을 가로질러 지나간다. ('96)
» flu(흐르다) + ter(~것) → 물 흐르듯이 움직임 → 펄럭임

1967 **foster**
1/1 [fɔ́:stər] v, a
★☆☆☆☆
출제확률 5.0%

ⓢ **look after, raise, bring up** **육성하다; 보살펴 주는**

Facilities should be improved to foster a more positive attitude to rural life.
전원 생활에 대한 더 긍정적인 태도를 갖도록 하기 위해서는 시설이 개선되어야 한다. ('96)
» food(음식)에서 파생되었다.

1968 **hitch**
1/1 [hítʃ] n, v
★☆☆☆☆
출제확률 5.0%

급히 잡아당김, 장애, 중단; 급격히 움직이다

It is easy to feel impatient and frustrated with seemingly stupid hitches that take place. 겉으로 보기에 어리석은 문제들로 인해 조급하고 낙심하기 쉽다. ('96)

1969 **homesick**
1/1 [hóumsìk] a
★☆☆☆☆
출제확률 5.0%

향수병의

As you know, young foreign students normally get homesick.
당신도 알다시피, 어린 외국인 학생들은 보통 향수병에 걸린다. ('96)
» home(집) + sick(아픈) → 집이 그리워 마음이 아픈

1970 **insulate**
1/1 [ínsəlèit] v
★☆☆☆☆
출제확률 5.0%

insulated — 절연하다, 분리하다

Superbly insulated throughout for winter and summer comfort
겨울과 여름의 안락함을 위한 최상의 단열 ('96)
» insul(= island 섬) + ate(~하다) → 섬처럼 만들다 → 격리시키다 → 분리하다
절연된, 격리된

1971 **maiden**
1/1 [méidn] n
★☆☆☆☆
출제확률 5.0%

ⓢ **girl, virgin** — 소녀

A very old man came up to me and asked me if my maiden name had been Wemyss.
나이가 매우 많은 노인이 내게 다가와 나의 결혼 전 성이 혹시 웨미스였나고 물었다. ('96)
» maiden name : 결혼 전의 성

1972 **mischief**
1/1 [místʃif] n
★☆☆☆☆
출제확률 5.0%

손해, 장난, 해악

He was a wild boy, always getting into mischief.
그는 거친 아이였고 언제나 장난을 쳤다. ('96)
» mis(잘못) + chief(끝, 머리) → 잘못된 결과 → 손해

1973 **phrase**
1/1 [fréiz] n, v
★☆☆☆☆
출제확률 5.0%

ⓢ **quotation, maxim, saying** — 구, 숙어; 말로 나타내다, 표현하다

The term "law," as used in the phrases "a human law" has two different meanings.
"인간의 법칙"이라는 문구에서 사용되는 "법칙"이라는 말은 두 가지 다른 뜻을 가지고 있다. ('96)

1974 **ranch**
1/1 [rǽntʃ] n, v
★☆☆☆☆
출제확률 5.0%

대목장; 목장을 경영하다

I once worked for your great-grandfather when he had the sheep ranch here.
나는 한때 네 증조 할아버지가 여기서 양떼 목장을 하실 때 일을 한적이 있다. ('96)

1975 **retail**
1/1 [ríːteil] n, a
★☆☆☆☆
출제확률 5.0%

retailer — 소매, 소매상; 소매의

Gears is the largest retailer in the country.
Gears는 그 나라에서 가장 큰 소매 유통업세이다. ('96)
» re(다시) + tail(자르다) → 다시 소량으로 잘라 판매하는 → 소매
소매상, 소매업

1976 **rustle**
1/1 [rʌ́sl] n, v
★☆☆☆☆
출제확률 5.0%

살랑살랑 소리; 살랑살랑 소리내다, 흔들다

A soft breeze gently rustles the tall clover blossoms.
부드러운 산들바람이 키 큰 클로버 꽃잎들을 가볍게 살랑살랑 흔든다. ('96)
» 종이, 나뭇잎, 비단 등이 스칠 때 나는 소리

1977 **sanitation**
1/1 [sæ̀nətéiʃən] n
★☆☆☆☆
출제확률 5.0%

공중 위생, 위생 설비

Sanitation : the use of means for protecting public health
공중 위생 : 국민 건강을 보호하기 위해 사용하는 수단 ('96)

1978 **seal**
1/1 [síːl] n, v
★☆☆☆☆
출제확률 5.0%

ⓢ **finalize, settle, conclude** — 바다표범, 인장, 도장; 날인하다, 도장찍다

Several countries joined in the campaign to protect seals in their national parks.
몇몇 국가들은 그들의 국립 공원에 있는 물개들을 보호하는 캠페인에 참여했다. ('96)
» sea(= sign) + l → 서명 → 도장, 날인

족집게 보카 TEST Day 47

1. 아래의 단어에 맞는 뜻을 골라 선으로 이어주세요.

1939 intermission •	ⓐ 전치사
1954 solemn •	ⓑ 휴식 시간
1966 flutter •	ⓒ 당황, 놀람; 놀라다
1958 accuse •	ⓓ 표어문자, 속기용 약자
1949 practicable •	ⓔ 엄숙한, 진지한
1941 literacy •	ⓕ 쾅; 쾅 닫다, 세차게 때리다
1952 revenge •	ⓖ 고발하다, 비난하다
1963 doubly •	ⓗ 간신히, 겨우
1959 barely •	ⓘ 복수; 복수하다
1942 logograph •	ⓙ 펄럭임; 펄럭이다, 날개치다
1953 slam •	ⓚ 두 배로, 이중으로
1962 dismay •	ⓛ 육성하다; 보살펴 주는
1967 foster •	ⓜ 읽고 쓸줄 앎, 지식
1950 preposition •	ⓝ 실행 가능한, 실행성 있는, 실제적인

2. 아래 문장의 알맞은 뜻을 보기에서 고르세요.

a. Don't be surprised if you start hearing the term "information literacy" a lot. (   )
b. To my dismay, the other team scored three runs. (   )
c. But, at least, we have to work out a practicable solution. (   )
d. The strain is hard to bear. It grows harder as time passes. (   )
e. I met another wayfarer. He immediately walked to the other side of the road. (   )
f. Computers have a special quality that very young kids find irresistible : infinite obedience. (   )
g. When we think of money, we usually think of currency, or coins and bills. (   )

보 기

① 우리는 돈이라고 하면 보통 화폐 혹은 동전이나 지폐를 떠올린다.
② "정보 지식"이라는 용어에 대해 많이 듣기 시작하셨다고 놀라지 마세요.
③ 하지만 적어도 우리는 실행 가능한 해결책을 찾아내야 한다.
④ 컴퓨터는 매우 어린 아이들의 거부할 수 없는 특성, 즉 무한한 복종성을 가지고 있다.
⑤ 나는 또 다른 나그네를 만났다. 그는 갑자기 길 반대편으로 걸어갔다.
⑥ 긴장은 참기 어렵다. 시간이 지날 수록 긴장은 더욱 심해진다.
⑦ 낙담스럽게도, 상대팀은 3점을 얻었다.

정답: ② ⑦ ③ ⑥ ⑤ ④ ①

19년간 수능 기출 영단어 10만개를 모조리 통계내어 만든

족집게 보카 Day 48

1979 **splash**
1/1 [splæʃ] n, v
★☆☆☆☆
출제확률 5.0%

splashed **튀김, 얼룩; 튀다**

I don't understand why they are splashing water on me.
왜 그들이 나에게 물을 뿌리는지 이해할 수 없어요.
» s(강조) + plash(철벅철벅) → 철벅철벅 거리다 → (물이) 튀다 → 얼룩

(과거, 과거분사)

1980 **thump**
1/1 [θʌmp] v
★☆☆☆☆
출제확률 5.0%

thumping **쿵[탁] 치다, 쿵쿵 거리다**

At the same time her heart was thumping and she started at every sound.
그와 동시에 그녀의 심장은 뛰었고 온갖 소리에 깜짝 놀랐다. ('96)
» ⓢ knock, beat, smack * 의성어

막대한

1981 **trigger**
1/1 [trígər] n, v
★☆☆☆☆
출제확률 5.0%

ⓢ generate, provoke, prompt **방아쇠; (방아쇠를 당겨) 쏘다, 일으키다, 유발하다**

That will trigger a whole host of new anxieties.
그것은 수많은 새로운 근심거리를 만들 것이다. ('96)
» a host of : 수많은

1982 **ultraviolet**
1/1 [ʌltrəváiəlit] n, a
★☆☆☆☆
출제확률 5.0%

자외선; 자외선의

Your skin cells can be damaged by the sun's ultraviolet rays.
당신의 피부 세포는 태양의 자외선에 의해 손상 될 수 있다.
» 적외선은 infrared rays[light] 이다.

1983 **winding**
1/1 [wáindiŋ] n, a
★☆☆☆☆
출제확률 5.0%

ⓢ zigzag, crooked **구부러짐, 굴곡; 꾸불꾸불한**

She was rushing out to the door and looking down the winding road.
그녀는 쏜살같이 문밖으로 나와 구불구불한 길을 내려다 보았다. ('96)
» rush out : 급히 달려 나가다

1984 **attic**
1/1 [ǽtik] n
★☆☆☆☆
출제확률 5.0%

ⓢ roof space, loft **다락방**

Later while cleaning the attic, I found a whole box of unopened greeting cards.
나중에 다락방 청소를 하다가 뜯지도 않은 연하장이 가득한 상자 하나를 발견했다. ('95)
» 이 단어는 Attica양식(아테네 양식)에서 유래되었다.

1985 **crutch**
1/1 [krʌtʃ] n, v
★☆☆☆☆
출제확률 5.0%

목다리, 목발; 목다리 짚다

He had to learn to walk first without the aid of crutches.
그는 먼저 목발의 도움없이 걷는 법을 배워야 했다. ('95)

1986 **domestic** ⓢ **native, internal, home** **국내, 가정; 국내의**

1/1 [dəméstik] n, a

★☆☆☆☆

출제확률 5.0%

The domestic oil, natural gas, or steel industry, for example, may require protection. 예를 들면 국내 석유, 천연가스, 혹은 철강 산업 등은 보호 조치가 필요하다. ('95)

» dom(= home 집) + (es)tic(~한) → 가정의, 국내의

1987 **drought** ⓢ **dryness, water shortage** **가뭄**

1/1 [dráut] n

★☆☆☆☆

출제확률 5.0%

Jim raised over 100 million dollars to provide relief for the drought victims in Africa. Jim은 아프리카 가뭄 피해자 구호를 위해 1억 달러 이상을 조성했다. ('95)

» dry(건조한)에서 유래되었다.

1988 **earthen** **흙으로 만든**

1/1 [ə́:rθən] a

★☆☆☆☆

출제확률 5.0%

In some villages people use earthen jars that help keep the water cool.

일부 마을 사람들은 물을 시원하게 유지시키기 위해 흙으로 만든 병을 사용한다. ('95)

» earth는 '지구, 땅, 흙'이라는 의미다

1989 **excessive** ⓢ **uncontrolled, exaggerated** **과도한, 지나친, 엄청난**

1/1 [iksésiv] a

★☆☆☆☆

출제확률 5.0%

Excessive dependence on foreign imports may weaken a nation's capability.

수입품에 대한 과도한 의존은 국가의 능력을 약화시킬 수 있다. ('95)

» ex(밖으로) + cess(가다) + ive(~한) → (안에 있어야 하는데) 밖으로까지 가버린 → 과도한

1990 **hoop** ⓢ **wheel, round, circlet** **테; 테를 두르다**

1/1 [hú:p] n, v

★☆☆☆☆

출제확률 5.0%

He fastened a basketball hoop over the wastebasket.

그는 쓰레기통에 농구 골대를 매달았다. ('95)

1991 **insult** **insulting** **모욕; 모욕하다**

1/1 [insʌ́lt] n, v

★☆☆☆☆

출제확률 5.0%

To these may be added your recent offensive and insulting behavior in the office.

최근 사무실에서 당신이 한 무례하고 모욕적인 행동이 여기에 추가될 수 있습니다. ('95)

» in(~안에) + sult(뛰어오르다) → 상대방의 마음 속에 갑자기 뛰어들다 → 모욕하다

모욕적인

1992 **mumble** **mumbled** **중얼거림; 중얼거리다**

1/1 [mʌ́mbl] n, v

★☆☆☆☆

출제확률 5.0%

"Well..." Mr. Jackson mumbled.

"글쎄요..." 잭슨 씨는 중얼거렸다. ('95)

» mum(무언의) + (b)le(반복) → 입 다물고 계속 반복함 → 중얼거림

중얼 거리다

1993 **outcast** ⓢ **be expelled, be fired** **추방된 사람; 쫓겨난, 버림받은**

1/1 [áutkæ̀st] n, v

★☆☆☆☆

출제확률 5.0%

They are often treated like outcasts by a kind of culturally prejudiced attitude.

그들은 종종 일종의 문화적 선입견으로 추방당한 사람처럼 취급받는다. ('95)

» out(밖으로) + cast(던지다) → 추방되다

1994 **physician** ⓢ **doctor, medic** **내과의사, 의사**

1/1 [fizíʃən] n

★☆☆☆☆

출제확률 5.0%

If you want to diet, you should consult a physician.

만약 당신이 다이어트를 하고 싶다면, 의사와 상의를 해야한다. ('95)

» physic(육체의) + ian(사람) → 사람의 몸을 다루는 사람

1995 **pledge**
1/1 [plédʒ] n, v
★☆☆☆☆
출제확률 5.0%

ⓢ **guarentee, promise, warrant** **맹세, 담보; 맹세하다**

Millions of people were asked to phone in pledges of money to give to African relief. 수백만 명의 사람들이 아프리카 구호를 위해 돈을 기부하겠다고 전화를 해왔다. ('95)

» 보증하다, 책임지다라는 말에서 유래되었다.

1996 **quack**
1/1 [kwǽk] n, v
★☆☆☆☆
출제확률 5.0%

꽥꽥 우는 소리; 꽥꽥 울다

Your child can pat a cow, hear ducks quack, and smell hay.
당신의 아이는 소를 만지고, 오리가 꽥꽥 우는 소리도 듣고, 건초 냄새도 맡을 수 있다. ('95)

» 의성어에 해당된다. * in a quack : 순식간에

1997 **throne**
1/1 [θróun] n, v
★☆☆☆☆
출제확률 5.0%

throned **왕좌, 왕위, 군주; 왕위에 오르다**

The master sat throned in his great chair upon a raised platform.
선생님은 높은 교단 위의 큰 의자에 군주처럼 앉았다. ('95)

» 그리스어 thronos(elevated seat 높은 자리)라는 말에서 유래되었다.

(과거, 과거분사)

1998 **trivial**
1/1 [tríviəl] n, a
★☆☆☆☆
출제확률 5.0%

ⓢ **minor, worthless, insignificant** **하찮은 일; 하찮은**

We decide what is important or trivial in life.
우리는 삶에서 무엇이 중요하고 무엇이 사소한 것인지를 결정한다. ('95)

» tri(셋) + vi(길) + al → 세 길이 많나는 일은 흔하다 → 하찮은 일

1999 **utmost**
1/1 [ʌ́tmòust] n, a
★☆☆☆☆
출제확률 5.0%

ⓢ **supreme, paramount, greatest** **최대한도; 최대의, 극도의**

These are things of the utmost importance to human happiness.
이것들은 인간의 행복에 있어 가장 중요한 것들이다. ('95)

» ut(=out 밖의) + most(최대의) → 최대 밖의 → 극도의

2000 **afflict**
1/1 [əflíkt] v
★☆☆☆☆
출제확률 5.0%

afflicted **괴롭히다, 시달리게 하다**

A person afflicted with loneliness will realize that only he can find his own cure.
외로움에 시달리고 있는 사람은 그 자신만이 치료법을 발견할 수 있다는 것을 깨닫게 된다. ('94)

» a(~에, 강조) + flict(치다) → ~를 자꾸 치다 → 괴롭히다

괴로워하는

2001 **charter**
1/1 [tʃɑ́:rtər] n, v, a
★☆☆☆☆
출제확률 5.0%

ⓢ **constitution, law** **헌장; 특허장을 주다; 특허에 의한**

His charter flight will be delayed a few hours.
그의 전세기는 몇 시간 동안 지연될 것이다. ('94)

» charter flight : 전세 항공편

2002 **cheat**
1/1 [tʃí:t] n, v
★☆☆☆☆
출제확률 5.0%

ⓢ **deceive, trick, exploit** **사기, 속임수; 속이다**

Employees often steal from their employers, and students cheat in their exams.
직원들은 종종 사장님 물건을 훔치고 학생들은 시험 중 부정행위를 한다. ('94)

» 시험 시 부정행위는 컨닝(cunning 교활한)이 아니라 cheating이라고 표현한다.

2003 **diminish**
1/1 [dimíniʃ] v
★☆☆☆☆
출제확률 5.0%

ⓢ **decline, decrease, shrink** **줄이다**

By the year 2000, the area of the earth's forests is expected to diminish by a fifth.
2000년까지 지구에 있는 숲의 면적이 5분의 1로 줄어들 것으로 예상된다. ('94)

» di(아래로) + minish(= minus ~을 줄이다) → 줄이다

2004 **dwell** **dwelling** **살다, 거주하다**

1/1 [dwél] v ★☆☆☆☆ 출제확률 5.0%

Clean, private, spacious, and quiet dwellings can be guaranteed.
쾌적하고, 사적이고, 넓고, 조용한 주거환경이 보장될 수 있다. ('94)
» ⓢ reside, stay, lodge

주거(지), 주택

2005 **expel** **expelled** **내쫓다, 쫓아버리다, 추방하다**

1/1 [ikspél] v ★☆☆☆☆ 출제확률 5.0%

The man was expelled from the company which he worked for more than 10 years.
그 남자는 10년 이상 일했던 회사에서 쫓겨났다.
» ex(밖으로) + pel(~하도록 몰다) → 밖으로 나가도록 시키다 → 내쫓다

(과거, 과거분사)

2006 **feedback** **ⓢ reaction, response** **반응, 의견, 감상**

1/1 [fí:dbæ̀k] n ★☆☆☆☆ 출제확률 5.0%

That would be a kind of feedback.
그것은 일종의 반응이다. ('94)
» feed(~을 먹이다) + back(뒤로, 다시) → 내가 먹었으니 이번엔 반대로 상대방을 먹인다

2007 **foam** **foaming** **거품; 거품이 일다**

1/1 [fóum] n, v ★☆☆☆☆ 출제확률 5.0%

These waves were foaming white.
이 파도는 흰 거품을 일으키고 있었다. ('94)
» ⓢ bubble, froth, boil

(현재분사)

2008 **framework** **ⓢ frame, structure** **틀 구조, 뼈대**

1/1 [fréimwə̀:rk] n ★☆☆☆☆ 출제확률 5.0%

They have to use their judgement within the framework of the law.
그들은 법의 테두리 안에서 판결을 내려야만 한다.
» frame(구조) + work(작업, 공사) → 틀 구조

2009 **glitter** **ⓢ glare, sparkle** **반짝거림; 반짝이다**

1/1 [glítər] n, v ★☆☆☆☆ 출제확률 5.0%

All that glitters is not gold.
반짝거린다고 모두 금은 아니다. ('94)
» glit(t)(= shine 밝은) + er(~것) → 반짝거리는 것

2010 **indoctrinate** **주입하다, 가르치다**

1/1 [indáktrənèit] v ★☆☆☆☆ 출제확률 5.0%

Schools should not impose religion or 'indoctrinate' children.
학교는 아이들에게 종교를 강요하거나 '주입'시켜서는 안된다. ('94)
» in(안에) + doct(가르치다) + nate(~하다) → 안에 가르쳐 넣다 → 주입하다, 가르치다

2011 **jag** **jagged** **뾰족함, 들쭉날쭉; 찔리다**

1/1 [dʒǽg] n, v ★☆☆☆☆ 출제확률 5.0%

At all times the sea's edge was jagged with rising waves that looked like rocks.
바다의 가장자리는 항상 바위 같은 파도로 인해 들쭉날쭉했다. ('94)

들쭉날쭉한

2012 **monologue** **독백, 1인극**

1/1 [mánəlɔ:g] n ★☆☆☆☆ 출제확률 5.0%

It's stocked with a variety of monologues recorded by famous comedians.
거기는 다양한 유명 코미디언들이 녹음한 독백들이 담겨 있다. ('94)
» mono(하나) + log(말) → 홀로 말함 → 독백

2013 **patriotism** ⓢ **nationalism** **애국심**
1/1 [péitriətìzm] n
★☆☆☆☆
출제확률 5.0%
Patriotism requires people to love their nation.
애국심은 사람들의 자국에 대한 사랑을 필요로한다.
» patri(아버지) + (t)ism(주의, 특성) → 아버지를 따르는 마음으로

2014 **ramp** ⓢ **slope, incline, rise** **경사로; 뒷발로 일어서다, 덤벼들다**
1/1 [ræmp] n, v
★☆☆☆☆
출제확률 5.0%
Suppose the car breaks down or we skid into a ramp or run over a dog.
차가 고장나거나, 경사로에서 미끄러지거나, 개를 밟고 지나간다고 상상해보라. ('94)

2015 **recruit** **recruitment** **신병, 신입회원; (신병 등을)모집하다**
1/1 [rikrú:t] n, v
★☆☆☆☆
출제확률 5.0%
Our incredible growth rate leads to a continuous recruitment of ambitious programmers.
우리의 엄청난 성장률 덕분에 야심찬 프로그래머들을 지속적으로 모집하게 되었다. ('94)
» re(다시) + cruit(= grow 자라다) → 다시 자라게 하려고 하다 → 모집하다
채용, 신병 모집, 보충

2016 **rigid** ⓢ **stiff, inflexible** **단단한, 딱딱한, 엄격한**
1/1 [rídʒid] a
★☆☆☆☆
출제확률 5.0%
Argument is often considered disrespectful in rigid families.
논쟁은 종종 엄격한 집안에서는 무례하다고 여겨진다. ('94)
» rig(= stretch out 뻗다) + id(~는) → 뻗은 → 곧은, 딱딱한, 엄격한

2017 **sequence** ⓢ **series, succession, course** **연속, 결과; 차례로 나열하다, 정리하다**
1/1 [sí:kwəns] n, v
★☆☆☆☆
출제확률 5.0%
Then we as readers must rely on other clues to understand the true sequence of events.
그렇다면 독자로서 우리는 사건의 진짜 순서를 이해하기 위해 다른 실마리에 의존해야 한다. ('94)
» sequ(따르다) + ence(접미사) → (~다음으로) 연속적으로 따라가다 → 연속, 결과

2018 **settle** **settlement** **자리를 잡다, 놓다, 해결하다**
1/1 [sétl] v
★☆☆☆☆
출제확률 5.0%
The river banks were low and flat; the settlements and log cabins fewer in number.
그 강둑은 낮고 평평했다. 통나무집과 마을은 그 수가 더 적었다. ('94)
» set(놓다, 배치하다) + (t)le → 자리를 잘 잡다 → 해결하다
합의, 정착

2019 **slave** ⓢ **servant** **노예; 노예처럼 일하다; 노예의**
1/1 [sléiv] n, v, a
★☆☆☆☆
출제확률 5.0%
The 'cumbia' was created by African slaves who were brought to the hot regions.
'쿰비아'는 날씨가 매우 뜨거운 지역으로 끌려온 아프리카 노예들에 의해 생겨났다. ('94)
» Slav(슬라브인)에서 유래되었다. 중세 시대에 많은 슬라브인들이 노예가 된 데에서 유래되었다.

2020 **stink** ⓢ **stench, nasty smell** **악취, 악취를 풍기다**
1/1 [stíŋk] n, v
★☆☆☆☆
출제확률 5.0%
These people and the visitors stink in three days.
이들과 손님들은 사흘이 지나면 냄새가 난다. ('94)
» stin(찌르다) + t → (코 끝을) 찌르는 것 → 악취

2021 **thermometer** **온도계**
1/1 [θərmámətər] n
★☆☆☆☆
출제확률 5.0%
When I entered the subway, the thermometer I had with me registered 32℃.
내가 지하철에 들어섰을 때, 내가 가지고 있던 온도계는 32도를 가리켰다. ('94)
» thermo(열) + meter(재다) → 열을 재는 도구 → 온도계

족집게 보카 TEST Day 48

1. 아래의 단어에 맞는 뜻을 골라 선으로 이어주세요.

1982 ultraviolet	ⓐ 흙으로 만든
2006 feedback	ⓑ 자외선; 자외선의
2009 glitter	ⓒ 살다, 거주하다
2005 expel	ⓓ 목다리, 목발; 목다리 짚다
2004 dwell	ⓔ 반짝거림; 반짝이다
2000 afflict	ⓕ 꽥꽥 우는 소리; 꽥꽥 울다
1995 pledge	ⓖ 괴롭히다, 시달리게 하다
1993 outcast	ⓗ 사기, 속임수; 속이다
2002 cheat	ⓘ 맹세, 담보; 맹세하다
1988 earthen	ⓙ 구불어짐, 굴곡; 꾸불꾸불한
1996 quack	ⓚ 반응, 의견, 감상
1983 winding	ⓛ 하찮은 일; 하찮은
1998 trivial	ⓜ 추방된 사람; 쫓겨난, 버림받은
1985 crutch	ⓝ 내쫓다, 쫓아버리다, 추방하다

2. 아래 문장의 알맞은 뜻을 보기에서 고르세요.

a. Your skin cells can be damaged by the sun's ultraviolet rays. ( )
b. I don't understand why they are splashing water on me. ( )
c. These waves were foaming white. ( )
d. A person afflicted with loneliness will realize that only he can find his own cure. ( )
e. Schools should not impose religion or 'indoctrinate' children. ( )
f. At all times sea's edge was jagged with rising waves that looked like rocks. ( )
g. We decide what is important or trivial in life. ( )

보기

① 학교는 아이들에게 종교를 강요하거나 '주입'시켜서는 안된다.
② 왜 그들이 나에게 물을 뿌리는지 이해할 수 없어요.
③ 당신의 피부 세포는 태양의 자외선에 의해 손상 될 수 있다.
④ 바다의 가장자리는 항상 바위 같은 파도로 인해 들쭉날쭉했다.
⑤ 외로움에 시달리고 있는 사람은 그 자신만이 치료법을 발견할 수 있다는 것을 깨닫게 된다.
⑥ 이 파도는 흰 거품을 일으키고 있었다.
⑦ 우리는 삶에서 무엇이 중요하고 무엇이 사소한 것인지를 결정한다.

정답: ③ ② ⑥ ⑤ ① ④ ⑦

19년간 수능 기출 영단어 10만개를 모조리 통계내어 만든

족집게 보카 Day 49

2022 **uproot** **uprooted** **뿌리째 뽑다**

1/1 [ʌprú:t] v Loneliness can be uprooted and expelled only when these barriers are lowered.

★☆☆☆☆ 외로움은 이러한 장벽이 낮아질 때만 뿌리째 뽑혀 사라질 수 있다. ('94)

출제확률 5.0% » up(올리다, 위로) + root(뿌리) → 뿌리를 들어올리다 → 뿌리째 뽑다

뿌리째 뽑힌

2023 **ventilate** **공기가 통하다, 환기하다**

1/1 [véntəlèit] v It'll be possible to find a way to ventilate the subway at a cost within the city's budget. 시 예산 내에서 지하철을 환기시키는 방안을 찾을 수 있을 것이다. ('94)

★☆☆☆☆

출제확률 5.0% » vent(오다) + ate(~하다) → (공기가) 들어오게 하다 → 환기하다

2024 **wretched** ⓢ **sorrowful, awful, miserable** **비참한, 가련한, 야비한**

1/1 [rétʃid] a The inhabitants were more wretched than any we had encountered yet.

★☆☆☆☆ 그 주민들은 우리가 지금껏 만나본 사람들 중 가장 비참했다. ('94)

출제확률 5.0%

2025 **aspirin** **아스피린**

1/1 [ǽspərin] n I used to make fingernail polish, aspirin, and records of famous singers.

★☆☆☆☆ 저는 손톱 광택제, 아스피린, 그리고 유명 가수의 음반을 만드는데 사용된답니다. ('94)

출제확률 5.0% » 아스피린은 해열진통제, 항엄증약, 힝류미티즘약으로 사용된다.

2026 **beneath** ⓢ **underneath, below** **~의 바로 밑에; 밑에**

1/1 [biní:θ] prep, ad Beneath the stamped imprint was a notation from the bank in ink.

★☆☆☆☆ 그 도장의 아래에는 은행에서 잉크로 쓴 글이 적혀져 있었다. ('94)

출제확률 5.0% » be(강조) + neath(= below 아래) → ~아래에, ~의 바로 밑에

2027 **biotechnology** **생명공학**

1/1 [bàiouteknálədʒi] n An independent laboratory with specialists in biotechnology has finally uncovered it. 생명공학 전문가들로 구성된 한 독립 연구소에서 마침내 그 베일을 벗겼다. ('94)

★☆☆☆☆

출제확률 5.0% » bio(생명) + technology(기술, 공학) → 생명 공학

2028 **contend** ⓢ **struggle, contest, compete** **싸우다, 논쟁하다**

1/1 [kənténd] v My husband and I have to contend with the radical differences.

★☆☆☆☆ 남편과 나는 그 근본적인 차이에 대해 논쟁해야만 한다. ('94)

출제확률 5.0% » con(함께) + tend(추구하다) → 모두가 성취하려 하다 → 싸우다

2029 **cradle** ⓢ **origin, spring, source** **요람; 육성하다**

1/1 [kréidl] n, v

★☆☆☆☆

출제확률 5.0%

In Scandinavia the welfare state has earned the famous characterization "cradle to grave." 스칸디나비아의 복지 국가는 "요람에서 무덤까지"라는 유명한 평가를 얻었다. ('94)

» wellfare state : 복지 국가

2030 **dedicated** ⓢ **devoted, enthusiastic, zealous** **헌신적인, 일신을 바친**

1/1 [dédikèitid] a

★☆☆☆☆

출제확률 5.0%

Greenpeace is dedicated to the protection of the natural world.

그린피스는 자연계 보호에 헌신했다. ('94)

» de + dic(말하다) + ate(~하다) + (e)d(~된) → 누가 시켜서 ~를 하게 된 → ~를 바치는, 헌신적인

2031 **exclaim** **exclaimed** **외치다, 고함지르다**

1/1 [ikskléim] v

★☆☆☆☆

출제확률 5.0%

Seeing Timmy carry a sword, his startled teacher exclaimed.

칼을 가져온 티미를 보고 놀란 선생님은 고함을 질렀다. ('94)

» ex(밖으로) + claim(요청하다) → (~을 해달라고) 외치다

(과거, 과거분사)

2032 **falter** **faltered** **비틀거림; 비틀거리다, 말을 더듬다**

1/1 [fɔ́:ltər] n, v

★☆☆☆☆

출제확률 5.0%

The professor flushed and faltered. "I don't know," he said,

그 교수는 상기된채 말을 더듬으며 "잘 모르겠는데"라고 말했다. ('94)

» fal(t)(= fall 쓰러지다) + er(접미사) → 비틀거림

(과거, 과거분사)

2033 **fluffy** **가벼운, 보풀의, 솜털의**

1/1 [flʌ́fi] a

★☆☆☆☆

출제확률 5.0%

Oh, yes, I understand. It must be a fluffy color.

아, 네, 알겠어요. 그것은 솜털같은 색이겠군요. ('94)

2034 **flush** **flushed** **홍조; 붉히다, 물로 씻어 내리다**

1/1 [flʌʃ] n, v

★☆☆☆☆

출제확률 5.0%

The man was flushed with anger because he got into a car accident.

그 남자는 차 사고로 화가 나서 얼굴을 붉히며 화냈다.

» flu(= flow 흐르다) + ish(동접) → 흐르게 하다 → 물로 씻어 내리다(변기)

(얼굴이)붉어진, 상기된

2035 **foothill** **산기슭의 작은 언덕**

1/1 [fúthìl] n

★☆☆☆☆

출제확률 5.0%

There is a folk tale that comes from the foothills of the Himalayas.

히말라야 산기슭의 작은 언덕에서 전해내려오는 설화가 있다. ('94)

» foot(발) + hill(언덕) → 발 높이 만큼 낮은 언덕 * folk tale : 민간 설화

2036 **fragile** ⓢ **vulnerable, unstable, delicate** **부서지기 쉬운, 깨지기 쉬운, 섬세한**

1/1 [frǽdʒəl] a

★☆☆☆☆

출제확률 5.0%

"Then, it must be a fragile color," said the blind man.

"그렇다면, 그것은 깨지기 쉬운 색깔이겠군요."라고 장님이 말했다. ('94)

» frag(= break 부서지다) + ile(~하기 쉬운) → 부서지기 쉬운

2037 **gear** **geared** **톱니바퀴(장치), 기어**

1/1 [gíər] n

★☆☆☆☆

출제확률 5.0%

The shutter is geared to take only one shot per second, or one per minute.

이 셔터는 1초에 한 번이나 1분에 한 번씩만 찍히도록 맞추어져 있다. ('94)

» gear to : ~에 맞추어 조정하다

설계된, 구성된

2038 **glacier** 빙하

1/1 [gléiʃər] n

★☆☆☆☆

출제확률 5.0%

It rises or falls as the glaciers melt or grow.

그것은 빙하가 얼거나 녹음에 따라 오르락 내리락 한다. ('94)

» glace(= ice 얼음) + (i)er(~것) → 얼음 → 빙하

2039 **hasten** ⓢ **rush, dash, fly** 재촉하다, 서두르다

1/1 [héisn] v

★☆☆☆☆

출제확률 5.0%

These events may hasten the occurrence of a crisis.

이 사건들이 위기를 더 빨리 발생시키도록 촉진할 수도 있다. ('94)

» haste(급함) + n → 서두르다

2040 **idler** 게으름뱅이, 쓸모없는 사람

1/1 [áidlər] n

★☆☆☆☆

출제확률 5.0%

Even though society doesn't need idlers, we still should care about them.

비록 사회는 게으름뱅이를 필요로 하지 않지만, 우리는 그들에게 관심을 가져야 한다. ('94)

» idle(게으른) + er(~한 사람) → 게으름뱅이

2041 **lecture** ⓢ **instruction, lesson, sermon** 강의; ~에게 강의하다

1/1 [léktʃər] n, v

★☆☆☆☆

출제확률 5.0%

A professor lectured for an hour on the dishonesty of certain dictionary editors.

한 교수님이 특정 사전 편집자들의 부정직성에 대한 강의를 한 시간동안 하셨다. ('94)

» lect(~을 읽다) + ure(~것) → 읽어주는 것 → 강의하다

2042 **omit** **omitted** 생략하다, 빠뜨리다, ~하는 것을 잊다

1/1 [oumít] v

★☆☆☆☆

출제확률 5.0%

The editors sometimes omitted a word from the dictionary because of moral objections. 그 편집자들은 때때로 도덕적인 반대로 사전에서 단어를 누락시켰다. ('94)

» o(= ob 멀리) + mit(= send 보내다) → 멀리 보내다 → 빠뜨리다, ~하는 것을 잊다

(과거, 과거분사)

2043 **oral** **orally** 구술 시험; 구두의

1/1 [ɔ́:rəl] n, a

★☆☆☆☆

출제확률 5.0%

The medicine can be taken orally in tablet form.

그 약은 알약 형태로 복용할 수 있는 것이다. ('94)

» or(= mouth 입) + al(형접) → 구두의

구두로

2044 **outstanding** ⓢ **brilliant, impressive** 눈에 띄는, 현저한

1/1 [àutstǽndiŋ] a

★☆☆☆☆

출제확률 5.0%

He thinks he doesn't have any outstanding skills.

그는 자신에게 뛰어난 기술이 전혀 없다고 생각한다.

» out(밖에) + standing(서있는) → 다들 앉아 있는데 혼자 밖에 서 있으니 눈에 띈다.

2045 **parcel** ⓢ **package, bundle, pack** 꾸러미, 소포

1/1 [pá:rsəl] n

★☆☆☆☆

출제확률 5.0%

I'd like to send this parcel to Los Angeles.

이 소포를 로스앤젤레스로 보내고 싶습니다. ('94)

» particle(극소량)에서 변형되었다.

2046 **plethora** ⓢ **excess, surplus, surfeit** 과도, 과다, 과잉

1/1 [pléθərə] n

★☆☆☆☆

출제확률 5.0%

Now there are a plethora of print technologies.

오늘날에는 굉장히 많은 인쇄 기술들이 존재한다. ('94)

2047 **radical** ⓢ **extremist, revolutionary** **급진적인, 근본적인**
1/1 [rǽdikəl] a
★☆☆☆☆
출제확률 5.0%
The members of the Republican Party are kind of radical I think.
제 생각엔 공화당 의원들은 좀 과격한 것 같아요.
» rad(ic)(= root 뿌리) + al(~한) → 근본적인

2048 **respire** **respiration** **호흡하다, 숨쉬다**
1/1 [rispáiər] v
★☆☆☆☆
출제확률 5.0%
It must depends upon the plants for a continued oxygen supply for its respiration.
그것은 호흡을 하는데 필요한 산소를 지속적으로 공급받기 위해 식물에 의존해야만 한다. ('94)
» re(다시) + spire(숨 쉬다) → 반복 되는 숨쉬는 행위 → 호흡하다
호흡

2049 **retreat** ⓢ **back off, withdraw** **퇴각; 물러서다**
1/1 [ritríːt] n, v
★☆☆☆☆
출제확률 5.0%
Tides do advance and retreat in their eternal rhythms.
조수는 그들만의 영원한 리듬으로 밀려왔다 후퇴하기를 반복한다. ('94)
» re(다시) + treat(치료하다) → 전쟁을 하다가 부상병을 치료하러 물러서다

2050 **sprout** ⓢ **bud, shoot, spring** **눈, 싹; 싹트다**
1/1 [spráut] n, v
★☆☆☆☆
출제확률 5.0%
Because of the camera, it is possible to see a bean sprout growing up out of the ground. 그 카메라 덕분에 콩이 땅에서 싹트며 자라는 장면을 볼 수 있다. ('94)
» s + rout(= break 깨다) → 깨고 나오다 → 싹트다

2051 **startled** ⓢ **surprised, astonished, amazed** **놀란**
1/1 [stάːrtld] a
★☆☆☆☆
출제확률 5.0%
You'd better try not to startle your brother.
네 형을 놀라게 하지 않는 게 좋을껄.
» start(시작) + (l)ed(~한) → (갑자기 시작해서) 놀란

2052 **subscription** **구독, 기부, 신청**
1/1 [səbskrípʃən] n
★☆☆☆☆
출제확률 5.0%
Our activities are funded mainly by public donations and membership subscriptions.
우리의 활동 기금은 주로 공공 기부금과 회원 기부금으로 조달된다. ('94)
» subscribe(구독하다)의 명사형이다.

2053 **subtract** ⓢ **take away** **빼다, 덜다, 공제하다**
1/1 [səbtrǽkt] v
★☆☆☆☆
출제확률 5.0%
But every educator would add or subtract a few subjects.
그러나 모든 교육자들은 소수 과목들을 더하거나 제외시킬 것이다. ('94)
» sub(아래) + tract(끌어내다) → 밑으로 빼내다 → 빼다

2054 **tablet** ⓢ **pill** **판, 현판, 정제; 서판을 달다**
1/1 [tǽblit] n, v
★☆☆☆☆
출제확률 5.0%
There is a wooden tablet above the old building.
그 낡은 집 위에 나무로 된 현판이 걸려있다.
» table(테이블) + t → 테이블처럼 평평한 것 → 판

2055 **temperate** ⓢ **mild, moderate, gentle** **절제하는, 삼가는, 적당한, 온화한, 알맞은**
1/1 [témpərət] a
★☆☆☆☆
출제확률 5.0%
They enjoy the temperate climate.
그들은 온화한 기후를 즐기고 있다. ('94)
» temp(시간, 때) + ate(~하다) → 시간을 통제하다 → 절제하는

족집게 보카 TEST Day 49

1. 아래의 단어에 맞는 뜻을 골라 선으로 이어주세요.

2024 wretched	ⓐ 구독, 기부, 신청
2049 retreat	ⓑ 비참한, 가련한, 야비한
2052 subscription	ⓒ 싸우다, 논쟁하다
2028 contend	ⓓ 호흡하다, 숨쉬다
2040 idler	ⓔ 게으름뱅이, 쓸모없는 사람
2035 foothill	ⓕ 빼다, 덜다, 공제하다
2047 radical	ⓖ 산기슭의 작은 언덕
2038 glacier	ⓗ 강의; ~에게 강의하다
2041 lecture	ⓘ 판, 현판, 정제; 서판을 달다
2048 respire	ⓙ 구술 시험; 구두의
2053 subtract	ⓚ 퇴각; 물러서다
2043 oral	ⓛ 빙하
2054 tablet	ⓜ 부서지기 쉬운, 깨지기 쉬운, 섬세한
2036 fragile	ⓝ 급진적인, 근본적인

2. 아래 문장의 알맞은 뜻을 보기에서 고르세요.

a. Oh, yes, I understand. It must be a fluffy color. (　　)
b. In Scandinavia the welfare state has earned the famous characterization "cradle to grave." (　　)
c. Beneath the stamped imprint was a notation from the bank in ink. (　　)
d. I'd like to send this parcel to Los Angeles. (　　)
e. The members of Republican Party are kind of radical I think. (　　)
f. It rises or falls as the glaciers melt or grow. (　　)
g. An independent laboratory with specialists in biotechnology has finally uncovered it. (　　)

보기

① 이 소포를 로스앤젤레스로 보내고 싶습니다.
② 그 도장의 아래에는 은행에서 잉크로 쓴 글이 적혀져 있었다.
③ 아, 네, 알겠어요. 그것은 솜털같은 색이겠군요.
④ 그것은 빙하가 얼거나 녹음에 따라 오르락 내리락 한다.
⑤ 스칸디나비아의 복지 국가는 "요람에서 무덤까지"라는 유명한 평가를 얻었다.
⑥ 생명공학 전문가들로 구성된 한 독립 연구소에서 마침내 그 베일을 벗겼다.
⑦ 제 생각엔 공화당 의원들은 좀 과격한 것 같아요.

정답: ③ ⑤ ② ① ⑦ ④ ⑥